चीन
और
भारत

चीन और भारत

इतिहास, संस्कृति, सहयोग और प्रतिस्पर्धा

संपादन

पारमिता मुखर्जी

अर्णब के. देब

मिआओ पांग

SAGE | bhasha

Los Angeles | London | New Delhi
Singapore | Washington DC | Melbourne

Originally Published in 2016 in English by
SAGE Publications India Pvt Ltd as *China and India: History, Culture, Cooperation and Competition*

This edition published in 2018 by

SAGE | bhasha

SAGE Publications India Pvt Ltd
B1/I-1 Mohan Cooperative Industrial Area
Mathura Road, New Delhi 110 044, India
www.sagepub.in

SAGE Publications Inc
2455 Teller Road
Thousand Oaks, California 91320, USA

SAGE Publications Ltd
1 Oliver's Yard, 55 City Road
London EC1Y 1SP, United Kingdom

SAGE Publications Asia-Pacific Pte Ltd
3 Church Street
#10-04 Samsung Hub
Singapore 049483

Published by Vivek Mehra for SAGE Publications India Pvt Ltd, typeset in 13/15 pt Kokila by AG Infographics, Delhi and printed at Repro India Ltd., Mumbai.

ISBN: 978-93-528-0938-7 (PB)

Translator: Hemant Kumar
SAGE Team: Syed Husain Naqvi, Nisha Sharma

विषय सूची

तालिका सूची

चित्रों की सूची

संक्षेपाक्षरों की सूची

AD	Anno Domini
AIIB	Asian Infrastructure Investment Bank
ANSF	Afghan National Security Force
ASEAN	Association of Southeast Asian Nations
ASR	Asian Sustainability Rating
BC	Before Christ
BCIM	Bangladesh, China, India and Myanmar
BCIM-EC	Bangladesh, China, India and Myanmar-Economic Corridor
BJP	Bharatiya Janata Party
BRICS	Brazil, Russia, India, China, and South Africa
BRR	Business Responsibility Report
BSE	Bombay Stock Exchange
CDC	Centres of Disease Control
Chindia	China and India
CMS	Community Medical System
CNPC	China National Petroleum Corporation
COPD	Chronic Obstructive Pulmonary Disorder
CPC	Communist Party of China
CPI	Communist Party of India
CPI(M)	Communist Party of India (Marxist)
CRT	Cathode Ray Tube
CSR	Corporate Social Responsibility
CV	Coefficient of Variation
ESG	Environmental, Social and Governance
ETIM	East Turkestan Islamic Movement
FDI	Foreign Direct Investment
FKI	Federation of Korean Industries
FSC	Financial Supervisory Commission
FY	Financial Year
GATT	General Agreement on Tariffs and Trade

GDP	Gross Domestic Product
GIS	Government Insurance Scheme
GNP	Gross National Product
GRI	Global Reporting Initiative
GSDP	Gross State Domestic Product
HIV	Human Immunodeficiency Virus
ICCR	Indian Council for Cultural Relations
ICT	Information Communication Technology
ICWA	Indian Council of World Affairs
IDSA	Institute for Defence Studies and Analyses
IMF	International Monetary Fund
IT	Information Technology
ITES	Information Technology Enabled Services
LBW	Low Birth Weight
LIS	Labour Insurance Scheme
MCA	Ministry of Corporate Affairs
MNC	Multinational Corporation
MW	Megawatt
NATO	North Atlantic Treaty Organization
OECD	Organisation for Economic Co-operation and Development
OOPs	Out-of-pocket Payments
PAT	Profit after Tax
PC	Personal Computer
PHC	Primary Health Centre
PPP	Purchasing Power Parity
PRC	People's Republic of China
PRD	Pearl River Delta
RBC	Responsible Business Conduct
SAARC	South Asian Association for Regional Cooperation
SASAC	State-owned Assets Supervision and Administration Commission

SAW	Spirituality at Work
SCO	Shanghai Cooperation Organization
SDP	State Domestic Product
SEBI	Securities and Exchange Board of India
SEZ	Special Economic Zone
SOE	State-owned Enterprise
SQ	Spiritual Quotient
TPEx	Taipei Exchange
TPP	Trans-Pacific Partnership
TTIP	Transatlantic Trade and Investment Partnership
TV	Television
TWSE	Taiwan Stock Exchange
UK	United Kingdom
UN	United Nations
UNESCO	United Nations Educational, Scientific and Cultural Organization
US	United States
USA	United States of America
USD	US Dollar
VCD	Video Compact Disc
WBCSD	World Business Council for Sustainable Development
WHO	World Health Organization
WTO	World Trade Organization
YRD	Yangtze River Delta

प्रस्तावना

प्राचीन समय से, चीन और भारत के मध्य सांस्कृतिक और आर्थिक विनिमय होता रहा है। ऐसे इस प्रकार के विनिमय, साथ ही साथ सामाजिक संबंधों के ऐतिहासिक दस्तावेज, इनकी वर्तमान विकास प्रकिया को समझने में अत्यधिक महत्व रखते हैं। इसके साथ पृष्ठभूमि के रूप में, हमने महसूस किया कि यह उन पहलुओं को सम्मिलित करने के लिए एक दिलचस्प विचार होगा जिनका हाल के समय में परिलक्षित दोनों अर्थव्यवस्थओं के विकास पर महत्त्वपूर्ण प्रभाव पड़ा है।

विश्व के शेष भागों से स्वैच्छिक प्रथक्करण की लम्बी अवधि से इन दो बड़े विकासशील देशों की उल्लेखनीय प्रगति वैश्वीकरण के आधुनिक युग की सबसे विशिष्ट विशेषता है। कई विश्वास करते हैं कि वैश्विक अर्थव्यवस्था 'एशियाई शताब्दी' की सीमा पर हैं, जो मुख्यतः एशियाई अर्थशास्त्र, राजनीति और संस्कृति के प्रभाव में होगी। 1980 के दशक के आरम्भ से ही इन दोनों एशियाई दिग्गजों ने आर्थिक उदारीकरण की प्रक्रिया को निरंतर जारी रखा और विदेशी प्रोद्यौगिकी तथा ज्ञान के हस्तांतरण के लिए अपनी अर्थव्यवस्था को खोला। हालांकि, आर्थिक विपदा से आर्थिक समृद्धि के लिए सीधे मार्ग का अनुसरण करने के बजाए, इन दोनों देशों ने अपने लक्ष्य की ओर अलग-अलग मार्ग अपनाए जो अन्य उभरती अर्थव्यवस्थाओं के लिए एक दिलचस्प सबक उजागर करता है। यह विचलन प्रतिबिंबित करता है कि राष्ट्र-विशिष्ट विचार, मानदंड और संस्थागत वंश भूमंडलीकरण की प्रक्रिया के साथ किस प्रकार पारस्परिक क्रिया करते हैं। नीतियों के प्रकार के केंद्र बिंदु और कार्यान्वयन में अलग होने के बावजूद, यह दोनों देश, विकास की गति पर तेजी से आगे बढ़ते हुए, सामान्य विशेषताओं जैसे कुशल व अकुशल श्रमिक बल के साथ बढती हुई जनसंख्या, प्रचुर प्राकृतिक संसाधन और विश्व के बाकी भागों के लिए बड़ा बाजार साझा करते हैं।

यह सम्पादित पुस्तक, 'चीन और भारत: इतिहास, संस्कृति, सहयोग और प्रतिस्पर्धा', विभिन्न महत्त्वपूर्ण पार-देशीय मुद्दों पर एक अद्वितीय परिप्रेक्ष्य और दोनों उभरती एशियाई महाशक्तियों-चीन और भारत के लिए उनके निहितार्थ प्रदान करती है। हम इन दोनों देशों के सामाजिक-सांस्कृतिक, राजनीतिक, और आर्थिक संबंधों के संदर्भ में चीनी और भारतीय अनुसंधान विद्वानों और शिक्षाविदों की प्रतियोगी दृष्टि व मान्यताओं पर बल देते हैं। पुस्तक का पहला भाग दोनों देशों से संबंधित अंतरराष्ट्रीय संबंधों के साथ-साथ ऐतिहासिक व सांस्कृतिक मुद्दों पर प्रकाश डालता है। इन दोनों देशों में आर्थिक परिवर्तन के साथ-साथ राजनीतिक और सामरिक संबंधों संबंधों के लिए सामाजिक-सांस्कृतिक कारको का योगदान दोनों देशों में विद्यमान सहयोग व प्रतिस्पर्धा की प्रकृति की तस्वीर प्रदान करता है। सांस्कृतिक व आर्थिक आदान-प्रदानों के अलावा, प्राचीन काल से दोनों राष्ट्रों के मध्य आर्थिक आदान-प्रदान भी उनकी विकास प्रक्रिया में अहम भूमिका निभाता है। पुस्तक

का दूसरा भाग दोनों राष्ट्रों के आर्थिक व व्यवसाय से संबंधित मुद्दों को शामिल करता है, जो विविध प्रकार के विषयों को शामिल करता है जैसे विनिर्माण क्षेत्र विकास, कॉर्पोरेट सामाजिक उत्तरदायित्व मानदंड और स्वास्थ्य क्षेत्रों की तुलना इत्यादि।

इस पुस्तक के अध्याय समकालीन विषयों से संबंधित अनुसंधान-आधारित चर्चाओं की एक शृंखला प्रस्तुत करते हैं। चूंकि दोनों देशों के नीति निर्माताओं ने महसूस किया है कि वर्तमान विश्व में स्थिरता और समृद्धि प्राप्त करने के लिए विभिन्न क्षेत्रों में सशक्त सहयोग पूर्व शर्त है, अध्याय भूत और वर्तमान आर्थिक व सामाजिक पर्यावरण का उत्कृष्ट लेखा प्रदान करते हैं, जो प्रयासों को पारस्परिक रूप से लाभप्रद बनाने के लिए महत्त्वपूर्ण है। हम वास्तव में यह विश्वास करते हैं कि यह पुस्तक अतीत से वर्तमान तक चीन व भारत के मध्य आदान-प्रदान व सहयोग के इतिहास, सांस्कृतिक, आर्थिक, सामाजिक व राजनीतिक पहलुओं के माध्यम से पाठक को एक यात्रा पर ले जाने में सक्षम है।

अभिस्वीकृति

सबसे पहले, हम प्रोफेसर अरिंदम बानिक, आईएमआई कोलकाता के निदेशक, का धन्यवाद करना चाहते हैं, जिन्होंने इस प्रकाशन को आगे बढ़ाने में अहम् भूमिका निभाई। उनके प्रोत्साहन व मार्गदर्शन के आभाव में, इस पुस्तक को प्रकाशित करना संभव नहीं होता। हम प्रोफेसर बकुल एच. ढोलकिया, आईएमआई के महानिदेशक, के प्रति उनके निरंतर समर्थन और मार्गदर्शन के लिए आभार व्यक्त करते हैं।

यह पुस्तक चीन के सिचुआन अकादमी ऑफ़ सोशल साइंसेज के शोधकर्ताओं के बौद्धिक योगदान के बिना प्रकाशित नहीं हो सकती थी। उनके योगदान ने इस प्रयास में एक अद्वितीय आयाम जोड़ा। हम प्रोफ़ेसर Hou Shuiping, अध्यक्ष, सिचुआन अकादमी ऑफ़ सोशल साइंस का धन्यवाद करते हैं। हम आरपी-संजीव गोयनका (एसजी) समूह को पांडुलिपि की रूपरेखा के निर्माण में उनके अतुलनीय आधारभूत और प्रशासनिक समर्थन के लिए धन्यवाद देना चाहते हैं। आरपी-एसजी समूह के अध्यक्ष श्री संजीव गोयनका को हम विशेष धन्यवाद देते हैं। हम आरपी-एसजी समूह के कार्यकारी निदेशक व समूह कंपनी सचिव श्री सुभाषिस मित्रा, आरपी-एसजी समूह के मुख्य सलाहकार (कॉर्पोरेट संबंध) श्री मणि शंकर मुखर्जी और आरपी-एसजी समूह के कार्यकारी निदेशक (कॉर्पोरेट सेवा) श्री सुनील भंडारी का शुक्रिया अदा करना चाहते हैं।

अंत में, हम सुश्री राजश्री चटर्जी को पुस्तक के प्रत्येक चरण में उनकी असाधारण संपादकीय सहायता, पांडुलिपि को ध्यानपूर्वक पढ़ने तथा उसमें सुधार के साथ-साथ उनकी कड़ी मेहनत के लिए धन्यवाद करते हैं।

परिचय

अंतिम दो दशकों में, एशिया कि उभरती अर्थव्यवस्थाओं में, भारत और चीन ने असाधारण आर्थिक वृद्धि दर्ज की, व्यापक सामाजिक आर्थिक परिवर्तनों का अनुभव किया और स्वयं को संभावित महाशक्तियों के रूप में स्थापित किया है। दोनों देशों के मध्य सांस्कृतिक, शैक्षिक व आर्थिक आदान-प्रदान सदियों पहले आरम्भ हुए थे। तब से, समय गुजरने के साथ, दोनों देशों ने आर्थिक संरचना, नीति की रूपरेखा में और विकास की ओर महत्वपूर्ण परिवर्तन किये हैं। फिर भी, दोनों देश विशेष रूप से जनसंख्या वृद्धि, प्रचुर मात्रा में प्राकृतिक संसाधन, रोजगार कर्मचारियों की व्यापक संख्या तथा तेजी से प्रगतिशील अर्थव्यवस्था के संदर्भ में एक-दूसरे के समान हैं।

1500–1000 ईसा पूर्व में, यहाँ तक की बौद्धधर्म के प्रसार से पहले, Shang-Zhou सभ्यता और प्राचीन वैदिक सभ्यता के मध्य भाषाई आदान-प्रदानों का समर्थन करने के लिए सबूत विद्यमान हैं।[1] Han राजवंश (206 ईसा पूर्व-220ईसवी) में चीन-भारतीय मिलन का समर्थन करने वाले कुछ साहित्य विद्यमान है। Tang (618–907), Song (960–1278) and Yuan (1279–1368) राजवंशों के दौरान दोनों के मध्य बातचीत और संचार का विकास हुआ। महान भारतीय महाकाव्य, महाभारत तथा प्राचीन भारत व चीन के सम्राटों, दूतों, राजनयिकों, विद्वानों, भिक्षुओं, तीर्थयात्रियों और व्यापारियों ने दोनों सभ्यताओं को एक साथ लाने में महत्त्वपूर्ण योगदान दिया है। प्राचीन इतिहास में ऐसे प्रसिद्ध नाम बहुतायत में हैं। 1924 और 1929 में नोबेल पुरस्कार विजेता रबींद्रनाथ टैगोर दो बार चीन की यात्रा पर गये थे। शिक्षा, संस्कृति व संस्था निर्माण, जैसे पश्चिम बंगाल के शांति निकेतन में उनके विश्वविद्यालय विश्वभारती में चीना भवन (चीनी आवास) का निर्माण, के क्षेत्र में भारतीय-चीनी परस्पर समझ व सहयोग के लिए उनके निरंतर प्रयास को दोनों देशों के मध्य सांस्कृतिक अंतरफलक के इतिहास में मील के पत्थर के रूप में देखा जाता है।

चीन-भारतीय संबंध, हालाँकि, कमजोर हुए हैं, यह संबंध पिछले पांच दशकों के दौरान विभिन्न चरणों से गुजरे हैं। 1960 और 1970 के दशक में गहरी शत्रुता से 1980 के दशक में मेल-मिलाप तक पहुचें और सोवियत संघ के पतन के पश्चात पुनः समायोजित हो रहे हैं। (Arif 2013, Bai Xianjing and Gao Jing 2006)। उत्तर-शीत युद्ध काल के दौरान संबंधों में काफी सुधार हुआ। दोनों राष्ट्रों ने धीरे-धीरे एशिया व घरेलूशांति और आर्थिक समृद्धि के संबंध में विभिन्न क्षेत्रों में सहयोग की आवश्यकता को महसूस किया। वर्तमान परिप्रेक्ष्य को देखते हुए, दोनों देशों के मध्य संबंधों की गहराई व दिशा सम्पूर्ण दक्षिण एशियाई क्षेत्र के लिए अत्यधिक महत्त्वपूर्ण है।

2013 में, भारत के भूतपूर्व प्रधानमंत्री डॉ. मनमोहन सिंह और चीन के प्रधानमंत्री Li Keqiang ने 2014 को भारत और चीन के मध्य मैत्रीपूर्ण आदान-प्रदान का वर्ष घोषित

किया, और इसीलिए, 2014 के दौरान विभिन्न भारतीय त्योहारों को चीन के कई शहरों में आयोजित किया गया था। त्योहारों में भारतीय प्रदर्शनकलाओं, आधुनिक भारतीय कला की प्रदर्शनी और दोनों देशों के मध्य बौद्ध धर्म संबंधों के चित्रण का प्रदर्शन किया गया। चीन के राष्ट्रपति शी जिनपिंग की भारत यात्रा और भारत के प्रधानमंत्री नरेंद्र मोदी की चीन यात्रा का प्रमुख उद्देश्य व्यापार व निवेश को बढ़ाना और सुस्त पड़े सीमाबद्ध मुद्दों को पुनः व्यवस्थित करना है, जिससे द्विपक्षीय संबंध सशक्त हों। भारत ने बीजिंग समर्थित एशियन इन्फ्रास्ट्रक्चर इन्वेस्टमेंट बैंक के संस्थापक सदस्य के रूप में शामिल होने की इच्छा जाहिर की है।

चीन और भारत (Chindia) का उदय होने के कारण व्यापक व्यावसायिक प्रभाव पड़ने की संभावना है। यह विश्व के लिए अत्यधिक लाभकारी होगा, उदाहरण के लिए, विकसित अर्थव्यवस्थाएं संगठित खुदरा बिक्री के माध्यम से तथा विनिर्माण क्षेत्र में निवेश करके दोनों देशों के व्यापक उपभोक्ता बाज़ार में प्रवेश कर सकती हैं। इसके आलावा, चीन और भारत दोनों विश्व के शेष भागों के साथ एकीकृत हो रहे हैं और अपने प्रयासों का लाभ उठाएंगे।

तेजी से बढ़ती अपनी अर्थव्यवस्था के साथ, दोनों राष्ट्र धीरे-धीरे विश्व के विनिर्माण और सेवा केंद्र बन रहे हैं और प्राकृतिक संसाधनों की बड़ी मात्रा की आवश्यकता है। 2006 में, अफ्रीकी देशों के नेता एक बैठक में भाग लेने के लिए बीजिंग आए, जो इस तथ्य से प्रेरित थाकि चीन को अफ्रीका में उपलब्ध संसाधनों की आवश्यकता है, जबकि अफ्रीकी देश चीन कि तकनीकी विशेषज्ञता का उपयोग करके लाभान्वित हो सकते हैं। भारत और अफ्रीकी नागरिक भी इस अवधि के दौरान पारस्परिक लाभ पर चर्चा करने के लिए मिले थे। इस प्रकार, चिंडिया (Chindia) अपने विकास के लिए कई अन्य राष्ट्रों की शक्ति का दोहन करने की कोशिश कर रहा है। हालांकि, दोनों देशों की विकास प्रक्रिया पर नजदीक से नज़र डालने पर पता चलता है, कि वे अलग-अलग तरीके का अनुसरण करते हैं। दोनों प्रगतिशील देशों के मध्य रोचक विरोधाभासों ने सम्पूर्ण विश्व के विद्वानों और अग्रणी अनुसंधान संस्थानों का गंभीर ध्यान आकर्षित किया है।

इस पृष्ठभूमि को देखते हुए, दोनों देशों के सामाजिक-सांस्कृतिक, राजनीतिक और आर्थिक संबंधों के विभिन्न पहलूओं पर ध्यान देने की आवश्यकता है। पुस्तक के अध्याय चीन के साथ-साथ भारत के शोध विद्वानों और शिक्षाविदों के चयनित शोध लेखों के समूह पर आधारित हैं। पुस्तक का उद्देश्य कई महत्त्वपूर्ण पार-देशीय मुद्दों और उनकी अपनी-अपनी अर्थव्यवस्थाओं के लिए उनके निहितार्थ पर एक अच्छा परिप्रेक्ष्य प्रस्तुत करना है। पुस्तक के अंतर्गत दोनों देशों से संबंधित इतिहास, संस्कृति, राजनीतिक संबंध, आर्थिक परिप्रेक्ष्य और अन्य मुद्दे शामिल हैं। विभिन्न परिप्रेक्ष्य द्वारा मतभेदों को क्रमिक रूप में गहराई से समझने के लिए, सामाजिक-सांस्कृतिक कारकों के योगदान और राजनीतिक तथा सामरिक संबंधों की भूमिका को शामिल किया गया है। हमने लेखों का चयन करने में एक सम्रग दृष्टिकोण को

अपनाया है। पुस्तक में सम्मिलित विषय किसी विशेष क्षेत्र के अनुसंधान तक सीमित नहीं हैं बल्कि विषय का विस्तार ऐतिहासिक और सांस्कृतिक कारकों से लेकर अंतरराष्ट्रीय संबंधों से संबद्ध कारकों और दोनों देशों द्वारा अपनाई गयी वर्तमान व्यवसायिक रणनीतियों तक है। पुस्तक दो भागों में विभाजित है: भाग 1—इतिहास, संस्कृति और अंतरराष्ट्रीय संबंध तथा भाग 2—अर्थव्यवस्था और व्यापार: तुलनात्मक केंद्र।

पुस्तक के भाग 1 में ऐतिहासिक और सांस्कृतिक विषयों के साथ-साथ भारत व चीन से संबंधित अंतरराष्ट्रीय संबंधों पर आधारित अध्याय सम्मिलित हैं। अध्याय 1 मुख्य रूप से यूरेशियन सभ्यता के सतत विकास पर दो प्राचीन सभ्यताओं के गहन प्रभाव तथा योगदान की चर्चा करता है और इन सांस्कृतिक असमानता से इन दोनों अर्थव्यवस्थाओं के कामकाज को एक अलग प्रकार से आगे बढ़ाता है। इस प्रयास में, अर्थव्यवस्था और संस्कृति के सतत विकास पर सिंधु घाटी सभ्यता और प्राचीन Shu सभ्यता के प्रभाव का एक सुव्यवस्थित तुलनात्मक अध्ययन किया गया है। यह अध्याय शहरी नियोजन और सामाजिक स्तरीकरण संरचना के तुलनात्मक व विरोधाभासी दृष्टिकोणों को अभिग्राहित करता है जो दोनों प्राचीन सभ्यताओं में प्रचलित थे। प्राचीन काल से सांस्कृतिक आदान-प्रदान किस प्रकार परिवर्तन से गुजरा है, जिसके चलते अध्याय में वर्तमान संबंध को आकार देने के बारे में भी छानबीन की गई है। यह भाग एक ऐसे अध्याय (अध्याय 2) को भी शामिल करता है, जो दर्शाता है कि Shu व्यापारी भारत में प्रवेश करने वाले सबसे पहले व्यापारी थे और चीन के साथ वाणिज्यिक गतिविधियों में संलग्न थे। इसने प्राचीन भारत में दोनों शब्दावलियों Seres और Cina की उत्पत्ति और उसके अर्थ का पता लगाने की कोशिश की क्योंकि इस विषय पर विवाद है और यह कई वर्षो से बहसका मुद्दा है। यह अध्याय **'सेरइंडिया'** (Serindia) और **'इंडोचाइना'** (Indochina) कि अवधारणा को प्रस्तुत करता है, जो चीनी व भारतीय सभ्यताओं के मध्य विनिमय व अंतःक्रियाको परिभाषित करता है और चीन, भारत तथा अन्य यूरेशियन सभ्यताओं के मध्य रेशम व संचार के पश्चिमी संचरण में 'रेशम मार्ग' की भूमिका को निरूपित करता है। ये अध्याय सिंधु घाटी व Shu सभ्यता के मध्य सांस्कृतिक आदान-प्रदान और दोनों का अन्य प्राचीन सभ्यताओं के साथ सम्पर्क को स्पष्ट करते हैं।

चीन और भारत के मध्य सांस्कृतिक भिन्नता उनके नैतिक व्यवहार व धर्म में परिलक्षित होती है और सांस्कृतिक आदान-प्रदान के दूसरे रूप अर्थात् पर्यटन के लिए इसके निहितार्थ हैं। पर्यटन सांस्कृतिक भिन्नता के नकारात्मक व सकारात्मक प्रभाव का सामना करता है। अध्याय 3 बताता है कि दोनों राष्ट्रों को एक-दूसरे की संस्कृति को जानना, समझना व सम्मान करना और द्विपक्षीय पर्यटन सहयोग में वृद्धि करने के लिए सांस्कृतिक आदान-प्रदान करना चाहिए। जहाँ तक सांस्कृतिक पहलू का संबंध है, अध्याय 4 भारत के नोबेल पुरस्कार विजेता कवि रबींद्रनाथ टैगोर के जीवन और कार्य से उपलब्ध अन्तर्दृष्टि के साथ शिक्षा, संस्कृति व संस्था निर्माण के क्षेत्र में भारत-चीनी पारस्परिक समझ व सहयोग के लिए उनके

निरंतर प्रयासों पर ध्यान केंद्रित करता है। इस पहलू पर चर्चा के अभाव में सभवत: यह भाग व्यापक नहीं होगा। इस अध्याय में बौद्धिक नेतृत्व पर प्रकाश डाला गया, जैसा कि एक प्रेरणात्मक स्तर पर संकट के समय का सामना करने के लिए टैगोर द्वारा वर्णित किया गया है। अधिक व्यावहारिक धरातल पर, यह अध्याय टैगोर के दर्शन और ज्ञान पर आधारित नेतृत्व की उत्कृष्टता, कॉर्पोरेट सामाजिक उत्तरदायित्व और मानवीय विकास से संबंधित आधुनिक संगठनों के लिए नेतृत्व, नवीनता व सामुदायिक विकास के वैकल्पिक प्रारूप को प्रस्तुत करता है। यह अध्याय चीनी और भारतीय सभ्यताओं के ऐतिहासिक योगदान को उजागर करने में तथा दोनों आधुनिक राष्ट्रों को वैश्विक मंच पर नेतृत्व की भूमिका निभाने व एक नींव के रूप में एक समृद्ध भू-भाग बनाने के लिए प्रोत्साहित करने में, टैगोर की अद्वितीय भूमिका की याद दिलाता है। टैगोर ने चीन में अपने व्याख्यानों के द्वारा संस्कृति का गुणगान किया, और भविष्य में भारत-चीनी संबंधों को सशक्त करने तथा पश्चिम की आक्रामक पूंजीवादी शक्तियों के विरुद्ध एशियाई आवाज में वृद्धि करने के लिए विश्व भारती में चीना भवन का निर्माण किया गया।

अध्याय 5 विशेष रूप से पंद्रहवीं शताब्दी में धार्मिक संस्कृति के प्रसार का ऐतिहासिक परिप्रेक्ष्य प्रदान करता है। उपनगरीय व्यापार पर आधारित सरकारी विनियमों के अलावा, यहां दो लोक बल विद्यमान थे जो चीन और भारत के मध्य सांस्कृतिक आदान-प्रदान के लिए दूत के रूप में कार्यरत थे, ये 'पश्चिमी भिक्षु' (Western Monks) और व्यापारी थे। चीन और भारत के मध्य संचार तथा पंद्रहवीं शताब्दी में धार्मिक संस्कृति के प्रसार को चीन-भारतीय संबंधों के क्षेत्र में एक महत्त्वपूर्ण मोड़ के रूप में संदर्भित किया जा सकता है, क्योंकि वे महत्त्वपूर्ण सांस्कृतिक परिवर्तन लाये थे। लेखक ने उल्लेख किया है कि हालांकि येआदान-प्रदान, राष्ट्रीय व नागरिक दोनों आयामों में, बहुत अधिक सफल नहीं हुए, इन्होंने राष्ट्रों में नए प्राण भर दिए। दोनों देशों ने विभिन्न सांस्कृतिक विशेषताओं को उत्पन्न किया है, जो संस्कृतियों के आध्यात्मिक अर्थ तथा अभिव्यक्ति के प्रतिमान की समृद्धि में मदद करता है। इससे भी महत्त्वपूर्ण बात यह है कि इस आरंभिक परस्पर क्रिया से सीखने वाले सबक समकालीन विश्व में चीन-भारतीय विनियमों के लिए लाभकारी संदर्भ प्रदान करते हैं।

भारत की संस्कृति व मूल्यों को विश्व में बढ़ावा देकर इसकी सांस्कृतिक सौम्य शक्ति (Soft power) में वृद्धि हेतु, वर्तमान समय में भारत के प्रयासों पर एक संवाद को अध्याय 6 में प्रस्तुत किया गया है, जो चीन के लिए बहुत महत्व रखता है। जैसा कि सांस्कृतिक उद्योग सम्पर्क का एक महत्त्वपूर्ण वाहक है, भारतीय सरकार सांस्कृतिक उत्पादों के औद्योगिकीकरण को अत्यधिक महत्व दे रही है, ताकि इन्हें विशिष्ट रूप से आकर्षक बनाया और सरलतापूर्वक पहचाना जा सके। हालांकि, चीन अपने सांस्कृतिक उद्योग के संदर्भ में अति पिछड़ेपन से ग्रस्त है और उद्योग का विदेशी प्रभाव कम है, जो चीन की जनसंख्या, संसाधन व आर्थिक विकास से मेल नहीं खाता। इसलिए, कुछ रणनीतियों को आगे बढ़ाया

गया, जो राष्ट्र में सांस्कृतिक उत्पादों के उत्पादन को प्रबल करने और सांस्कृतिक सौम्य शक्ति को प्रोत्साहित करने के लिए चीन की सहायता कर सकती है।

यह भाग दोनों उभरती महाशक्तियों-चीन और भारत के संबंध में पड़ोसी देशों में अंतरराष्ट्रीय संबंधों व राजनीतिक परिदृश्यों की ओर उत्तरोत्तर अपना ध्यान स्थानान्तरित करता है। किसी राष्ट्र के अंतरराष्ट्रीय संबंध अपनी अर्थव्यवस्था की विकास प्रक्रिया को संचालित करने में महत्त्वपूर्ण भूमिका निभाते हैं। विशेष रूप से, इस भाग में वर्तमान समय में अफ़ग़ानिस्तान व पाकिस्तान के साथ भारत व चीन के अंतरराष्ट्रीय संबंधों के महत्व और संबंधित देशों कि कार्य पद्धति पर इसके प्रभाव पर चर्चा करने के लिए तीन अध्याय शामिल हैं। इसमें बांग्लादेश चीन भारत म्यामांर-आर्थिक गलियारा (BCIM-EC) और अमेरिका की "एशियाई धुरी (Pivot to Asia)' रणनीति के संदर्भ में चीन-भारतीय संबंधों के पुर्ननिरीक्षण पर प्रकाश डाला गया है।

प्रथम, पृष्ठभूमि पर एक सुस्पष्ट लेख, और बीसीआईएम आर्थिक गलियारे का संभावित प्रभाव हाल के समय में एक दिलचस्प विषय के रूप में प्रस्तुत किया गया है। गलियारे का उद्देश्य कई महत्त्वपूर्ण मुद्दों जैसे चीन और भारत के मध्य व्यापार असंतुलन के साथ-साथ क्षेत्र की सुरक्षा समस्याओं का समाधान करना है। यह चीन की दक्षिण-पूर्व के लिए खुली रणनीति के विकास जबकि भारत की पूर्वी नीति के लिए लाभकारी होगा। द्वितीय, सयुंक्त राज्य अमेरिका ने अपनी 'Pivot to Asia' रणनीति को लागू करने पर ध्यान केंद्रित किया है, जो एशियाई राष्ट्रों के मध्य कलह और विभाजन का बीजारोपण करके एशिया के आर्थिक विकास को जब्त करने का प्रयास करती है। अध्याय 8 यह प्रतिबिंबित करता है कि इस पृष्ठभूमि में, चीन सम्पूर्ण एशिया के हित और चीन की राष्ट्रीय रणनीति के लिए पाकिस्तान के साथ सहयोगकी कोशिश करेगा और चीन-पाकिस्तान के संबंधों के पुनःस्थापन को अक्सर भारत द्वारा खतरे के रूप में व्याख्यायितकिया जाता है। जो क्षेत्रीय सुरक्षा के लिए कुछ अस्थिर कारकों में वृद्धि करता है। तृतीय, अफ़ग़ानिस्तान की अद्वितीय भौगोलिक स्थिति और इसके मध्य एशिया, पश्चिम एशिया, व दक्षिण एशिया के जुड़ाव के कारण यहां चीन-भारतीय सहयोग में अवसरों व चुनौतियों का वर्णन किया गया है।

पांडुलिपि के द्वितीय भाग में इन दोनों देशों के मध्य आर्थिक और व्यवसाय संबंधी मुद्दों का अभिलेख है। पिछले भाग में वर्णित सांस्कृतिक और धार्मिक आदान-प्रदानों के अलावा, प्राचीन समय से दोनों राष्ट्रों के मध्य आर्थिक आदान-प्रदान उनकी विकास प्रक्रिया में महत्त्वपूर्ण भूमिका निभाते आये हैं। इस भाग में अध्याय निम्नलिखित महत्त्वपूर्ण मुद्दों पर चर्चा करता है:

प्रथम, अध्याय 10 चीन और भारत की भूमंडलीकरण पर अलग-अलग प्रतिक्रिया पर प्रकाश डालता है। यह स्वयं-प्रतिनिधित्व की राजनीति के अंतर्गत लेखों का खाका तैयार करने की कोशिश करता है जो भारत और चीन की प्रतिक्रियाओं को प्रदर्शित करते हैं,

और जो काफी हद तक समझा सकते हैं कि उनके आधारभूत विकल्प किस प्रकार अलग हुए और एक दूसरे के घनिष्ठ मित्र के रूप में परिवर्तित हुए। वैश्वीकरण के कई प्रवाह फैले हैं: पश्चिम से गैर-पश्चिम तक, गैर-पश्चिम से पश्चिम और स्वयं गैर-पश्चिम राष्ट्रों के अंतर्गत तक और पिछले कुछ दशकों में अपने स्वयं के प्रयासों द्वारा द्वारा स्वयं के विकास में चीनी सफ़लता भारत के लिए प्रेरणादायक है और दोनों राष्ट्रों के मध्य मौजूदा सीमा विवाद तथा तनावपूर्ण राजनीतिक संबंध के बावजूद, अपने राजनीतिक और आर्थिक परिदृश्य को प्रभावित किया है। अध्ययन यह उल्लेख करता है कि वैश्वीकरण की अवधि के दौरान व्यापारिक उदारीकरण और वित्तीय क्षेत्र के उदारीकरण के साथ-साथ राजकोषीय घाटे में कमी पर अत्यधिक ध्यान देना भारत में क्षेत्रीय असमानता में वृद्धि के लिए जिम्मेदार है। दूसरी तरफ, वित्तीय विकेंद्रीकरण, विदेशी प्रत्यक्ष निवेश का प्रवाह, विकास और वित्तीय क्षेत्र का खुलापन इत्यादि जैसे कारक चीन में क्षेत्रीय असमानता को समझाते हैं। अधिमान्य सरकार की नीतियों और उत्पादन के कारकों के आवंटन में परिवर्तन ने भी चीन में क्षेत्रीय असंतुलन का नेतृत्व किया है। इस अध्याय का मुख्य उद्देश्य यह दर्शाना है कि देश के विभिन्न क्षेत्रों में परिवर्तन वैश्वीकरण की प्रतिक्रिया में परिवर्तन के साथ यह संकेत करता है कि भारत कि अपेक्षा चीन वैश्वीकरण और उदारीकरण से ज्यादा फायदा उठा रहा है। यह अध्याय समष्टि अर्थशास्त्र पर आधारित चीन और भारत के क्षेत्रों में विचलन के मुद्दों की जांच करता है। इसके आलावा, यह बुनियादी ढांचे के विकास की भूमिका, विशेषकर उन राज्यों के संदर्भ में जो वैश्वीकरण से अधिकतम लाभ प्राप्त करने में असफल रहे हैं, की भी जांच करता हैं। विशेष रूप से, अध्याय यह देखता है कि अनुकूल भौगोलिक स्थान, बेहतर आधारभूत ढांचे के विकास और राज्य स्तर पर उपयुक्त नीतियों के कार्यान्वयन ने हाल के समय में उत्तर-वैश्वीकरणीय युग में चीन और भारत के अंतर्गत उच्च आय की शुरुआत की।

द्वितीय, वर्तमान परिदृश्य में, भारतीय अर्थव्यवस्था के समक्ष एक गंभीर चुनौती देश के विनिर्माण क्षेत्र का पुनर्गठन करना है, जबकि चीनी अर्थव्यवस्था का तीव्र विकास मुख्य रूप से एक सशक्त विनिर्माण द्वारा हुआ है। विनिर्माण राष्ट्र की अर्थव्यवस्था में एक महत्त्वपूर्ण भूमिका निभाता है और यह समाज के लिए मूल्य सृजन का एक केंद्र बिन्दु है, क्योंकि इस क्षेत्र में नौकरियाँ पैदा होती है और वस्तुओं का उत्पादन होता है। अध्याय 12 चीन द्वारा अपनायी गई विनिर्माण रणनीतियों, जिसने चीन में आर्थिक प्रगति को जन्म दिया, को समझाने के साथ-साथ उन नीतियों की भारत के साथ तुलना करता है। यह अध्याय आगे बताता है कि अंतर्निहित शक्तियों ने भारत को मुख्य रूप से एक सेवा गंतव्य बनने में सहायता की है, जबकि वैश्विक मंच पर चीन मुख्य रूप से विनिर्माण आधार बन गया है। हालांकि, चीन स्पष्ट रूप से अनुसंधान और विकास (R&D) तथा बैंकिंग केंद्रों द्वारा सेवाओं की ओर अच्छी प्रगति कर रहा है, जो विशेष रूप से यांगत्सी नदी डेल्टा (YRD)

क्षेत्र में विकसित हुए हैं; वही दूसरी तरफ, भारत, पिछले कुछ वर्षो में किए जा रहे प्रयासों के बावजूद विनिर्माण क्षेत्र में महत्वपूर्ण प्रगति नहीं कर पाया है। पुन:, हालांकि, चीन ने विशेष आर्थिक क्षेत्र (एसईजेड) के द्वारा व्यवसायी वातावरण में कौशल निर्माण और प्रोत्साहन देने के संबंध में अच्छा कार्य किया है, चीन द्वारा उत्पादित वस्तुओं की गुणवत्ता का पहलू थोड़ा अलग है। वर्षो से, विश्व की अन्य अर्थव्यवस्थाओं की तरह, भारतीय विनिर्माण उद्योग की दक्षता में बदलाव हुए हैं। हालांकि, कई मुद्दों पर ध्यान देने की आवश्यकता है और यहाँ स्पष्ट रूप से कई संभव तरीके हैं जिनके द्वारा भारत और चीन मिलकर एक समृद्ध सहजीवी पारिस्थितिकी तंत्र बना सकते हैं।

तृतीय, एक और अध्याय (अध्याय 3) कॉर्पोरेट्स द्वारा अनुगमित कॉर्पोरेट सोशल दायित्वों के संदर्भ में चीन और एशिया की अन्य उभरती अर्थव्यवस्थाओं के संबंध में भारत की स्थिति का रोचक मूल्यांकन प्रदान करता है। यह कॉर्पोरेट सामाजिक उत्तरदायित्व (सीएसआर) की गतिविधियों, नियमों और एशिया के विकासशील देशों के प्रदर्शन के स्तर का पता लगाने का प्रयास करता है। 2012–2013 के दौरान एएसआर की रिपोर्ट के आधार पर एशियाई देशों के मध्य कॉर्पोरेट सामाजिक उत्तरदायित्व (सीएसआर) की गतिविधियों के साथ बॉम्बे स्टॉक एक्सचेंज में सूचीबद्ध भारतीय कंपनियों की तुलना की गई है ताकि नया कंपनी अधिनियम, 2013 के अंतर्गत सीएसआर प्रावधानों के लिए नवनिर्मित सिद्धांतों के संभावित प्रभावों का पता लगाया जा सके। अध्ययन में पाया गया है कि हाल के समय में भारत ने सीएसआर की गतिविधियों और योगदान में चीन और अन्य विकासशील अर्थव्यवस्थाओं से बेहतर प्रदर्शन किया है।

अंत में, पांडुलिपि में दो अध्याय (अध्याय 14 और 15) सम्मिलित हैं जो भारत और चीन के मध्य कई महत्त्वपूर्ण मुद्दों की तुलना करते हैं। इस भाग में अध्याय दोनों देशों के स्वास्थ्य क्षेत्रों के पिछले कुछ वर्षों में प्रदर्शन और दोनों देशों के मध्य सामाजिक उत्तरदायित्व रणनीतियाँ और व्यवसायी-संघ के प्रदर्शन के बीच संबंध किस प्रकार अलग अलग हैं, का वर्णन करते हैं। दोनों देशों की स्वास्थ्य व्यवस्था की कार्य प्रणाली को समझने के लिए, अध्याय 14 स्वास्थ्य पर ध्यान केंद्रित कर ऐतिहासिक, सामाजिक और राजनीतिक विकास की खोज करता है, जिसने वर्तमान स्थिति को आकार दिया है, जबकि अध्याय 15 सीएसआर -हाल के समय में परिचर्चा का एक प्रमुख विषय, के संदर्भ में भारतीय और चीनी कंपनियों की केस स्टडी पर आधारित कई महत्त्वपूर्ण निष्कर्षों तक पहुंचता है।

चीन और भारत दोनों ही एक सामान रूप से ऐसी चुनौतियों का सामना कर रहे हैं जो उनकी अपनी स्वास्थ्य वितरण प्रणाली पर विशेष रूप से तेजी से बढ़ती जनसंख्या की मांगों को पूरा करने के संदर्भ में बढ़े पैमाने पर बोझ डाल रहीहैं। आय में वृद्धि ने उच्च उपभोक्ता उम्मीद और उच्च गुणवत्तापूर्ण स्वास्थ्य सेवा की मांग के सृजन में महत्वपूर्ण भूमिका निभाई

है। फिर भी, दोनों देशों के समृद्ध और गरीब तथा शहरी और ग्रामीण जनसंख्या के मध्य एक व्यापक खाई विद्यमान है। अंतिम अध्याय, विकसित अर्थव्यवस्थाओं में निगमों द्वारा अनुसरित सीएसआर रणनीतियों की जांच करता है, जैसे उनकी वार्षिक रिपोर्ट, और फिर उसकी चीन और भारत के साथ तुलना करता है। यह अध्ययन सीएसआर रणनीतियों और व्यवसायी-संघ के प्रदर्शन के मध्य के संबंध की जांच करता है।

इस पुस्तक ने, इस प्रकार, इतिहास के द्वारा चीन-भारतीय संबंधों और सांस्कृतिक आदान-प्रदानों के साथ-साथ इनके सामाजिक-राजनीतिक और आर्थिक विकास के परिप्रेक्ष्यों व मुद्दों को प्रस्तुत करने का प्रयास किया है। यह पुस्तक अन्य सभ्यताओं पर भी उनके प्रभाव के दस्तावेज़ प्रस्तुत करती है। समकालीन विश्व में, दोनों राष्ट्रों ने स्थिरता और समृद्धि प्राप्त करने के लिए विभिन्न क्षेत्रों में सहयोग की आवश्यकता महसूस की है। यह पुस्तक अतीत से वर्तमान तक चीन व भारत के मध्य आदान-प्रदान व सहयोग के इतिहास, सांस्कृतिक, आर्थिक, सामाजिक व राजनीतिक पहलुओं के माध्यम से पाठक को एक यात्रा पर ले जाने में सक्षम है। अध्याय माननीय लेखकों के विचारों और मान्यताओं पर आधारित है। ये अध्याय इसके संपादकों और संगठनों के विचारों का प्रतिनिधित्व नहीं करते हैं।

टिप्पणी

1. Embassy of the People's Republic of China in India http://www.indianembassy.org.cn/DynamicContent.aspx?MenuId=4&SubMenuId=0 (accessed on 11 May 2016).

संदर्भ

Arif, Sheikh Mohd. 2013. 'A History of Sino-Indian Relations: From Conflict to Cooperation'. *International Journal of Political Science and Development.*

Sheth, Jagdish. 2008. *Chindia Rising: How China and India Will Benefit Your Business*. Tata McGraw-Hill.

भाग I
इतिहास, संस्कृति और अंतरराष्ट्रीय संबंध

1 सिंधु सभ्यता और प्राचीन शू सभ्यता

एक तुलनात्मक अध्ययन

Zou Yiqing

परिचय

सिंधु घाटी सभ्यता दक्षिण एशिया के उपमहाद्वीप की एक देशीय सभ्यता होने के साथ-साथ विश्व की सबसे प्रसिद्ध प्राचीन सभ्यताओं में से एक है। लगभग 700,000 हजार वर्ष पूर्व, भारतीय उपमहाद्वीप के उत्तर-पश्चिम में स्थित सिंधु घाटी में मानव बस्तियां विद्यमान थी। 7000 ईसा पूर्व के आसपास, सिंधु घाटी ने नवपाषाण युग में प्रवेश किया। सिंधु घाटी छोटे-छोटे नगरों के साथ समृद्ध हो गई। नगरों के कई भागों का निर्माण ठोस मिट्टी की ईंटों के द्वारा किया गया। लोगों ने पशुपालन और खेती करना आरम्भ कर दिया। 2600 ईसा पूर्व के आसपास, सिंधु घाटी सभ्यता धीरे-धीरे अपने चरम पर पहुँच गई। सिंधु नदी घाटी के 1,300,000 वर्ग किमी की क्षेत्रीय भूमि पर हजारों बड़े और छोटे नगर और गाँव दिखाई देने लगे। सभ्यता के महत्वपूर्ण केन्द्रों में से एक को हड़प्पा कहा जाता था। इसीलिए, शैक्षणिक हलकों ने सिंधु घाटी सभ्यता को एक ओर नाम दिया– हड़प्पा सभ्यता।

नगरीय सभ्यता का विकास, सिंधु घाटी सभ्यता की सबसे उल्लेखनीय विशेषता है। हड़प्पा और मोहनजोदड़ो के नगरों का निर्माण क्षेत्र की नगरीय सभ्यता का सबसे उत्कृष्ट प्रस्तुतीकरण था। नगरों की विशेषताओं में साफ़-सुथरे और मजबूत ईंट के घर, पानी की आपूर्ति, जल-निकासी व्यवस्था, समृद्ध वाणिज्यिक व्यापार और अति सुन्दर हस्तशिल्प

उत्पादों का बाजार शामिल था। 1900 ईसा पूर्व के आसपास, सिंधु घाटी सभ्यता का पतन होना आरम्भ हुआ और लगभग 1750 ईसा पूर्व तक यह विलुप्त हो गई।

प्राचीन Shu सभ्यता, चीनी सभ्यता के विविध विकास के स्वरूपों के इतिहास के महत्वपूर्ण अवयवों में से एक है। प्राचीन Shu सभ्यता दक्षिण-पश्चिम चीन में सिचुआन घाटी विशेषकर Chengdu की भूमि पर विकसित हुई। पुरातात्विक आँकड़ों से पता चलता है कि, अत्यंत नूतन (Pleistocene) युग के प्रारंभ में, सिचुआन घाटी में मानवीय गतिविधियां हुआ करती थीं। लगभग 6000 ईसा पूर्व के आसपास, Chengdu भूमि के क्षेत्र की प्राचीन Shu सभ्यता का केंद्र निओलिथिक या नई पाषाण युग में प्रवेश कर चुका था और आरंभिक कृषि समुदायों का निर्माण शुरू हो गया था। लगभग 2000 ईसा पूर्व में, प्राचीन Shu सभ्यता का क्षेत्र सभ्यता के प्रवेशद्वार और सांक्शिंगदूई सभ्यता के जन्म का साक्षी है। प्रतिभाशाली कांस्य संस्कृति के साथ प्राचीन Shu सभ्यता ध्यान आकर्षित करने वाली बन गई थी। नगरीय सभ्यता एक महत्वपूर्ण ऊंचाई पर पहुँच गई और नगरों की पदानुक्रम प्रणाली का विकास हुआ। सांक्शिंगदूई की प्राचीन Shu राजधानी और Chengdu के औद्योगिक और वाणिज्यिक केंद्र अत्यधिक विकसित प्राचीन Shu सभ्यता काविशिष्ट प्रतिनिधित्व करने वाले हैं। 316 ईसा पूर्व में, Qin ने Shu को पराजित किया और उस पर अधिकार कर लिया। तत्पश्चात, Han civilisation के द्वारा प्राचीन Shu सभ्यता धीरे-धीरे परिवर्तित हुई और अंत में आज हमारे द्वारा देखी जाने वाली चीनी सभ्यता के रूप में विकसित हुई।

सिंधु घाटी सभ्यता और प्राचीन Shu सभ्यता दोनों पुरातन सभ्यताएं हैं, जो स्वतंत्र रूप से विकसित हुई। इन दोनों सभ्यताओं ने प्राचीन यूरेशियन सभ्यता में एक महत्वपूर्ण भूमिका निभाई थी। हालांकि यह दोनों सभ्यताएं एक-दूसरे से बहुत दूर तथा अलग थीं। उनके विन्यासऔर समय अलग-अलग थे और उनकी विशेषताओं में भी विविधता थी, परन्तु उन में समान विशेषताएं भी थीं उदाहरण के लिए, उनकी अर्थव्यवस्थाएं, जो खेती पर आधारित थीं, प्राचीन समय में विकसित हुई और उन्होंने विश्व की सबसे पुरानी कृत्रिम सिंचाई प्रणाली का निर्माण किया था। अनेक और प्रसिद्ध नगर, दोनों सभ्यताओं की एक समान विशेषता थी। उनके मध्य सांस्कृतिक आदान-प्रदान था और अन्य सभ्यताओं पर इन दोनों सभ्यताओं का सामान रूप से प्रभाव था। सिंधु घाटी सभ्यता और प्राचीन Shu सभ्यता का तुलनात्मक अध्ययन हमें प्राचीन सभ्यता के अर्थ के बारे में हमारी समझ को निखारने में और अर्थव्यवस्था तथा संस्कृति के धारणीय विकास पर प्राचीन सभ्यता के गहन प्रभाव को समझने में हमारी मदद करता है।

यहां, इन दोनों सभ्यताओं के मध्य तीन दृष्टिकोणों के आधार पर तुलना की गई है: उस अवधि के दौरान जल संरक्षण परियोजनाएं, नगर का निर्माण और अंतरराष्ट्रीय सांस्कृतिक आदान-प्रदान। अगले भागों में, इन पर विस्तार से चर्चा की गई है।

जल संरक्षण परियोजनाओं की तुलना

सिंधु घाटी सभ्यता और प्राचीन Shu सभ्यता दोनों ने सभ्य समाज की आधारभूत संरचना का प्रतिनिधित्व और कृषि अर्थव्यवस्था के विकास तथा नगर की आर्थिक समृद्धि का समर्थन करते हुए विशाल जल संरक्षण परियोजनाओं का निर्माण किया।

नदी का प्रवाह उत्तर से दक्षिण की ओर होने के कारण सिंधु नदी घाटी का भूभाग उत्तर-पश्चिम में अधिक और दक्षिण-पूर्व में कम है। सिंधु नदी के दक्षिणी भागों में उच्च तापमान रहता है क्योंकि यह भाग उप-उष्णकटिबंधीय स्थान पर स्थित है, जहां हिमालय पर्वत श्रृंखला की उपस्थिति के कारण ठंडी हवाएं बहती हैं। हिंद महासागर से दक्षिण-पश्चिमी मानसूनहवाएं वर्ष के लगभग 6 से 10 माह के लिए प्रचुर मात्रा में वर्षा लाती हैं। वर्ष के बाकी समय यहाँ का मौसम शुष्क और कम वर्षा होती है। उच्च तापमान और वर्षा के अत्यधिक संकेन्द्रित होने के कारण, शुष्क मौसम के समय फसलों को पर्याप्त पानी नहीं मिलता है। मानसून सत्र के समय, अक्सर बाढ़ आ जाती है और खेती नष्ट हो जाती है। हालांकि, मानसून की उग्रता और उसका आगमन सिंधु नदी की कृषक भूमि पर महत्वपूर्ण प्रभाव डालता है। इसलिए, जल संरक्षण परियोजनाओं और कृत्रिम सिंचाई तथा जल-निकासी प्रणाली का निर्माण कृषि उत्पादन के लिए एक बहुत महत्वपूर्ण बात है।

4000 ईसा पूर्व के आसपास, सिंधु नदी के क्षेत्र पर सिंचाई के लिए नहरें दिखाई दीं। लगभग 2600 ईसा पूर्व में, सिंधु घाटी सभ्यता के शिखर पर, जल संरक्षण परियोजनाओं का निर्माण एक उच्च स्तर तक पहुंच गया। मुख्य रूप से, कृषि की सिंचाई के लिए जल संरक्षण परियोजनाओं और नगर में पानी की आपूर्ति तथा जल निकासी के नेटवर्क का निर्माण बहुत महत्वपूर्ण था।

पुरातत्व संबंधी आँकड़े प्रदर्शित करते हैं कि कृषि की सिंचाई के लिए यहां जल संरक्षण परियोजनाओं के दस्तावेजों का आभाव है। अभियांत्रिकी कार्यो ने सिंचाई के लिए नहरों, बड़े-बड़े बांधों, जल भंड़ारण तथा बाढ़ नियंत्रण के लिए जलाशयों के निर्माण पर ध्यान केंद्रित किया। सिंचाई और जल संरक्षण निर्माण ने कृषि के विकास की गारंटी दी जो कि सिंधु घाटी सभ्यता का आधार था। जल संरक्षण परियोजनाओं, नगर में पानी की आपूर्ति, और जल निकासी व्यवस्था का निर्माण सिंधु घाटी सभ्यता की सर्वोच्च उपलब्धियां थीं।

सिंधु घाटी सभ्यता के दो प्रमुख शहर मोहनजोदड़ो और हड़प्पा थे। जिन्होंने विश्व की सबसे उन्नत नगर जल आपूर्ति और जल निकासी प्रणाली का निर्माण किया। नगर में पानी की आपूर्ति दो स्रोतों से होती थी-(अ) नदी से एक जल निकासी प्रणाली के निर्माण द्वारा, नगर से दूर नहीं और (बी) नगरों में कुओं की खुदाई करके। मोहनजोदड़ो में, सड़कों पर और घरों में कई कुएं थे। स्थलों पर लगभग 600 से भी अधिक नलकूपपायेगए थे। यह कुएं उन्नतव ईंटों से बने हुएं थे और पानी की आपूर्ति के लिए बनाए गए थे। इन कुओं का आकार

लाभकारी था क्योंकि यह गहरे भूमिगत दबाव को रोकते थे (Brown 2002, 40–44)। नगर में हर सड़क पर स्वच्छ पेयजल उपलब्ध कराने के लिए कुओं का एक नेटवर्क था। नगर में हर परिवार की सुविधा के लिए नालियोंका एक नेटवर्क बनाया गया था। कई परिवारों ने स्नानग्रह और शौचालय बनवाए जिनकी निकासी बाहरी दीवार पर निर्भर थी जहां से नगरों की नालियों में ढलान के द्वारा कूड़ा-कचरा तथा पानी निकलता था। हर सड़क की जल निकासी प्रणाली को एक-दूसरे से आपस में जोड़ा गया और इसे व्यापक और संकीर्ण शाखाओं में विभाजित किया गया था। धूल के प्रवाह को रोकने के लिए कई छानने वाली सुविधाओं के साथ जल निकासीयों को ईंटों के द्वारा बनाया गया था। ठहराव या अवरोध को रोकने के लिए घरों के कोनों के आसपास वृत्ताकार घुमावके रूप में चिकने किनारों के साथ जल निकासी को निर्मित किया गया था। सड़कों से दूर कुछ नालियोंको खुली हवा में बनाया गया लेकिन ज्यादातर नालियोंको सड़कों के दोनों किनारों पर भूमिगत रूप से निर्मित किया गया। अन्यों को सिर्फ भूमिगत रूप से ही निर्मित नहीं किया गया था, परन्तु वे काफी बड़े थे ताकि लोग अपने रखरखाव की सुविधा के लिए आज़ादी से अंदर घूम सके। नालियों के झुकाव को उँचाई से निचाई की ओर रखा गया और अंततः इसका ढलान सीधे निचली धाराओं की ओर किया गया ताकि यह नदी तक पहुँच सके। नगर की जलनिकास तंत्र प्रणाली का चित्रण और इसकी उत्तम विचारशील योजना विश्व की आरंभिक सभ्यताओं में बहुत दुर्लभ थी।

पुरातत्त्ववेत्ताओं ने मोहनजोदड़ो में एक संरचना खोजी जिसे "विशाल स्नानागार" के रूप में जाना जाता है, जो एक स्नान कुंड है, यह प्राचीन भारतीय इमारतों की अद्वितीय विशेषता है। यह 12 मीटर लम्बा, 7 मीटर चौड़ा और 2.5 मीटर गहरा विशाल कुंड है जो लम्बे गलियारों और कमरों से घिरा हुआ था (Bai Xianjing and Gao Jing 2006, 16–17)। इस कुंड में मोटी डामर (रेत) का एक लेपन था और इसे ईंटों (आग में तपाई गई ईंट) के द्वारा बनाया गया था। कुंड की ईंटें बहुत मजबूत थीं; रिसाव को रोकने के लिए इसके जोड़ कुछ मिलीमीटर मोटे थे। इस बड़े स्नान कुंड को चारों तरफ़ से कुओं व जल निकासियों के साथ बनाया गया था, जो नगर की जल आपूर्ति और जलनिकास प्रणाली के महत्वपूर्ण भाग थे। विद्वानों का मानना है कि बड़े कुंड का उपयोग नागरिकों द्वारा सार्वजनिक स्नान के रूप में किया जाता था। यह सिर्फ जल-संरक्षण के निर्माण के क्षेत्र में हड़प्पा के लोगों की उत्तम कारीगरी को ही नहीं दर्शाता है बल्कि यह उनकी उत्तम जीवन-शैली और जल को एक बहुमूल्य तत्व माने जाने का भी सबूत प्रदान करता है। कुछ अन्य विद्वानों का मानना है कि बड़े कुंड का उपयोग सिर्फ दैनिक स्नान के लिए ही नहीं किया जाता था, बल्कि इसका एक धार्मिक अर्थ भी हो सकता है कि पानी में धार्मिक पूजा के लिए कुंड का उपयोग किया जाता हो। स्नान करते समय यह भारत की धार्मिक पूजा संस्कृति की शुरुआत भी हो सकती है।

Chengdu की भूमि पर बड़े पैमाने पर जल संरक्षण परियोजनाएं, प्राचीन Shu सभ्यता द्वारा जल संरक्षण संस्था का उत्कृष्ट प्रतिनिधित्व करती हैं। यह बाढ़ को नियंत्रित करने में शासन की सर्वोच्च उपलब्धि है। Chengdu की भूमि का निचला भाग अक्सर बाढ़ ग्रस्त रहता है। ग्रीष्म और शरद ऋतु में जब Minshan पर्वत पर बर्फ पिघलती है तब Minjiang नदी बहती है, जो व्यापक बाढ़ का कारण बनती है। यहाँ Chengdu मैदान के गावों और खेतों में पानी भर जाता है। Chengdu मैदान के पुरातात्विक स्थलों का शेष बचा भाग बाढ़ से बारंबार क्षतिग्रस्त या नष्ट किए गए नगरों तथा बस्तियों और उनके लगातार पुनर्निर्माण के प्रमाण प्रदान करता है (Brown 2002, Duan Yu, 2001 b, 30)। Chengdu की भूमि पर जल संरक्षण परियोजनाओं का निर्माण मुख्य रूप से बाढ़ नियंत्रण और सिंचाई के लिए किया गया था।

प्राचीन Shu सभ्यता में राजा Yu ने पहली बड़ी जल संरक्षण परियोजना के साथ बाढ़ का सामना किया। इसमें कृत्रिम जलडमरूमध्यों (channels) और जलाशयों को शामिल किया गया-नदी का पानी Minjiang से पूर्व की ओर शुनियन Xunian नदी, Pi नदी, जिनतेग Jintage नदी तथा दक्षिण की ओर Luzhou नगर में Toujiang नदी और Yangtze नदी में प्रवाहित होता है (Duan Yu, 2001b, 45–47)। जलडमरूमध्यों ने नदी का पानी प्रदत्त करने के साथ-साथ खेत की सिंचाई में सहायता की।

Xia और Shang राजवंशों में, Chengdu की भूमि ने कृषि विकास पर आधारित सभ्य समाज की अवस्था में प्रवेश किया। नगरों में कांस्य वस्तुओं के व्यापक उपयोग के साथ हस्तकला उद्योग का उद्भव हुआ जिसने कृषि उत्पादन और सिंचाई प्रणाली के विकास को बढ़ावा दिया। प्राचीन Shu सभ्यता में वसंत तथा शरद ऋतु और युद्धरत राज्यों के काल के दौरान बड़े पैमाने पर जल संरक्षण कार्य हुआ था। मौलिक रूप से Yulei Mountain ने नदी को अवरुद्ध कर दिया और नदी का पानी पूर्व की ओर प्रवाहित नहीं हो सका। जिसके कारण इस क्षेत्र में कृषि और सिंचाई का विकास गंभीर रूप से प्रभावित हुआ था। Kaiming राजा ने Yulei Mountain को कटवाया, नदी को खुदवाया और एक कृत्रिम चैनल का निर्माण करवाया। इस प्रकार एक कृत्रिम नदी बनाई गई। Minjiang नदी के ऊपरी किनारे निचली नदी में प्रवाहित होते थे जिससे जल निकासी और सिंचाई में सहायता मिलती थी। यह इतिहास था कि प्राचीन Shu सभ्यता के लोग शांति में जीवन व्यतीत करने और काम करने के लिए किस प्रकार बाढ़ का सामना, बाढ़ के पानी का उपयोग और सिंचाई सुविधाओं को विकसित करते थे।

Kaiming, प्राचीन Shu राज्य का राजा, जिसने Chengdu में राजधानी स्थानांतरित की, को उसके बाढ़ नियंत्रित उपायों के लिए जाना जाता था। उन्होंने नदियों और झीलों का उपयोग किया और Chengdu में जल संरक्षण परियोजनाओं की एक श्रृंखला का निर्माण

आरम्भ किया। पुरातत्ववेत्ताओं को पूर्वी Zhou की अवधियों की फांगची सड़क पर कृत्रिम कंकड़ें मिलीं, जो Chengdu में जल संरक्षण परियोजना स्थल था (Duan Yu 2001a)।

Shang व Zhou राजवंशों के शासन काल में, Chengdu मैदान में सिंचाई प्रणाली का विकास सरल से जटिल की ओर बढ़ा था। Kaiming राजवंश की सिंचाई प्रणाली मुख्य रूप से कृत्रिम नदियों (Jiang), तालाबों, बांधों और जलडमरूमध्यों से बनी थी। इंजीनियरिंग प्रौद्योगिकी ने लकड़ी के तिपाई बांध, बांस पीपा, बांस की तलछट टोकरी, स्तंभ इंजीनियरिंग और चिनाई के कंकड़ का उपयोग किया। सिंचाई प्रणाली ने जल निकासी और सिंचाई की दोहरी भूमिका निभाई।

प्राचीन Shu राज्य की सिंचाई प्रणाली का प्रमुख उद्देश्य बाढ़ का खतरा कम करना और बाढ़ के पानी की उचित निकासी था। राजा Kaiming के Yulei पर्वत को काटने का निर्णय चिन राजवंश के समय Shu गवर्नर Li Bing के द्वारा Dujiangyan सिंचाई परियोजना के निर्माण के विचार की तरह था। इस परियोजना ने उसके समृद्ध अनुभव और निर्माण में प्रयुक्त उन्नत प्रौद्योगिकी का प्रतिनिधित्व किया था और हजारों सालों तक इस प्रकार के ज्ञान वाला कोई भी प्राचीन Shu व्यक्ति नहीं था।

सिंधु घाटी सभ्यता और प्राचीन Shu सभ्यता के मध्य जल संरक्षण परियोजनाओं के निर्माण के संबंध में तुलनात्मक अध्ययन के द्वारा, हम यह देख सकते हैं कि सिंधु घाटी सभ्यता में नगर की जल आपूर्ति और जलनिकास तंत्र प्रणाली के निर्माण ने उच्च स्तर को प्राप्त किया। प्राचीन Shu सभ्यता ने, जल संरक्षण परियोजनाओं के निर्माण के केन्द्र बिन्दु के रूप में, नदी के जल के अनियंत्रित बहाव पर नियंत्रण किया और जल संरक्षण के क्षेत्र में बहुत बड़ी उपलब्धि प्राप्त की। सिंधु घाटी सभ्यता में दुनिया की सबसे पूर्ण नगर जल आपूर्ति और जल निकासी की व्यवस्था थी। इसके बाद नगरों के निर्माण की पद्धति नगरीय सभ्यता की सबसे महत्वपूर्ण विशेषताओं में से एक हो गयी। प्राचीन Shu सभ्यता ने जल संरक्षण परियोजनाओं के लिए नदियों का उपयोग किया, जिसने न सिर्फ Chengdu की भूमि पर बाढ़ को नियंत्रित किया बल्कि खेत की सिंचाई में भी मदद की। उसके बाद से, Chengdu मैदान के लोग बाढ़ और सूखे को नियंत्रित कर सके। इसने "प्रचुरता की भूमि (the land of abundance)" की नींव रखी।

सिंधु घाटी सभ्यता के नगरों में जल निकासी प्रणाली का निर्माण पकी हुई या ढली हुई ईंट और जलरोधक सामग्री जैसे डामर का उपयोग करके किया गया था। ईंटों को एक अत्याधुनिक तरीके से उत्पादित किया गया था और कई स्थानों पर, परिष्कृत ईंटों के निशान पाए गए थे। कुओं की अवरोधक दीवारों को गोल आकार देने के लिए गढ़ी हुई पकी ईंटों के साथ बनाया गया था। इस तकनीक ने निर्माण कर्ताओं के उत्कृष्ट कौशल का चित्रण किया। प्राचीन Shu सभ्यता की जल संरक्षण परियोजनाओं का निर्माण भी असाधारण था।

इसके तीन कार्य थे: बाढ़ के पानी को छोड़ना, छिड़काव और सिंचाई करना। यह परियोजना निर्माणकर्ताओं की धारणा, भव्य परिशुद्धता, योजना और उनकी निर्माण क्षमता को प्रदर्शित करता है।

नगर निर्माण की तुलना

नगरीय सभ्यता सिंधु घाटी सभ्यता का सबसे महत्वपूर्ण लक्षण था। सिंधु घाटी सभ्यता के दो उत्कृष्ट प्रतिनिधि नगरों में मोहनजोदड़ो और हड़प्पा थे।

मोहनजोदड़ो सिंधु नदी के दाहिने किनारे पर स्थित था। नगर का निर्माण लगभग 2600 ईसा पूर्व के आसपास हुआ था और यह दक्षिण में स्थित अरब सागर से 320 किमी दूर था। मोहनजोदड़ो नगर का कुल क्षेत्रफल 7.68 वर्ग किमी था जिसकी कुल जनसंख्या अनुमानत: 35,000 थी नगर को दो भागों में विभाजित किया गया था -ऊपरी नगर (जिसे किले के रूप में जाना जाता है) और निचला नगर। निचला नगर मोहनजोदड़ो का मुख्य भाग था जिसमे वाणिज्यिक और आवासीय क्षेत्र शामिल थे, जहां व्यापारी, कारीगर और नागरिक रहते थे। ऊपरी नगर एक छोटा किला था जिसे 9.15 मीटर ऊचे चबूतरे पर मिट्टी द्वारा निर्मित किया गया था। महल में एक मीनार, एक गलियारा, कई स्तंभों के साथ एक सभा मण्डप और एक बड़ा स्नानघर जैसा पहले उल्लेख किया था, शामिल था। धार्मिक और धर्मनिरपेक्ष शासक महल में रहते थे (Bai Xianjing and Gao Jing 2006, 22–23)

एक नगर के रूप में मोहनजोदड़ो को अच्छी तरह से नियोजित और रूपित किया गया था। इसमें नगर की सड़कों और इमारतों का उचित नक्शा था। यह नगर दीवारों से घिरा हुआ था। नगर आयताकार जाल के समान दिखता था जिसमे बड़ी बड़ी सड़के थीं, जो नगर के द्वारा उत्तर से दक्षिण की ओर जाती थीं। वहां की सड़के जो पूर्व से पश्चिम की ओर जाती थीं, हर 200 गज की दूरी पर एक दूसरे से समकोण पर अन्तर्विभाजक थीं। इसकी बनावट एक चेसबोर्ड ब्लाक के जैसे थी। नगर में कई गलियां थी। सड़कें आंगन की इमारतों और बगलों के साथ पंक्तिबद्ध थीं (Brown 2002, 5)। वहां पानी की आपूर्ति के लिए कुएं और एक सीवरेज प्रणाली थी। नगर में ऊपरी और निचली हवादार नलिकाओं के साथ अनाज भंडारण के लिए एक बड़ा गोदाम था। सिंधु घाटी सभ्यता के नगर की ज्यादातर दीवारें और इमारतें ईंटों (मिट्टी की और पक्की ईंट) से बनी थीं।

मोहनजोदड़ो और हड़प्पा, नगरों की रचना के संदर्भ में बहुत अधिक समान थे। इतना ही नहीं, सिंधु घाटी सभ्यता के अन्य नगरों के रचनाओं में भी एक आश्चर्यजनक समानता थी जो दिखाती है कि वे एक ही प्रकार की संस्कृति से संबंधित थे। सिंधु घाटी सभ्यता के पुरातत्व संबंधी आंकड़े दो मंजिलों के साथ एक अच्छी इमारत को दिखाते हैं, जिसमे कमरे से बाहर गुजरता हुआ एक सीवर और ऊपरी मंज़िल पर एक स्नानघर था। इसके विपरीत,

वहां छोटे घरों में ऐसी कोई स्नानगृह और जल निकासी की व्यवस्था नहीं थी। इसने सिंधु घाटी सभ्यता में अमीर और गरीबों के मध्य एक स्पष्ट सीमा दिखायी थी और इसलिए इसने सामाजिक स्तरीकरण के विकास के एक चरण में प्रवेश किया था।

सिंधु घाटी सभ्यता के विशाल क्षेत्र में, हर नगर का आर्थिक और सांस्कृतिक दृष्टिकोण समान था चाहे वह निकट हो या दूर हो। हालांकि मोहनजोदड़ो और हड़प्पा के दो नगर 400 किमी ही दूर थे, वे समान थे। वहां सामाजिक स्तरीकरण में भी कोई अंतर नहीं था, अपनी स्वयं की स्वतंत्र इच्छा, स्वतंत्रता इत्यादि। उन्होंने Chiefdom (एक सरदार द्वारा संचालित क्षेत्र) समाज की कुछ विशेषताओं को दिखाया (Lin Chengjie 2004, 16)।

प्राचीन Shu क्षेत्र का सबसे पहला नगर Chengdu मैदान पर अस्तित्व में आया। नवपाषाण युग के अंत में, Chengdu मैदान पर कई नगरों का गठन हुआ था। कांस्य युग में, प्राचीन Shu सभ्यता का जन्म हुआ। प्रारंभिक नगर प्रणाली के लिए सांक्शिंगदूई केंद्र और Chengdu उप-केंद्र था।

सांक्शिंगदूई, सिचुआन के Guanghan में Yazihe नदी के किनारे Chengdu मैदान पर स्थित था। नगर का निर्माण 2000 ईसा पूर्व में हुआ था और यह Yufu राजवंश में प्राचीन Shu साम्राज्य की राजधानी थी। सांक्शिंगदूई का निर्माण लम्बी और मोटी कच्ची ईंटों से किया गया था। यह नगर बहुत बड़ा और घना बसा हुआ था। जिसका कुल क्षेत्रफल 3.6 वर्ग किमी था, जिसमे लगभग 22,000 घर और 110,000 के आसपास लोग निवास करते थे (Duan Yu 2009)। पुरातात्त्विक स्थलों से पता चलता है कि वहां कार्यात्मक क्षेत्र थे। नगर के केंद्रीय अक्ष में, दोनों ओर आवासीय क्षेत्र के साथ Shu साम्राज्य के महल और कार्यशाला क्षेत्र थे।

सांक्शिंगदूई के प्राचीन नगर में उच्च और मोटी दीवारें थीं, जो निर्माण सामग्री के निपटान और संग्रह के लिए पर्याप्त श्रम संसाधनों के अस्तित्व को दर्शाती हैं। नगर में महल ने विशाल जनसंख्या का समर्थन किया और यह प्राकृतिक संसाधनों, उत्पादन संसाधन और समुदाय की संपत्ति में समृद्ध था। इसका अर्थ है कि विशाल नगरीय क्षेत्र के अंतर्गत जटिल समाज का गठन किया गया था। यह दर्शाता है कि प्रागैतिहासिक chiefdom प्रणाली से जीवनयापन का रास्ता अलग था जो कि सामाजिक संगठन, प्राधिकरण के केंद्रीकरण और सामाजिक नियंत्रण प्रणाली के द्वारा चित्रित होता था। एक केंद्रीकृत सरकारी संगठन का गठन किया गया जिसके माध्यम से विभिन्न प्रकार के उत्पादन से संबंधित श्रम के साथ-साथ गैर-उत्पादन विशेष कर्मियों (जैसे कारीगर, मूर्तिकार, वास्तुकार, व्यापारी इत्यादि) का प्रबंधन किया गया।

जब सांक्शिंगदूई के स्थलों को खोदा गया, तब मिट्टी के बर्तनों, शराब के कंटेनर, और आहार के साथ साथ एक आवासीय क्षेत्र का पता चला था। आवासीय खंडहरों से पता चलता है कि नागरिक छोटी लकड़ी व गीली मिट्टी के घरों में रहते थे जबकि गणमान्य व्यक्ति हॉल और ऊँचे बीम के साथ बड़े शेड्स में रहते थे। इसने समाज में गंभीर वर्ग भेदभाव के

तथ्य को प्रस्तुत किया। आवासीय क्षेत्र में आड़ी-तिरछी जलनिकास नहरें शामिल थीं। बड़ी संख्या में हस्तकला से निर्मित मिट्टी के बर्तनों के उत्पादों को खोजा गया। अपनी पीठ के पीछे अपने हाथों को बांधे हुए एक पत्थर का दास का मिला था, लेकिन कोई कृषि उत्पादन उपकरण नहीं मिला। इसके विपरीत, बड़े पैमाने पर उत्पादन उपकरण और कार्यशाला स्थल क्षेत्र ने प्रदर्शित किया कि निर्माणकर्त्ता समूह को मालिक के सम्माननीय या विनम्र होने के अनुसार विभाजित किया गया था, जो शुरुआती कार्यात्मक विभाजन को दर्शाता था। साधारण मकबरों के विपरीत जहाँ कई अंत्येष्टि संबंधी वस्तुएं पाई जाती थीं, बहुत सारा सोना, तांबा और हरिताश्म पत्थर को बलि की कब्रों में दफनाया गया था। उच्च दीवारें और गहरी खाईयां वर्ग संघर्ष की प्रतीक थीं। प्रारंभिक लेखन में श्रमिक समूहों के शारीरिक और मानसिक विशेषताओं के आधार पर भी अंतर बताया गया था। यहां शहरी-ग्रामीण सातत्य के गठन का भी प्रमाण था। विभिन्न उत्पादन संसाधनों और सामाजिक संपदाओं के अभिसरण के पैमाने बताते हैं कि नगर की सामाजिक नियंत्रण प्रणाली सामान्य रूप से समाज के लिए बहुत बेहतर थी। इन स्थलों ने ईश्वरीय एकाधिपत्य को चित्रित किया।

बड़े पैमाने पर आबादी, उत्पादकों की बड़ी संख्या, केंद्रीकृत अधिशेषसंपदा, व्यापार संबंधों की स्थापना, दूरस्थ व्यापार का विकास, सामाज में वर्ग तथा जटिल सामाजिक स्तरीकरण और ईश्वरीय शासन को मजबूत करना प्रारंभिक नगर की मुख्य विशेषताएं थी। आर्थिक प्रगति के दृष्टिकोण से, प्राचीन सांक्शिंगदूई नगर ने कुछ महत्वपूर्ण विशेषताएं बताई जैसे विभिन्न उद्योगों और केंद्रों की वृद्धि। यह प्राचीन समय के विशिष्ट नगरीय केंद्र की विशेषताओं को प्रदर्शित करता है (Duan Yu 2001a)।

सांक्शिंगदूई नगर के बाद विकसित, प्रारंभिक Chengdu, Shang राजवंश के समय बड़े आकार का नगर और प्राचीन Shu संस्कृति का एक महत्वपूर्ण केंद्र था। प्रारंभिक Chengdu उत्तर के arc क्षेत्र से दक्षिण में Pijiang नदी तक विस्तृत था, जो 10 किमी से अधिक क्षेत्र तक व्यापक, सतत और फैला हुआ था (Luo Kaiyu 1989, Wang Yi 1988)। पूर्वी Zhou अवधि के समय Chengdu में 55,000 घर और 280,000 की कुल जनसंख्या विद्यमान थी। 15,000 वर्ग किलोमीटर के कुल क्षेत्रफल के साथ एक बड़ी लकड़ी के भवन को खोजा गया था जिसमें एक बरामदा गलियारा था। शांग राजवंश से कांस्य उत्पाद तथा हरिताश्म पत्थर और वसंत तथा शरद ऋतु भी स्थलों से उजागर हुई थी। Shang राजवंश के मिट्टी के बर्तनों के पहियों पर उत्कीर्ण प्राचीन Shu शब्द भी यहां पाए गए थे।

Chengdu मैदान की प्राचीन Shu सभ्यता में सांक्शिंगदूई और Chengdu ने उत्तरार्द्ध के उत्तर में पूर्व में जन्म देने के साथ प्रारंभिक नगरीय व्यवस्था का निर्माण किया। सांक्शिंगदूई के प्राचीन नगर ने धर्मतंत्र के सशक्त केंद्र की विशेषताओं को प्रदर्शित किया था। धर्मतंत्र ने राजनीतिक संस्थानों और सामाजिक संगठनों के साथ नगर के निर्माण में एक महत्वपूर्ण भूमिका निभाई थी। Chengdu का आरंभिक विकास सांक्शिंगदूई के विकास से अलग था।

नगर के निर्माण की प्रक्रिया में राजाओं के अधिकार अब तक सबसे महत्वपूर्ण कारक थे। Shang राजवंश में Chengdu ओर विकसित हुआ और अंततः वह एक मुक्त औद्योगिक और वाणिज्यिक नगर बन गया, अर्थात्, वहां प्राचीन नगर में व्यापार की स्वतंत्रता थी (Duan Yu 2012)।

नगर निर्माण के संबंध में जब सिंधु घाटी सभ्यता और प्राचीन Shu सभ्यता की तुलना की जाती है, तो यह पाया गया कि उचित नक़्शे के साथ उनके पास अच्छी योजना और डिजाइन तथा बड़ी आबादी का समर्थन करने के लिए उचित आधार उपलब्ध था। सिंधु घाटी सभ्यता समाज के chiefdom रूप द्वारा चित्रित थी जो मुख्यतः नगरीय थी, लेकिन प्राचीन Shu सभ्यता प्रकृतिमें राष्ट्रीय थी। chiefdom व्यवस्था उसी प्रकार की नगर-निर्माण योजना और नगरों में संस्कृति के प्रकार द्वारा चित्रित थी। नगर के कामकाज में नगर के मध्य कोई अंतर नही था और नगरों के मध्य प्रतिस्पर्धा तेज हो गई तथा उनमे सशस्त्र संघर्ष के प्रकोप को आसानी से फैलाने की क्षमता थी। लेकिन Shu सभ्यता में, नगरों में कार्यात्मक और कोटियों में अंतर थे और इसलिए वे एक दूसरे के पूरक थे, और उनके मध्य संघर्ष को उग्र करना जटिल था। सांक्शिंगदूई लंबी दीवारों तथा स्वच्छ नियोजन और निर्माण के साथ प्राचीन Shu सभ्यता की राजधानी और प्राचीन Shu सम्राज्य का राजनीतिक केंद्र था। हालांकि, Chengdu शहर, जिसकी श्रेणी सांक्शिंगदूई से निम्न थी, नगर की दीवारे और स्पष्ट सीमाओं के पास नही था और ज्यादातर औद्योगिक और वाणिज्यिक गतिविधियों पर केंद्रित था।

अंतरराष्ट्रीय सांस्कृतिक आदान-प्रदानों की तुलना

सिंधु घाटी सभ्यता और प्राचीन Shu सभ्यता संस्कृति में खुलेपन को प्रदर्शित करती है। वे सभ्यता की जटिल विशेषताएं बताती है। सिंधु घाटी सभ्यता के कई स्थलों से मेसोपोटामिया के कई प्रमाणों को खोजा गया। इसी प्रकार, मेसोपोटामिया में, सिंधु घाटी सभ्यता के कई प्रमाणों का भी पता लगाया गया। यह दोनों क्षेत्रों के मध्य व्यापार के संदर्भ में निरंतर परस्पर क्रिया को सम्पूर्ण रूप से प्रतिबिंबित करता है। मेसोपोटामिया में, लगभग 2350 ईसा पूर्व के आसपास मेसोपोटामिया और प्राचीन भारत के मध्य स्फानलिपि में वाणिज्यिक व्यापार के अभिलेखों के साथ चिकनी मिट्टी की गोलियां पाई गई थी। प्राचीन भारत कई प्रकार की वस्तुओं को बेचता था जिसमे दुर्लभ लकड़ी, लकड़ी से बनी मेज, हाथी के दांत से बनी कंघी, कृत्रिम मोती और स्फटिक खनिज इत्यादि शामिल थे (Brown 2002, 23)। सिंधु घाटी सभ्यता के स्थलों पर उच्च गुणवत्ता वाले सोने, चांदी और कांस्य के उत्पाद पाए गए थे। सिंधु घाटी सभ्यता के लिए कपास देशीय पौधा था और पुरातत्वविदों को कपास की कई मीलें, छपाई और रंगाई की कार्यशालाएं पाई थीं। यह व्यापार मुख्य रूप से वस्तुओं में होना चाहिए था। मेसोपोटामिया ऊन, परिधान, चमड़े के उत्पाद, तेल और सरू का सिंधु घाटी में निर्यात करता था (Brown 2002, 24)।

मेसोपोटामिया के अलावा, सिंधु घाटी सभ्यता के नगर ईरान, मध्य एशिया, अफगानिस्तान और चीन के साथ विदेशी व्यापार को बढ़ावा देते थे। पुरातत्व अनुसंधान से पता चलता है कि हाथी के दांत, समुंद्र की सीप, कांस्य तलवारें तथा अन्य दक्षिण पश्चिम चीन में मौजूद थीं, जो सिंधु घाटी सभ्यता के साथ उनकी परस्पर क्रिया को दर्शाती हैं (Duan Yu 2014)।

सिंधु घाटी सभ्यता के कई क्षेत्रों के साथ आर्थिक और व्यापारिक आदान-प्रदान थे, लेकिन मेसोपोटामिया सभ्यता के साथ इसकेसंबंध अधिक 'करीब' दिखाई देते हैं। सिंधु घाटी सभ्यता में मेसोपोटामिया के समान कुछ विशेषताएं थीं। धार्मिक संस्कृति के संबंध में, हड़प्पा के लोग एक प्रजनन देवी, एक प्रसन्नचित्त देवी माँ, तथा लड़कियों की देवी इत्यादिकी पूजा करते थे और सील-मुहरें भी पाई गयीं, जो मेसोपोटामिया संस्कृति के सदृश हैं (Brown 2002, 27)। लोगों ने अपने परिवारों को दिव्य वस्तुओं जैसे सूरज, चंद्रमा और सितारों से जोड़ा। यह दर्शाता है कि सिंधु घाटी सभ्यता और मेसोपोटामिया सभ्यता के मध्य लंबी अवधि से करीबी सांस्कृतिक आदान-प्रदान और परस्पर-क्रिया विद्यमान थी।

प्राचीन Shu सभ्यता का जन्म और विकास दक्षिण-पश्चिम चीन में हुआ था। इसने न केवल मध्य मैदानी सभ्यता के साथ घनिष्ठ संबंध बनाए रखा, बल्कि दक्षिणी रेशम मार्ग के माध्यम से दक्षिण एशिया, दक्षिण पूर्व एशिया और पश्चिम एशिया के साथ व्यापक स्तर पर आर्थिक और सांस्कृतिक आदान-प्रदान भी बनाये रखा।

Oracle bone शिलालेख पर मध्य मैदानी सभ्यता और प्राचीन Shu सभ्यता का पारस्परिक प्रभाव दर्ज था। दोनों सभ्यताओं के मध्य संपर्क कांस्य संस्कृति द्वारा भी परिलक्षित होता है। सांक्शिंगदूई में, कांस्य की प्रतिमाएं, एक ampulla और मध्य मैदानी ड्रैगन की छवि को प्रदर्शित करते हुए कई कांस्य के ड्रैगन का पता लगाया गया। त्रिकोणीय, सिचुआन में उत्पन्न होने वाली मध्य मैदानी संस्कृति के कांस्य के खंजर-कुल्हाड़ी बाद में Yin राजवंश के खंडहरों में पाए गए थे। एक कांस्य, विलो (बेंत की तरह पतली लचकदार डाली वाला पेड़) पत्ती के आकार की तलवार सिचुआन से दक्षिणी Shanxi प्रांतों और Gansu प्रांत तक फैली हुई थी। Shu संस्कृति के Kettle and Zeng पहली बार चिन के उत्तर पाए गए और बाद में यह अन्य क्षेत्रों में फैल गए।

प्राचीन काल से चीन और दक्षिण-पूर्वी एशिया के मध्य निरंतर सांस्कृतिक आदान-प्रदान विद्यमान थे। दक्षिण-पूर्व एशिया के साथ आदान-प्रदान में चीन ने प्रायः अग्रणी स्थान पर कब्जा कर लिया था। प्राचीन दक्षिण-पूर्व एशिया के कई सांस्कृतिक कारक और प्रथाएं प्राचीन Shu से प्राप्त हुई थी जैसे अंतिम संस्कार रिवाज सहित पत्थर का दफ़न ताबूत, नाव-ताबूत दफन, मकई का बगीचा, पत्थर के सांस्कृतिक अवशेष और कांस्य वस्तुएं इत्यादि। सबसे महत्वपूर्ण सुर्ख़ियों में रहने वाली ऐतिहासिक घटना दक्षिण में An Duong Vuong का प्रवास था और उत्तरी वियतनाम में राजवंश की स्थापना थी जिसने Shu

संस्कृति को दक्षिण-पूर्व एशिया में फैलाने में मदद की। 4वीं शताब्दी ईसा पूर्व के दौरान, किन ने प्राचीन Shu साम्राज्य को पराजित किया। An Dương Vương के नेतृत्व में लगभग 60,000 लोगों का एक समूह दक्षिणी रेशम मार्ग के द्वारा लाल नदी के क्षेत्र (वियतनाम) में स्थानांतरित हुआ था। An Dương Vương ने राजवंश की स्थापना की जो Jiaozhi में 130 वर्षो तक शासन में रहा।

प्राचीन Shu सभ्यता और दक्षिण एशियाई उपमहाद्वीप के मध्य पहले से ही एक सड़क थी। यह मार्ग सभी आर्थिक और सांस्कृतिक आदान-प्रदान या संचार का मुख्य मार्ग था, जो सिचुआन से आरम्भ होकर यूनान (Yunnan) होते हुए बर्मा के रास्ते से भारत और पाकिस्तान तक पहुँचता था, और इसे 'Shu-Hindu Road' कहा जाता था। यह मार्ग प्रारंभिक रूप से शांग राजवंश में बनाया गया था और इसने युद्धरत राज्यों के काल में एक बड़ी भूमिका निभाई थी।

दांतेदार सीप की एक बड़ी संख्या सांक्शिंगदूई में पाई गई थी जो अंतर्देशीय घाटी में स्थित है। उनको भारतीय महासागर के उत्तरी क्षेत्र से आयात किया जाता रहा था। हाथी के दांतों की बड़ी मात्रा सांक्शिंगदूई के स्थलों और Chengdu Jinsha के स्थलों से पाई गई जिन्हें भारत से लाया गया था। हाथियों के लिए भारत एक मूल स्थान है। मोहनजोदड़ो के स्थलों पर खंडहरों से पता चलता है कि हाथी दांत निर्माण एक बार समृद्ध था। यह भारत के साथ सांक्शिंगदूई की जगहों के संबंध को दर्शाता है, जहां कई हाथी पाए गए थे। सांक्शिंगदूई में बलिष्ठ गड्ढे में पाए जाने वाले हजारों समुद्री सीप भी हिंद महासागर के उत्तरी भाग से आयात किए जाने के प्रमाण प्रदान करते हैं।

प्राचीन Shu सभ्यता में निर्यात की सबसे प्रसिद्ध वस्तु Shu कपड़ा और Qiong बांस की छड़ थी जो दक्षिण एशिया में भेजी गई थी। 4वीं शताब्दी ईसा पूर्व में प्राचीन भारतीय पुस्तक अर्थशास्त्र में लिखा है कि प्राचीन Shu का रेशमी कपड़ा भारत में बहुत लोकप्रिय हो गया था। यह इंगित करता है कि युद्धरत राज्यों के काल के समय Shu के लोगों के भारत के साथ निरंतर आर्थिक और व्यापारिक आदान-प्रदान विद्यमान थे। यह विश्वास करने के लिए अच्छा कारण और आंकड़ा है कि प्राचीन समय में चीन को 'Cina' कहा जाता था, जो प्राचीन भारत में 'Chengdu' के लिए उपयोग में लाया जाने वाला नाम था।

प्राचीन Shu सभ्यता और पश्चिम एशिया तथा निकट पूर्व के प्रारंभिक सभ्यताओं के मध्य पुरातात्विक आंकड़ों से सांस्कृतिक आदान-प्रदान प्रतिबिंबित होते हैं। पुरातात्विक आंकड़ों से पता चला है कि मेसोपोटामिया ने 3000 ईसा पूर्व साल की शुरुआत में सांस्कृतिक परंपरा का चित्रण करने वाली कांस्य प्रतिमाओं का निर्माण करवाया था। मिस्र में, संपूर्ण शरीर की कांस्य की प्रतिमा 2900 ईसा पूर्व में पाई गई थी। 2000 ईसा पूर्व में सिंधु घाटी सभ्यता में एक आदमी की कांस्य की प्रतिमा भी पाई गई थी। सांक्शिंगदूई में, स्वर्ण पदक, स्वर्णमुखौटे,

कांस्य की मूर्तिया, कांस्य के सिर, कांस्य के मुखौटेऔर जानवरों के कांस्य के मुखौटे इत्यादि पश्चिम एशिया और निकट पूर्व की विशेषताएं थीं, जिन्हें खोजा गया था।

प्राचीन Shu सभ्यता और सिंधु घाटी सभ्यता के सांस्कृतिक आदान-प्रदानों के व्यापक अध्ययन के द्वारा, यह समझना मुश्किल नहीं है कि सिंधु घाटी सभ्यता और प्राचीन Shu सभ्यता दोनों के अन्य सभ्यताओं के साथ व्यापक सांस्कृतिक आदान-प्रदान थे। उन्होंने न सिर्फ अन्य क्षेत्रों के सांस्कृतिक कारकों को अवशोषित किया बल्कि उन क्षेत्रों में अपनी संस्कृति का भी विस्तार किया। हालांकि, सिंधु घाटी सभ्यता और पश्चिमी सभ्यता के मध्य कई कारणों से बहुत अधिक संपर्क था जैसे भौगोलिक स्थिति, संचरण रेखाएं और आर्थिक तथा व्यापार गतिविधियाँ। प्राचीन Shu सभ्यता के आसपास के क्षेत्रों के साथ अधिक गहन और स्थायी सांस्कृतिक संपर्क थे और यह सभ्यता विशेष रूप से मध्य मैदानी संस्कृति से काफी प्रभावित थी। पारस्परिक प्रभाव का यह स्वरूप नवपाषाण युग के समय से रहा है। प्राचीन Shu सभ्यता धीरे-धीरे चिनऔर हान सभ्यता में परिवर्तित हो गई जो आधुनिक चीनी सभ्यता के रूप में सामने आयी। प्राचीन Shu सभ्यता ने दक्षिणी रेशम मार्ग के द्वारा से चीनी सभ्यता को दक्षिण-पूर्व एशिया, दक्षिण एशिया, मध्य एशिया, पश्चिम एशिया और भूमध्यसागरीय क्षेत्र तक फैलाया, जिसने न सिर्फ चीनी सभ्यता के संचरण में उत्कृष्ट योगदान दिया, बल्कि प्राचीन यूरेशियन सभ्यता में प्राचीन Shu सभ्यता के महत्वपूर्ण स्थान को भी दिखाया।

हालांकि, अकेली सभ्यताओं के रूप में, प्राचीन सिंधु घाटी सभ्यता और Shu सभ्यता इतिहास की लंबी धारा में गायब हो गई है, लेकिन उनके तत्त्व गायब नहीं हुए है। सिंधु घाटी सभ्यता के लक्षण भारतीय सभ्यता द्वारा इसके बाद के चरणों में विरासत में मिले थे, जबकि चीनी सभ्यता ने प्राचीन Shu सभ्यता से अपने सांस्कृतिक केंद्र को विरासत में लिया है।

संदर्भ

Brown, Dale. 2002. *Ancient India: Land of Mystery.* Trans. Li Xu. Beijing: Huaxia Publishing House.

Bai Xianjing and Gao Jing. 2006. *The Mystery of the Subcontinent in the South Asian*. Beijing: Haichao Publishing House.

Duan Yu. 2001a. *The History of Ba-Shu Culture.* Chengdu: Sichuan People's Publishing House.

———. 2001b. *The Kingdom of Ancient Shu*. Chengdu: Sichuan People's Publishing House.

———. 2014. 'The Southern Silk Road and Traffic of the Ancient China and the Western'. Academic report presented at the Taihu Forum Conference, Paris.

Lin Chengjie. 2004. *The History of India.* Beijing: The People's Publishing House.

Wang Yi. 1988. 'The Discovery and Significance of Shu Culture Ruins in Chengdu'. *Chengdu Cultural Relics* 1.

2 चीनी सिल्क के पश्चिमी प्रसारण का खुलना*

Duan Yu

'Cina' का अर्थ

प्राचीन भारत में चीन का उल्लेख करने के लिए 'Cina' शब्द का प्रयोग किया जाता था, चौथी शताब्दी ईसा पूर्व और इससे भी पहले के संस्कृत लेखन में इस बात का आरंभिक जिक्र मिलता है। अतीत में, लोग आमतौर पर सोचते थे कि Cina शब्द Qin या Chu से संबंधित है और कुछ लोग इसे Chengdu के साथ जोड़ते थे।

Cina को Qin या Chu के रूप में मानने के लिए आधार के रूप में कोई विश्वसनीय सामग्री नहीं है। इससे पहले, चीनी भाषा, इतिहास और रीति-रिवाजों के विशेषज्ञ फ्रेंच पॉल पेलियट (1962) का विचार था कि Qin Shihuang ने Qin राजवंश की स्थापना की जिसे भारत द्वारा Cina कहा जाता था। Qin राजवंश की स्थापना 221 ईसा पूर्व में हुई थी, किंतु भारत में बहुत पहले ही चौथी शताब्दी ईसा पूर्व में Cina शब्द आ गया था। इसलिए पेलियट द्वारा दिए गए विचार को स्थापित नहीं किया जा सकता है। कुछ विद्वानों का मानना है कि भारत में Cina शब्द का प्रयोग Qin राजवंश के बसंत और शरद ऋतु की अवधि के लिए किया जाता था। हालांकि, बसंत और शरद ऋतु की अवधि में, Qin का Beidi में Longxi और जातीय अल्पसंख्यकों पर कोई नियंत्रण नहीं था। Qin Mugong ने 12 राज्यों पर अधिकार कर लिया था, किंतु अधिकृत क्षेत्र मात्र 300 मील तक था। इसके अलावा, कई जातीय अल्पसंख्यकों ने Qin को पश्चिम, उत्तर, और पूर्व की ओर से घेर लिया था, जो Qin के समक्ष उत्तर और पश्चिम की ओर जाने के लिए अवरोध उत्पन्न कर रहे थे। Qin पश्चिम में जातीय अल्पसंख्यक क्षेत्रों की ओर आगे नहीं बढ़ा। फिर इसकी प्रतिष्ठा इतनी दूर और व्यापक रूप से पश्चिमी दुनिया तक किस प्रकार फैल गई? अंततः तीसरी शताब्दी ईसा पूर्व के आरम्भ में Qin ने उत्तर-पश्चिमी चीन पर अधिकार कर लिया था। हालांकि, भारत में Cina शब्द पहले से ही प्रचलित था। स्पष्टतः Cina के नाम की उत्पत्ति का Qin के साथ कोई संबंध नहीं था। Jing के रूप में Cina की पहचान को स्थापित करना मुश्किल है क्योंकि आधार विश्वसनीय नहीं है।

* यह अध्याय, चीनी नेशनल सोशल साइंस फंड प्रोजेक्ट 'The Southern Silk Road and the Eurasian Civilization' की कार्य-क्षेत्र उपलब्धियों वाले एक पेपर पर आधारित है (10&ZD087)।

Shang राजवंश के दौरान प्राचीन Shu संस्कृति का, Nanzhong के क्षेत्रों पर एक दीर्घकालिक और गहरा प्रभाव था। Sanxingdui संस्कृति के काल में भारत ने सीप मुद्रा का माध्यम के रूप में उपयोग करते हुए तथा अन्य सांस्कृतिक आदान-प्रदान के द्वारा वस्तुओं का व्यापार किया। इसने ऐसी परिस्थितियों को उत्पन्न किया जिसने सम्पूर्ण भारतवर्ष में प्राचीन Shu के नाम को फैलाने में मदद की। ऐतिहासिक अभिलेखों और Han Shu के अभिलेखों के अनुसार, Shu व्यापारी बहुत ही प्रारंभिक अवस्था में यूनान पहुंच गए थे और फिर Dianyue में व्यापार में व्यस्त हो गए और हिंदुओं को Shu की वस्तुएं बेचने लगे जैसे, Shu सिल्क और Qiong बांस की लकड़ी। वर्तमान में Dianyue पूर्वी भारत के असम का क्षेत्र है (Wen Jiang 1980)। हिन्दू का अर्थ भारत है। चौथी शताब्दी ईसा पूर्व में लिखित प्राचीन भारतीय ग्रंथ अर्थशास्त्र में भी उल्लेख किया गया है कि प्राचीन Shu का रेशमी कपड़ा भारत में सबसे ज्यादा बिकने वाली वस्तु बन गया था। इसमें बताया गया है कि रेशम और बुने हुए चमड़े के बेल्ट Shu की विशेषताएं थीं। ऐतिहासिक रिकॉर्ड्स आगे कहते है कि Zhang Qian ने अफगानिस्तान में Shu का सिल्क और क़ुइओन्ग बांस की लकड़ी को देखा, जिसे Wudi काल में स्थानीय व्यापारियों की मदद से भारत के साथ इनके व्यापार के द्वारा खरीद लिया। ऐतिहासिक रिकॉर्ड, अर्थशास्त्र के अनुरूप हैं। Zhang Qian ने मध्य एशिया में चीनी वस्तुओं के रूप में सिर्फ Shu वस्तुओं जैसे Shu सिल्क और Qiong बांस की लकड़ियों को ही देखा। यह युद्धरत राज्य काल (Warring States Period) के दौरान भारत में Shu व्यापारियों की निरंतर व्यापारिक गतिविधियों को दर्शाता है। आँकड़े भी Shang राजवंश के समय Sanxingdui और भारत के मध्य सांस्कृतिक आदान-प्रदान की निरंतरता को दर्शाते हैं। दीर्घकालिक आदान-प्रदानों के कारण भारत को अन्य किसी चीनी क्षेत्र की तुलना में प्राचीन Shu की बेहतर समझ है।

Shanhaijing में 'Chengdu' नाम बहुत पहले ही कल्पना किया गया, अभिलिखित है। बसंत और शरद ऋतु की अवधि में, सिचुआन के Yingjing के Zeng Jia Gou में 'Cheng में निर्मित' (Chengdu में निर्मित) छाप वाले ठप्पे (stamp) के साथ उकेरा हुआ लाख (Lacquer) पाया गया था। विद्वानों द्वारा अतीत में 'Cheng' शब्द का प्रयोग अपने प्राचीन उच्चारणों को पुनःबहाल करने के लिए किया गया था। इसका मतलब है कि Geng अंतिम और Chan प्रारंभिक है। हालांकि, दक्षिणी बोली उच्चारण के आधार पर, इसका अंतिम Zhen और प्रारंभिक Chan होना चाहिए। उच्चारण सिर्फ 'Zhi' है। पश्चिमी भाषा के आधार पर दोहरे उच्चारण के अनुसार, उच्चारण Cina है। यह दर्शाता है कि Cina वास्तव में Chengdu है।

संस्कृत में Cina के समान शब्द प्राचीन ईरान, फारस, सोग़दिया (Sogdia) और ग्रीस में मिलते हैं (Laufer 1964)। Cina को Chengdu के प्रतिलेखन या नये अवतरण के रूप में

पुष्टि की गई है। इसी तरह के समान शब्द जो Chengdu के सजातीय हैं अन्यत्र भी मिलते हैं और वह संस्कृत Cina के नये अवतरण को भी चित्रित करते हैं। यह घटना पश्चिम भारत से मध्य एशिया, पश्चिमी एशिया और यूरोप के भूमध्य क्षेत्रों तक Chengdu सिल्क के प्रचार की दिशा के साथ भी संगत रहती है (Duan Yu 1994)।

'Seres' का अर्थ

प्राचीन ग्रीक और रोमन साहित्य के अनुसार, सुदूर पूर्व में 'Seres' नामक एक जगह थी। अधिकांश पश्चिमी साहित्य में Seres के लिए Cina को सांकेतिक नाम के रूप में इस्तेमाल किया जाता था। इसके उच्चारण और चीनी भाषा में सीधे अनुदित कुछ कार्यों के अनुसार, सामान्य तौर पर यह शब्द Seres के रूप में चीनी भाषा में अनुवादित है।

हालांकि, Seres शब्द का क्या मतलब है? यह देश और विदेश के शैक्षणिक हलकों में हमेशा विवाद का विषय रहा है, और इस पर विभिन्न विद्वानों के अलग-अलग विचार हैं। चीनी भाषा, इतिहास, और रीति-रिवाजों के फ्रेंच विशेषज्ञ हेनरी यूले का मानना था कि Seres और Serica दो शब्द हैं जो ग्रीस और रोम से आते हैं, जिनकी उत्पत्ति चीनी शब्द Sericum या Sericon से हुई है, जिसका अर्थ सिल्क है। इस शब्द को अल्टाई नगर द्वारा गलत रूप से संचारित किया गया था। प्रारंभिक पश्चिमी यूरोपीय समाज को चीन का रेशम पसंद था। Sogodiana और Parthia व्यापारी पश्चिम में रेशम का निर्यात करते थे। ग्रीक और रोमन महिलाओं के लिए रेशम एक पोषित वस्तु बन गई थी और इसका नाम इसके मूल Seres के नाम पर रखा गया था। जब सम्राट Qin Shi Huang ने चीन को एकजुट किया, तब Qin साम्राज्य से Sin और Sinai व्युत्पन्न हुए थे। उनका यह भी मत था कि Seres नाम की उत्पत्ति 221 ईसा पूर्व तक देखी जा सकती है, यद्यपि रेशम का व्यापार इससे भी पहले से अस्तित्व में था (Yule 1915)। हालांकि, Qin Shi Huang के अल्टाई नगर के भाषणों में Sin शब्द के अपने स्रोत हैं और Han राजवंश के सम्राट Wudi ने इसे मध्य एशिया तक फैलाया। लेकिन चौथी शताब्दी ईसा पूर्व में बहुत पहले ही 'Sin' शब्द प्रणाली से अपने स्रोत के साथ, Seres पश्चिमी लोगों के लिए जाना जाता था। स्पष्ट रूप से, Sin और Seres दोनों शब्द संभवतया अल्टाई में उत्पन्न हुए थे और यह संस्कृत Cina से प्राप्त होना चाहिए जो समय तथा उस मार्ग की उपस्थित के अनुरूप था, जिसका सिचुआन से भारत और पश्चिम में चीनी रेशम के संचरण पर प्रभाव था। हेनरी यूले का मानना था कि Seres नाम पश्चिमी सड़क से आया है जबकि Cina शब्द पश्चिम की ओर समुद्र से उत्पन्न हुआ था, हालांकि यहां कोई विश्वसनीय सबूत नहीं है। पेलियट ने जोर देकर कहा कि Seres और Sin, Cina से निकले हैं। अमेरिकी प्राच्यवादी विद्वान बी. लॉफ़र (1964) भी इस दृष्टिकोण का समर्थन करते हैं। यह कहा जाना चाहिए, इस बिंदु पर, पेलियट और लॉफ़र सही हैं।

ईसाई युग के दौरान Seres और Thinai नामों को पश्चिम में China कहा जाता था। चौथी शताब्दी ईसा पूर्व में Seres नाम पहली बार यूरोप में प्रकट हुआ। Thinai नाम पहली बार इरीट्रिया वॉयज नामक पुस्तक में दिखाई दिया जिसे प्रथम शताब्दी ईसवी के अंत में अलेक्जेंडर नगर में एक व्यापारी ने लिखी थी। The Scenery of the Christian World, में Seres को Tzinitza और Tzinista कहा जाता था जिसे Coase Mas द्वारा लिखा गया था, जो एक यूनानी पादरी थे। इस शब्द का स्रोत लैटिन से प्राप्त हुआ है (Fang Hao 1987)। चीनी भाषा, इतिहास, और रीति-रिवाजों के फ्रेंच विशेषज्ञ, Coedes (1987) के अनुसार, Tzinitza या Tzinista शब्द स्पष्ट रूप से संस्कृत Cinathana के ग्रीक अनुवाद हैं। स्पष्टतः Seres या Thinai और Tzinitza या Tzinista शब्दों की उत्पत्ति, Cina के संबंध में शब्दों के स्रोत का पता लगाती है, जो Chengdu का संस्कृत अनुवाद है।

Eritrea Voyage एक महत्वपूर्ण साहित्य है, जो प्राचीन ग्रीस में प्राच्य (पूर्वी-चीन) भूगोल का विश्लेषण करता है (Coedes 1987)। Eritrea Voyage में Thinai अंतर्देशीय नगर के बारे में लिखा हुआ है, जो कच्चा रेशम, रेशम के धागे और रेशम को दो अलग-अलग सड़कों के माध्यम से भारत में निर्यात करता था। यह सड़कें भारत के पूर्वी तट के माध्यम से पूर्व, Jinzhou, गंगा नदी के पूर्व में, और अंततः Seres के अन्य क्षेत्रों के द्वारा आगे बढ़ीं। सड़कों में से एक, बैक्ट्रिया के ज़रिये, Barygaza (अब Roach) में बड़े वाणिज्यिक केंद्र तक अग्रसर होती थी, जबकि गंगा नदी के साथ अन्य सड़क दक्षिणी भारत का मार्ग प्रशस्त करती थी। वहां Besatai रहते थे जो हर साल Seres की राजधानी से भारत चले जाते थे। उन्होंने बहुत सारा बेंत साथ रखा और केबिन का निर्माण करने के लिए उनका इस्तेमाल किया, जिसे भारत में भी निर्यात किया गया था। जर्मन विद्वान एफ. वॉन रिचथोफेन के अनुसार, Besatai आमतौर पर असम और सिचुआन के बीच स्थित इलाकों में रहने लगे थे। सुदूर पूर्व से प्राचीन साहित्य के ग्रीक और लैटिन लेखकों के साथ-साथ संपादक Gedaisi सम्पूर्ण रूप से रिचथोफेन से सहमत हैं। यह अध्ययन सिचुआन से यूनानऔर म्यांमार से भारत तथा मध्य एशिया से गुजरने वाली चीन और भारत के मध्य की परिवहन मार्ग की उपस्थिति की पुष्टि करता है।

हेनरी यूले द्वारा लिखित The Ancient Chinese Note और Arab Maihar Hale द्वारा लिखित The Travelogues में एक प्रसिद्ध नगर का उल्लेख किया गया जिसे चीन में Sindabil कहा जाता था। यूले ने लिखा कि Sindabil को अरबों द्वारा चीनी नगर के रूप में गलत समझा गया था। यह शायद Kandabil या Sandabur के नाम पर एक भारतीय शहर रहा होगा। नगर का नाम चीन में नहीं पाया गया और Chengdu शब्द से संबंधित निकटतम उच्चारण भी नही था। The Travels of Marco Polo नामक पुस्तक में Sindifu को

सिचुआन की राजधानी के रूप में लिखा गया है। यह पांच राजवंशों के समय Shu की राजधानी थी (Zhang Xingliang 2003)।

Tang राजवंश के अंत के दौरान और पांच राजवंशों की अवधि के ज्यादातर समय में तथा Song राजवंश के समय के किसी भी शासन या नगरों की राजधानियों के नाम का उच्चारण Sindabil और Sindifu के समीप नही था। हालांकि, यह देखा जा सकता है कि अरबों ने चीन की राजधानी का उल्लेख करने के लिए Sindabil नाम का इस्तेमाल किया।

व्याख्यान विश्लेषण से यह पता चलता है कि Sindabil और Sindifu की जड़ें बिल्कुल समान हैं। प्राचीन ग्रीक Cina और Seres की जड़ें Sin के रूप में है। Sin की उत्पत्ति प्राचीन भारतीय संस्कृत के Cina शब्द से हुई थी और शेष शब्दांश प्रत्यय हैं। इस प्रकार, Sindabil और Sindifu शब्द Sina और Seres से विकसित हुए, जबकि Sina और Seres, Cina से विकसित हुए थे। यह विकास Chengdu के सिल्क उत्पादन और भारत से अरब के लोगों तक सिल्क के प्रसार के कारण है। Chengdu, Shu की राजधानी थी। Chengdu सिल्क की अवधारणा ने अरब के लोगों के विचारों को प्रभावित किया। उन्होंने न सिर्फ Chengdu (Sindabil) का नाम बरकरार रखा बल्कि 10वीं शताब्दी तक चीनियों का उल्लेख करने के लिए इस नाम का प्रयोग भी किया। यूले, Arab Maihar Hale की Travelogues में उल्लेख करते है कि 'Sindabil नामक नगर को अरब द्वारा गलत समझा गया और यह नगर भारत से संबंधित था।' लेख सिल्क मार्ग के इतिहास में तीन स्थानों के मध्य के संबंधों को प्रकट करते हैं: सिल्क उत्पादन के स्थान के रूप में Chengdu (Sindabil), सिल्क के पारगमन में मददकारी स्थान के रूप में भारत (सिंधु), और सिल्क व्यापार के गंतव्य के रूप भारत तथा अरब। यह विचार किए बिना ही कि शब्दों को किस प्रकार जाना गया था, Seres, Cina या Sindabil, Chengdu नामक क्षेत्र का उल्लेख करते हैं, जो दक्षिण-पश्चिम चीन में प्राचीन Shu की राजधानी थी।

विद्वान, Tan Zhong (2006), ने बताया कि यूरोप के लोगों द्वारा मध्य एशिया को Serindia कहा जाता था और 'Ser' शब्द Seres या Serica का संक्षिप्त रूप था, जिसका अर्थ 'सिल्क' और 'Serindia' का अर्थ 'चीन और भारत' था। यह दक्षिण-पूर्वी एशियाई प्रायद्वीप से अलग नहीं था जिसे इंडोचाइना के नाम से जाना जाता था। Serindia और इंडोचाइना की दो अवधारणाएं चीनी और भारतीय सभ्यताओं के मध्य आदान-प्रदान और परस्पर-क्रिया का उल्लेख करती हैं। Serindia और इंडोचाइना (मध्य एशिया और दक्षिण-पूर्व में प्रायद्वीप) में पहुंचने वाले यूरोपीय लोगों ने मध्य एशिया में इन दोनों देशों के एक दूसरे पर भारी प्रभाव को महसूस किया और इसलिए इन दोनों नामों का प्रयोग किया। 'इंडिया' शब्द सिंधु के नाम से आता है। 'सिंध' शब्द प्राचीन भारतीय सिंधु नदी का एक और नाम है, जो वर्तमान समय में पाकिस्तान में स्थित है और यह प्रसिद्ध सिंधु घाटी सभ्यता का

जन्मस्थल है (Tan Zhong and Geng Yinzeng 2006)। Seres, जाहिर तौर पर सिंधु से जुड़ा हुआ है (सिंधु हिंदू का एक फारसी संस्करण है, जिसने ग्रीस में प्रवेश किया, जहां उच्चारण में त्रुटि के कारण यह शब्द इंडस (Indus) में परिवर्तित हो गया, जहां से भारत का नाम उत्पन्न हुआ) जिसने भारत से मध्य एशिया में प्रवेश किया था। चौथी शताब्दी ईसा पूर्व से ही यूरोपीय लोग Cina नाम से परिचित थे और यूरोपीय भाषाओं में प्रयोग करते समय संस्कृत शब्द Cina पश्चिमी शब्द Seres में परिवर्तित हो गया। इसलिए, संभवतया भारत और पाकिस्तान के द्वारा Seres और सिंधु का नाम मध्य एशिया में पंहुचा और तत्पश्चात पश्चिम में पंहुचा। Zhang Qian ने हिंदू में Shu व्यापारियों की व्यापार गतिविधियों का उल्लेख किया, जो वास्तव में लिप्यंतरण (एक वर्णमाला से दूसरे अक्षर का प्रतिलेखन) के माध्यम से सिंधु है। यह उत्तर-पश्चिम भारत में सिंधु नदी क्षेत्र को संदर्भित करता है। हम यह जान सकते हैं कि यह मार्ग अंतरराष्ट्रीय पारगमन के लिए था और यह मार्ग दक्षिणी रेशम मार्ग की पश्चिमी रेखा थी। यह मार्ग दक्षिण-पश्चिम चीन से भारत तक है जहां से पाकिस्तान और अफ़ग़ानिस्तान के द्वारा मध्य एशिया तक और अंततः पश्चिम एशिया में ईरान और भूमध्यसागरीय क्षेत्र तक पहुँचता है। प्राचीन चीनी साहित्य इसके संगत है। Weilue के Xirongzhuan के अध्याय में Dianyue (पश्चिमी भारत में असम) में Shu व्यापारियों की व्यापारिक गतिविधियों का रिकॉर्ड है। ऐतिहासिक रिकॉर्ड Dayuanliezhuan में हिंदू (उत्तर-पश्चिमी भारत) में Shu व्यापारियों की व्यापारिक गतिविधियां दर्ज है।

Ketai Haas चौथी शताब्दी ईसा पूर्व में रहते थे, जब Cina नाम पहले ही भारत में व्यापक रूप से फैल गया था। प्राचीन Shu व्यापारी युन्नान और म्यांमार की ओर से भारत में आए थे। मुख्य मार्गों में से एक मार्ग पूर्वी भारत में असम से उत्तर-पश्चिम भारत (हिंदू) तक था। यह Ketai Haas के रिकॉर्ड से मेल खाता है जो Seres और उत्तर भारत से संबंधित हैं और प्राचीन पश्चिमी Shu सिल्क के प्रसारण के समय, क्षेत्र और मार्ग के अनुरूप है (Duan Yu 2009)। यह कहा जाना चाहिए कि यह कोई संयोग नहीं है।

चीनी सिल्क का पश्चिमी प्रसारण

Chengdu सिल्क एक प्रकार का जरी वस्त्र है, जिसने प्राचीन काल से सभी को आकर्षित किया था। Shudu Fu में पश्चिमी Han राजवंश के Yang Xiong ने एक बार इसकी चमक और भव्यता तथा इसकी विविधता की सराहना की थी और इसकी प्रशंसा पर लेख भी लिखे थे। Shu के जरी वस्त्र, बहुत पहले के काल में उत्पादित हुए, Shang और Zhou राजवंश में अधिक परिपक्व चरण के लिए विकसित किये गये थे।

Shang और Zhou राजवंश के प्रारंभ में प्राचीन Shu क्षेत्र ने भारत और दक्षिण-पूर्वी एशिया के साथ प्रारंभिक रूप से भूमिगत यातायात विकसित किया। पश्चिमी पुरातात्विक

आंकड़ों से पता चलता है की लगभग 600 ईसा पूर्व के आसपास चीनी सिल्क यूरोप में फैल गया था। 500 ईसा पूर्व में Kerameikos (ग्रीक में) नामक कब्रिस्तान में पांच अलग-अलग सादे बुने हुए चीनी सिल्क के कपड़े पाए गए थे। 11वीं शताब्दी ईसा पूर्व में, बहुत पहले ही चीनी सिल्क मिस्र में फैल गए थे (Scott 1993)। चौथी और 5वीं शताब्दी ईसा पूर्व में चीनी सिल्क यूरोप में लोकप्रिय थे। इसका तात्पर्य है चीन और इन विदेशी देशों के मध्य आरंभिक काल में खुले संचार का प्रारंभ हुआ। चीनी प्राचीन साहित्य के अनुसार, Han राजवंश ने दूसरी शताब्दी ईसा पूर्व के अंत में पश्चिमी क्षेत्रों में रेशम मार्ग को खोला, पुरातात्विक निष्कर्ष के बहुत बाद में चीनी सिल्क पश्चिम की ओर यूरोप को दर्शाते हैं।

सिल्क का मूल चीन में है। Shang और Zhou राजवंश में बुना हुआ सिल्क काफी महत्वपूर्ण स्तर पर पहुंच गया था (Xia Nai 1972)। सिचुआन उन क्षेत्रों में से एक है जहां चीनी सिल्क उत्पन्न हुआ था। सिचुआन का बुना हुआ सिल्क Shang और Zhou राजवंश के दौरान काफी विकसित किया गया था (Duan Yu 1996)।

एक जानवर का मस्तक और लंबे कपड़े पहने हुई, तथा कई प्रकार के साँचों के साथ सजाए गई कांस्य की मूर्ति Sanxingdui में नंबर 2 के बलि-संबंधी गड्ढों से खोजी गई। यह सिचुआन के जरी वस्त्र और कढ़ाई की विशेषताओं को दिखाती है। युद्धरत राज्य काल और बसंत तथा शरद ऋतु में Chengdu का सिल्क उद्योग उच्च स्तर पर पहुंच गया था। जरी वस्त्र और कढ़ाई, प्राचीन Shu के Chengdu के उत्पाद, युद्धरत राज्य काल में Hunan प्रांत के Changsha में और Hubei प्रांत के Jiangling में पाए गए। Zhang Qian ने Han राजवंश काल के Wudi सम्राट के समय बैक्ट्रिया में 'Shubu' को देखा, जो प्राचीन Shu में रेशम का उत्पाद है। भारतीय विद्वान और प्रोफेसर हरप्रसाद राय ने बताया कि भारत के असम क्षेत्र में 'सिल्क' का उल्लेख करने के लिए 'पट्टा (वस्त्र)' का इस्तेमाल किया जाना चाहिए था क्योंकि उस समय भारत में कोई सिल्क नहीं था, इसलिए वहां सिल्क के लिए कोई शब्द नहीं था। Shu में Han राजवंश के Yang Xiong द्वारा Shudu Fu में 'Huangrunxibu, Yitungshujin' को लेख्यांकित किया गया जिसका अर्थ यह है कि Shu का पीला सिल्क सबसे अच्छी गुणवत्ता का है। भारत के पुरातत्वविद् एम.सी. जोशी ने प्राचीन संस्कृत साहित्य के अभिलेखों की ओर इशारा करते हुए बताया कि हिंदू देवताओं को चीनी सिल्क पहनना पसंद है, विशेषकर भगवान शिव पीले रंग का सिल्क पसंद करते हैं। Yang Xiong द्वारा पीले सिल्क को 'Huangrunxibu' कहा जाना चाहिए था। प्राचीन भारतीय साहित्य के विश्लेषण के अनुसार, लगभग 500 ईसा पूर्व के आसपास शिव प्रकट हुए थे, अर्थात्, Zhou राजवंश काल के दौरान। मध्य मैदानों (Central Plains) को अभी भी भारत के अस्तित्व का पता नहीं था, लेकिन Qin प्राचीन Shu का यूनान के माध्यम से भारत के साथ सिल्क का व्यापार था। चौथी शताब्दी ईसा पूर्व में लिखित प्राचीन भारतीय ग्रंथों में उल्लेख किया गया है कि 'Cina ने रेशम और प्रतिभूति का उत्पादन किया' और

'Cina ने रेशम के गट्ठरों का उत्पादन किया', जो वास्तव में Chengdu के रेशम और रेशम के वस्त्रों के उत्पादन को संदर्भित करता है। Ji Xianlin (1982, 76) ने बताया कि रेशम का उद्योग दक्षिण-पश्चिम चीन विशेषकर Chengdu में विकसित हुआ था; यह क्षेत्र म्यांमार के साथ सीमा से लगा हुआ है। यातायात मार्ग यहां थे। रेशम को म्यांमार भेजा जाता था और फिर म्यांमार से भारत में भेजा जाता था। इस रेशम का स्रोत सिर्फ यही क्षेत्र था। यह जानना जटिल नहीं है कि Pre-Qin काल में चीनी रेशम का पश्चिमी प्रसारण मुख्य रूप से Shu-Hindu सड़क से होना चाहिए था। अफगानिस्तान के काबुल में एक किले में बड़ी मात्रा में रेशम का पता चला था। शोध के अनुसार, रेशम की इस खेप को दक्षिणी रेशम मार्ग के माध्यम से मध्य एशिया में ले जाया गया था। काबुल दक्षिणी रेशम मार्ग का एक प्रमुख भाग था, इसलिए यहां रेशम की खेप का मिलना कोई आकस्मिक घटना नहीं मानी जा सकती।

इस प्रकार, यह देखा जा सकता है कि यह मार्ग दक्षिणी रेशम मार्ग के द्वारा चीनी रेशम के पश्चिमी प्रसारण में एक महत्वपूर्ण मार्ग था। यह मार्ग दक्षिण-पश्चिम चीन से भारत तक, मध्य एशिया में पाकिस्तान के द्वारा भारत से अफगानिस्तान तक, इसके पश्चात यह मार्ग पश्चिम में ईरान, पश्चिम एशिया, यूरोप के भूमध्य क्षेत्रों तथा उत्तर अफ्रीका में मिस्र तक था।

ऐतिहासिक तथ्यों की एक शृखंला बताती है कि चीन के Shu व्यापारी भारत में वाणिज्यिक गतिविधियों में संलग्न होने वाले सबसे पहले व्यापारी थे। Shu व्यापारियों ने इस लंबी दूरी को पार करके भारत में सिल्क का संचारण करके सिल्क को फैलाया और रेशम मार्ग के खुलने के कारण पश्चिम में सिल्क लोकप्रिय हो गया था। चीनी सिल्क को दक्षिण एशिया, मध्य एशिया, पश्चिम एशिया और यूरोप के भूमध्य क्षेत्रों के साथ उत्तर और दक्षिण चीन में घास के मैदानों में निर्यात किया गया, जिसने प्रत्यक्ष रूप से दक्षिणी रेशम मार्ग, उत्तरी रेशम मार्ग, समुद्री रेशम मार्ग और ग्रासलैंड रेशम मार्ग के निर्माण को प्रोत्साहित किया, जिसने दोबारा प्राचीन चीनी और यूरेशियन सभ्यताओं के मध्य संचार और परस्पर-क्रिया को बढ़ावा दिया।

संदर्भ

Coedes, George. 1987. *Textes d'auteurs Grecs et Latins, Relatives à l'Extrême-Orient.* Trans. Geng Sheng. Beijing: Zhonghua Book Company.

Duan Yu. 1994. *Re-Study on the Origin of the Name 'Cina': The Name of Cina Originates in Chengdu, the Ancient Traffic and Culture in Southwest China.* Chengdu: Sichuan University Press.

———. 1996. 'Huang Di and Lei Zu and the Origin Time of Chinese Silk.' *Forum on Chinese Culture* (4)

———. 2009. 'The Early External Traffic in Southwest China: The Southern Silk Road in the Pre-Qin to Han Dynasty.' *Historical Research* (1).

Fang Hao. 1987. *The History of Communication between China and the West, Volume 1*. Changsha: Yuelu Publishing House.

Ji Xianlin. 1982. *A Preliminary Study on the Problem of Chinese Silk Input India, the Collections of China and India Cultural Relations*. Beijing: Sanlian Bookstore.

Laufer, B. 1964. *Chinese Iran Coding*. Trans. Lin Yunyin. Beijing: The Commercial Press.

Paul Pelliot. 1962. *The Origin of the Name 'Cina': The History of Research on the South China Sea and the Western Regions*. Trans. Feng Chengjun. Beijing: The Commercial Press.

Philippa Scott. 1993. *The Book of Silk*. London: Thames & Hudson.

Tan Zhong and Geng Yinzeng. 2006. *India and China: Exchanges and Agitates between the Two Civilizations*. Beijing: The Commercial Press.

Wen Jiang. 1980. *The Research of Dian and Yue, Chinese Literature and History, the 2nd series.*

Xia Nai. 1972. 'The History of Silkworm, Mulberry and Silk in Ancient China.' Archaeology (2).

Yule, Henry. 1915. *Cathay and the Way Thither*. New Edition by H.Cordier. *Preliminary Essay on the Intercourse Between China and the Western Nations previous to the Discovery of the Cape Route, Volume 1*, London.

Zhang Xingliang. 2003. *The Compilation of Communication between China and the West, Volume 2*. Beijing: Zhonghua Book Company.

3 चीनी-भारतीय सांस्कृतिक विभिन्नताएँ और पर्यटन पर उसका प्रभाव

Xiang Baoyun

परिचय

चीन और भारत दोनों प्राचीन पूर्वी संस्कृतियों के प्रमुख पालन-पोषण कर्ताओं में से है, और दोनों देशों के लोगों ने प्राचीन काल से शानदार सांस्कृतिक उपलब्धियां सृजित की हैं, जिसने मानव सभ्यता के विकास के इतिहास में एक गौरवशाली अध्याय जोड़ा है। हालांकि, संस्कृति के प्रकारों और सांस्कृतिक विशेषताओं के संदर्भ में दोनों देशों की संस्कृतियां एक-दूसरे से काफी भिन्न हैं। यह बड़ा अंतर पर्यटन पर भारी प्रभाव डालता है। यह लेख इस बात का विश्लेषण प्रदान करता है कि चीनी-भारतीय सांस्कृतिक विभिन्नताएँ किस प्रकार इन दोनों देशों के पर्यटन को प्रभावित करती हैं। उपलब्ध आंकड़ों के आधार पर लेख, सांस्कृतिक भिन्नता से निपटने के लिए सुझाव देता है ताकि चीनी-भारतीय पर्यटन विकास के मार्ग को बढ़ावा दिया जा सके।

चीन-भारत की प्रमुख सांस्कृतिक भिन्नताएँ

चीनी और भारतीय संस्कृतियां दोनों पूर्वी संस्कृति से संबंधित हैं। लंबे इतिहास के दौरान, दोनों संस्कृतियों ने एक-दूसरे को प्रभावित किया और एक दूसरे से सीखा (Guo Hongji 2011)। हालांकि, संस्कृति के प्रकारों और सांस्कृतिक भिन्नता के संदर्भ में यहां व्यापक सांस्कृतिक मतभेद हैं। तीन भिन्न परिप्रेक्ष्यों से इनके मतभेदों का विश्लेषण करना संभव है। वे हैं (अ) नैतिक संस्कृति बनाम धार्मिक संस्कृति (ब) एकात्मक संस्कृति बनाम बहु-संस्कृति और (स) आशावाद की संस्कृति बनाम पुनर्जन्म के बारे में मिथकों और आध्यात्मिकता से प्रभावित संस्कृति।

नैतिक संस्कृति बनाम धार्मिक संस्कृति

अक्सर यह तर्क दिया जाता है कि चीनी संस्कृति नैतिक है जो कन्फ्यूशीवाद और मेनसियस पर केंद्रित है, जबकि भारतीय संस्कृति धार्मिक है जो हिंदूवाद पर केंद्रित है। चीनी संस्कृति

के प्रमुख घटकों में 'बड़े एकीकरण' की गहन विचारधारा से युक्त उदारता, धार्मिकता, भावना, ज्ञान, विश्वास, संयम का सिद्धांत, मानव अभिविन्यास और नास्तिकता शामिल हैं। इसकी मुख्य विशेषता कन्फ्यूशियस नैतिकता और कन्फ्यूशियन संस्कृति का संयोजन और धार्मिक तत्वों को ज्यादा प्रमुखता न देना हैं (Yu Yifeng 2000)। हालांकि, भारतीय संस्कृति के प्रमुख घटक सहिष्णुता, तपस्या, आत्माओं की पूजा, प्रतिशोध, और संसार, नस्लीय व्यवस्था और बोधिधर्म के हिंदूवादी सिद्धांत हैं। इसकी उत्कृष्ट विशेषताएँ हैं कि सभी धार्मिक सिद्धांत और अवधारणाएं मानव हृदय और व्यवहार में उपस्थित हैं। इस धर्म के अनुयायी आत्मा की शुद्धि की खोज, कुल-संबंधी व्यवस्था का संरक्षण, अहिंसा का संवर्धन तथा निमित्त और पुनर्जन्म में विश्वास करते हैं। दूसरे शब्दों में, धार्मिक तत्व काफी हद तक प्रभावी हैं।

एकात्मक संस्कृति बनाम बहु-संस्कृति

चीनी संस्कृति संयुक्त चीनी राष्ट्र द्वारा बनाई गई है, जो ह्वांगही नदी घाटी और यांगत्सी नदी घाटी में रहने वाली कई जातियों का एक मिश्रण है, इसमें वह जातियां शामिल हैं जो दूरदराज के क्षेत्रों से चीन के आंतरिक इलाकों तक पहुंच गई थी। इतिहास में विदेशी संस्कृतियों ने चीनी संस्कृति को ज्यादा प्रभावित नहीं किया है और हजारों सालों से संस्कृति बिना किसी रुकावट के एक पीढ़ी से दूसरी पीढ़ी में स्थानांतरित हुई। चीनी संस्कृति की एकता (चीनी राष्ट्र द्वारा संयुक्त रूप से बनाई गई) और उत्तराधिकार (उत्तराधिकार की एक सीधी दिशा) इसकी संगतता के साथ-साथ बहुत स्पष्ट और आसान तरीके से संस्कृति की रूपरेखा तैयार करने में सहायता करती है। यह एकात्मक संस्कृति का विशिष्ट उदाहरण है। इसके विपरीत, ऐतिहासिक रूप से, भारत विभिन्न देशों, राष्ट्रों और धर्मों से घनिष्ठ रूप से जुड़ा हुआ है, जो इसकी संस्कृति को किसी रंग पटिया (Palette) की तरह बनाये हुए है। 15वीं शताब्दी बीसी के बाद से लोग, जैसे ऑस्ट्रेलिया के मूल निवासी (एबोरीजनीज़), भूमध्यसागरीय नृजातियाँ, अर्मेनियाई, द्रविड़ियन, आर्यन और मंगोलियन भारत में रहने के लिए एक के बाद एक आये थे। वे भारतीय आदिवासियों (नेगले लोग) के साथ मिलजुल कर रहते थे और साथ मिलकर भारतीय संस्कृति की व्यवस्था को निर्मित किया। भारतीय संस्कृति में निरंतर विदेशी सभ्यताओं जैसे आर्य संस्कृति, इस्लाम, और ब्रिटिश संस्कृति द्वारा हस्तक्षेप किया जाता रहा, जिससे इसे अपनी संस्कृति को समृद्ध करने के लिए विभिन्न विदेशी तत्वों को आत्मसात करने के लिए मजबूर होना पड़ा। इसलिए भारतीय संस्कृति स्थानीय निवासियों के साथ निर्गामी (Outbound) जातियों के निर्माण के बारे में ही नहीं है बल्कि विदेशी सभ्यताओं की उपस्थिति का भी ठोस प्रमाण देती है-जो बहु-संस्कृति का एक विशिष्ट उदाहरण है।

आशावाद की संस्कृति बनाम आध्यात्मिकता और पुनर्जन्म से संबंधित मिथकों से प्रभावित संस्कृति

चीनी संस्कृति सांसारिक सुख पर बहुत ध्यान देती है। प्राचीन काल से अभिजात वर्गों से लेकर आम लोगों तक, दैनिक आवश्यकताओं से लेकर यौन-क्रिया, स्वास्थ्य, दीर्घायु और मनोरंजन के विषयों तक, आनन्ददायक कार्यों को करने के द्वारा और चिंताओं से बचकर, सभी लोग यथास्थिति के साथ संतुष्ट रहने में विश्वास का प्रदर्शन करते हैं (Chen Youyi 2003)। वे 'बारिश के बाद सूर्योदय होता है' और 'हर एक निराशा में एक उम्मीद की किरण होती है' की विचारधारा के अनुरूप सोचते हैं। हालांकि लोग समझते हैं कि मृत्यु के बाद कोई आत्मा नहीं है, यह जीवन बहुत छोटा और अनिश्चितता से भरा हुआ है, वे फिर भी भविष्य के लिए बड़ी उम्मीदें दिखाते हैं, विश्वास करते हैं कि यदि वे आगे बढ़ना जारी रखेंगे और अभ्यास करते रहेंगे तो एक दिन अपने सौभाग्य को अवश्य प्राप्त करेंगे। इसलिए वे जन्म उत्सव मनाने, जीवित रहने और अपने दैनिक जीवन में खुशी का पीछा करते हैं। संक्षेप में, चीनी संस्कृति आशावाद की एक विशिष्ट संस्कृति है। हिन्दुत्व का मानना है कि जो जितना अधिक पीड़ित है, उतनी ही उसकी आत्मा श्रेष्ठ और ईश्वर के समीप होगी तथा पुनर्जन्म में खुश होगी। इसलिये यह कोई आश्चर्य नहीं कि इतिहास में, राजकुमार शाक्यमुनी ने बुद्ध की अवस्था तक ऊपर उठने से कई वर्षों पूर्व भिखारी बनने के लिए अपना ताज उतार दिया था; जैन धर्म के संस्थापक महावीर ने साधु बनने के लिए अपने राजकुमार की पदवी को त्याग दिया था, जो अपने शरीर पर रेंगने वाली चींटियों के बारे में बहुत कम सचेत थे; और गांधी, भारत के पिता, स्वयं द्वारा बुना हुआ कपड़ा पहनने वाले विशुद्ध शाकाहारी, ने राष्ट्रपति या अन्य उच्च-स्तरीय अधिकारी बनने को दृढ़तापूर्वक अस्वीकृत कर दिया। आज भी, यहां बहुत सारे लोग हैं जो शाकाहार का चुनाव करते हैं और साधु बनने के लिए तैयार हैं। यह कहना उचित है कि भारतीय संस्कृति पुनर्जन्म के बारे में मिथकों और आध्यात्मिकता से प्रभावित संस्कृति का एक विशिष्ट उदाहरण है।

चीनी-भारतीय सांस्कृतिक भिन्नताओं का पर्यटन पर प्रभाव

सकारात्मक प्रभाव

पर्यटन संसाधन के लिए आधार

हर देश और हर राष्ट्र का अपना ऐतिहासिक विकास होता है, जिसके दौरान वह अपनी अद्वितीय सांस्कृतिक विशेषताओं को विकसित करता है। यह सांस्कृतिक भिन्नता ही है जो विभिन्न पर्यटन संसाधनों के लिए बुनियाद रखती है। चीन और भारत दोनों विश्व के प्रसिद्ध सभ्य देश हैं। सांस्कृतिक विकास के लंबे क्रम के दौरान, दोनों देशों ने विश्व भर में विविध

प्रसिद्ध पर्यटन संसाधन निर्मित किये हैं जो कि तुलना से परे है। यहां यह उल्लेख करना उपयोगी है कि विश्व विरासत स्थल एक स्थान जैसे इमारत, नगर, परिसर, रेगिस्तान, जंगल, द्वीप, झील, स्मारक और पहाड़ है, जिसे संयुक्त राष्ट्र शैक्षिक, वैज्ञानिक और सांस्कृतिक संगठन (यूनेस्को) द्वारा उनके विशेष सांस्कृतिक और भौतिक महत्व के कारण सूचीबद्ध किया जाता है।[1] यूनेस्को [2] के अनुसार, 1,031 स्थल सूचीबद्ध हैं: 163 राज्यों में 802 सांस्कृतिक, 197 प्राकृतिक और 32 मिश्रित संपत्तियां है। ऐसा प्रतीत होता है कि देश द्वारा विश्व विरासत स्थलों की पंक्ति के आधार पर, इटली 51 साइटों के साथ सबसे बड़ा विश्व विरासत स्थलों का निवास है, उसके बाद चीन (47), स्पेन (44), फ्रांस (41), जर्मनी (40), मेक्सिको (33) और भारत (32) आते है। यूनेस्को प्रत्येक विश्व विरासत स्थल को पहचान संख्या से संदर्भित करता है; हालांकि, नए अभिलेखों में अक्सर पिछले स्थलों (Sites) को शामिल करते हैं, जो वर्तमान समय में बड़े विवरण के भाग के रूप में सूचीबद्ध हुए हैं। परिणामस्वरूप, पहचान संख्याएं 1,200 से भी अधिक हैं, भले ही सूची (List) में कम हैं। तालिकाएँ 3.1–3.2 इस पहलू में एक दिलचस्प तस्वीर प्रकट करती हैं।

आंतरिक प्रेरक शक्ति

संस्कृतिविज्ञान के दृष्टिकोण से, पर्यटन का कोई उपसमुच्चय (Subset) जो, एक देश या क्षेत्र की संस्कृति से सम्बंधित हो, विशेष रूप से उन भौगोलिक क्षेत्रों में लोगों की जीवन शैली, उन लोगों के इतिहास, उनकी कला, वास्तुकला, धर्म (धर्मों) और अन्य तत्व जो उनके जीवन के रहन-सहन को आकार देने में मदद करते थे, (Hans Kung 2006, 248), यह दावा करना उचित है कि सांस्कृतिक भिन्नताएं पर्यटन के लिए एक सशक्त आंतरिक प्रेरक शक्ति हैं। यह, ऐसी व्यापक भिन्नताओंऔर विदेशी संस्कृति का क्रमिक पीछा किये जाने के कारण ही है, जिसके कारण हजारों चीनी समुदाय गंगा नदी, रहस्यवादी ताजमहल, रंगीन पत्थर के आश्रम और मंदिर, शांत योग और बॉलीवुड की यादगार फिल्मों और संगीत की सराहना हेतु अधिक संख्या में भारत गए। इसी प्रकार, हजारों भारतीय समुदाय चीन की ग्रेट वॉल, निषिद्ध नगर, सम्राट Qin के टेराकोटा (Terracotta) योद्धाओं के साक्षी बनने और विशालकाय पांडाओं को करीब से देखने और 5,000 साल पुरानी सभ्यता की सराहना हेतु अधिक संख्या में चीन गए (तालिकाएं 3.3 और 3.4)।

नकारात्मक प्रभाव

पर्यटन स्थल का चयन

विदेशी संस्कृतियों के प्रति समझ का अभाव और अन्य संस्कृतियों के विरुद्ध कुछ पूर्वाग्रह पर्यटकों के मध्य पर्यटन स्थलों के आकर्षण को कम कर सकता है और यहां तक की उन्हें वहां जाने से रोक भी सकता है, इसलिए यह पर्यटन के उद्देश्य के लिए स्थलों का चयन

तालिका 3.1: चीन के विश्व विरासत स्थल

क्रमांक	*विरासत स्थल*	*क्रमांक*	*विरासत स्थल*	*क्रमांक*	*विरासत स्थल*	*क्रमांक*	*विरासत स्थल*
1	Tai Mountain, Shandong	13	Giant Stone Buddha at Leshan Mountain, Emei Mountains, Sichan	25	Qingcheng Mountain and Dujiangyan	37	Dengfeng Heritage Site
2	Great Wall	14	Lushan Mountain Jiangxi	26	Yungang Grottoes	38	Danxia China
3	Qin Shi Huang Tomb	15	Suzhou Garden	27	Three Parallel Rivers Yunnan	39	West Lake Hangzhou
4	Imperial Palaces of the Ming and Qing Dynasties	16	Pingyao Ancient Town Shanxi	28	Goguryeo Imperial Palaces, tombs and Nobles' Tombs	40	Heritage Site of the Yuan Dynasty Upper Capital
5	Huang Mountain Anhui	17	Lijiang Ancient Town Yunnan	29	Historical City Area Macau	41	Chengjiang Lagerstatte
6	Huanglong Valley Sichuan	18	Temple of Heaven, Beijing	30	Giant Pandas' Habitat Sichuan	42	Tianshan Xinjiang
7	Wulingyuan Scenic Spot Hunan	19	Summer Palace Beijing	31	The Shang Dynasty's Ruins in Anyang	43	Hani Terrace
8	Jiuzhaigou Valley Sichuan	20	Wuyi Mountain Fujian	32	South China Karst Region	44	Peking Man Site
9	Wudang Mountain Hubei	21	Dazu Rock Carvings Chongqing	33	Kaiping Watchtowers and Historic Villages	45	Mogao Grottoes in Dunhuang Gansu
10	Confucius Temple and Confucius Garden	22	Ancient Village Southern Anhui	34	Fujian Earth Building	46	The Grand Canal
11	Chengde Summer Resort Hebei	23	Imperial Tombs of Ming and Qing Dynasties	35	Sanqing Mountain Jiangxi	47	The Silk Road
12	Potala Palace Tibet	24	Longmen Grottoes	36	Wutai Mountain Shanxi		

स्रोत: UNESCO World Heritage Center, July 2014

तालिका 3.2: भारत के विश्व विरासत स्थल

क्रमांक	*विरासत स्थल*	*क्रमांक*	*विरासत स्थल*	*क्रमांक*	*विरासत स्थल*	*क्रमांक*	*विरासत स्थल*
1.	आगरा का किला	9.	मानस वन्यजीव अभ्यारण्य	17.	सुंदरवन राष्ट्रीय उद्यान	25.	चंपानेर-पावागढ़ पुरातत्त्व उद्यान
2.	अजंता की गुफ़ाएँ	10.	गोवा के चर्च व कॉन्वेंट	18.	नंदा देवी और फूलों की घाटी राष्ट्रीय उद्यान	26.	छत्रपति शिवाजी टर्मिनस (पूर्वनाम विक्टोरिया टर्मिनस)
3.	एलोरा की गुफाएँ	11.	फ़तेहपुर सीकरी	19.	साँची के बौद्ध स्मारक	27.	लाल किला परिसर
4.	ताज महल	12.	हम्पी में स्मारकों का समूह	20.	हुमायु का मकबरा, दिल्ली	28.	जंतर-मंतर, जयपुर
5.	महाबलीपुरम में स्मारकों का समूह	13.	स्मारकों का खजुराहो समूह	21.	क़ुतुब मीनार और उसके स्मारक, दिल्ली	29.	पश्चिमी घाट
6.	सूर्य मंदिर, कोणार्क	14.	एलीफेंटा गुफाएँ	22.	भारत की पर्वतीय रेल	30.	राजस्थान के पहाड़ी दुर्ग
7.	काजीरंगा राष्ट्रीय उद्यान	15.	महान चोल मंदिर	23.	बोध गया में महाबोधी मंदिर परिसर	31.	ग्रेट हिमालयन राष्ट्रीय उद्यान
8.	केवलादेव राष्ट्रीय उद्यान	16.	पत्तदकल में स्मारकों का समूह	24.	भीमबेटका शैलाश्रय	32.	पाटण, गुजरात में रानी की वाव

स्रोत: UNESCO World Heritage Center, July 2014

तालिका 3.3: चीन में भारतीय पर्यटकों की संख्या 2006–12 (दस हजार में)

वर्ष	कुल	व्यवसाय	पर्यटन	दोस्तों और रिश्तेदारों से मिलने जाना	अन्य
2012	61.02	21.09	18.8	0.09	21.04
2011	60.65	23.15	17.75	0.09	19.66
2010	54.93	19.16	18.37	0.06	17.33
2009	44.89	12.94	16.62	0.05	15.29
2008	43.66	12.84	15.52	0.0045	15.26
2007	46.24	17.64	14.81	0.0065	13.72
2006	40.51	13.86	13.65	0.015	12.84

स्रोत: Chinese Tourism Statistical Yearbook

तालिका 3.4: भारत में चीनी यात्रियों की संख्या 2006–12 (निरपेक्ष आंकड़ों में)

वर्ष	कुल	व्यवसाय	पर्यटन	दोस्तों और रिश्तेदारों से मिलने जाना	अन्य
2012	169,000	108,800	25,400	8600	26,200
2011	142,200	94,600	18,300	8500	20,500
2010	119,500	71,700	12,700	13,300	21,900
2009	100,200	50,500	41,600	4100	400
2008	98,700	16,000	82,700	0.00	0.00
2007	88,100	200	87,900	0.00	0.00
2006	62,300	100	62,000	0.00	200

स्रोत: India Tourism Statistics (2007, 2008, 2009, 2010, 2011, 2012)

करने में उनकी पसंद को प्रभावित करता है। चीनी पर्यटक प्रायः विश्वास करते हैं कि भारत एक ऐसा देश है, जो धार्मिक संघर्षों, एक सशक्त पदानुक्रमित व्यवस्था, जातीय संघर्ष, कम विकसित आधारिक संरचना और खराब सेवा से पूर्ण है। वही दूसरी तरफ, भारतीय लोग प्रायः यह मानते हैं कि चीन एकीकृत धर्म के आभाव में एक देश है जिसकी विशेषता गंभीर धर्मनिरपेक्षीकरण के साथ गंभीर पर्यवेक्षण है। इस प्रकार, वे अपने पर्यटन स्थलों का चयन करने में बहुत विशिष्ट हैं। यह तालिका 3.5 में प्रकट है। अधिकांश चीनी पर्यटक हांगकांग, मकाऊ, जापान, दक्षिण कोरिया, दक्षिण पूर्व एशियाई देश और यूरोप के देश तथा अमेरिका को अपने पर्यटन स्थलों के रूप में चुनते हैं; जबकि भारतीय पर्यटक सऊदी अरब, कुवैत, थाईलैंड, सिंगापुर, मलेशिया, अमेरिका, चीन, हांगकांग और ब्रिटेन जैसे देशों तथा क्षेत्रों को वरीयता देते हैं।

तालिका 3.5: भारतीय और चीनी पर्यटकों के लिए शीर्ष पर्यटन स्थल देश व क्षेत्र, क्रमशः

	1	*2*	*3*	*4*	*5*	*6*	*7*	*8*	*9*	*10*
चीन	हांगकांग	मकाऊ	कोरिया	ताइवान	मलेशिया	जापान	थाईलैंड	यू.एस.	कंबोडिया	वियतनाम
भारत	सऊदी अरब	थाइलैंड	सिंगापुर	कुवैत	मलेशिया	यू.एस.ए.	चीन	चीन (हांगकांग)	यू.के.	नाइजीरिया

स्रोत: State Communiqué on 2011 Chinese Tourism Statistics and India Tourism Statistics (2012)

संस्कृति और संचार में बाधाएं

सांस्कृतिक मतभेद अलग-अलग सांस्कृतिक पृष्ठभूमि, भाषा, मूल्य और सौंदर्यात्मक मानकों का नेतृत्व करते हैं। जिसके परिणामस्वरूप संचार और संज्ञान में कठिनाई हो सकती है, इसीलिए पर्यटकों और पर्यटन स्थल के निवासियों के मध्य संपर्क में बाधा आती है। इसीलिए, पर्यटक यात्रा के दौरान स्थानीय सुंदरता का अनुभव करने की खुशी गँवा देते हैं। इस संदर्भ में चीन और भारत के मध्य संपर्क को बाधित करने वाला प्रमुख कारक भाषाओं और सांस्कृतिक पृष्ठभूमि में भिन्नता होना है।

सांस्कृतिक भिन्नताएँ धार्मिक विश्वास, रीति-रिवाजों, पाक शाला संबंधी आदतों, और जीवन की दिनचर्या में अंतर लाती हैं। इसलिए, इनकी आवास, भोजन और सेवाओं के लिए अलग-अलग आवश्यकताएं हैं। उदाहरण के लिए, चीनी पर्यटकों को अपने मौलिक आहार के रूप में चावल और नूडल्स खाना और उबला हुआ गरम पानी पीना पसंद है; जबकि भारतीय पर्यटकों को कोल्ड ड्रिंक और मसालेदार शाकाहारी भोजन पसंद है। वास्तव में, हालांकि, चीन के पर्यटक स्थलों में कुछ ही भारतीय भोजनालय हैं। बड़े महानगरों के बाहर भारतीय भोजनालय के स्थल सामान्य नहीं हैं (Prashantham 2015)। सांस्कृतिक मतभेदों के कारण विशेष आवश्यकताएं पर्यटन सेवा प्रबंधकों और प्रदाताओं की बुद्धि पर जोर देती हैं, जो पर्यटकों की सेवा में मुश्किल बढ़ाती हैं।

सांस्कृतिक मतभेदों का सामना करना

चीन और भारत दोनों विश्व के दो सबसे अधिक जनसंख्या वाले देश हैं और तेजी से बढ़ते पर्यटन उद्योग के साथ दो उभरते हुए राष्ट्र हैं। पर्यटन क्षेत्र में विशाल सामर्थ्य के संदर्भ में; कारक जैसे सांस्कृतिक भिन्नताओं का सामना किस प्रकार किया जाए, पर्यटकों के बेहतर सहयोग के लिए, एक-दूसरे के स्थलों के हितों को बढ़ावा देने, बाजार-आधारित पर्यटन उत्पादों का विकास करने, सेवाओं को बढ़ाने और एक-दूसरे के पर्यटक बाजारों में कदम रखना महत्वपूर्ण और सतर्क विश्लेषण की मांग करता है। बदले में, यह पर्यटन को बेहतर मित्रता और गहन राजनीतिक, आर्थिक और सांस्कृतिक सहयोग के लिए दोनों देशों के

लोगों को जोड़ने के लिए एक ब्रिज बनाने में मदद करेगा, जो कि ऐसे मुद्दे हैं जिन्हें आगे और अधिक गहन विचार की आवश्यकता होती है।

वैश्विक अवकाश और पर्यटन विकास के सामान्य नियम के अनुसार, देश के औसत सकल घरेलू उत्पाद के 1000 $ – 3,000 $ तक पहुंचने पर सम्पूर्ण राष्ट्र पर्यटन खपत के चरघातांकीय विकास को अपनाता है। अमेरिका में, यह 1960 के दशक में हुआ था, यूरोप में 1970 के दशक में हुआ और जापान में 1980 के दशक में हुआ था। पिछले दस वर्षों में चीन और भारत दोनों में तीव्र गति से आर्थिक विकास हुआ है। निरंतर बढ़ती राष्ट्रीय आय के साथ दोनों देशों ने, क्रमशः 1.3 अरब और 1.2 अरब की जनसंख्या के लिए दो विशाल बाजारों के साथ तीव्र पर्यटन खपत के युग में कदम रखा है। उदाहरण के लिए, 2006 में विदेश जाने वाले पर्यटकों की संख्या चीन और भारत से क्रमशः 34.5236 मिलियन और 8.3396 मिलियन थी। ये आंकड़े 2012 तक, क्रमशः 20 प्रतिशत और 13 प्रतिशत वार्षिक वृद्धि के साथ 83.1827 मिलियन और 14.9248 मिलियन तक बढ़ गए (तालिका 3.6)। ऐसे विशाल विदेशी पर्यटन बाजार द्विपक्षीय पर्यटन सहयोग के लिए व्यापक और उज्ज्वल भविष्य प्रदान करते हैं।

जैसा ऊपर उल्लेख किया गया है कि, चीनी-भारतीय पर्यटन सहयोग में उपलब्धियां विद्यमान हैं। हालांकि, सांस्कृतिक मतभेदों के बारे में उत्पन्न नकारात्मक प्रभाव से, संबंधित देशों के पर्यटकों की संख्या में सामान्य प्रवृत्ति से विषमता मिलती है, इस तथ्य को ध्यान में रखते हुए कि दोनों राष्ट्रों में पर्यटन की मांग बढ़ रही है। उदाहरण के लिए, चीन से भारत और भारत से चीन तक पर्यटकों की संख्या उनके विदेश जाने वाले पर्यटकों के अनुपात में क्रमशः 0.2 प्रतिशत और 4 प्रतिशत है। दूसरे शब्दों में, 500 विदेश जाने वाले चीनी पर्यटकों में से सिर्फ 1 भारत को अपने गंतव्य के रूप में चुनता है; और 25 विदेश जाने वाले भारतीय पर्यटकों में से सिर्फ 1 चीन को जाता है। इसलिए विशाल

तालिका 3.6: चीन और भारत से विदेशी पर्यटकों की संख्या, 2006–12 तक (मिलियन में)

वर्ष	*चीन*	*भारत*
2012	83.1827	14.9248
2011	70.25	13.9940
2010	57.3865	12.9880
2009	47.6563	11.0660
2008	45.8444	10.8678
2007	40.954	9.7832
2006	34.5236	8.3396

स्रोत: State Communiqué on 2011 Chinese Tourism Statistics and India Tourism Statistics (2012)

विदेशी पर्यटन उपभोग बाजारों के संबंध में, चीन और भारत को अपने पर्यटन सहयोग को व्यापक रूप से बढ़ाने के लिए अपने सांस्कृतिक मतभेदों का सामना सक्रिय तरीके से करना चाहिए।

सहयोग के लिए क्षेत्र

पर्यटन व्यापार

सांस्कृतिक मतभेद चीनी-भारतीय पर्यटन सहयोग में बाधा बन सकते हैं, यदि दोंनों में से काई भी पक्ष एक-दूसरे को अच्छी तरह से जानते और समझते नहीं हो (Wang Xiaoying and Ni Xiangqin 2005)। हालांकि, यदि दोनों देश पर्याप्त समझदारी के साथ एक दूसरे की संस्कृति का सम्मान करते हैं, तो उनके मध्य के मतभेद उनके व्यापक सहयोग का एक महत्वपूर्ण पहलू बन सकते हैं। इसलिए, द्विपक्षीय पर्यटन, बिक्री संवर्धन, और विनिमय के प्रचार जैसे विभिन्न तरीकों द्वारा चीन और भारत दोनों को एक-दूसरे को बेहतर और गहराई से जानना चाहिए। यहां गतिविधियों में विविधताएं पायी जाती हैं जैसे राष्ट्रों के हितों, रीति-रिवाजों और धार्मिक मान्यताओं के व्यापक प्रचार के लिए पर्यटन प्रदर्शनियों, पर्यटन व्याख्या संबंधी बैठक, परिचय की बैठक और व्यापक पर्यटन वेबसाइटों (संचार प्रौद्योगिकी) की स्थापना इत्यादि (Qiu Yonghui 2006)। इस तरह, यह बाधाओं को दूर कर सकता है और हर देश में पर्यटन को लोकप्रिय बना सकता है।

बाजार अभिमुखता

सांस्कृतिक मतभेद, विदेशी पर्यटकों को आकर्षित करने वाले प्रमुख स्रोत, विभिन्न पर्यटन उपभोग व्यवहार के लिए मौलिक कारण हैं। इसलिए, दोनों देशों के पर्यटन उद्योगों को पहले मतभेदों को समझना चाहिए और तत्पश्चात सही बाजार उन्मुख पर्यटन उत्पादों को डिजाइन करने के लिए उनकी विकास रणनीतियों को समायोजित करना चाहिए। उदाहरण के लिए, बौद्ध धर्म और योग के गृहनगर के रूप में, भारत चीनी पर्यटकों को आकर्षित करने के लिए 'बुद्ध-पर्यटन-पैकेज' और 'योग-अनुभव-पैकेज' को बढ़ावा दे सकता है; और चीन, रेशम मार्ग और अवकाश सैरगाह (Leisure resorts) की उत्पत्ति के रूप में, भारतीय पर्यटकों के लिए 'रेशम मार्ग टूरिज़्म पैकेज' और 'अवकाश पैकेज' को बढ़ावा दे सकता है।

सेवा गुणवत्ता में वृद्धि

सांस्कृतिक मतभेद धार्मिक मान्यताओं, पारंपरिक रीति-रिवाजों, पाक व्यंजनों और दैनिक जीवनचर्या के संदर्भ में अद्वितीय विशेषताओं के परिणाम हैं; और इसी तरह आवास, खाद्य तथा पेय और सेवाओं की मांग में मतभेद है। चीन और भारत में पर्यटन उद्योग एक दूसरे के

सांस्कृतिक मतभेदों को संपूर्ण रूप से समझने के अलावा, इस प्रकार, उपरोक्त उल्लेखित क्षेत्रों में प्रत्येक देश के मतभेदों का सामना करना पड़ता है। उन्हें व्यक्तिगत सेवाओं के साथ पर्यटकों का स्वागत करने और उनकी अगवानी करने के लिए अलग-अलग तरीकों को भी अपनाना पड़ता है। उदाहरण के लिए, वहां भारतीय व्यंजनों और शाकाहारी भोजन प्रदान करने लिए और अधिक चीनी भोजनालय होने चाहिए; चीनी व्यंजन, उबला गर्म पानी प्रदान करने वाले और अधिक भारतीय भोजनालय, और चीनी भाषा में सेवाएं तथा मार्गदर्शक गाइड होनी चाहिए।

पार-सांस्कृतिक जागरूकता और व्यावसायिक अवसरों की तलाश

संचार, सांस्कृतिक मतभेद से उत्पन्न बाधाओं को खत्म करने का सबसे अच्छा तरीका है, इसलिए दोनों देशों के पर्यटन उद्योगों को आसान और शांत सांस्कृतिक आदान-प्रदान के लिए एक लचीला संचार तंत्र स्थापित करना चाहिए। प्रत्येक देश की संस्कृति पर आधारित विभिन्न पर्यटन और सांस्कृतिक गतिविधियों को पूरा करने के लिए चीनी-भारतीय 'देश वर्ष' या 'पर्यटन वर्ष' जैसे कार्यक्रमों की मेजबानी के माध्यम से पार-सांस्कृतिक जागरूकता को बढ़ावा देना चाहिए ताकि अधिक भारतीय पर्यटक चीन आए और अधिक चीनी पर्यटक भारत आए। इस पार-सांस्कृतिक पर्यटन आदान-प्रदान के माध्यम से दोनों पक्ष नए व्यापार के अवसरों की तलाश कर सकते हैं, जहाँ पर्यटन, चीनियों और भारतीयों को जोड़ने वाले पुल की भांति होगा, जो बदले में, राजनीति, अर्थशास्त्र और संस्कृति के क्षेत्र में चीनी-भारतीय सहयोग को मजबूत करेगा।

टिप्पणियाँ

1. The list is maintained by the international World Heritage Programme, administered by the UNESCO World Heritage Committee and composed of 21 UNESCO member states which are elected by the General Assembly. For details see 'The World Heritage Committee', http://whc.unesco.org/en/committee/ (accessed on 19 January 2016).
2. As of July 2015.

संदर्भ

Chen Youyi. 2003. 'Influences of Ethnic Cultural Differences on Modern Sino-India Historical Endings.' *Guangxi Social Sciences.*

Guo Hongji. 2011. 'Potential Influences of Cultural Elements on the Rising of Sino-India Economies.' *Gansu Theory Research.*

Hans Kung. 2006. *Tracing the Way: Spiritual Dimensions of the World Religions.* Continuum International Publishing Group.

Prashantham, S. 2015. 'China and India: Rivals and Friends?' *The Hindu*. http://www.thehindu.com/opinion/op-ed/prime-minister-narendra-modis-china-visit/article7231248.ece (accessed on 15 April 2015).

Qiu Yonghui. 2006. 'Sino-Indian Cultural Exchange against the Backdrop of Globalisation.' *Journal of Sichuan University (Social Science Edition)*.

Wang Xiaoying and Ni Xiangqin. 2005. 'An Analysis of the Cooperation & Development between Sino-Indian Tourism Industry.' *South Asian Studies Quarterly*.

Yu Yifeng. 2000. 'An Initial Research of the Antinomy Paradox in Cultural Differences on Tourism.' *Hubei Journal of Adult Education College*.

4 भारत, चीन और इनके परे

संस्कृति, नेतृत्व और प्रबंधन के लिए मानव विकास में टैगोरवादी अंतर्दृष्टि

Sanjoy Mukherjee

प्रस्तावना

यह बहुत खराब समय था। संपूर्ण विश्व में विनाश (Apocalypse) ने अपने डरावनी माया फैलाना शुरू कर दिया था। प्रचंड धुएं, मिसाइलों की दीप्तियों, बमों की गगनभेदी आवाज़, लाखों पीड़ितों की पुकार से पृथ्वी और आकाश भर गया था। द्वितीय विश्व युद्ध यूरोप में और चहुँओर पराकाष्ठा पर था।

यह कवि, रबींद्रनाथ टैगोर का अपने 'शांति निवास'—शांतिनिकेतन में 80वां और अंतिम जन्मदिन था। कवि, मानवतावाद की भावना और पश्चिमी संस्कृति व सभ्यता की महिमा में सभी आशाओं से हारा हुआ एक टूटा व्यक्ति था। उस अवसर पर, पीड़ा और मोहभंग के अंधकार में, फिर भी प्रकाश की अंतिम रेखा की खोज में कवि ने 'सभ्यता का संकट' निबंध लिखा-जो मानवता के लिए उनका अंतिम इच्छापत्र था। उन्होंने इस उत्कृष्ट कृति का निष्कर्ष इस प्रकार निकाला है:

> मुझे एक बार पूर्ण विश्वास था कि सभ्यता का विकास यूरोप के दिल से निकलेगा। परंतु आज, जब मैं दुनिया को छोड़ने वाला हूं, तब उस विश्वास ने मुझे छोड़ दिया है। मैं चारों तरफ देखता हूँ और निरर्थकता के विशाल ढेर की तरह उत्तम सभ्यता के ढहते हुए खंडहरों को देखता हूं। और फिर भी मैं मनुष्य पर विश्वास खोने का कष्टदायक पाप नहीं करता। मैं नये सवेरे का और उसके इतिहास में एक नये अध्याय का इंतजार करूँगा जब प्रलय का अंत हो जाएगा और सेवा तथा त्याग की भावना से जीवन स्वच्छ हो जाएगा। शायद वह सवेरा उस क्षितिज से आएगा, जहां से पूर्व में सूरज का उदय होता है (Tagore 1996, 726)।

परिचय

2008 की वैश्विक आर्थिक मंदी का पश्चिमी देशों पर, विशेष रूप से संयुक्त राज्य अमेरिका और यूरोप पर गंभीर प्रभाव पड़ा था, जिसके दुष्परिणाम अभी तक दूर किये जाने बाकी है। हालांकि अशांति और सदमे की लहरों ने भारत और चीन पर असर डाला था लेकिन दोनों एशियाई अर्थव्यवस्थाओं में इन दोनों प्राचीन संस्कृतियों और सभ्यताओं की शक्ति और

लचीलेपन के कारण सामान्य होने में लगा पुन:प्राप्ति का समय बहुत ही कम था। वर्तमान अध्याय में आपसी समृद्धि के लिए भारत और चीन के मध्य आगे की अंतरसांस्कृतिक समझ के महत्व पर प्रकाश डाला जाएगा। यह न सिर्फ दोनों देशों के मध्य संबंधों को सशक्त करेगा, बल्कि एक समृद्ध सांस्कृतिक भूभाग का निर्माण करेगा जो एक वैश्विक मंच पर आर्थिक नेतृत्व को समझाने के लिए नींव के रूप में कार्य करेगा। इस संबंध में अध्याय मुख्य रूप से भारत के नोबेल पुरस्कार विजेता कवि रबींद्रनाथ टैगोर के जीवन और कार्य से उपलब्ध अंतर्दृष्टि का अन्वेषण करेगा, जिसमें शिक्षा, संस्कृति और संस्थागत निर्माण जैसे पश्चिम बंगाल के शांतिनिकेतन में अपने स्वयं के विश्व भारती विश्वविद्यालय में चीना भवन (चीनी आवास) का निर्माण इत्यादि के क्षेत्रों में भारत-चीनी परस्पर सामंजस्य और सहभागिता के लिए उनके निरंतर प्रयास पर विशेष ध्यान दिया जाएगा। यह अध्याय टैगोर के जीवन और दुनिया के साथ उनके संचार और संबंधों पर आधारित एक गुणात्मक अध्ययन है। यह लेख इस प्रकार पश्चिमी पूंजीवाद के आक्रामकता की प्रभावशाली शक्तियों और आधुनिक प्रबंधन शिक्षा के परिणामस्वरूप प्रभावशाली प्रतिमान का सामना करने के क्रम में भारत-चीन संबंधों को प्रोत्साहन देने के लिए टैगोर के योगदान के आधार पर एशिया से मानवतावाद की आवाज को बढ़ावा देने के कारण का चैंपियन है। इसके बाद यह अध्याय शिक्षा में टैगोर की अंतर्दृष्टि और उनके अनुभवों से सीख का चित्रण करेगा, जो आधुनिक प्रबंधन के लिए एक वैकल्पिक प्रतिमान की पेशकश करेगा और व्यक्तियों, संगठनों और विस्तृत पैमाने पर ग्रह के संपोषण के लिए अपनी विषय-सामग्री और अध्यापन-विज्ञान (Pedagogy) को परिवर्तित कर देगा।

विश्व सभ्यताएं सांस्कृतिक संश्लेषण (Synthesis) से परिपूर्ण हैं, लेकिन चीनी-भारतीय संश्लेषण में बहुत ज़्यादा समानताएं नहीं है। भारत और चीन के मध्य सांस्कृतिक संबंधों को बहुत ही आरंभिक समय में देखा जा सकता है—दो हजार वर्षों से भी अधिक। संपर्क की इन सदियों के दौरान, दोनों सभ्यताओं ने विभिन्न क्षेत्रों में एक दूसरे के सद्भाव और ज्ञान के कोष में योगदान दिया था। इन दोनों महान देशों के मध्य सांस्कृतिक संपर्क एक आकर्षक चिंतन रूप निर्मित करता है। भारत और चीन लंबे इतिहास के साथ दो महान सभ्यताएं है। धर्मरक्षा, कश्यप माटंगा और अन्य कई भारतीय भिक्षुओं ने बारंबार चीन का दौरा किया। इसी प्रकार, Xuan Zang, Fa Xian, Yi Jing और अन्य चीनी भिक्षुओं ने बौद्ध ग्रंथों को एकत्र करने के लिए भारत की यात्रा की।

यह अध्याय सामाजिक दायित्वों के प्रति टैगोर के महत्वपूर्ण योगदानों में अंतर्दृष्टि प्रदान करने का प्रयास करेगा। इस संयोजन ने आगे-विचार वाले विचारों के साथ-साथ भारत-चीन के अतीत के सभ्यतागत ज्ञान और इसके बौद्धिक केंद्रों की संवेदनाओं को पश्चिम पूंजीवाद के लिए एक चुनौती के रूप में और इसके परिणामस्वरूप शिक्षा प्रणाली का एक दृष्टिकोण प्रस्तुत किया। एशियाई शिक्षा टैगोर के विचारों और मानवीय तथा प्राकृतिक वातावरण के संपर्क

और संयोजन के आधार पर वैकल्पिक शिक्षा के आदर्शों से प्रेरणा ले सकती है। टैगोर की वैकल्पिक शिक्षा के स्तंभों के प्रकाश के साथ इसकी अद्वितीय विशेषताओं में प्रबंधन शिक्षा, आने वाले दिनों में अच्छी तरह से सहज और मानवीय हो सकती है: आदर्श प्रारूप के रूप में शिक्षकों और प्रकृति के साथ घनिष्ठ संपर्क; व्यवहार की अपेक्षा चरित्र पर बल; सामुदायिक जीविका और प्रथाओं को प्रोत्साहन देना; तार्किक संकायों से परे कलात्मक गुणवत्ता का विकास; आनन्द और स्वतंत्रता की अभिव्यक्ति की ओर एकरसता से स्वतंत्र काम; मानव दक्षताओं के कई स्तरों को बढ़ाना और साधारण जनसमुदाय की संवेदनशीलता के साथ-साथ वैश्विक चिंताओं का पुनरुत्थान करना। यह भारतीय और चीनी सभ्यताओं की गहरी समझ और सामान्य रूप से शिक्षित जनता के संबंध में टैगोर के धर्मनिरपेक्ष विचारों के विशेष संदर्भ के साथ चीन-भारत की सांस्कृतिक एकता के इतिहास को भी स्पर्श करेगा।

यह अध्याय इसके बाद अनुभवातीत नेतृत्व की अनिवार्यता पर प्रकाश डालेगा, जैसा कि टैगोर द्वारा वर्णित किया गया, एक प्रेरणात्मक स्तर पर संकट के समय का सामना करने के लिए। यह अध्याय, और अधिक कार्यात्मक धरातल पर, टैगोर के दर्शन और ज्ञान पर आधारित नेतृत्व की उत्कृष्टता, कॉर्पोरेट सामाजिक उत्तरदायित्व और मानवीय विकास पर आधुनिक संगठनों की गंभीर पहल के लिए नेतृत्व, नवाचार और सामुदायिक विकास का वैकल्पिक प्रारूप प्रस्तुत करने का प्रयास करेगा।

अंत में, यह अध्याय रबींद्रनाथ टैगोर के प्रति लेखकों की श्रद्धांजलि के लिए भी समर्पित है, जिन्होंने सभी सीमाओं से परे सार्वभौमिक मानवतावाद के अपने संदेश के साथ न सिर्फ चीन की बल्कि सम्पूर्ण विश्व की यात्रा की। चीन की यात्रा पर उनका प्रमुख उद्देश्य प्यार और सार्वभौमिक भाईचारे की भावना को प्रज्वलित करना था जो इन दोनों महान राष्ट्रों के मध्य के संबंधों का सार था। यह वर्ष टैगोर की पहली और यादगार शंघाई यात्रा की 90वीं वर्षगांठ को इंगित करता है।

उद्देश्य

- पश्चिम पूंजीवाद के लिए चुनौती और प्रतिक्रिया के रूप में शक्तिशाली मगर अलग-अलग एशियाई आवाज़ के साथ एक वैकल्पिक और सशक्त आर्थिक नेतृत्व के विकास के लिए एक मजबूत क्षेत्र के निर्माण के लिए भारत-चीन अंतर-सांस्कृतिक समझ और संगम के महत्व पर प्रकाश डालना।
- भारत और चीन के मध्य सांस्कृतिक और सभ्यतागत संबंधों को प्रोत्साहित करने के लिए नोबेल पुरस्कार विजेता भारतीय कवि रबींद्रनाथ टैगोर के अमूल्य योगदान को प्रस्तुत करना और उनका विश्लेषण करना।
- भविष्य में मानव जाति और सर्वांगीण सिद्धांतों तथा प्रथाओं की ओर टैगोर की अंतर्दृष्टि और प्रयासों से आधुनिक प्रबंधन और नेतृत्व के लिए अध्याय का चित्रण करना।

वर्तमान समय में टैगोर की प्रासंगिकता

भारत-चीन संबंधों को सुदृढ़ करने और आधुनिक शिक्षा में विशेषकर प्रबंधन शिक्षा में वैकल्पिक शिक्षण पद्धति का निर्माण करने के संदर्भ में एक सवाल उठाया जा सकता है। वैश्वीकरण और तकनीकी सम्पन्नता के इस वर्तमान युग में रबीन्द्रनाथ टैगोर जैसे कवि और दार्शनिक की क्या प्रासंगिकता है? उपरोक्त प्रश्न के उत्तर में निम्नलिखित बिंदुओं का उल्लेख किया जा सकता है;

- हालांकि अनिवार्य रूप से, कवि टैगोर ने अपनी बाल्यावस्था से ही प्राचीन भारतीय साहित्य-उपनिषदों के सुप्रसिद्ध भागों से ज्ञान प्राप्त किया। उपनिषद के संदेश सिर्फ बौद्धिक प्रवचनों और तर्कों से ही उत्पन्न नहीं हुए थे, बल्कि यह भारत के साधु और संतों द्वारा स्व और सत्य की प्रत्यक्ष अनुभूति से भी उत्पन्न हुए थे। वे भारतीय लोकाचार और संस्कृति के मर्म में आश्रय लिए हुए थे लेकिन उनके ज्ञान का प्रकाश विश्व भर में समान प्रभाव और प्रासंगिकता के साथ फैला हुआ था। श्वेताश्वतर उपनिषद् के अध्याय II के पद्य 5 के प्रमुख संदेशों में से एक का आरंभ ऐसे होता है कि – "शृण्वन्तु विश्वे अमृतस्य पुत्रा" (सुनो, हे विश्व के अमृतपुत्रों !)। संतों न सिर्फ भारत के लोगों बल्कि वैश्विक दर्शकों को भी संबोधित किया था। उपनिषदों पर आधारित, टैगोर ने सार्वभौमिक अपील के साथ शिक्षा और मानव विकास पर अपने विचार विकसित किए और अपने विश्वविद्यालय का नामकरण विश्व-भारती किया जिसमे 'विश्व' शब्द संसार भर में इसके विस्तार को जबकि 'भारती' भारतीय विशिष्टता को परिलक्षित करता है। 'विश्व-भारती ने एक मानवतावाद पर आधारित, अंतरराष्ट्रीय फैलोशिप के लिए एक अद्वितीय दृष्टिकोण की स्थापना की, जो मनुष्य की इच्छा और सद्भाव में रहने की क्षमता से उत्पन्न हुई' (Das Gupta 2011, 71)।

  भारत-चीन संबंधों के विशेष संदर्भ में, टैगोर अपनी युवावस्था से ही चीनी संस्कृति के प्रति गहन सहानुभूति रखते थे और इसकी प्रशंसा करते थे, उन्होंने अपने उन पूर्वजों से बहुत कुछ प्राप्त किया जिन्होंने चीन का दौरा किया था। इसके अलावा, जैसा की नोबेल पुरस्कार विजेता अर्थशास्त्री और दार्शनिक अमर्त्य सेन ने बताया है कि कवि का दृढ़ विश्वास था कि 'पश्चिमी विश्व की प्राथमिकताओं में कुछ अत्यंत अधूरा था, एक अंतराल, जो भारत और चीन के पूर्वी विचारों के समापन में अर्पण करने के लिए कुछ रचनात्मक था' (Sen 2011, 4)। टैगोर हमेशा से ही अपने नियमों और मानवतावाद के दर्शन के आधार पर पश्चिम की आक्रामकता और इसकी भौतिक शक्तियों का सामना करने के लिए एशियाई आवाज उठाने के हिमायती रहे हैं। इस संबंध में, उन्होंने 1916 में टोक्यो इंपीरियल यूनिवर्सिटी में अपने

व्याख्यान के दौरान प्रभावशाली वक्तव्य दिया, जिसमें उन्होंने पश्चिमी संस्कृति और सभ्यता की जड़ों को चुनौती दी।

> प्राचीन ग्रीस का दीपक उसी भूमि पर विलुप्त हो गया है, जहां वह पहली बार प्रकाशित हुआ था। रोम की शक्ति अपने विशाल साम्राज्य के खंडहरों के नीचे दफन हो गई। लेकिन सभ्यता जिसका आधार समाज और मनुष्य के आध्यात्मिक आदर्श है, आज भी भारत और चीन में जीवित है (Das Gupta 2009, 246)।

चीन में उनके व्याख्यानों के दौरान, यह आलोचना तीव्र और विशिष्ट बन गई। 'हालांकि, मुझे स्वयं यह विश्वास नहीं है कि इस विश्व में कोई भी राष्ट्र महान और अभी तक भौतिकतावादी हो सकता है... भौतिकतावाद विशिष्ट है और जो भौतिकवादी हैं, वह आनंद तथा संग्रहण और स्वामित्व के अपने व्यक्तिगत अधिकार का दावा करते हैं (Tagore 2009, 77)। इस आलोचना के लिए आगामी उनकी वैकल्पिक एशियाई आवाज में प्रस्तुत करने हेतु एक निर्भीक विकल्प विद्यमान था: 'हमारे सभी वास्तविक आनंद पूर्णता की अनुभूति में हैं। यह विकास की अपेक्षा, आदर्श के लिए भौतिक सामग्री के त्याग के माध्यम से पहुंच सकती है' (Ibid., 151)। चीन में अपने सभी व्याख्यानों में, उन्होंने एशिया में हमारी शक्ति में वृद्धि और हमारी एकता के निर्माण के लिए अवधारणाओं और विचारों का विश्व में धर्मयुद्ध का शुभारंभ किया।

> एशिया में, हमें संगठन में, सच्चाई के लिए अटूट विश्वास में, अपनी शक्ति खोजनी चाहिए न कि अलगावपन और आत्म-निश्चयण की अहंकारी भावना में... एशिया में हमें संगठन की कुछ यांत्रिक शक्ति के माध्यम से नहीं, बल्कि सच्ची सहानुभूति की भावना के माध्यम से एकजुट होना चाहिए। मशीन की संगठित शक्ति हमें मारने और नष्ट करने के लिए तैयार है, जिससे हम सिर्फ आत्मा की सजीव शक्ति से बच सकते हैं, जो सिर्फ मात्र आधिक्य से ही नहीं बल्कि इन्द्रिय संबंधी अनुभूति के माध्यम से शक्ति में बढ़ती है (Ibid., 51)।

उनका पूर्व की ओर से आवाज़ की मानवीय संभावनाओं में दृढ़ विश्वास था।

> पूर्व का प्रबोधन (Awakening) हमें, अपनी सभ्यता का अनिवार्य और सार्वभौमिक अर्थ खोजने के लिए अपने मार्ग में आने वाले रोड़े को हटाने तथा इसे अकर्मण्यता, जो अपवित्रता उत्पन्न करती है, के बंधन से बचाने के लिए और इसे सभी मानवीय जातियों के मध्य संचार की महान प्रणाली बनाने के लिए जानबूझकर प्रेरित करती है (Das 1999, 99)।

इसीलिए, वह भारत-चीन संबंधो को लेकर सदा उत्साहित थे जो वास्तविकता में और अधिक जीवंत हो गया, जब उन्होंने इस संबंध को सशक्त करने और विकसित करने के लिए अपने विश्वविद्यालय में चीना भवन का निर्माण करवाया। इसका विवरण यह अध्याय बाद में अनुसरित करेगा।

- 20वीं शताब्दी में, टैगोर संपूर्ण मानवीय विकास के लिए समग्र शिक्षा के एक दृढ़ और सक्रीय समर्थक थे। उन्होंने कलकत्ता के महानगरों के सुस्त जीवन से दूर प्रकृति की गोद में अपने विश्वविद्यालय की स्थापना करके अपने दृष्टिकोण को वास्तविकता में परिवर्तित किया, जहां उन्हें स्वयं अपनी बाल्यावस्था में स्कूलों में जाने का अनुभव था। उन सभी विद्यालयों से उन्होंने दूर भागने की कोशिश की क्योंकि वे जीवन की अनुभूति और उसके अर्थ से रहित, रटने वाली अरुचिकर शिक्षा व्यवस्था में जीवित नहीं रह सकते थे और न ही उसका सामना कर सकते थे। यहां पारंपरिक शिक्षा में उनसे संबंधित कुछ ऐसे दुःखद संस्मरण और जीवन से रहित अनुभूतियां हैं, जो सिर्फ उपयोगितावादी लाभ के लिए सूचना की प्रचुरता के साथ मस्तिष्क को बंद कर देती है।

> [वह] बालक के जीवन को, शिक्षा उद्योग, निर्जीव, बेरंग, सृष्टि से जुदा, किसी मरे हुए की आँख की पुतलियों की तरह घूरती हुई खाली सफेद दीवारों के अंतर्गत लाया जाता है। हम प्रसन्न रहने के ईश्वर प्रदत्त उपहार के साथ विश्व में पैदा हुए हैं, परंतु, ऐसी प्रसन्नचित गतिविधियों को अनुशासन नामक बल के द्वारा जंजीर में जकड़ लिया, बंदी बना लिया, और सुन्न कर दिया जाता है जो कि बच्चे के मन की संवेदनशीलता को मारती है, वह मन जो प्राकृतिक मातृत्व से प्रथम ज्ञान प्राप्त करने के लिए हमेशा सचेत, बैचेन और उत्सुक रहता है। हम कुछ संग्रहालयों के मृत नमूनों की तरह स्थिर बैठते हैं, जबकि हमारे पास सबक पठित होते हैं... हमारा मन प्रकृति के हृदय से आने वाले विचारों की निरंतर धारा को याद करता है (Tagore 2009, 87–88)।

अब, यदि हम प्रबंधन शिक्षा के क्षेत्र में हाल में हुए विकास पर नजर डालें, तो यहां परंपरागत शिक्षण से जीवंत या रोचक सीखने की प्रक्रिया में रूपांतरण का टैगोर के साथ कुछ समानताएं हैं जहां प्राध्यापक को भी विद्यार्थियों के साथ हर परस्पर क्रिया में शिक्षार्थी बनने के लिए मजबूर किया जाता है। दूसरा, प्रबंधन शिक्षा पर चरमपंथी पूंजीवाद का बंधनकारी प्रभाव शिक्षा प्रणाली को बनाए रखने में महत्वपूर्ण भूमिका निभाता है, जो सिर्फ क्रंचिंग मशीनों, कैरियरिस्म (Careerism), भौतिकवाद और उपभोक्तावाद का समर्थक है। इसने विश्व भर में विवेकशील शिक्षाविदों, व्यापारिक नेताओं और सलाहकारों के मध्य प्रबंधन चिंतन और अभ्यास में एक वैकल्पिक

प्रतिमान की खोज़ का नेतृत्व किया। कर्म का अर्थ, जीवन का उद्देश्य, आत्मा-आधारित नेतृत्व, व्यापार की सामाजिक जिम्मेदारी, प्रकृति और पर्यावरण के लिए चिंता, नैतिकता और मूल्यों में भागीदारी के लिए खोज को तेजी से प्रबंधन शिक्षा और अभ्यास के प्रवचन में जगह मिल रही है। विचारशील शिक्षाविद्यों ने इतिहास, साहित्य, जीवनी और पूर्व के प्राचीन ज्ञान जैसे विषयों से शिक्षा के वैकल्पिक स्रोतों और विधियों का पता लगाने की कोशिश की है जो संरचित प्रबंधन साहित्य और पाठ्यक्रम के गलियारे से परे है। टैगोर का जीवन, उनकी अंतर्दृष्टि तथा उनका कार्य और शिक्षा पर उनके प्रयोग प्रबंधन शिक्षा के लिए इस संबंध में एक मानवीय रूप के साथ गतिशील और हर्षित प्रयासों की ओर अमानवीय पूंजीवादी प्रभाव को बहार निकालने के लिए तेजी से प्रासंगिक हो गया है।

इस संदर्भ में, यह अध्याय भारत और चीन के मध्य संबंधों को स्थापित करने तथा उनको विकसित करने और पश्चिमी पूंजीवाद तथा आक्रामक भौतिकवाद के उत्पीड़न और अत्याचार के विरुद्ध एक सशक्त, एकीकृत और मानवीय एशियाई आवाज को बढ़ाने में टैगोर के महत्वपूर्ण योगदान को उजागर करेगा।

टैगोर और भारत-चीन संबंध

रबींद्रनाथ टैगोर, अपनी चीनी यात्रा के दौरान अपने व्याख्यानों से तथा पश्चिम बंगाल के बीरभूम जिले में उनके द्वारा निर्मित उच्च शिक्षा के केंद्र विश्वभारती, एक अद्वितीय विश्वविद्यालय में अपने शैक्षिक प्रयोग में चीनी संस्कृति और ज्ञान को एकीकृत करने के यत्न में भी चीन के साथ विशेष संबंध साझा किया। टैगोर एक दूरदर्शी और सर्वथा आधुनिक विचारों वाले थे। उन्होंने भारत-चीन आपसी तालमेल के कारणों को बढ़ावा देने की मांग की, जिसमें सभ्यतावादी नेतृत्व और भ्रातृत्व साझेदारी के उच्च मंच के लिए भारत और चीन के उदय की कल्पना की गई।

टैगोर ने चीनी और भारतीय सभ्यता के ऐतिहासिक योगदान को उजागर करने और दोनों आधुनिक राष्ट्रों, भारत और चीन को उस श्रेष्ठ निमित्त को पुनर्जीवित करने हेतु प्रोत्साहित करने में अद्वितीय भूमिका निभाई। शांति निकेतन में प्रसिद्ध चीनी चित्रकार Xu Beihong का स्वागत करते हुए टैगोर ने दोहराया कि सभ्यता का असली पुनर्जन्म 'शक्ति का एक घातक लक्ष्य' से नहीं बल्कि 'हृदय की आंतरिक अभिव्यक्ति से' होता है। उनका मानना था कि प्राचीन समय के दौरान ही चीन और भारत ने ऐसा कर लिया था, जब दोनों देशों ने 'महान पुनर्जागरण में सहभाजी होने की शुरुआत की थी' (Tan Chuang 2011, XXiii)। टैगोर ने हमारे पड़ोसी देशों के मध्य रक्त-संबंधों के एक युग की ओर ध्यान दिया और उन्होंने पूर्व में ऐतिहासिक शक्तियों के अभिकथनों में चीन-भारतीय सहयोग के महत्व को दोहराया था, जो हमें अज्ञानता के अतिक्रमण से बचाएगा (Tagore 1996, 850)। विश्व भर में मानव

सभ्यता के क्षितिज में पश्चिम से सांस्कृतिक एकरूपता और आर्थिक औपनिवेशीकरण के खतरों के रूप में आज कवि की पूर्व-कल्पना बहुत बड़े पैमाने पर उभर रही है।

टैगोर, आधुनिक समय में भारत-चीन भ्रातृत्व की दूरदर्शिता रखने वाले थे। वह अन्तराष्ट्रीय मानसिकता के साथ एक भारतीय थे। टैगोर की रणनीति भविष्य-उन्मुख थी। उन्होंने व्यक्तियों को, कई सभ्यताओं के संगम के लिए एक सभा स्थल के रूप में देखा। प्रसिद्ध भारतीय विचारकों में से एक वह, उन आरंभिक विचारकों में से थे जो भारत और चीन की संस्कृति और दोनों प्राचीन सभ्यताओं के मध्य पारस्परिक रूप से समृद्ध संबंधों के निमित्त के हिमायती थे। वह हमारे वर्तमान में, दोनों राष्ट्रों और राष्ट्रों के लोगों के मध्य सौहार्दपूर्ण और सांस्कृतिक समझ को बढ़ावा देने को लेकर बहुत उत्सुक थे। यह चीन-भारतीय सांस्कृतिक समाज और बाद में शांतिनिकेतन में अपने विश्वविद्यालय के चीनी विभाग में चीना भवन की स्थापना से अधिक स्पष्ट हो गया।

Ji Xianlin, चीन में भारत के अनुभवी विशेषज्ञ, जिन्हें भारत सरकार द्वारा पद्म भूषण से सम्मानित किया गया, ने भारत और चीन के मध्य दोस्ती के प्रतीक के रूप में टैगोर की प्रशंका की। टैगोर और उनकी यात्रा के संदर्भ में उनका कहना था कि: 1924 में, महान देशभक्त आधुनिक भारतीय कवि टैगोर ने चीन का दौरा किया। उस समय यह विश्व को हिला कर रख देने वाली घटना थी (Wang Shuying 2006, 289)। वह बाद में और कहते हैं कि: 'उन्होंने [टैगोर] चीन का दौरा किया, और भारत में विद्वानों और कलाकारों को आमंत्रित किया, जिससे दोनों राष्ट्र के लोगों के मध्य पारस्परिक समझ में वृद्धि होने लगी। इस तरह की पारस्परिक यात्राओं ने मित्रता के बीज बोए, और आज भी सुंदर फूलों का खिलाना जारी है (Ji Xianlin 1966, 181)।

निमंत्रण के लिए टैगोर की प्रतिक्रिया हार्दिक और प्रेरणादायक भी कम नहीं थी। चीन जाने के पहले की पूर्व संध्या पर, उन्होंने प्रेस को बताया: 'जब चीन से निमंत्रण मेरे पास पहुंचा, तब मुझे लगा कि यह निमंत्रण स्वयं भारत के लिए था और उसका विनम्र पुत्र होने के नाते मुझे इसे स्वीकार करना होगा'। उन्होंने आगे कहा: 'मुझे उम्मीद है कि हमारी यात्रा चीन और भारत के मध्य सांस्कृतिक और आध्यात्मिक संबंधों को फिर से स्थापित करेगी' (Hay 1970, 145)।

Liang Chi Chao, बीजिंग नॉर्मल यूनिवर्सिटी में यूनिवर्सिटी एसोसिएशन पेकिंग (Peking) के अध्यक्ष, द्वारा दिए गए भाषण में भारत व चीन के मध्य सदियों पुरानी समृद्ध आध्यात्मिक और सांस्कृतिक विरासत पर भी प्रकाश डाला गया, जिसे बाद में *रबींद्रनाथ टैगोर:टॉक्स इन चाइना* में परिचय (Tan Chung द्वारा अनुवादित) के रूप में शामिल किया गया। यह पुस्तक भारत में 1924, 1925 में और बाद में 1999 में प्रकाशित हुई थी। ये शब्द वास्तव में अति-प्रेरणात्मक हैं:

> चरित्र और भूगोल दोनों में, भारत और चीन जुड़वा भाइयों की तरह हैं। अधिकांश सभ्य सभ्यताओं के सक्रिय होने से पहले, हम दोनों भाइयों ने कई ऐसी समस्याओं का अध्ययन

करना पहले से ही शुरू कर दिया था जो संपूर्ण मानव जाति के लिए चिंता का विषय थी। हमने मानवता के हित में पहले से ही बहुत कुछ हासिल कर लिया है। भारत हमसे आगे था और हम, छोटे भाई की तरह, पीछे-पीछे आ रहे थे (Das 1999, Xii)।

टैगोर, अपने भाग में, उनके एक व्याख्यान में चीनी संस्कृति की प्रशंका करते हैं: 'आत्मा में विश्वास के आधार पर इसकी सभ्यता अपने सामाजिक जीवन में विकसित हुई है। आप सबसे लंबे समय तक चलने वाली नस्ल हैं, क्योंकि आपके पास सदियों का ज्ञान है जो शक्ति की अपेक्षा अच्छाई में आपके विश्वास द्वारा विकसित हुआ है। इसने आपका महान अतीत निर्मित किया है' (राव 2011, Xi)।

चीनी जनवादी गणराज्य के प्रधानमंत्री Zhou Enlai, ने राष्ट्रीय या वैश्विक प्रतिष्ठा वाले व्यक्ति को विश्व भारती द्वारा प्रदत्त सर्वोच्च सम्मान देसीकोट्टम (Desikottam) पुरस्कार के अवसर पर 1956 में अपनी शांतिनिकेतन की यात्रा के दौरान टैगोर की उदारता की बात की। 'चीनी लोगों ने उन्हें [टैगोर को] अगाध भावुकता से पोषित रखा। चीनी लोग, अपने प्रति टैगोर के भ्रातृभाव को कभी नहीं भूल पायेगें' (Rao 2011, Xii)।

टैगोर ने भारत-चीन संबंधों और दोनों राष्ट्रों के सभ्यतावादी, दार्शनिक और साथ ही आध्यात्मिक संपर्क को विकसित करने के लिए भारत के प्रथम प्रधानमंत्री जवाहरलाल नेहरू पर बहुत प्रेरक प्रभाव डाला था। यह पंचशील (शांतिपूर्ण सह-अस्तित्व के पांच सिद्धांत) की मूलभूत प्रेरणा थी। टैगोर की चीन यात्रा ने कई चीनी बौद्धिक संभ्रांतों के विचारों और उनकी कल्पनाओं को परिवर्तित कर दिया था जिनमें से कुछ बौद्धिक विद्वान एशियाई आवाज की शक्ति में-पूर्वी संस्कृतियों और सभ्यताओं में उनकी उत्साही सहभागिता के लिए उनका आदर करते थे। हिंसा और आक्रामकता से भरी इस दुनिया में, टैगोर ने पारस्परिक कल्याण और पूरक हितों तथा दक्षताओं का संदेश प्रचारित किया जो दोनों राष्ट्रों के मध्य सदियों से विद्यमान था। उदाहरण के लिए, गौतम सिद्धार्थ, 8वीं सदी में एक भारतीय खगोलशास्त्री, को चीन में खगोल विज्ञान की समिति का अध्यक्ष बनाया गया था। असाधारण दूरदर्शी और भविष्य-उन्मुख टैगोर, सिर्फ राजनीतिक और आर्थिक मापदंडों से परे हमारे द्विपक्षीय संबंधों को मजबूत करने के लिए सभ्यतागत ज्ञान, साझा सांस्कृतिक विरासत और चीन-भारतीय आंतरिक संबंधों का एक उच्च मंच निर्मित करने के हमेशा पक्षधर थे। इस प्रकार के संबंध की भावना भारतीय अवधारणा, *वसुधैव कुटुम्बकम्* (विश्व एक परिवार है) और चीनी परिकल्पना *Shijiedatong* (विश्व में उच्च समरसता) का मिश्रण होगी।

1924 में टैगोर की चीन यात्रा के दौरान मिश्रित प्रतिक्रियाएं उत्पन्न हो सकती थीं, विशेषकर क्रांतिकारी और उग्र चीनी युवाओं के बीच, परंतु दूरदर्शितापूर्ण यात्रा में उत्पन्न होने वाले अत्यधिक महत्व वाली और सकारात्मक प्रतिक्रियाओं को शायद ही अनदेखा किया जा सकता था। इसने भारत-चीन संबंधों के पुनरुत्थान में महत्वपूर्ण भूमिका निभाई थी जो Song राजवंश के पश्चात वानिंग Waning में आरंभ हुआ था। जॉन डीवी और बर्ट्रेंड

रसल जैसे दिग्गजों के साथ टैगोर, चीन के बौद्धिक अभिजात वर्ग के द्वारा आमंत्रित किए जाने वाले पहले प्रख्यात भारतीय विचारक थे, जबकि चीनी लोग पश्चिम की प्रशंसा करके विश्व में अपनी जगह, एक प्लेटफार्म और अभिव्यक्ति की तलाश की कोशिश कर रहे थे। टैगोर एक अंधेरी सुरंग में प्रकाश स्तम्भ की तरह थे। उन्होंने दूर के अतीत में भारत और चीन के मध्य विद्यमान संबंधों को पुनर्जीवित किया और वैश्विक राजनीतिक और सांस्कृतिक परिदृश्य में एक शक्तिशाली वैकल्पिक एशियाई आवाज़ जागृत की। टैगोर का चीन-भारतीय संबंधों के भू-सभ्यता के प्रतिमान में दृढ़ विश्वास था; यह हमारे लिए भारत और चीन के मध्य ही नहीं बल्कि एशिया-प्रशांत क्षेत्र के सभी देशों के बीच मुक्त और पारदर्शी, संतुलित और न्यायसंगत संवाद के लिए संभावना का मार्ग खोल सकने के रूप में विचार करने के लिए सार्थक है। टैगोर के राष्ट्रवाद की जड़ें अंतरराष्ट्रीयतावाद के मुक्त बहाव और स्थायी भावना में निहित थीं जो कि चीन और भारत दोनों राष्ट्रों के युवाओं के लिए एक शक्तिशाली संदेश के रूप में आ सकती है।

वर्तमान समय में, भारत और चीन न सिर्फ द्विपक्षीय व्यापार में ही नहीं बल्कि वैश्विक आर्थिक मंच से संबंधित मुद्दों पर भी पारस्परिक रूप से संपर्क कर रहे है। हालांकि पारस्परिक संबंधों में कई जटिलताएं विद्यमान हैं, और कई भिन्नताओं के क्षेत्र हैं, हितों की समानता के क्षेत्रों का निर्धारण करके हमारे संबंधों को मजबूत करना महत्वपूर्ण है। दोनों राष्ट्रों के मध्य प्रबुद्ध भविष्य *'Zhong-Yin Da Tong'* अर्थात् 'भारत और चीन के मध्य महान सद्भाव' की चीनी अवधारणा और टैगोर के विश्वविद्यालय की वैश्विक दृष्टि की पृष्ठभूमि में, *'यात्राविश्वं भवती एकानिदम'* अर्थात् 'जहां विश्व एकल घोंसला बन जाता है', जो विश्वभारती का भी आदर्श वाक्य है पर अच्छी तरह से आधारित हो सकता है। यह भारत-चीन संतुलन, हमारे पारस्परिक सांस्कृतिक और सभ्यतागत मूल्यों को बनाए रखने और पारस्परिक प्रगति के लिए रचनात्मकता तथा नवीनता के प्रकाश के साथ-साथ भविष्य में दुनिया के लिए दिशा-निर्देशों के नए क्षेत्र खोलने के लिए नये प्रतिमानों को चिह्नित करेगा।

पश्चिमी पूंजीवाद के सजातीय प्रभाव ने सांस्कृतिक विविधता, जो विश्व के विभिन्न भागों की विशेषता है, को समाप्त करने के लिए न सिर्फ गंभीर खतरा पैदा किया बल्कि दर्शन और शिक्षा पद्धतियों विशेष रूप से मुख्यधारा की प्रबंधन शिक्षा को आकार दिया। वैश्विक औद्योगिक मोनोकल्चर की मांगों को पूरा करने के लिए, एक महत्वपूर्ण और रचनात्मक क्षमता में वृद्धि के दायरे इतने सीमित हो गए हैं कि यह शिक्षा प्रणाली दो विशेषताओं के साथ 'उत्पादों' का मंथन करती है-द्विआधारी तर्क और रैखिक विचार। जहां एक तरफ, टैगोर की मानवता की आवाज कॉर्पोरेट पूंजीवाद के उन्नयन, अनन्त सामग्री का लक्ष्य और अनियंत्रित उपभोक्तावाद की नींव के लिए एक विकट चुनौती थी। वहीं दूसरी तरफ उनके विश्विद्यालय में उनके द्वारा प्रचारित नयी और अभिनव शिक्षा प्रणाली का प्रमुख उद्देश्य, संस्थागत रूप से समग्र मानव विकास और हमारी पूर्ण रचनात्मक क्षमता की प्राकृतिक

अभिव्यक्ति था। उन्होंने एक रोबोटाईज्ड शिक्षा प्रणाली के आधार पर सवाल उठाया जो धन कमाने वाली मशीनों में मनुष्य को कम कर देती है।

इस मौके पर, अध्याय आधुनिक प्रबंधन शिक्षा प्रणाली में व्याप्त कुछ दुविधाओं की पहचान करेगा और यह उन विभिन्न पहलों पर भी प्रकाश डालेगा जो एक वैकल्पिक प्रबंधन प्रतिमान के लिए खोज में संलग्न हैं जो कि आत्मा-केंद्रित, मानवीय और ज्ञानप्रद है।

प्रबंधन विचारधारा और शिक्षा में बदलते प्रतिमान (Paradigm)

इस अध्याय में पहले उल्लेख किया गया है कि मुख्यधारा विषयक प्रबंधन शिक्षा और पूंजीवाद तथा औद्योगिक मोनोचल्चर पर आधारित इसके प्रमुख प्रतिमान की आलोचना बढ़ रही है। इनमें से कुछ वैकल्पिक पहलों को साझा करना यहां प्रासंगिक हो सकता है। 2004 में, USC मार्शल स्कूल ऑफ बिजनेस से सेवामुक्त प्रोफेसर इयान मिट्रोफ ने अमेरिका के बिजनेस स्कूलों के अध्यक्षों और प्राध्यापकों को एक खुला पत्र लिखा था जहां वह हमारे मौजूदा प्रबंधन शिक्षा पर साहसिक और स्पष्ट थे और उन्होंने विफलता के पांच क्षेत्रों की पहचान की जिसके परिणामस्वरूप छात्रों और प्राध्यापकों के मध्य निम्नलिखित विशेषताएं हैं:

1. मानव प्रकृति का नीचतापूर्ण और विकृत रूप;
2. नैतिकता की एक संकीर्ण, पुरानी और अस्वीकृत धारणा;
3. मानवीय मामलों में प्रबंधन की एक संकीर्ण और अत्यधिक सीमित परिभाषा, और उसकी भूमिका;
4. प्रबंधन के क्षेत्र के 'उप-अनुशासन' की अतिरंजित मूर्त अवधारणा; और
5. अपनी आजीविका और जीवन के नियंत्रण के बारे में शिक्षकों, छात्रों और श्रमिकों के मध्य सीखने की विवशता और निराशा की भावना।

यह सभी बिंदु दोनों प्रक्रियाओं के परिणामों में कुछ स्पष्ट कठिनाईयों के साथ-साथ मुख्यधारा विषयक प्रबंधन शिक्षा की ओर हैं— मानवीय प्रकृति के गहन और महान पहलुओं पर हमारी तकनीकी-आर्थिक पहचान का प्रभुत्व; नैतिक शिक्षा को ऐसे तरीके से प्रदान करने में विफलता जो छात्रों के लिए गतिशील, आकर्षक और प्रासंगिक है; महत्वपूर्ण तर्कसंगत संकायों की लागत पर सहायक तर्क में वृद्धि; निजी और संगठनात्मक परिवर्तन में उत्कृष्ट भावनाओं की शक्ति की निंदा करना; क्षेत्रों और उप-विषयों के असंगत चिंतित छिद्र में प्रबंधन की समग्र अवधारणा को विभाजित करना; जीवन में कार्य और उद्देश्य में लक्ष्य का अभाव।

हाल के दिनों में, व्यापार और प्रबंधन के शैक्षणिक हलकों में हमारी अधिगम की प्रचलित पद्धति की बढ़ती आलोचना का उद्भव हुआ है। इस क्षेत्र में मान्यता प्राप्त दिग्गजों द्वारा इस तरह की महत्वपूर्ण आवाज़ को अक्सर उठाया जाता रहा है (Bennis and O'Toole 2005; Ghoshal 2005)। संगठित संपर्क के एक वैकल्पिक समग्र प्रतिमान के लिए एक खोज

भी है ताकि 'हमारा दिल और मस्तिष्क ज्ञान को अलग-अलग विचारों, मन और शरीर, भावना और बुद्धि की द्विविधता में विभाजित न करे, लेकिन पूर्णता और परिपूर्णता के साथ प्रतिध्वनित होता है जो एक के हर भाग को शामिल करता है (Kind et al. 2005)। एक तर्कसंगत संरचित, रूढ़िवादी और अहंकारी प्रबंधन शिक्षा, प्रसिद्ध विचारकों और नेताओं में नई हवा और नई रोशनी में प्रवेशक मानविकी विषयों (साहित्य, कला, फिल्म, संगीत, थिएटर आदि) से अंतर्दृष्टि प्राप्त कर रहे हैं, खेल, आध्यात्मिकता, और अन्य को शिक्षा और जीवन के मध्य लुप्त संबंध को स्थापित करने के लिए। अन्यथा, हम 'निश्चित रूप से गलत समस्या को सुलझाने' की ऐसी विधियों का प्रयोग कर रहे है जो कि मुख्य रूप से प्रकृति में तकनीकी-आर्थिक हैं, जबकि प्रणालीगत और आध्यात्मिक परिप्रेक्ष्य निर्विवाद रूप से दृष्टि और विचार की हमारी योजना से बाहर निकल जाते है। हमारी अर्थव्यवस्था और समाज की समस्याओं के छद्म समाधान का प्रयास करने के गंभीर निहितार्थ का Ims and Zsolnai (2006), द्वारा संपादित पुस्तक *'बिज़नस विद्इन लिमिट्स'* के आरंभिक अध्याय 'बहुत कम सफलता और गहन विफलता' में उपयुक्त चित्रण किया गया है। इस पुस्तक में, उन्होंने गहन पारिस्थितिकी और बौद्ध अर्थशास्त्र में निहित एक वैकल्पिक समग्र और मानवीय वैश्विक दृष्टि प्रस्तुत करने के लिए आगे बढ़े। Michael Ray (1992) ने अपनी ओर से ऐसे ही प्रतिमान का प्रस्ताव रखा जिसमें उन्होंने व्यवसाय के मुख्य उद्देश्य की दृष्टि से लाभ को बदलने की वकालत की। Chakraborty (1995) ने भारतीय दर्शन, संस्कृति और लोकाचार के संस्थापक सिद्धांतों पर 'व्यापार आश्रम' की अपनी अवधारणा में पौष्टिक व्यवसाय परिवर्तन के मुख्य स्तंभों की पहचान की। यह Stephen Covey (1992) के, उदर से आत्मा की ओर उनके प्रबंधन रूपक वाले प्रस्तावित बदलाव जिसमें पेशेवर क्षमता से परे चरित्र पर जोर दिया गया है, से समानता रखता है।

Mukherjee (2007) के द्वारा संगठन में व्यक्ति के व्यापक विकास के लिए कुछ गैर-पारंपरिक स्रोतों और शिक्षा की विधियों का पता लगाने की जरूरत पर प्रकाश डाला गया। इसका उद्देश्य 'मन की सुंदरता' (Chakraborty 1995) या 'चेतना की सुंदरता' (Chatterjee 1998) विकसित करना है। प्रबंधन शिक्षा के वैकल्पिक स्रोतों की खोज ने Michael Gelb (1998) को लिओनार्दो दा विंची, इतालवी पुनर्जागरण के प्रसिद्ध व्यक्तित्व द्वारा निर्धारित शैक्षिक और रचनात्मकता के सिद्धांतों पर अपना ध्यान आकर्षित करने के लिए प्रेरित किया। Weick (2006) ने 'सचेतन' की कला' का विकास करके 'चिंतन से संबंध' के माध्यम से शिक्षा के लिए एक नये दृष्टिकोण को प्रतिपादित किया। आध्यात्मिकता और समग्र प्रबंधन पर प्रकाशनों की बढ़ती संख्या से स्पष्ट रूप से कार्य-स्थल में आध्यात्मिकता (Spirituality at Work or SAW) के प्रति रुचि बढ़ रही है। (Bell and Taylor 2004; Biberman, Whitty and Robbin 1999; Cash and Grey 2000; Fischer 1999; Mitroff and Denton 1999; Pruzan et al. 2007)। समकालिकता

(Jaworski 1998) और स्प्रिच्युअल क्वेशंट (SQ) या आध्यात्मिक लब्धि (Zohar and Marshall 2000) की अवधारणा इस दिशा में महत्वपूर्ण घटना है।

यह समय बड़े पैमाने पर व्यक्ति, समाज, ग्रह के लिए बेहतर कल के लिए, स्वयम और हमारे संगठनों में परिवर्तन हेतु प्रासंगिक सबक का चित्रण करने के लिए वैकल्पिक शिक्षा में टैगोर और उनके प्रयोगों पर ध्यान केंद्रित करने का है।

आधुनिक प्रबंधन के लिए टैगोर से शिक्षा

महानता की एक अद्वितीय विशेषता है, जिसे सार्वभौमिक प्रासंगिकता कहा जा सकता है। यह मानसिकता टैगोर जैसे प्रतिभाशाली व्यक्ति और उनके कार्य तथा संदेश को, उनकी कविता और दर्शन से कहीं ज्यादा ज्ञान और कार्य के सभी शिक्षणों को सम्मिलित करते हुए संपूर्ण विश्व में प्रासंगिक बनाती है। प्रबंधन के शिक्षण का कोई भी अपवाद नहीं है। इसके अलावा, टैगोर ने सार्वभौमिक अपील, समग्र शिक्षा और स्थिरता में उत्कृष्टता के आधार पर एक संस्थागत नेता के रूप में सफल और महत्वपूर्ण भूमिका निभाई थी; जैसा कि उनके द्वारा निर्मित विश्वविद्यालय आज भी दुनिया भर से प्रतिभा को आकर्षित कर रहा है। उन्होंने हमारे लिए ऐसा क्या पीछे छोड़ा है, जो पिछले अनुभाग में उल्लेखित प्रबंधन प्रतिमान और शिक्षा में परिवर्तन में मददगार हो सकता है?

- अपील में वैश्विक, मूल रूप में स्थानीय: टैगोर को न सिर्फ चीन में बल्कि पश्चिमी दुनिया और एशिया के विभिन्न भागों में व्याख्यान देने के लिए आमंत्रित किया गया था। विश्व के दर्शकों द्वारा उनके अग्रणी विचारों और प्रयोगों को शिक्षाओं तथा सीखने की पद्धति में गर्मजोशी से स्वागत किया गया। यह दो कारणों की वजह से संभव था। प्रथम, टैगोर एक प्रमाणिक एशियाई आवाज के रूप में थे जो भारतीय संस्कृति और लोकाचार में गहराई से निहित थी। द्वितीय, वह दोनों देशों की संस्कृतियों से बहुत अच्छी तरह से वाकिफ़ थे। चीन में, Lao-tze का ज्ञान अक्सर उनके विचार-विमर्श में परिलक्षित होता था। लेकिन वह एशिया और भारत के बारे में बहुत ही निर्भीक और मुखर थे विशेष रूप से, दुनिया के लिए योगदान कर सकते है। इसी तरह सामान रूप से, उन्होंने चीनी लोगों को प्रेरित किया: 'अपने प्रकाश लाओ और इसे, विश्व संस्कृति के दीपकों के इस महान त्योहार में जोड़ दो' (Tagore 2009, 76)। प्रबंधन शिक्षा और व्यवहार में, अक्सर इन दिनों में वैश्विक मानसिकता वाले नेताओं की आवश्यकता पर बल दिया जाता है। टैगोर से सीखने के लिए यहां ऐसी वैश्विक मानसिकता के विकास के तीन चरण हैं: (ए) अपनी स्वयं की संस्कृति के प्रमुख सिद्धांतों का एकीकरण (बी) अन्य संस्कृतियों की गहराई से समक्ष होना, और (सी) भविष्य की भावी कार्रवाई को जोड़ने के लिए समानता तथा अभिसरण के क्षेत्रों की पहचान करना। इस प्रकार, टैगोर हमें कुछ असहज सवालों के समाधान के लिए प्रेरित करते हैं। क्या अपनी स्वयं की

संस्कृति में स्थानीय स्थिरण या सुदृढ़ता के बिना एक वैश्विक मानसिकता बन सकती है? क्या हम इस बात को उजागर करने के लिए पर्याप्त रूप से तैयार हैं कि आज भारतीय संस्कृति और ज्ञान, आधुनिक प्रबंधन को क्या दे सकता है?

- समग्र प्रबंधन दर्शनशास्त्र और शिक्षा: देर से ही सही, प्रबंधन में एक समग्र दार्शनिक शिक्षण विकसित करने पर जोर दिया गया है। लेकिन सामग्री, शिक्षा शास्त्र और प्रबंधन शिक्षा के वितरण और कॉर्पोरेट प्रशिक्षण में तीव्र परिवर्तन की आवश्यकता है। अन्यथा, आर्थिक तर्कसंगतता से प्रेरित बहुत सारे क्रंचिंग दिमाग़ कभी भी समग्र धारणा को प्राप्त करने में सक्षम नहीं होंगे। टैगोर प्रमात्रीकरण की अधिकता के ऊपर अपनी आलोचना को लेकर बहुत स्पष्ट थे कि 'नंबर जुड़ते हैं लेकिन संबद्ध नहीं होते' (Ibid., 147)। वह प्रगति के तकनीकी-आर्थिक प्रारूप पर अपनी टिप्पणी में भी बहुत स्पष्ट थे जिसने मुख्यधारा प्रबंधन शिक्षा द्वारा ईमानदारी से निर्मित की गई विस्तृत औद्योगिक सभ्यता और मोनोकलल्चर को प्रोत्साहित किया। 'क्या और किसके लिए प्रगति?' उन्होंने लगभग एक सदी पूर्व इस प्रकार के गंभीर प्रश्न उठाए (Tagore 1937, 5)। प्रकृति के साथ सामंजस्य में शिक्षा की प्रक्रिया प्रदान करने के अंतर्गत टैगोर की अंतर्दृष्टि पाठ्यक्रम के विकास के समय बहुत महत्वपूर्ण है, जो समग्र शिक्षा को बढ़ावा देती है। यह हमारे संवेदनात्मक संकायों को तीव्र करने में मदद करता है जो परिवेश से संकेतों और स्पंदन को प्राप्त करता हैं और ज्ञान निर्माण के लिए अग्रसर होता है। चीन में अपनी वार्ता में उन्होंने कहा, 'मेरा मानना है कि बच्चों को प्रकृति की ऐसी चीजों के साथ घिरा होना चाहिए जिनमें अपना स्वयं का शैक्षिक मूल्य हो (Tagore 2009, 89)'। जब उन्होंने अपना विश्वविद्यालय बनाया तो उन्होंने छात्रों से कहा कि उन्हें शिक्षकों के दो समूह दिए जाएंगे-मानव के रूप में शिक्षक और पेड़ के चारों ओर की तरह शिक्षक। टैगोर के इन संदेशों की प्रासंगिकता वर्तमान समय में प्रचुर मात्रा में स्पष्ट हो जाती हैं जब हम यह देखते हैं, कि कॉर्पोरेट अधिकारियों और बिजनेस स्कूल के छात्रों को पर्वतारोहण के रोमांच के लिए भेजा जाता है और जीवन के साथ जैविक संपर्क की पुनः स्थापना, पुनरुत्थान, और नवीनीकरण के लिए प्रकृति के दिल में आश्रय लेना है।
- भावनाओं और सौंदर्यशास्त्र विकसित करना: बायें मस्तिष्क से संगत विचारधारा और वाद्य तर्कसंगतता का प्रभुत्व आज प्रबंधन शिक्षा के समक्ष सामना करने वाले प्रमुख मुद्दों में से एक है, जबकि हमारे कार्यस्थल में और यहां तक कि शैक्षणिक संस्थानों में कई समस्याएं व्यक्तियों के भावनात्मक प्रभुत्व में निहित है। हालांकि, भावनात्मक गुणक के महत्व को इन दिनों स्वीकार किया जाता है, फिर भी शिक्षण पद्धति में अभी भी बहुत अधिक फ़ासला है जिसे शायद भावनात्मक बुद्धिमता विकसित करने के लिए अपनाया जा सकता है। आधुनिक शिक्षा छात्रों को चिंतन की अपनी क्षमता को तेज करने के लिए तैयार करती है, लेकिन 'भावना' की क्षमता

की ग़ैरमामूली लागत पर। इस संबंध में, टैगोर के प्रयोग और उनकी अंतर्दृष्टि हमारे बिजनेस स्कूल के पाठ्यक्रम की समीक्षा और परिवर्तन के लिए दिशा-निर्देश प्रदान कर सकती है। यह समय, प्रबंधन के सामान्य विषयों पर पारंपरिक जानकारी के अलावा शिक्षाविदों के लिए साहित्य, सामुदायिक विकास क्षेत्र कार्य, प्रकृति की खोज और पर्यवेक्षण, भावनात्मक बुद्धिमत्ता के विकास के लिए शांति में अनुबंध के द्वारा हमारे संवेदनात्मक संकायों को तीव्र करना, सौंदर्य उत्कृष्टता, और दक्षिण बुद्धिसंगत विचारधारा के प्रोत्साहन पर मॉड्यूल या पाठ्यक्रमों के परिचय पर विचार करने का है। अंत में, सभी समग्र मानवीय विकास की ओर अग्रसर हैं।

- मानव का उत्कृष्ट प्रारूप (Model): शिक्षा पर टैगोर के ज्ञान के शब्दों को याद रखना बहुत उपयोगी हो सकता है: 'मनुष्य के आध्यात्मिक सत्य के प्रकाश में संपूर्ण जीवन की शिक्षा में इतिहास, विज्ञान, कला के सही पठन के माध्यम से पहचानने की कोशिश शामिल है (Das Gupta 2011, 71)'। इस प्रकार, टैगोर की शिक्षा के आदर्श को आध्यात्मिक जीव के रूप में मनुष्य के एक उच्च प्रारूप पर स्थापित किया गया है, जो बच्चों के अमरत्व के रूप में मानव के चित्रण में निहित है (*अमृतस्य पुत्रा*)। प्रबंधन शिक्षा और संगठनात्मक अधिगम के लिए इसका महत्वपूर्ण उपयोग है। मानवीय संभावनाओं की एक उन्नत अवस्था की तरह अवस्था की स्वीकृति के बिना अधिगम की प्रक्रिया पर अधिकांश जानकारी, मास्लो के आवश्यकता पदानुक्रम (Hierarchy of needs) प्रारूप, के शुरुआती स्तर तक ही सीमित हो जाती है और तदनुसार संगठनों में प्रेरक रणनीति भी गठबंधन और डिज़ाइन की जाती है। काम के अर्थ और जीवन के उद्देश्य जैसे महत्वपूर्ण मुद्दों को हाशिए से परे प्रोत्साहित किया जाता है।
- प्रबंधन और मानविकी: आधुनिक प्रबंधन शिक्षा, छात्रों और अधिकारियों के मध्य अहंकार के आधार पर अविश्वास के विकास की, एक और बड़ी समस्या का सामना कर रही है, जहां समस्या का एकमात्र तकनीकी-आर्थिक उत्तर है जिसे वे जानते हैं और 'संदेहास्पद विषय क्षेत्रों (Grey areas)' को स्वीकारा और खोजा नहीं जाता है। यह 'कुछ भी नहीं बल्कि' की एक अभिवृत्ति का कारण होती है जो रैखिक और द्विआधारी विचारधारा का परिणाम है, जहां वैकल्पिक उत्तरों के लिए खोज पर प्रचंड आघात किया जाता है जो बुराई-उपचार की गंभीर असंगति का कारण बनती है। मानविकी में निवेश (कला, साहित्य, संगीत, नृत्य, रंगमंच और फिल्में) हमें, मात्रात्मक प्रतिमान के इन जटिल सीपों और कोकून को तोड़ने में और विश्व में ध्यान के क्षितिज को कई विकल्पों में खोलने में मदद करती है, जहां वास्तविकता का रंग ग्रे होता है और उसका आकार असंगत होता है। टैगोर का शिक्षा दर्शन और उसकी पद्धति 'बॉक्स से बाहर सोचने' की हमारी क्षमता को बढ़ाने में मदद कर सकती है और एक ही समस्या के लिए कई समाधान और कई विकल्प उत्पन्न कर सकती है

जैसा कि हम सभी अपने विशिष्ट और संबंधित स्थितियों से विश्व को देखते हैं, जहां अनिश्चितता और परिवर्तन वास्तविकता के भवन का निर्माण करती है।

- मौन और ध्यान: आत्म-विकास और संगठनात्मक परिवर्तन प्रक्रियाओं जैसे ध्यान, मनोयोग का अभ्यास और अन्य पर कुछ पाठ्यक्रम और कार्यशालाएं बिजनेस विद्यालयों और कॉर्पोरेट हाउसों में जगह तलाश रही है। इसका आत्म-संस्कृति के विकास पर गहरा सकारात्मक प्रभाव पड़ता है जो हमें अपने आंतरिक मन के साथ संपर्क में बने रहने के लिए सक्षम बनाता है और हमारी अनंत क्षमता का उपयोग करता है जो नेतृत्व की भूमिकाओं में प्रभावशीलता, समूह चेतना को प्रोत्साहित करने, निर्णय-निर्माण करने, समस्या निवारण और संघर्ष प्रबंधन में परिवर्तित हो जाता है। लेकिन अभी तक मुख्यधारा के दिग्गजों से सामान्य स्वीकृति प्राप्त नहीं हुई है, क्योंकि वे जल्दी ही इन पहलुओं को धार्मिक अभ्यास और अनुष्ठानों के साथ जोड़ देते हैं। यह इंगित किया जा सकता हैं, कि शताब्दी से भी पहले, टैगोर ने विश्वविद्यालय के छात्रों की दैनिक गतिविधियों के भाग के रूप में सामूहिक प्रार्थना और ध्यान प्रस्तावित किया था। यह सहस्राब्दी पहले भारत के ऋषि और साधकों द्वारा अनुशंसित इन आत्म-विकास प्रक्रियाओं की प्रभावकारिता में हमारे आत्मविश्वास का निर्माण और उसे सशक्त कर सकती है। अभ्यास, विचार आत्मसात करने और आनंद के लिए शिक्षा के किसी भी क्षेत्र में भावी पीढ़ी के लिए सकारात्मक उदाहरण देकर सिर्फ कवि टैगोर ने ही इस परंपरा को निरंतर जारी रखा।
- सीएसआर (कॉर्पोरेट सामाजिक जिम्मेदारी) और समावेशी विचारधारा: पिछले दो दशकों में, सीएसआर के पाठ्यक्रमों और कार्यक्रमों पर विश्वास में बढ़ोतरी हुई है। सीएसआर का सार व्यापारिक नेताओं के विभाग पर 'समावेशी विचारधारा' की क्षमता है जो संगठन और समुदाय सहित अपने सभी हितधारकों के 'समावेशी विकास' का नेतृत्व करेगा। टैगोर की दो प्रासंगिक शिक्षाए हैं जो सार्थक सीएसआर में योगदान दे सकती हैं। प्रथम, नेतृत्व की एक सर्वव्यापी दृष्टि होनी ही चाहिए जिसके आभाव में समावेशी विचारधारा संभव नहीं है। इसकी अपनी जड़ें उद्यम के परिसर से परे संगठन के एक बड़े आत्म-प्रबुद्ध के दृष्टिकोण और संघटित रूप से समुदाय के साथ और आपसी संवर्धन के लिए सभी हितधारकों से जुड़ी हुई हैं। यह पहली शिक्षा है जिसे टैगोर से सीखा जा सकता है, जिसमें उस क्षेत्र में समुदाय के कल्याण और विकास के साथ विश्वविद्यालय के विकास की समग्र दृष्टि थी। शांतिनिकेतन से कुछ किलोमीटर दूर, सुरुल के श्रीनिकेतन में उनके प्रयोगों में इसे अभिव्यक्ति मिली है। द्वितीय, इससे छात्रों के मध्य अधिगम की विनम्र प्रक्रिया भी हुई जो वंचित ग्रामीणों की वास्तविक वास्तविकताओं से अवगत होंगे और उन्हें प्रशासन और निर्णय-निर्माण प्रक्रिया में भागीदारी के माध्यम से सामाजिक सशक्तिकरण की ओर अग्रसर

आर्थिक आत्मनिर्भरता के लिए प्रशिक्षित किया जाएगा। इस संबंध में एमबीए के छात्रों और अधिकारियों के लिए शिक्षा बहुत महत्वपूर्ण है। सीएसआर में संलग्न होने से पहले, समुदाय के साथ संपर्क में अधिगम की प्रक्रिया के माध्यम से बढ़ाना महत्वपूर्ण है, ताकि किसी को यह पता चल जाए कि उनकी 'वास्तविक ज़रूरतें' क्या हैं और फिर परिणामस्वरूप सीएसआर रणनीति और वितरण तंत्र तैयार करें। अन्यथा अक्सर 'एकवचन और सार्वभौमिक रूप से वैध' (!) तकनीकी-आर्थिक तर्कसंगतता पर स्थापित विकास का पश्चिमी प्रारूप देशज परिवेश पर अधिरोपित है और परिणाम व्यापारिक नेताओं द्वारा समुदाय की 'कथित आवश्यकताओं' के रूप में सकल असंगत है, जिनका तृतीय विश्व के परिदृश्य में सामुदायिक जीवन की 'वास्तविक आवश्यकताओं' के साथ कोई संपर्क नहीं है। संकाय और छात्रों के साथ टैगोर की सामुदायिक विकास पहल प्रभावी और सार्थक सीएसआर हस्तक्षेप के लिए हमारे छात्रों, संकायों और बिजनेस नेताओं के मध्य नम्रता और जड़ की संवेदनशीलता की भावना पैदा कर सकती है।

- नैतिकता और मूल्यों के लिए चिंता: 1937 में चीना भवन के उद्घाटन के अवसर पर उन्होंने इसे साहसिक और स्पष्ट बनाया। 'अधर्म के माध्यम से, समृद्ध मनुष्य, वांछनीय प्रतीत लाभ, दुश्मनों पर विजय प्राप्त करता है, लेकिन जड़ से मिट जाता है' (Tagore 1937, 5)। चीन में अपनी वार्ता में उन्होंने आगे स्पष्ट किया:'धर्म का विशिष्ट अर्थ वह सिद्धांत है जो हमें एक साथ दृढ़ रखता है और हमें अपने सर्वोत्तम कल्याण के लिए प्रेरित करता है' (Tagore 2009, 119)। आज व्यावसायिक शिक्षा और अभ्यास के क्षेत्र में ये सभी नैतिकता और मूल्यों को बनाए रखने के लिए हमारी ताकत है। यद्यपि अकादमिक पाठ्यक्रम और कॉर्पोरेट आचरण के नियम, 'नैतिकता के बिना वाणिज्य' में व्यावसायिक नैतिकता पर नवीनीकृत जोर दिया गया है-महात्मा गांधी द्वारा पहचाने गए सात घातक पापों में से एक-जो घोटालों तथा अनैतिक आचरणों की बढ़ती संख्या से स्पष्ट रूप से विश्व भर के बिजनस में प्रचलित और अनियंत्रित है। पर्याप्त रूप से आश्चर्यजनक, जो इन अपराधों के मास्टरमाइंड और अपराधी हैं, वे ज्यादातर बुद्धिमान, शिक्षित और उनमें से कई व्यवसायिक पृष्ठभूमि के अधिकारी हैं। दुनिया भर में प्रबंधन शिक्षा में प्रमुख कमियों में से एक यह है कि ऐतिहासिक रूप से पाठ्यक्रम और कार्यप्रणालियों ने व्यवहार और व्यक्तित्व के विकास पर तो जोर दिया लेकिन चरित्र का कोई उल्लेख नहीं किया गया। सिर्फ हाल के समय में चरित्र निर्माण के महत्वपूर्ण मुद्दों, जो नैतिकता और मूल्यों का आधार है, पर प्रकाशित विचारकों और शिक्षाविदों द्वारा प्रकाश डाला गया है (Chakraborty 1995; Covey 1992)। टैगोर ने पश्चिम के जंगल की आलोचना करते हुए चीन में इस सतर्कता पर बोला था जहां प्रगति को उस गति से मापा जाता है जिसके साथ सामग्री द्विगुणित हो रही है।

उनका हॉर्स पावर द्वारा मापन एक ऐसा उपाय है जो आत्म-शक्ति को विनम्र बना देता है। हॉर्स पावर, आत्म-शक्ति इकाइयों को संचालित करती है (Tagore 2009, 131)। Xu Zhimo (2005, 42) के अनुसार, टैगोर 'डरे हुए थे कि हम मध्यस्थता और लाभप्रदता की बुराई से संक्रमित हो जाएंगे'। सामान्यतः कुल मिलाकर, यह उन लोगों की श्रेणी है जो दुनिया भर में निर्णय निर्माताओं और कारोबार के मामलों के संचालन में सफल मध्यस्थ है। इस प्रकार, स्थायी भविष्य के लिए व्यक्तिगत और संगठनात्मक स्तर पर, शिक्षाविदों और व्यावसायिक नेताओं के लिए टैगोर की चेतावनी को ध्यान रखना और नैतिकता तथा मूल्यों को विकसित करने और प्रसारित करने की पहल पर ध्यान देना आवश्यक है।

निष्कर्ष मीमांसा: टैगोर का नेतृत्व

टैगोर, आधुनिक समय के संदर्भ में प्रासंगिक शिक्षाओं का अनुकरण और उन्हें चित्रित करने के लिए सभी विषयों के लिए संस्थागत नेतृत्व के एक देदीप्यमान आदर्श के रूप में बने रहे। उनके विश्वविद्यालय और नवीन, साथ ही साथ वैकल्पिक शिक्षा प्रारूप ने दुनिया भर के सभी विषयों के महान शिक्षकों को आकर्षित किया था, जिनमें से कुछ यहां आए और शांतिनिकेतन में अपना बाकी जीवन बिताया। इसके अलावा, उनके निधन के 75 वर्ष बाद भी संस्थान समय और स्थायित्व के परीक्षण पर खड़ा था। यह संभव हुआ क्योंकि टैगोर के नेतृत्व में दो आयाम समानांतर रूप से बढ़ रहे थे:

- प्रेरणादायक: भारत के प्राचीन ज्ञान, विशेष रूप से उपनिषदों और प्रकृति के दिल में भारतीय शिक्षा की तपोवन (जंगल की शिक्षा) प्रणाली पर आधारित, उनके पास पूर्ण करने के लिए दो उद्देश्य थे: (ए) मनुष्य में असीम रचनात्मक क्षमता को जागृत करना और (बी) मशीनीकृत, रोबोटाइज्ड, और मुद्रीकृत आधुनिक शिक्षा के लिए विकट चुनौती के रूप में आनंद और स्वतंत्रता पर आधारित शिक्षा प्रणाली की पेशकश। संक्षेप में, वास्तव में, वह मनुष्य की आध्यात्मिक सत्यता और ब्रह्मांड की आध्यात्मिक एकता में स्थायी विश्वास के साथ श्रेष्ठ नेतृत्व के प्रेरणास्रोत थे। मास्लो द्वारा पिरामिड की जरूरतों के अपने पदानुक्रम के उच्चतम स्तर के रूप में आत्मज्ञान की पहचान करने से बहुत पहले, उन्होंने अपने शिक्षकों और छात्रों से उच्चतम सत्यता को प्राप्त करने तथा सभी के लिए प्रेरणा के प्रकाश को फ़ैलाने के प्रयास का आग्रह किया है।
- कार्यात्मक: उनके नेतृत्व का कार्यात्मक आयाम विश्व-भारती के आसपास समुदाय के कल्याण को शामिल करने के लिए उनके अकादमिक नवाचारों से परे चला गया। उनकी समावेशी विचारधारा के कारण यह संभव था कि वह अपनी सर्वव्यापी दृष्टि से बाहर निकल जाए। यह संभव था क्योंकि वह सहभागी विकास के माध्यम से वंचित ग्रामीणों के मध्य आर्थिक आत्मनिर्भरता और सामाजिक सशक्तिकरण को

बढ़ावा देने के लिए संकायों और छात्रों के भीतर चिंगारी को प्रेरित और उत्तेजित कर सकते थे। निर्णय-निर्माण और स्थानीय शासन में सहभागिता और अपने स्वदेशी कौशल विकास के द्वारा इसने समुदाय के हित को बढाने में मदद की।

टैगोर की प्रतिभा भावी पीढ़ियों के लिए एक पहेली होगी। भारतीय जड़ों के साथ वैश्विक विचारों द्वारा, उन्होंने दुनिया भर के विचारकों, बुद्धिजीवियों, और नेताओं पर अपना प्रभाव डाला है। चीन में अपने सभी व्याख्यानों और विश्व भारती में चीना भवन के निर्माण के द्वारा, उन्होंने भविष्य के लिए भारत-चीन संबंधों को सशक्त तथा विकसित किया और पश्चिम की आक्रामक पूंजीवादी शक्तियों के विरुद्ध एशियाई आवाज को उठाया। नई और वैकल्पिक शिक्षा के प्रथम अन्वेषक के रूप में, वह प्रबंधन और सामुदायिक विकास पहल सहित सभी विषयों में देदीप्यमान प्रेरणास्रोत थे। वह हमेशा स्थान और समय से परे श्रेष्ठ नेतृत्वकर्ता के रूप में आदरणीय बने रहेंगे।

उपसंहार

चीन के पवित्र पहाड़, ताइशान पर्वत में, रात का अंधकार लुप्त हो गया और भोर का समय था। Xu Zhimo, प्रसिद्ध चीनी कवि और टैगोर के प्रिय 'सुसिमा' (टैगोर द्वारा नामित उनका भारतीय नाम), को सूर्योदय देखते हुए एक भ्रमात्मक अनुभव हुआ था। उन्होंने एक निबंध के अंत में लिखा था (2005, 312–13): 'इस तरह ताईशान पर्वत पर सूर्योदय देखते हुए मेरा भ्रम और चीन में टैगोर के आगमन की प्रतीक्षा करते हुए मेरी स्तुति, मुझे याद है'।

अवलोकन (Vision) का एक आशुचित्र यहां है:

> इस दीर्घकाय मनुष्य के लंबे बाल नीचे की ओर हैं, और लंबे बाल हवा में काले झंडे की तरह लहराते हैं, जबकि वेग से हिलते समय चक्कर लगाते हैं। यह दीर्घकाय मनुष्य अपने सिर को पूर्व की ओर बढ़ाते हुए, अपनी लंबी बाहों को खींचते हुए, उम्मीद करते हुए, ग्रहण करते तथा आग्रह करते हुए चुपचाप धरती के शिखर पर खड़ा है। वह पूजा व प्रार्थना कर रहा है, आँसू बहा रहा है-एक आकर्षण-बिन्दु से मिलने से पहले गर्म आँसू, खुशी और दुःख का मिश्रण हैं...
>
> आँसू व्यर्थ नहीं होंगे, और मौन प्रार्थना कभी भी बेकार नहीं होगी।
> दीर्घकाय मनुष्य के हाथ पूर्व की ओर संकेत करते हुए —
> पूर्व में क्या है और वह क्या प्रकट करता है?
> पूर्व में प्रतिभा के बहुत सारे रंग होते हैं, और पूर्व में वैभव है।
> महान और सार्वभौमिक कीर्ति-प्रदर्शित होने वाली, पहुंचने वाली, अब यहां है...

उपरोक्त लिखित शब्दों की सहायता से, टैगोर द्वारा लिखित गीत हमारे दिमाग के कानों में बजता है। गीत उनके अंतिम निबंध 'सभ्यता का संकट' के अंत में प्रकट होता है। गीत, विश्व के लिए नई रोशनी की खोज में उनकी दृष्टि को दर्शाता है (Tagore 1990, 738)।

देखो मुक्तिदाता आता है,
पृथ्वी की धूल और दूब सभी ओर हलचल कर रही है
स्वर्ग में शंखों से जयकार हो रही है, पृथ्वी पर विजय के नगाड़े बज रहे हैं—
महान जन्म का क्षण निकट है।
रात के किले-दुर्ग सभी धूल में मिल गए हैं।
नए जीवन की आशा में,
पूर्व की शिखा पर डर को समाप्त करने का आह्वान होता है।
अब आसमान में 'मानव जागृति के लिए सभी की जय हो' गुंजायमान है।

संदर्भ

Bell, E. and Taylor, S. 2004. 'From Outward Bound to Inward Bound: The Prophetic Voices and Discourse Practices of Spiritual Management Development'. *Human Relations* 57(4): 439–466.

Bennis, W.G. and O'Toole, J. 2005. 'How Business Schools Lost Their Way'. *Harvard Business Review* 83(5): 96–104.

Biberman, J., Whitty, M. and Robbins, I. 1999. 'Lessons from Oz: Balance and Wholeness in Organizations'. *Journal of Organizational Change Management* 12(3): 243–253.

Cash, K.C. and Grey, George R. 2000. 'A Framework for Accommodating Religion and Spirituality in the Workplace'. *Academy of Management Executive* 14(3): 124–134.

Chakraborty, S.K. 1995. *Ethics in Management: Vedantic Perspectives*. New Delhi: Oxford University Press.

Chatterjee. D. 1998. *Leading Consciously: A Pilgrimage to Self-mastery*. New Delhi: Viva Books.

Covey, S.R. 1992. *Principle-centred Leadership*. London: Simon and Schuster.

Das, S.K. 1999. *Rabindranath Tagore: Talks in China*. New Delhi: Rupa & Co.

Das Gupta. 2011. 'Sino-Indian Studies at Visva-Bharati University: Story of Cheena-Bhavana, 1921–1937'. In *Tagore and China*, eds Tan Chaung, Amiya Dev, Wang Bangwei and Wei Liming. New Delhi: SAGE Publications, and Beijing: Central Compilation and Translation Press.

Gelb, M.J. 1998. *How to Think like Leonardo da Vinci*. New York: Delacorte Press.

Ghoshal, S. 2005. 'Bad Management Theories are Destroying Good Management Practices'. *Academy of Management Learning and Education* 4(1).

Hay, S. 1970. *Asian Ideas of the East and West: Tagore and his Critics in Japan, China and India*. Cambridge, Massachusetts: Harvard University Press.

Ims, J.K. and Zsolnai, L. 2006. *Business within Limits: Deep Ecology and Buddhist Economics*. Bern: Peter Lang.

Jaworski, J. 1998. *Synchronicity: The Inner Path of Leadership*. San Francisco: Berrett-Koehler Publishers.

Ji Xianlin Wenji. 1966. *Selected Works of Ji Xianlin, Volume 5*. Nanchuang: Jiangxi Education Press.

Kind, S., Irwin, R., Graucer, K., and De Cosson, A. 2005. 'Medicine Wheel Imag(in)ings: Exploring Holistic Curriculum Perspectives'. *Art Education* 58(5): 33–38.

Mitroff, I. 2004. 'An Open Letter to the Deans and Faculties of American Business Schools'. *Journal of Business Ethics* 54(2): 184–189.

Mitroff, I. and Denton, E. 1999. *A Spiritual Audit of Corporate America: A Hard Look at Spirituality, Religion, and Values in the Workplace*. San Francisco: Jossey-Bass Publishers.

Mukherjee, S. 2007. 'Non-Conventional Entrepreneurial Learning: Spiritual Insights from India'. *Journal of Human Values* 13(1): 23–34.

Pruzan, P., Pruzan Mikkelsen, K., Miller, W. and Miller, D. 2007. *Leading with Wisdom: Spiritual-based Leadership*. New Delhi: Response Books.

Rao, N. 2011. 'Foreword to the Chinese Edition'. In *Tagore and China*, eds Tan Chaung, Amiya Dev, Wang Bangwei and Wei Liming. New Delhi: SAGE Publications, and Beijing: Central Compilation and Translation Press.

Sen, A. 2011. 'Tagore and China'. In *Tagore and China*, eds Tan Chaung, Amiya Dev, Wang Bangwei and Wei Liming. New Delhi: SAGE Publications, and Beijing: Central Compilation and Translation Press.

Ray, M.I. 1992. 'The Emerging New Paradigm in Business'. In *New Traditions in Business: Spirit and Leadership in the 21st Century*, eds Renesch, J. San Francisco: Berrett Koehler Publishers.

Tagore, R. 1937. 'China and India'. (inaugural speech of the Cheena Bhavana). In *The English Writings of Rabindranath Tagore Volume 3*, eds S.K. Das. New Delhi: Sahitya Akademi.

———. 1990. 'Sabhyatar Sankat'. (Crisis in Civilisation). In *Rabindra Rachanabali* (Collected Works of Rabindranath Tagore, Volume 13) Kolkata: West Bengal Government.

———. 1996. 'Crisis of Civilization'. In *The English Writings of Rabindranath Tagore*, Volume 3, ed. S.K. Das. New Delhi: Sahitya Akademi.

———. 2009. *Talks in China*. New Delhi: Rupa & Co.

Tan Chuang 2011. 'Introduction I'. In *Tagore and China* eds Tan Chaung, Amiya Dev, Wang Bangwei and Wei Liming. New Delhi: SAGE Publications, and Beijing: Central Compilation and Translation Press.

Wang Shuying. 2006. *Ji Xianlin lun Zhung-Yin wenhua jiaoliu* (Ji Xianlin on Sino-Indian Cultural Intercourse). Beijing: Beijing New Century Publisher.

Weick, K. 2006. 'Faith, Evidence and Action: Better Guesses in an Unknowable World'. *Organization Studies* 27(11): 1723–1736.

Xu Zhimo. 2005. *Xu Zhimo quanji* (Collected Works of Xu Zhimo). Tianjin: Tianjin People's Press.

Zohar, D. and Marshall, I. 2000. *SQ: Spiritual Intelligence, the Ultimate Intelligence*. New York: Bloomsbury Publishing.

5 चीन और भारत

15वीं शताब्दी में सांस्कृतिक और धार्मिक आदान-प्रदान

Huang Weimin

परिचय

चीन और भारत के मध्य आदान-प्रदान मूल रूप से भूमि द्वारा किया जाता था। Pre-Qin अवधि में, लगभग 3,000 साल पहले, बौद्ध संस्कृति के प्रसार तथा रेशम व्यापार गतिविधियों में संलग्न होने के लिए मध्य भारत से भिक्षु और व्यापारी सभी जगह से दक्षिण तथा उत्तर में रेशम मार्ग के साथ-साथ मध्य एशिया में रेगिस्तान और बर्फ के पहाड़ों से, घने जंगल और नदी घाटी के माध्यम से आते थे। इसने दोनों सभ्यताओं के मध्य आदान-प्रदान और संवाद को बढ़ावा दिया। 12वीं शताब्दी में, प्रगतिशील नेविगेशन तकनीक चीन-भारतीय समुद्री संचार चैनल के साथ जुड़ी हुई थी।

1405 एडी में, साधन-संपन्न Yongle सम्राट Zhu Di ने पहली बार Zheng He नामक किन्नर और उनके बेड़े को पश्चिम में भेजा जिसने सरकारी स्तर पर चीन-भारत समुद्री समाशोधन केंद्र खोले, हालांकि यह दोनों सामान देशों के मध्य एक विनिमय नहीं था। शक्तिशाली राष्ट्र के रूप में 'अपने आसपास के छोटे देशों को जीतकर', चीन ने शाही राजसभा को श्रद्धांजलि अर्पित करने के लिए कहते हुए दक्षिण एशियाई उपमहाद्वीप के कई छोटे-छोटे देशों को प्रतीकात्मक रूप से राष्ट्रीय क्षेत्र में शामिल कर लिया जबकि भारत अभी भी खंडित स्थान बना रहा था, जिसे उनके अनुसार 'पांच इंडिया' और 'पांच टेंजिडस' कहा जाता था। 15वीं शताब्दी में सरकारी स्तर पर चीन और भारत के मध्य आदान-प्रदान को Zheng ही की पश्चिम की सात यात्राओं के दौरान Ma Huan द्वारा लिखित '*Ying-ya Sheng-lan* (महासागरों के तटों का कुल सर्वेक्षण)', Fei Xin द्वारा लिखित '*Xing-cha Sheng-lan* (स्टॉरी राफ्ट्स का विवरण)' तथा Gong Zhen द्वारा लिखित '*Records of Western Countries*' नामक पुस्तकों में दर्ज किया गया था। Ma Huan, Fei Xin, और Gong Zhen ने Zheng He का पश्चिम में बारी-बारी से अनुसरण किया और अपने वास्तविक अनुभव के आधार पर उन सभी ने इन देशों के स्थानीय रीति-रिवाजों और प्रथाओं को रिकॉर्ड किया था। इसके अलावा, खंडित रिकॉर्ड *True Record of Ming*

Dynasty और *History of Ming Dynasty* में तथा कुछ स्थानीय इतिहास में पाए जा सकते है। ऐसे साहित्यों से, हम मोटे तौर पर यह जानते हैं कि चीन और भारत के मध्य सरकारी आदान-प्रदान मुख्य रूप से कालीकट, कोचीन और बांग्ला के बीच था।

कालीकट, कोचीन, बांग्ला, Gambari और Quilon के साथ सहायक संबंध

वर्तमान समय में कालीकट को कोझिकोड के नाम से जाना जाता है, जो भारतीय महाद्वीप के दक्षिण-पश्चिम में समुद्र-तट किनारे है। उच्च भौगोलिक स्थिति के कारण, कालीकट को 'पश्चिम के देशों के लिए घाट' के रूप में जाना जाता था। 1403 में, Zhu Di ने कालीकट को संतुष्ट करने के लिए अधिकारी Yin Qing को आदेश दिया, और प्रधान शामी दीक्षित ने शाही राजसभा में Yin Qing के साथ जाने के लिए एक प्रतिनिधिमंडल भेजा जहां सम्राट Yongle ने शामी दीक्षित को उपहारस्वरूप शाही जनादेश देने के लिए एक शाही आदेश जारी किया और उसे राजा बना दिया, जिससे अधिकारिक तौर पर श्रद्धांजलि अर्पित करने के रिश्ते की स्थापना हुई। 1405 में, जब Zheng He ने पश्चिमी महासागर में अपनी पहली यात्रा आरंभ की, तब कालीकट उनका गंतव्य स्थान था। उस समय को याद रखने के लिए वहां एक स्मारक बनाया गया था (इस स्मारक को आज तक संरक्षित करके रखा गया है)। Ma Huan ने '*Ying-ya Sheng-lan*' पुस्तक में, अविश्वसनीय रूप से बड़े पैमाने पर नगर के व्यापार की सराहना की जहां दुनिया भर के व्यापारी बारंबार यात्रा किया करते थे।

कोचीन, भारत में केरल का सबसे बड़ा शहर और प्रमुख बंदरगाह है। Song राजवंश के दौरान कोचीन और कालीकट को एक साथ नंबुरी (ब्राह्मण के उपनाम से) कहा जाता था, लेकिन कोचीन का चीन के साथ संपर्क और आदान-प्रदान का लंबा इतिहास रहा है। *History of Ming Dynasty* के अनुसार, 'कोचीन, अर्थात् प्राचीन Pan Pan सम्राज्य ने Song, Liang, Sui और Tang राजवंशों में शाही राजसभा को श्रद्धांजलि अर्पित की (Qing Zhang Tingyu 1974, 8440)। 1407 में, Ming राजवंश की शाही राजसभा ने कोचीन के Keyili सरदार को राजा के खिताब से सम्मानित किया, उसे मुहर दी, 'Mountain of the Kingdom' के रूप में पहाड़ की पूजा करने का अधिकार दिया गया, और इस पर एक व्यापक लंबा शिलालेख भी लिखा गया था। 1409 में, Keyili ने पहली बार Zheng He के बेड़े के साथ श्रद्धांजलि अर्पित करने के लिए एक प्रतिनिधिमंडल भेजा।

बांग्ला ने बांग्लादेश और भारतीय राज्यों पश्चिम बंगाल, बिहार, त्रिपुरा, तथा उड़ीसा को संदर्भित किया था। यदि व्यापार बंदरगाहों के लिए कालीकट और कोचीन अपनी महत्वपूर्ण स्थिति के कारण चीन के लिए मूल्यवान था तो बांग्ला मुख्य रूप से अधिक

जटिल राजनीतिक कारकों के लिए चीन के साथ जुड़ा हुआ था। Ming राजवंश ने बांग्ला को सरकारी मामलों में हस्तक्षेप के माध्यम से पड़ोसी साम्राज्य जौनपुर के साथ विवाद को शांत करने में मदद की थी। प्रथम, बांग्ला के राजा Aiyasiding के निधन के बाद Ming की शाही राजसभा ने अपने उत्तराधिकारी Saiwuding को नया राजा बना दिया। 1420 में पड़ोसी देश जौनपुर द्वारा बांग्ला पर आक्रमण किया गया और Saiwuding ने Ming से तत्काल मदद का अनुरोध किया था। सितंबर 1421 में, शाही राजसभा की ओर से, राजनयिक Hou Xian को बांग्ला भेजा गया और उन्होंने इस विद्रोह को सफलतापूर्वक सुलझाया। संभावित रूप से राजनीतिक संबंधों के कारण, चीन ने हमेशा बांग्ला को विशेष सम्मान दिया और अच्छे संपर्क बनाए रखे; उत्तरार्द्ध में Ming की शाही राजसभा में बहुत राजनयिक दल भेजे और चीन के साथ सबसे लंबे समय तक राजनयिक संबंध बनाए रखे थे।

उपरोक्त तीन साम्राज्यों के अलावा, जौनपुर, Soli, Gambari और Quilon भी Ming की सरकार के साथ संक्षिप्त रूप से संपर्क में थे। जौनपुर मध्य भारत के 'पांच भारत' में से एक था। जौनपुर और बांग्ला के मध्य विवाद में मध्यस्थता करते हुए, Ming की राजसभा ने इस विवाद को सहायक प्रणाली में शामिल करने का प्रयास किया, लेकिन जौनपुर इसे स्वीकार करने के लिए तैयार नहीं था और उसने अपने दूत को चीन नहीं भेजा। वर्तमान समय में Soli, Corey नदी के मुहाने पर स्थित है, जिसने 1403 में Ming के साथ सहायक संबंध स्थापित किये और Ming की राजसभा के प्रति दो बार श्रद्धांजलि अर्पित करने के लिए अपने दूत भेजे; बाद में लंबी यात्रा के सदर्भ में इस बात की कोई परवाह नहीं थी कि उनके प्रति सम्मान कितना था। आनंदा की सही जगह अज्ञात थी और इस पर कुछ दस्तावेज़ Ming राजवंश के इतिहास में मिलते है। भारतीय प्रायद्वीप के सुदूर दक्षिणी सिरे पर स्थित Gambari, केप कोमोरिन के नाम से भी जाना जाता है, ने 1409 में Ming राजवंश के साथ सहायक संबंध स्थापित किये। कोचीन के सीमावर्ती साम्राज्य Quilon ने भी 1408 में Ming राजवंश के साथ सहायक संबंध स्थापित किये। इसके अलावा, जिन राज्यों का चीन के साथ आदान-प्रदान था उनमें मालाबार, Cail, अहमदाबाद, Jurfattan, और दिल्ली शामिल थे, जिन्हें शायद ही कभी इतिहास में दर्ज किया गया।

भारत के साम्राज्यों में चीनी राजदूत

Zheng He की पश्चिमी महासागर की सात यात्राओं के दौरान चीन और भारतीय साम्राज्यों के मध्य बहुत निकट आदान-प्रदान थे। Zheng He का बेड़ा भारत के पूर्वी और पश्चिमी तटों के लगभग सभी साम्राज्यों तक पहुंचा था। इसके अलावा, Ming राजवंश की सरकार ने कई भारतीय साम्राज्यों के पास अपने दूत भी भेजे थे। विवरण तालिका 5.1 में दिखाया गया है;

तालिका 5.1: भारतीय साम्राज्यों में चीनी राजदूत

时间 *(समय)*	国家 *(साम्राज्य)*	使者 *(दूत)*
洪武2年 (1369)	西洋琐里 (Soli)	刘叔勉 (Shumian Liu)
永乐2年 (1403)	古里（Calicut)、柯枝（Cochin）	尹庆 (QingYing)
永乐2年 (1404)	西洋琐里（Soli）	闻良辅 (Liangfu Wen)
永乐2年 (1404)	西洋琐里（Soli）	马彬 (Bing Ma)
永乐3年 (1405)	古里（Calicut）	郑和 (He Zheng)、王景弘 (Jinhong Wang)等
永乐6年 (1408)	古里（Calicut)、柯枝（Cochin)、加异勒（Cail)、阿拨把丹（Ahmedabad)、小葛兰（Quilon)、南巫里（Malabar)、甘巴里（Cape Comorin）	郑和 (He Zheng)、王景弘 (Jinhong Wang)、费信 (Xing Fei)等
永乐7年 (1409)	古里（Calicut)、甘巴里（Cape Comorin)、小葛兰（Quilon)、柯枝（Cochin)、榜葛剌（Bengala）	郑和 (He Zheng)、王景弘 (Jinhong Wang)、候显(Xian Hou)、费信 (Xing Fei)、马欢 (Huan Ma)等
永乐10年 (1412)	底里（Delhi）	无名使者 (no name)
永乐13年 (1415)	古里（Calicut)、柯枝（Cochin)、加异勒（Cail）	郑和 (He Zheng)、王景弘 (Jinhong Wang)、马欢 (Huan Ma)、哈同 (Tong Ha)等
永乐15年 (1417)	古里（Calicut)、柯枝（Cochin）、南巫里（Malabar)、沙里湾泥（Jurfattan）	郑和 (He Zheng)、王景弘 (Jinhong Wang)、费信 (Xing Fei) 等
永乐19年 (1421)	古里（Calicut)、柯枝（Cochin)、榜葛剌（Bengala）	郑和 (He Zheng)、王景弘 (Jinhong Wang)等
永乐20年 (1422)	沼纳朴儿（Jaunpur）和底里（Delhi）	甘泉 (Quan Gan)
宣德5年 (1430)	加异勒（Cail)、古里（Calicut）	郑和 (He Zheng)、王景弘 (Jinhong Wang)、洪保 (Bao Hong) 等

स्रोत: Ming राजवंश के वास्तविक रिकॉर्ड

चीन के प्रति सम्मान (Tribute) प्रकट करने वाले भारतीय साम्राज्य

Ming राजवंश के *True Record of Ming Dynasty* के अनुसार, कालीकट ने आठ से भी अधिक बार, कोचीन ने छः बार और बांग्ला ने दश से भी ज्यादा बार चीन को अपना सम्मान (Tribute) अर्पित करने के लिए दूत भेजे (तालिका 5.2)। भारतीय दूत आमतौर पर Zheng He के बेड़े के साथ चीन आए थे। ऐसा कहा जाता था कि वहां बहुत सारे सहायक साम्राज्य थे और सहायक राज्यों से भरी राजसभा ने 'सभी साम्राज्यों में कालीकट को पहला स्थान दिया' (Taibei 1962, 3120)। यह देखा जा सकता है कि हिंद महासागर के साम्राज्यों के साथ Ming राजवंश के राजनयिक संबंधों में कालीकूट की कितनी महत्वपूर्ण भूमिका थी। 1433 में, सहायक

तालिका 5.2: चीन के प्रति सम्मान (Tribute) प्रकट करने वाले भारतीय साम्राज्य

时间 *(समय)*	国家 *(साम्राज्य)*
永乐元年（1402）	西洋琐里 (Soli)
永乐2年（1404）	古里（Calicut）
永乐3年（1405）	古里（Calicut）
永乐5年（1407）	小葛兰（Quilon）
永乐6年（1408）	榜葛剌（Bengala）
永乐7年（1409）	古里（Calicut）榜葛剌（Bengala）
永乐8年（1410）	榜葛剌（Bengala）
永乐9年（1411）	古里（Calicut）柯枝（Cochin）榜葛剌（Bengala）加异勒（Cail）
永乐10年（1412）	榜葛剌（Bengala）
永乐12年（1414）	榜葛剌（Bengala）
永乐13年（1415）	古里（Calicut）柯枝（Cochin）甘巴里（Cape Comorin）
永乐14年（1416）	古里（Calicut）柯枝（Cochin）沙里湾泥（Jurfattan）
永乐19年（1421）	古里（Calicut）柯枝（Cochin）甘巴里（Cape Comorin）榜葛剌（Bengala）
永乐21年（1423）	古里（Calicut）柯枝（Cochin）榜葛剌（Bengala）西洋琐里(Soli)
宣德4年（1429）	榜葛剌（Bengala）
宣德8年（1433）	古里（Calicut）柯枝（Cochin）甘巴里（Cape Comorin）加异勒（Cail）
正统3年（1438）	榜葛剌（Bengala）

स्रोत: Ming राजवंश के वास्तविक रिकॉर्ड

राजनयिक दल आखिरी बार चीन आया और तत्पश्चात Zheng He का निधन हो गया; जिसके परिणामस्वरूप, शाही राजसभा की समुद्री यात्रा योजना निलंबित कर दी गई थी। कालीकट और कोचीन के दल को लगभग तीन वर्षों के लिए चीन में तब तक रखा गया जब तक वह 1436 में जावा के श्रद्धांजलि जहाज के साथ अपनी मातृभूमि नहीं पहुंच गए। उसके पश्चात उन्होंने कभी भी चीन में कदम नहीं रखा। 1436 में बांग्ला ने चीन के साथ मैत्रीपूर्ण संबंध तोड़ दिए।

कालीकट और कोचीन की हिंदू मान्यताएं

Ma Huan ने *Yingya Shenglan* में उल्लेख किया है कि बांग्ला विलक्षण धार्मिक विश्वास का साम्राज्य था और उसकी सारी प्रजा Huis थी। कालीकट और कोचीन विभिन्न धर्मों और पांच वर्गों वाले साम्राज्य थे, जिनमें Nanpi प्रजा, Hui Hui प्रजा, Zhedi प्रजा, Geling प्रजा तथा Papaw प्रजा शामिल थीं। उनके सभी राजा बौद्ध धर्म (वास्तव में हिंदू धर्म) में विश्वास करते थे और हाथियों तथा मवेशियों की पूजा करते थे। इसके अतिरिक्त, Quilon और Ananda भी 'बौद्ध धर्म' में विश्वास करते थे। *History of Ming Dynasty* के अनुसार, 1374 में, Ananda Kahalu के राजा ने वक्ता Binixi को स्थानीय विशिष्टताओं, विषहरण दवाइयों और ऐक्यूपंक्चर चिकित्सा के लिए पत्थर की सुइयों के साथ Ming की शाही राजसभा में सम्मान अर्पित करने के लिए भेजा। इसके बदले में, Ming के Taizu ने उन्हें बौद्ध वस्त्र, कपड़ा और रेशम प्रदान किये। कालीकट और कोचीन के नागरिकों में, हिंदू और इस्लामिक धर्म में विश्वास करने वाले सभी लगभग समान थे। राजा ने हिंदू धर्म में विश्वास करते हुए इस्लाम के समर्थकों के साथ एक समझौता किया: 'राजा और नागरिक गोमांस नही खाएंगे तथा 'Hui Hui' के रूप में मुखिया सूअर का मांस नहीं खाएंगे'। राजा और Hui Hui की प्रजा ने एक-दूसरे को वचन दिया कि "आप मवेशी नहीं खाते हैं, और मैं सूअर नहीं खाता हूँ"। यह पारस्परिक प्रतिबंध आज तक विद्यमान है (Ma Huan 1955, 43)।

Ying-ya Sheng-lan में, Ma Huan ने कालीकट और कोचीन में 'बौद्ध धर्म' के धार्मिक समारोहों का विस्तृत विवरण भी प्रस्तुत किया है। उन्होंने लिखा है, कि कालीकट और कोचीन के राजाओं ने 'बुद्ध की कांसे की प्रतिमा का निर्माण किया' और उसे 'Nainaer' नाम दिया, कांसे के साथ बुद्ध सभाग्रह, खपरा तथा चबूतरा बनवाया और प्रतिमा के निकट एक कुआं भी खुदवाया। हर प्रातः प्रतिमा को धोने के लिए कुएं से पानी खींचा जाता था ताकि लोग उस प्रतिमा की पूजा कर सके। दोनों साम्राज्यों की संपूर्ण प्रजा हाथी और मवेशियों की पूजा करती थी और मवेशियों के गोबर को जलाना पसंद करते थे और उसकी सफेद राख को माथे पर और पूरे शरीर पर लगाते थे। Ma Huan ने कालीकट

में स्थानीय लोगों के एक संकेत का भी उल्लेख किया, मवेशियों की पूजा निम्नानुसार होती थी: मूसा (Moses) नामक ऋषि को स्थानीय लोगों द्वारा 'सच्चे भगवान' के रूप में सम्मानित किया गया था। ऋषि फिर कहीं ओर चले गए और अपने छोटे भाई अल-समेरी को अपना काम संभालने का आदेश दिया। उनका भाई अतार्किक किस्म का था और उसने सुनहरी गाय का निर्माण करवाया और इसे 'पवित्र देवता' घोषित कर दिया, तथा सभी लोगों के लिए सुनहरी गाय के आदेशों का पालन करना आवश्यक था। उसने यह भी कहा कि जो लोग सोने की गाय का गोबर लगाएंगे, उन्हें सोने का दिल प्राप्त होगा। इसलिए, हर किसी ने सुनहरी गाय को सच्चे भगवान के रूप में स्वीकार किया। जब मूसा वापस आए और देखा कि उनके भाई ने पवित्र कानून को बर्बाद कर दिया है, तब मूसा ने तुरंत सुनहरी गाय को नष्ट कर दिया और जब वे अपने भाई को दंडित करने वाले थे तभी उनका भाई हाथी पर सवार होकर भाग गया। बाकी लोग व्यग्रता से उनके लौटने का इंतजार करते रहे, उन्हें सिर्फ तब याद करने के लिए जब वे गाय को गोबर लगा रहे थे।

तथापि, जब Ma Huan ने कालीकट और कोचीन के लोगों द्वारा हाथी और मवेशियों की पूजा करने, बौद्ध प्रतिमा को अच्छी तरह से कुएं के पानी से धोकर और गाय के गोबर को अपने शरीर में लगाने के साक्ष्य प्रस्तुत किए, तब उन्होंने इसे 'बौद्ध धर्म में विश्वास' के रूप में गलत समझा। वास्तव में यह सब हिंदू धर्म की मान्यताओं और रीति-रिवाजों पर आधारित थे। कालीकट और कोचीन के राजाओं का हिंदूधर्म में विश्वास से अनुमान लगाया जा सकता है कि चीन में भेजे गए अधिकांश दूत हिंदू धर्म के समर्थक थे और उनमें से कुछ ही 'Hui Hui' के अनुयायी थे।

चीन और कालीकट और कोचीन के मध्य निरंतर समुद्री आदान-प्रदान के बावजूद, प्रलेखी (Documentary) अभिलेख काफी संक्षिप्त थे। वहां स्थानीय लोगों के रीती-रिवाजों और उनकी परिस्थिति, श्रद्धांजलि अर्पित करने की तिथियों और श्रद्धांजलि की श्रेणियों के अलावा किसी भी प्रकार की कोई अन्य जानकारी नहीं थी। सिर्फ इस प्रकार के आंशिक ऐतिहासिक आंकड़ों के आधार पर, 15वीं शताब्दी में भारत और चीन के मध्य सरकारी स्तर पर आदान-प्रदान के परिदृश्यों को एक साथ जोड़ना मुश्किल है। हम नहीं जानते कि कालीकट और कोचीन के राजनयिक दल जो निरंतर रूप से चीन की यात्रा करते थे ने स्थानीय विशिष्टताओं और श्रद्धांजलि जो वे लाये और रेशम तथा चीनी मिट्टी के बरतन जो वे अपने साथ वापस ले आये के अलावा, धार्मिक और सांस्कृतिक आदान-प्रदान के संदर्भ में किसी भी प्रकार का कोई प्रभाव डाला हो। न ही हम यह सत्यापित कर सकते हैं कि 1433 से 1436 तक चीन में राजनयिक दल को रखा गया और उन्होंने वहाँ हिंदू प्रवचन की गतिविधियों का आयोजन किया। एकमात्र चीज जिस पर हम यकीन करते हैं वह यह है कि, 15वीं शताब्दी में चीन-भारतीय आदान-प्रदान का संक्षिप्त इतिहास महान महत्व की

एक संक्रमण अवधि है। यात्री Zheng He के द्वारा हिंद महासागर में समुद्र मार्ग प्रारंभ किया गया जिसके कारण चीन और भारत के मध्य आदान-प्रदान नागरिक स्तर से सरकारी स्तर तक पहुंच गया, और जिसने बाद में धार्मिक और सांस्कृतिक आदान-प्रदान के लिए एक नया अध्याय आरंभ किया।

15वीं शताब्दी में चीन और भारत के मध्य गैर-सरकारी आदान-प्रदान और धार्मिक संस्कृति का प्रसार

15वीं शताब्दी में, सहायक व्यापार के आधार पर सरकारी आदान-प्रदान के अलावा वहाँ दो लोक दल अर्थात् 'पश्चिमी साधु' और व्यापारी विद्यमान थे, जिन्होंने चीन और भारत के मध्य सांस्कृतिक आदान-प्रदान के संदेशवाहक के रूप में कार्य किया। हिन्दू तन्त्रवाद, जो हिन्दू शक्तिस्म (Saktism) के साथ घनिष्ठ रूप से संबंधित है, ने चीन और भारत के मध्य धार्मिक और सांस्कृतिक संचरण का महत्वपूर्ण संवाहक बनाने के लिए बौद्ध धर्म का स्थान ले लिया।

'पश्चिमी साधुओं' द्वारा हिंदू तन्त्रवाद की धर्म-प्रचारक (Missionary) गतिविधियां

'पश्चिमी साधु' लोक तंत्रवाद समुदाय से थे, जो Ming राजवंश के शुरुआती चरण में सक्रिय थे और इसके सदस्य दक्षिण एशिया के नेपाल और भारत के कश्मीर से थे। जैसा कि यह सभी जानते हैं, कि भारतीय बौद्ध धर्म मुख्य रूप से तन्त्रवाद था। 11वीं शताब्दी तक, अरब और इस्लाम द्वारा आक्रमण और उनके धार्मिक उत्पीड़न के कारण, भारत में तन्त्रवाद धीरे-धीरे कमजोर पड़ने लगा। 12वीं शताब्दी के अंत और 13वीं शताब्दी के आरंभ में, इस्लामी सेना ने पूर्व की ओर मार्च किया, और भारत के नालंदा मठ और Sangrgyas-Yeshes-shabs को पूरी तरह से नष्ट कर दिया। परिणामस्वरूप, तन्त्रवाद के साधु बिखरे हुए थे, जिनमें से अधिकांश कश्मीर और अन्य क्षेत्रों से होते हुए तिब्बत और कुछ अन्य नेपाल भाग गए। Yuan के अंत और Ming राजवंश के प्रारंभिक काल में, बड़ी संख्या में तन्त्रवादी साधुओं ने धर्म के प्रचार के लिए और चीन में तन्त्रवाद के अस्तित्व को बचाने के लिए स्थान की खोज में तिब्बत और नेपाल होते हुए चीन जाने के लिए भारत छोड़ दिया। पश्चिमी साधुओं के ग्रैंड मास्टर भारतीय तंत्र साधु साहा जांशीली थे, जो मध्य भारत के Jiaweiluowei (दक्षिण नेपाल में तिलोराकोट के नजदीक) से संबंधित थे, वह क्षत्रिय जाति में पैदा हुए और कश्मीरा साम्राज्य (अब कश्मीर) के सुलुओसा मंदिर में साधु बन गए। साहा जांशीली, 'भारत में ज्ञान की पांच शाखाओं में कुशल', 1364 में चीन आए और Ming के Taizu के Zhu Yuanzhang ने उनका अत्यधिक आदर किया

तथा Zhongshan पर्वत में एक मंदिर बनवाया गया और उन्हें वहां रहने दिया गया। जब वह Zhongshan पर्वत पर पहुंचे तब सम्राट ने मास्टर को बुलाया और धार्मिक सिद्धांत के बारे में परामर्श किया। साहा जांशीली ने 18 वर्षों तक चीन में अपने कई अनुयायियों के साथ धर्म-प्रचारक का कार्य किया जिनमें सबसे प्रसिद्ध Shandong प्रांत से Zhiguang (बौद्ध नाम Janne Doshimi था) थे। Zhiguang तन्त्रवाद के अच्छे ज्ञाता थे और 'बौद्ध धर्मशास्त्र में कुशल तथा उनकी उत्कृष्ट बहस क्षमता' के लिए उन्हें Ming के Taizu और Ren Zong, Xuan Zong और Ying Zong सम्राटों द्वारा सम्मानित किया गया था। साहा जांशीली और उनके अनुयायी Zhiguang के नेतृत्व में पश्चिमी साधुओं के समुदाय ने दोनों सम्राटों और रानियों तथा आम लोगों के लिए धर्म का प्रचार किया और उनके लिए धार्मिक अनुष्ठान आयोजित किए। उन्होंने अलग-अलग स्थानों पर मंदिरों और मूर्तियों का निर्माण किया, मंडल स्थापित किए, ग्रंथों का अनुवाद किया और हिंदू तन्त्रवाद के प्रचार के लिए कई पुस्तके लिखीं, जिनका महत्वपूर्ण प्रभाव पड़ा।

साहा जांशीली और Zhiguang के संप्रदाय के अलावा, Yongle के 11वें वर्ष (1413) में, Shilishalibudeyue अपने धर्म का प्रचार करने के लिए पूर्वी भारत से चीन आए थे। वह पूर्वी भारत के Zangema साम्राज्य के राजकुमार थे, जिसका शीर्षक 'Wang Ming Ban Di Da' था, जिसका अर्थ श्रद्धांजलि के रूप में 'सभी बौद्धों और सिंहासनों की सोने की मूर्तियों' को अर्पित करना था। इसलिए, Ming के सम्राटों में से एक, Zhudi ने, वेदी-प्रतिष्ठा के लिए विशेष रूप से Zhenjue मंदिर का निर्माण करवाया था। 9 वर्ष तक Xuan Zong नामक एक अन्य Ming के सम्राट ने, शाही आदेश दिया कि मंदिर भारतीय शैली में ही होने चाहिए। Ming की शाही राजसभा ने पश्चिमी साधुओं के धर्म-प्रचारक कार्य का समर्थन करने के लिए 'Xifan Plant' और 'Xitian Plant' सहित विदेशी सिद्धांत वाले कारखानों की स्थापना की, जो भारतीय और पश्चिमी ग्रंथों की छपाई के लिए उत्तरदायी थे।

'पश्चिमी साधुओं' के समुदाय के सभी सदस्य सिर्फ भारत से ही नहीं थे, बल्कि इसमें कई चीनी और Annan साधु भी सम्मिलित थे। उन्होंने जिस धर्म का प्रचार किया वह Ming लोगों के मध्य अच्छी तरह प्रचलित चीनी बौद्ध धर्म नहीं था बल्कि भारतीय तन्त्रवाद था जिसके भाव में हिंदू शक्तिस्म की विशिष्ट विशेषता थी। पश्चिमी साधुओं का मुख्य लक्ष्य और कर्तव्य धर्म-प्रचारक का कार्य करना, तंत्र तथा अनुष्ठान के नियमों का अनुवाद, और उनकी व्याख्या करना था। Ming के शासक ने, हालांकि, सांस्कृतिक दूतों के रूप में अपनी भूमिकाओं पर अधिक ध्यान दिया। शुरुआती Ming काल में, जब पश्चिमी साधुओं का प्रभाव धीरे-धीरे बढ़ रहा था, तब Taizu Zhu Yuanzhang ने 'स्थानीय रीति-रिवाजों के विरुद्ध होने और बड़ी क्षति के साथ धर्मों और व्यवहारों को भ्रष्ट करने का आरोप लगाकर' विदेशी धर्मों को सख्ती से प्रतिबंधित कर दिया। बाद में पश्चिमी भिक्षुओं के 'सद्व्यवहारी व विवेकी' मास्टर और अनुयायी-साहा जांशीली तथा गुमालाशीली (Gumalashili) ने

अपनी पूर्वधारणा को बदल लिया और उन्हें महसूस हुआ कि पश्चिमी साधुओं का न सिर्फ चीनी साधुओं पर सकारात्मक प्रभाव हो सकता है बल्कि यह चीन की राष्ट्रीय छवि के प्रचार करने के लक्ष्य का आधार भी बन सकता है।

वास्तव में, साहा जांशीली और Zhiguang के नेतृत्व में भारतीय तन्त्रवाद संघ ने सांस्कृतिक आदान-प्रदान के संदेशवाहक के रूप में मिशन को स्वीकार किया। उदाहरण के लिए, 1384, 1388 और 1403 में, बौद्ध सिद्धांत का प्रचार करने के लिए, दोनों देशों की स्थानीय परिस्थितियों, रीति-रिवाजों, और धार्मिक संस्कृति के बारे में जानकारी का आदान-प्रदान करने के साथ-साथ पवित्रीकरण के लिए Zhiguang ने नेपाल तथा अन्य क्षेत्रों में जाने के लिए तीन बार निर्देश प्राप्त किए। इसके अलावा, मध्य भारत से Sangkebala जो Zhiguang का प्रथम अनुयायी था, 'एक हजार से अधिक अधिकारियों को पढ़ाने और संस्कृत स्तुति और संस्कृत में तथा आंतरिक व बाह्य कार्यान्वयन के आधार पर सही सिद्धांत सीखाने के लिए' शाही राजसभा के विदेशी सिद्धांत संयंत्र के प्रथम शिक्षक थे। Sangkebala के अनुयायी Sanyandashili ने शाही अकादमी में अधिकारियों और विद्वानों के लिए सिद्धांतों का अनुवाद और उनकी व्याख्या की और उन्हें बौद्ध शब्द सिखाए। Yalanggeyueshiliqin, Sanyandashili के प्रथम अनुयायी, ने Senglusi में (शाही राजसभा का केंद्रीय संगठन) उपदेश दिया। इसने चीन में हिंदू धार्मिक संस्कृति के प्रसार में बहुत योगदान दिया।

Quanzhou और अन्य स्थानों के 'व्यापारियों' में हिंदुत्व अवशेष

पश्चिमी भिक्षुओं के अलावा, भारतीय व्यापारियों ने भी भारतीय धार्मिक संस्कृति को प्रत्यक्ष या अप्रत्यक्ष रूप से बढ़ावा दिया था। चीन के Ming राजवंश और पश्चिमी सहायक राज्यों के मध्य व्यापार को 'सहायक व्यापार' और 'व्यवसाय व्यापार' में विभक्त किया गया था। पहले वह सरकार के प्रभुत्व वाला विदेशी व्यापार विनिमय का रूप था, अर्थात्, सरकार ने यह अनुमति दी थी कि सहायक साम्राज्य सहायक व्यापार के लिए कुछ निश्चित मात्रा में व्यापार का सामान ला सकते हैं और निर्दिष्ट स्थानों पर चीनी लोगों के साथ भाव-तौल कर सकते हैं। Ming राजवंश ने भारत के तटीय साम्राज्यों के साथ सहायक व्यापार का प्रभार लेने के लिए Guangzhou और Quanzhou में विदेशी शिपिंग के लिए दो विभाग स्थापित किए। उस समय, भारतीय दूत आम तौर पर व्यापारियों की कुछ निश्चित संख्या के साथ थे, जो चीनी लोगों के साथ व्यापार करने के लिए मसाले, काली मिर्च, और रत्नों को लाते थे। व्यावसाय व्यापार सामान्य (Folk) लोगों के मध्य व्यक्तिगत व्यापार को संदर्भित करता है। Ming राजवंश की प्रारंभिक और मध्य अवधि में, सख्त समुद्री प्रतिबंधों को लागू कर दिया गया था और स्पष्ट आदेश के द्वारा नागरिक निजी व्यापार की गतिविधियों को प्रतिबंधित कर दिया गया था। हालांकि, इस तरह के आदेश को सख्ती से लागू नहीं किया गया और Qing राजवंश के अंत तक

चीन तथा भारत के साम्राज्यों के मध्य नागरिक व्यापार निरंतर जारी रहा था। कालीकट और Ming राजवंश के मध्य व्यवसाय व्यापार विशेष रूप से निरंतर विद्यमान था। Ming राजवंश के Wang Zhifu ने कालीकट से पुर्तगाली व्यापारी जहाजों के बारे में अभिलेख लिखे जो चीन के साथ व्यापार में संलग्न था। कालीकट, पश्चिम में अन्य विदेशी देशों के लिए एक अनुकूल स्थान था। वे मार्च या अप्रैल में भिन्न भिन्न प्रकार की चीज़े बेचने के लिए चीन आते थे और तत्पश्चात जापान और अन्य देशों के लिए चले जाते थे। जब मैं वहां था तब मैंने तीन जहाजों को देखा जिन्हें तीन सौ हजार चांदी और सोने के साथ स्वीकृति दी गई। कराधान विभाग ने कराधान का भुगतान करने के पश्चात उन्हें शहर में व्यापार करने की इजाजत दी (Quan Hansheng 1972, 444)।

2011 में, जब बीजिंग में चाइना तिब्बतोलॉजी रिसर्च सेंटर की मेडिकल स्कॉलर Liu Yinghua ने कालीकट मैन्यस्क्रिप्ट लाइब्रेरी में Boyer[1] की समीक्षा की, तब उन्होंने 'Dao Guang Tong Bao' के चार अक्षरों के साथ संयोगवश ही प्राचीन चीनी सिक्के की खोज की जिस पर 'NO 2579' लिखा हुआ था जिसने दिखाया कि चीन और भारत के मध्य व्यापार और संचार Qing राजवंश के अंत तक जारी रहे।

पश्चिमी साधुओं और व्यापारियों द्वारा लाई गई विभिन्न भारतीय धार्मिक संस्कृतियां

हालांकि, 15वीं शताब्दी में चीन में, पश्चिमी साधुओं और व्यापारियों की गतिविधियों ने अलग-अलग क्षेत्र में भारतीय धार्मिक संस्कृति को प्रचारित करने में मदद की थी, फिर भी उनके बीच महत्वपूर्ण अंतर थे। पश्चिमी साधुओं द्वारा प्रसारित भारतीय तन्त्रवाद हिन्दूधर्म के शक्तिस्म से निकटता से संबंधित था, जबकि कालीकट और कोचीन के भारतीय व्यापारी हिंदू धर्म के निष्ठावान समर्थक थे और भारत की मुख्य भूमि पर इस्लाम हावी था। चूंकि पश्चिमी साधुओं का समुदाय लगभग 100 वर्षों से भी अधिक समय (1403–1521) से Ming राजवंश की शाही राजसभा द्वारा दृढ़ता से समर्थित था और ग्रंथों और सिद्धांतों का प्रचार उनका मुख्य कर्तव्य और लक्ष्य था, धार्मिक संस्कृति के संदर्भ में, चीन पर पश्चिमी साधुओं का प्रभाव व्यापारियों के प्रभाव के अनुकूल नहीं हो सकता था।

पश्चिमी साधुओं और व्यापारियों द्वारा चीन आने के लिए अपनाए गए विभिन्न मार्ग:

पश्चिमी साधु:	भारत से आरंभ होकर नेपाल, चीन के तिब्बत से प्राचीन मार्ग को अपनाते हुए हिमालय तक तन्त्रवाद का सूत्रपात हुआ और इसके विपरीत, Lamaism को भारत में पेश किया गया।
व्यापारी:	भारत के बंदरगाहों से मलय द्वीपसमूहों तक हिंद महासागर से होते हुए Quanzhou या Guangzhou तक, जिसे 'समुद्री रेशम मार्ग' कहा जाता था।

15वीं शताब्दी में चीन में भारतीय धार्मिक संस्कृति का प्रसार

चीन-भारतीय संपर्क के लंबे इतिहास में, 15वीं शताब्दी एक महत्वपूर्ण मोड़ के रूप में स्थापित हुआ, जब भारत और चीन के मध्य पारस्परिक संचार, सरकारी तथा नागरिक दोनों आयामों तक विकसित हो गया था और बौद्ध धर्म को, तन्त्रवाद तथा हिंदूधर्म ने धीरे-धीरे चीनी-भारतीय सांस्कृतिक आदान-प्रदान के मुख्य योगदान के रूप में बदल दिया था। 15वीं शताब्दी में चीन और भारत के मध्य धार्मिक तथा सांस्कृतिक आदान-प्रदान और संचार को निम्नलिखित तीन विशेषताओं द्वारा प्रतिबिंबित किया गया था:

शाही राजदरबार पर निर्भर पश्चिमी साधुओं ने जनसाधारण का समर्थन खो दिया

मूल रूप से शाही परिवार की जरूरतों को पूरा करने के लिए पश्चिमी साधुओं ने भारतीय तन्त्रवाद, सिद्धांतों, तथा विषयों को प्रसारित किया और धार्मिक अनुष्ठान आयोजित किए और इसके भाग्य का उदय और पतन भी शाही राजसभा के हाथों में ही था। भारतीय तन्त्रवाद में विश्वास करने वाले सम्राट के शासनकाल के दौरान, पश्चिमी साधुओं को पसंदीदा और विश्वासयोग्य माना जाता था और इसके परिणामस्वरूप तन्त्रवाद को समृद्धि की निश्चित श्रेणी में देखा जाता था। हालांकि, जब सम्राट बौद्ध धर्म में विश्वास नहीं करता था, उदाहरण के लिए, Ming राजवंश के Shi Zong ने बौद्ध धर्म पर प्रतिबंध लगाया था, तब तन्त्रवाद के साधुओं को वापस उनके अपने देश में भेज दिया गया और तन्त्रवाद का प्रभाव भी ओझल हो गया था। चूंकि उनका मुख्य लक्ष्य शाही परिवार की सेवा करना था, इसलिए वे सामान्य लोगों के साथ कोई संपर्क नहीं रख पाए और इसलिए लोक में उनका प्रसार काफी सीमित था जो आम लोगों की व्यापक धारणा जीतने में असफल रहा। पश्चिमी साधुओं की तंत्र धर्म-प्रचारक गतिविधियां महादेश के बड़े क्षेत्रों में गहराई तक न जाकर मुख्य रूप से नानजिंग और बीजिंग तक ही सीमित थीं।

तन्त्रवाद और हिंदूधर्म की स्थानीयकरण संचार रणनीति चीन में सफल नहीं थी

चीनी विद्वान Tang Yijie ने बताया कि सांस्कृतिक आदान-प्रदान और संचार, दोतरफा चयन प्रक्रिया थी, जहां मूल संस्कृति विदेशी संस्कृति के अवयव का चयन करती है जो अपने स्वयं की संस्कृति के विकास को प्रोत्साहित करने हेतु अपनी सांस्कृतिक आवश्यकताओं को अनुकूलित कर सकती है। जब विदेशी संस्कृति को विभिन्न पारंपरिक संस्कृतियों से मिलाया जाएगा, तब यह एक दूसरे के साथ संघर्ष के बावजूद, ऐतिहासिक विकास के लंबे समय में मूल संस्कृति की आवश्यकताओं को पूरा करने के लिए अपना रूप बदल लेगा। चीन में बौद्ध धर्म को प्रस्तावित करने की प्रक्रिया में, चीनी कन्फ्यूशीवाद और नव-ताओवाद के साथ यह बहुत आम है और चीनी संस्कृति के साथ तेजी से मिश्रित

है; जबकि चीन में तन्त्रवाद और हिंदूधर्म की स्थानीयकरण संचार रणनीति सफल नहीं थी और चीनी संस्कृति पर इसका सीमित प्रभाव पड़ा था। तन्त्रवाद और हिंदूधर्म द्वारा प्रचारित सिद्धांत और अनुष्ठान नियम, विशेष रूप से शक्तिस्म का विचार चीनी परंपरागत संस्कृति में 'स्वर्गीय सिद्धांत को बनाए रखने और मानवीय वासनाओं को नष्ट करने' के दर्शन से पूरी तरह प्रतिकूल था, जिसने चीनी लोगों द्वारा विदेशी धर्मों को स्वीकार करने में अत्याधिक बाधाएं उत्पन्न कीं। इसलिए, वे चीन के Ming राजवंश में निहित कन्फ्यूशियस संस्कृति की प्रमुख भूमिका को डिगा नहीं सके।

15वीं शताब्दी में चीनी-भारतीय सांस्कृतिक विनिमयों का एकदिशीय प्रवाह

चीन और भारत के मध्य सांस्कृतिक आदान-प्रदान के लंबे इतिहास में चीन ऐसा समर्थक रहा है, जिसने हमेशा स्वीकार किया तथा अपनाया और सांस्कृतिक आदान-प्रदान तथा संचरण ने एकदिशीय प्रवाह दिखाया है। 15वीं शताब्दी कोई अपवाद नहीं था। यद्यपि Zheng He भारतीय साम्राज्यों की यात्रा करते समय अपने साथ चीनी कन्फ्यूशियन क्लासिक्स, चिकित्सा से सम्बंधित पुस्तकें, ऐक्यूपंक्चर, कविता, संगीत वाद्ययंत्र, चित्रकलाएं और हस्तलिपि-विद्या (Calligraphy) लाये, लेकिन भारत के साम्राज्यों पर उनका बहुत कम प्रभाव पड़ा। संस्कृति के एकतरफा प्रवाह के कारणों के संदर्भ में, प्रथम कारण तो, भारतीय धार्मिक संस्कृति की स्वयं की विलक्षणता थी; दूसरा कारण यह था कि भारत में चीनी संस्कृति का प्रसार राजनीतिक शक्ति से प्रेरित था। जब Ming राजवंश ने नौसंचालन योजना समाप्त की थी, तब सांस्कृतिक संचरण भी समाप्त हो गया। पश्चिमी साधुओं के समान कोई लोक-दल (Folk team) कभी भी नहीं रहा, जिन्होंने Ming राजवंश के अपूर्ण चीनी सांस्कृतिक प्रसार को ग्रहण करने में धार्मिक सांस्कृतिक संचरण को अपना कर्तव्य माना था।

निष्कर्ष

यद्यपि 15वीं शताब्दी में चीन और भारत के मध्य आदान-प्रदान, राष्ट्रीय और लोक दोनों आयामों में, दो तरह के चयन में बहुत अधिक सफल नहीं हुआ था, फिर भी उन्होंने सांस्कृतिक गुणों और समय की विशेषताओं के विभिन्न रूपों को प्राप्त करने और अभिव्यक्ति के प्रतिमान तथा दोनों देशों की संस्कृतियों के आध्यात्मिक अर्थ को समृद्ध करने के लिए दोनों देशों की संस्कृतियों के लिए विभिन्न देशों से नवीन विचारों को अपनाया था। सबसे महत्वपूर्ण बात यह है कि, 15वीं शताब्दी में सांस्कृतिक संचार और परस्पर संवादात्मक कार्य में अनुभव और शिक्षाएं, आज के चीनी-भारतीय आदान-प्रदान के लिए उपयोगी ज्ञान और संदर्भ प्रदान करती हैं। आज, भारत और चीन ने ब्रिक्स देशों (ब्राजील, रूस, भारत, चीन, और दक्षिण अफ्रीका) के सदस्यों के रूप में नवीन सहयोग और विनिमय आरंभ

कर दिया है और दोनों देशों की, सांस्कृतिक सौम्य शक्ति (Soft power) के पुनर्निर्माण की, राष्ट्रीय रणनीति के कारण धार्मिक संस्कृति ने अत्यधिक ध्यान आकर्षित किया है। वैश्वीकरण के संदर्भ में चीन और भारत के मध्य सांस्कृतिक अंतःक्रिया और द्विपक्षीय चयन के कौनसे रूप और विशेषताएं दिखाई देंगी? कितने उत्साह (Sparks) और ज्ञान का उत्पादन किया जाएगा? दोनों देशों के लिए वे कौन सी शक्ति और स्रोत प्रदान करेंगे? ये सभी मुद्दे अनवरत और गहन शोध के विषय हैं।

टिप्पणी

1. Boyer एक प्रकार का पत्ता है, जिसे वैज्ञानिक रूप से '*corypha umbraculifer*' कहा जाता है।

संदर्भ

(Ming) Ma Huan. 1955. *Collation and Annotation of Ying-ya Sheng-lan*. Beijing: Zhonghua Book Company.

(Qing) Zhang Tingyu. 1974. *History of Ming Dynasty, Collected Biographies, Foreign Countries Volume 7, Calicut*. Beijing: Zhonghua Book Company.

Quan Hansheng. 1972. *Symposium of Chinese Economic History, Book 1*. Hong Kong: The New Asia Institute of Advanced Chinese Studies.

———. 1962. 'Item September 1st of the 21st Year of Yongle'. In *True Record of the Ming Dynasty· Wuzong, Volume 263* Taibei: Photocopy of Historical Languages Research Institution of Academia Sinica.

6 सांस्कृतिक सौम्य शक्ति की भारतीय रणनीतियों से चीन में ज्ञानोदय

Jian Li

संयुक्त राज्य अमेरिका में हार्वर्ड विश्वविद्यालय के प्रोफ़ेसर जूनियर जोसेफ एस. नाई द्वारा पहली बार 1990 में 'सौम्य शक्ति' (Soft Power) की अवधारणा प्रस्तुत की गई। उनके अनुसार, 'सौम्य शक्ति, स्वयं के उद्देश्य के लिए बाध्य करने के बजाय आकर्षित करने और सहयोगित करने की योग्यता है। यह अपनी संस्कृति, राजनीतिक आदर्शों और नीतियों के आकर्षण से उत्पन्न होती है' (Nye 2005, 2)। देश की सौम्य शक्ति में मुख्य रूप से संस्कृति, राजनीतिक मूल्य और विदेश नीतियाँ निहित होती हैं। सौम्य शक्ति एक ऐसी अवधारणा है, जिसके द्वारा मनुष्य, अन्य मनुष्यों के साथ अपने हितों को पूरा करने के लिए सामाजिक व्यवस्था करते हैं, और इसलिए इसका उद्भव ऐतिहासिक प्रगति के लिए अनिवार्य रूप से महत्वपूर्ण है। अब, बड़ी संख्या में देशों ने अपनी व्यापक शक्ति को बढ़ाने के लिए एक महत्वपूर्ण मार्ग के रूप में सौम्य शक्ति में सुधार किया है। 'सांस्कृतिक सौम्य शक्ति' देश के सांस्कृतिक मूल्यों, सांस्कृतिक उत्पादों और सांस्कृतिक जीवन में एकजुटता, आकर्षण, प्रभाव तथा प्रतिस्पर्धात्मकता को दर्शाती है। राष्ट्रीय पहचान और नस्लीय छवि का प्रतिनिधित्व करते हुए, सांस्कृतिक सौम्य शक्ति राजनीतिक और आर्थिक ताकतों की तुलना में अधिक स्थायी आकर्षकता और प्रभाव उत्पन्न कर सकती है। यह देश की सौम्य शक्ति का प्रमुख वाहक और एक महत्वपूर्ण भाग है। यह अध्याय सांस्कृतिक सौम्य शक्ति के विकास के लिए भारत द्वारा अपनाई गई रणनीतियों से चीन की प्रबुद्धता और शिक्षाओं का पता लगाएगा।

सांस्कृतिक सौम्य शक्ति के विकास के लिए भारतीय संसाधन

एक शक्तिशाली संस्कृति, अंतरराष्ट्रीय प्रतियोगितात्मकता के अधिग्रहण और राष्ट्र के अस्तित्व के लिए आंतरिक सहज प्रवृत्ति के रूप में कार्य करती है। हजारों वर्षों के विकास और संचय के बाद, भारतीय संस्कृति मजबूत जीवनशैली और समग्रता दिखाती है, जो आधुनिक समय में भारत की सांस्कृतिक सौम्य शक्ति के विकास के लिए समृद्धशाली उपयुक्त स्थान प्रदान करती है।

सांस्कृतिक मूल्य

भारत की संस्कृति में अद्वितीय मूल्य शामिल हैं, जिनमें सद्भाव, आध्यात्मिकता और समावेश को मोटे तौर पर शामिल किया जाता है। भारत की संस्कृति मानव और प्रकृति के सामंजस्यपूर्ण सहअस्तित्व का अनुसरण करती है और प्रेम तथा धर्म के माध्यम से लोगों को उच्च स्तर के मोक्ष के लिए मार्गदर्शन प्रदान करती है। भारतीय संस्कृति में आध्यात्मिकता को, धर्म में मुक्ति के आध्यात्मिक प्रयास में पाया गया है। आध्यात्मिकता भारतीय संस्कृति में, जीव को द्रव्य से ऊपर तथा आत्मा को शरीर से ऊपर प्रधानता देती है। इस कारण से, भारतीय लोग भौतिकता की उपेक्षा करने, आंतरिक शांति को प्राप्त करने और आवेग से बचने के लिए आत्मा को प्राप्त करने वाली जीवन शैली और मूल्यों को विकसित करते हैं। भारतीय संस्कृति के समावेशीकरण का अर्थ है कि भारत विभिन्न संस्कृतियों के तर्कसंगत तत्वों को बहुत ही अच्छी तरह अवशोषित कर लेता है, और सांस्कृतिक विविधता को बनाएं रखने तथा विभिन्न संस्कृतियों के सह-अस्तित्व को अनुमति देते हुए अपनी संस्कृति के चेतन भागों को निर्मित करता है (Chen Hongbing 2008)। भारत की संस्कृति के पारंपरिक मूल्य वैश्विक मुद्दों का समाधान करने के लिए अपने विशिष्ट महत्व को प्रदर्शित करते हैं, जैसे कि लोगों द्वारा अत्यधिक प्राकृतिक अन्वेषण के कारण पारिस्थितिक पर्यावरण में गिरावट, और भौतिकवाद में दिलचस्पी के परिणामस्वरूप आध्यात्मिक निर्वात।

धार्मिक विविधता

बौद्ध धर्म के जन्मस्थान के रूप में भारत ने एक बार दुनिया भर में लगभग 300 मिलियन बौद्धों को आकर्षित किया। इस प्रकार भारत कन्फ्यूशीवाद के सर्कल में भारत और पूर्वी एशियाई समुदाय के मध्य एक महत्वपूर्ण सेतु बन गया था। भारत हिंदू धर्म, जैन धर्म और सिख धर्म का भी जन्म-स्थान है और भारत इस्लाम, कैथोलिक धर्म, ईसाई धर्म, पारसी धर्म और यहूदी धर्म के कई अनुयायियों को समायोजित करता है। इस्लाम को एक उदाहरण के रूप में लेते हुए भारत के क्षेत्र के अंतर्गत लगभग 162 मिलियन लोग इस्लाम में विश्वास करते हैं। पश्चिम की ओर, इस्लाम भारत को मध्य पूर्व से जोड़ता है। पूर्व की ओर, यह भारत को दक्षिण-पूर्वी एशियाई देशों जैसे मलेशिया, इंडोनेशिया, और सिंगापुर से जोड़ता है। धार्मिक संबंध देशों के मध्य घनिष्ठता में सुधार करते है और संदेह तथा संघर्ष को खत्म करने के लिए एक अच्छी नींव प्रदान करते है (Paul and Nayar 2003, 59)।

लोकप्रिय संस्कृति

भारत में लोकप्रिय संस्कृति भी असाधारण रूप से विकसित हुई है। फिल्म उद्योग को एक उदाहरण के रूप में लेते हैं तो, भारत दुनिया का सबसे बड़ा फिल्मों का उत्पादनकर्ता राष्ट्र

है। विशाल भारतीय फिल्म उद्योग बॉलीवुड में बनाया गया है, जो सबसे ज्यादा संख्या में फिल्मों का उत्पादन करता है, और दुनिया में सबसे ज्यादा फिल्म की टिकट बेचता है। संपूर्ण भारतीय उपमहाद्वीप, मध्य पूर्व, अफ्रीका, और दक्षिणपूर्वी एशिया की लोकप्रिय संस्कृति पर बॉलीवुड का बहुत महत्वपूर्ण प्रभाव है और इस तरह के प्रभाव को दक्षिण एशियाई प्रवासियों के माध्यम से पूरी दुनिया में फैलाता है। आज, विश्व स्तर पर भारत की कला सहित भारतीय संगीत, नृत्य, और फैशन डिजाइन का प्रदर्शन किया जाता है, जबकि भारत का योग और भोजन दुनिया भर में लोकप्रिय हो गया है। इन सभी ने दुनिया भर के लोगों में भारत की संस्कृति की स्थिति को मजबूत किया है।

विज्ञान और प्रौद्योगिकी तथा शिक्षा

भारत, कॉलेज शिक्षा और उच्च प्रतिभा के प्रशिक्षण में बहुत सफल रहा है। भारत शिक्षा की गुणवत्ता पर बल देता है और भारत के शैक्षणिक विभाग शायद ही कभी नौकरशाही द्वारा सीमित और नियंत्रित हुए हैं। इसके अलावा, विद्यालय अपेक्षाकृत स्वतंत्र और विविध विकास का आनंद लेते हैं और रचनात्मक प्रतिभाओं के प्रशिक्षण और विकास के लिए एक स्वतंत्र वातावरण तैयार करने के लिए प्रबंधन के 'एक आकार सभी के लिए अनुकूल' के प्रारूप का अनुसरण नहीं करते हैं। आज, भारत विश्व में सूचना प्रौद्योगिकी सेवाओं के एक बड़े निर्यातक के रूप में विकसित हुआ हैं, और भारत को अत्यधिक कुशल, उच्च गुणवत्ता, और सस्ती सेवाओं के कारण 'वर्ल्ड ऑफिस' का उपनाम भी दिया गया है। सॉफ्टवेयर के अलावा, भारत लेखा, चिकित्सा, कर, और दूरसंचार सेवाओं का भी निर्यात करता है। संयुक्त राष्ट्र के पूर्व महासचिव श्री कोफी अन्नान ने एक बार भारत की 'विकासशील देशों के लिए उच्च प्रौद्योगिकी विकास के प्रारूप' के रूप में प्रशंसा की थी।

प्रवासी भारतीय और उनकी अहमियत

विदेशी देशों में निवास करने वाले भारतीयों की विशाल संख्या भारत की सांस्कृतिक सौम्य शक्ति के विकास के लिए एक परिसंपत्ति है। विश्व भर में 20 मिलियन से भी अधिक भारतीय लोग फैले हुए हैं, और अपने समुदायों का निर्माण कर रहे हैं। बहुत से प्रवासी भारतीयों ने अपने प्रयासों और असाधारण प्रदर्शन के द्वारा उत्कृष्ट उपलब्धियां हासिल की हैं और इसलिए प्रवासी भारतीयों ने उन देशों में सम्मान अर्जित किया है, जहां वे रहते हैं। ये प्रवासी भारतीय अक्सर भारत के अनुकूल नीतियों को निर्मित करने और इन देशों तथा भारत के मध्य मैत्रीपूर्ण संबंधों को सुविधाजनक बनाने के लिए उन देशों की सरकारों और कांग्रेस को सक्रिय रूप से विश्वास में लेने के लिए अपने मजबूत प्रभाव का उपयोग करते हैं। इसके

अलावा, प्रवासी भारतीय भारत में पैसे वापस भेजते रहते हैं, और इसे भारत की तीव्र प्रगति के पीछे महत्वपूर्ण कारकों में से एक माना जा सकता है। चूंकि अधिक से अधिक प्रवासी भारतीय व्यवसाय शुरू करने के लिए वापस आते हैं, इसलिए वे उन्नत प्रौद्योगिकी, प्रबंधन प्रथाओं, तथा अत्याधुनिक औजारों और तकनीकों को भारत में आयात करते हैं। ये बदले में, भारत के उद्यमों को अंतरराष्ट्रीय आर्थिक प्रगति की प्रवृत्ति के बारे में जानने और विश्व के साथ कदम से कदम मिलाने में मदद करते हैं। उसी समय में, अधिकांश प्रवासी भारतीय अपने पारंपरिक मूल्यों को बनाए रखते हैं, जो विश्व भर में भारत की संस्कृति के प्रसार में योगदान देता है।

सांस्कृतिक सौम्य शक्ति के विकास के लिए भारत की रणनीतियाँ

भारत के सांस्कृतिक मूल्यों का प्रचार

जोसेफ एस. नाई का दावा है कि आधुनिक समाज में, यदि कोई देश तीन मानदंडों को पूरा करता हैं, तो वह बहुत ही सरलतापूर्वक अपनी सौम्य शक्ति को विकसित कर सकता है। मानदंडों में से एक यह है कि 'देश की प्रमुख संस्कृति में वैश्विक संस्कृति के समान मानक' हैं। इस दृष्टिकोण के आधार पर, भारत को पश्चिमी दुनिया द्वारा 'विश्व का सबसे बड़ा लोकतांत्रिक देश' माना जाता है और पश्चिमी दुनिया द्वारा सम्मानित मूल्यों की वकालत करता है, जो वास्तव में सौम्य शक्ति के विकास के लिए एक मंच प्रदान करता है। विविध संस्कृति और अन्य संस्कृतियों की ओर समग्रता भारतीय सांस्कृतिक मूल्यों का सार है। इस तरह के मूल्यों के मार्गदर्शन में, भारत सरकार ने 'विभिन्न सभ्यताओं के संयोजन' और 'विश्व को एक साथ लाने' के विचारों को आगे बढ़ाया है, जो वर्तमान में अंतरराष्ट्रीय समुदाय के सार्वभौमिक प्रयास के साथ मेल खाता है और नए अंतरराष्ट्रीय आदेश की स्थापना के लिए सुविधा प्रदान करना और दुनिया भर के देशों के संचार और सहयोग तथा आधुनिक राष्ट्रीय और धार्मिक मुद्दों को हल करने के लिए उपयोगी विचार प्रदान करता है (Ren Fei 2009)।

हाल के वर्षों में, भारत सरकार ने सांस्कृतिक कूटनीति को मजबूत किया है और सक्रिय रूप से अन्य देशों को अपने सांस्कृतिक मूल्यों का निर्यात किया है। 2004 में, तत्कालीन भारतीय प्रधानमंत्री डॉ. मनमोहन सिंह ने काबुल, अफगानिस्तान की यात्रा की और 500 अफगान छात्रों को भारत में अध्ययन करने के लिए छात्रवृत्ति देने की घोषणा की। सांस्कृतिक संबंधों के लिए भारतीय परिषद (आईसीसीआर) ने भी 1,800 विदेशी छात्रों को छात्रवृत्ति देने की पेशकश की। इसके अलावा, भारत ने अपनी संस्कृति के प्रचार के लिए, विकासशील देशों में लोगों को प्रशिक्षित करने और भारतीय सांस्कृतिक त्यौहारों को बनाने के लिए प्रवासी सांस्कृतिक केंद्र स्थापित किये।

धर्म के प्रभाव का विस्तार

आज, भारत पूर्वी एशिया में कन्फ्यूशियस सभ्यता के दायरे में अपनी सौम्य शक्ति का विस्तार करने का प्रयास कर रहा है, लेकिन बौद्ध धर्म अभी भी प्राथमिक साधन बना हुआ है। 2006 में, भारत ने विश्व में बौद्ध धर्म के माध्यम से भारत और चीन के मध्य संबंधों को पेश करने के उद्देश्य से चीन के Luoyang के व्हाइट हॉर्स मंदिर में भारतीय शैली में बौद्ध मंदिर के निर्माण को वित्त पोषित किया। सितंबर 2010 में, भारत की संसद के दोनों सदनों ने आधिकारिक तौर पर 'नालंदा मंदिर पुनरुद्धार कार्यक्रम' को मंजूरी देने के लिए कानून का निर्माण किया था। नालंदा मंदिर भारत में एक प्राचीन बौद्ध स्मारक है और जो विश्व के पहले विश्वविद्यालय के रूप में जाना जाता है। 5वीं शताब्दी से 12वीं शताब्दी तक, यह मंदिर दुनिया का सबसे महत्वपूर्ण बौद्ध धर्म का अनुसंधान केंद्र था और इसमें लगभग 10,000 छात्रों को समायोजित करने की क्षमता थी। Tang राजवंश में चीनी भिक्षुओं Xuan Zang और Yi Jing ने नालंदा मंदिर में बौद्ध धर्म का अध्ययन किया था। इस कार्यक्रम के माध्यम से, भारत, चीन, जापान, दक्षिण कोरिया, और सिंगापुर समेत 16 एशियाई देश शोध और धार्मिक संचार केंद्र में नालंदा मंदिर का पुनर्विकास करने और बौद्ध धर्म तथा आधुनिक विश्वविद्यालय के साथ गठबंधन करने में सहयोग करेंगे, ताकि विदेशी छात्रों को आकर्षित किया जा सके, भारत की संस्कृति को बढ़ावा दिया जा सके और भारत के प्रभाव का विस्तार किया जा सके (*People's Daily* 2013)।

सौम्य शक्ति और सांस्कृतिक उद्योग

भारत अपनी सांस्कृतिक सौम्य शक्ति में वृद्धि करने के लिए सांस्कृतिक उद्योग के विकास पर विशेष ध्यान दे रहा है। उदाहरण के लिए, भारत का फिल्म उद्योग न सिर्फ भारत के सांस्कृतिक उद्योग का एक महत्वपूर्ण भाग है, बल्कि भारत की सांस्कृतिक सौम्य शक्ति को प्रचारित करने का एक महत्वपूर्ण साधन है। जब अफगानिस्तान में नई सरकार की स्थापना हुई, तब भारतीय विदेश मंत्री ने अफगान के लोगों के लिए भोजन और कपड़ों की अपेक्षा हॉलीवुड की फिल्मों और संगीत की कई सीडी वितरित करने के लिए अफगानिस्तान की यात्रा की। भारतीय टीवी धारावाहिक 'क्योंकि सास भी कभी बहू थी' अफगानिस्तान में 90 प्रतिशत से अधिक की रेटिंग के साथ सबसे लोकप्रिय टीवी धारावाहिक बन गया और धारावाहिक के प्रसारण के समय कुछ धार्मिक समारोहों में बहुत से अफगान लोगों की अनुपस्थिति होने लगी थी।

अपनी लोकप्रिय संस्कृति के एक भाग के रूप में कई देशों में भारतीय संगीत व्यापक रूप से काफी पसंद किया जाता है, जबकि भारत के परिधान और भोजन भी अन्य देशों में बहुत सफल हैं। भारत की फिल्मों, टीवी धारावाहिकों, भोजन, और परिधान का आनंद लेते

हुए, लोग भारतीय संस्कृति के प्रति आकृर्षित होने के साथ-साथ और उससे प्रभावित होते हैं, जो विश्व भर में भारत की सांस्कृतिक सौम्य शक्ति को प्रोत्साहित और प्रचारित करते हैं। इस कारण से, भारत सरकार भारत की संस्कृति को प्रचारित करने में निवेश को बढ़ा रही है। 2008 के वार्षिक बजट के अनुसार, भारत सरकार ने आईसीसीआर, भारत के विदेशी सांस्कृतिक संबंधों के लिए प्रमुख निष्पादन विभाग, के लिए 750 मिलियन की अतिरिक्त निधि गृहीत की, 2008 में आईसीसीआर की बजटीय निधि 1.52 बिलियन तक बढ़ गई, जो पिछले वर्ष की तुलना में 117 प्रतिशत अधिक है (Ren Junjie 2008)। यह निधि मुख्य रूप से भारतीय संगीत, साहित्य, नृत्य, कला, भोजन, और फिल्म को बाहर की दुनिया में फैलाने और प्रचारित करने के लिए खर्च की गई थी।

प्रवासी भारतीयों का प्रभाव

प्रवासी भारतीय न सिर्फ भारतीय संस्कृति के प्रभावशाली प्रचारक हैं बल्कि भारतीय सांस्कृतिक सौम्य शक्ति के विकास के भी प्रभावशाली समर्थक हैं। जैसा कि भारत के पूर्व विदेश मंत्री यशवंत सिन्हा ने कहा था कि, 'प्रवासी भारतीय, भारत सरकार के लिए अन्य देशों में नीतियों के माध्यम से अपने राष्ट्र के प्रतिं सम्मान और प्रभाव को बढ़ाने के लिए महत्वपूर्ण स्रोत हैं (Mohan 2003)।' भारत सरकार इस स्रोत को अत्यधिक महत्व देती है और प्रवासी भारतीयों के साथ अपने संबंधों को मजबूत करने का प्रयास करती है। भारत सरकार प्रत्येक वर्ष 'प्रवासी भारतीय दिवस' का आयोजन करती है और प्रवासी भारतीयों को अधिमानी उपचार, जैसे दोहरी राष्ट्रीयता, प्रदान करती है।

सांस्कृतिक सौम्य शक्ति को प्रोत्साहित करने के लिए भारतीय रणनीति से चीन में ज्ञानोदय

सांस्कृतिक सौम्य शक्ति के विकास के लिए भारत की रणनीतियों और विधियों के निरिक्षण के माध्यम से, चीन अपनी स्वयं की सांस्कृतिक सौम्य शक्ति के प्रचार में अत्यधिक प्रबुद्ध हो सकता है।

चीन के पारंपरिक सांस्कृतिक मूल्य

भारत सौम्य शक्ति के विकास में अपने सांस्कृतिक मूल्यों के प्रचार पर बल देता है, जो चीन पर भी लागू होता है। चीन की पारंपरिक संस्कृति के विकास की प्रक्रिया का बहुत समृद्ध आध्यात्मिक अर्थ है। प्रथम, प्रकृति की पूजा; प्राच्य संस्कृति में 'मनुष्य और प्रकृति के मध्य सद्भाव' की परंपरा है और जो 'प्रकृति के अनुकरण' की वकालत करता है। इसके अलावा, यह न सिर्फ 'मनुष्य और प्रकृति के मध्य संघर्ष' और उपयोगितावाद के दृष्टिकोण के साथ

मानवीय जरूरतों को पूरा करने के लिए प्रकृति के एक तरफा और अंतहीन परिवर्तन का विरोध करता है बल्कि मानव को यथासंभव प्रकृति को अनुकूलित करने की वकालत करता है।

द्वितीय, सौम्यता की वकालत; सौम्यता चीनी राष्ट्र में शांति के लिए वैचारिक आधार है जबकि शांतिपूर्ण संवाद और बहुपक्षीय संचार अंतरराष्ट्रीय समाज में व्यापक रूप से मान्यता प्राप्त मूल्य भी है।

तृतीय, समभाव पर बल; चीन की पारंपरिक संस्कृति 'समानता के आभाव में सद्भाव' पर बल देती है और विविधीकरण 'बहुमूल्य सद्भाव' का समर्थन करती है और युद्ध तथा दंडकारी अभियान का विरोध करती है। यह निष्पक्षता की वकालत और उस पर बल देती है कि 'एक को दूसरे के साथ वैसा ही व्यवहार करना चाहिए जैसा वह स्वयं अपने लिए चाहता है'। ये सभी विचार चीनी राष्ट्र के अद्वितीय चरित्र को निर्मित करते हैं, और चीनी संस्कृति तथा राष्ट्र के अंतहीन जीवन शक्ति का समर्थन करते हैं।

चीन के पारंपरिक सांस्कृतिक मूल्यों को किस प्रकार आगे प्रचारित किया जा सकता है और इस तरह की उत्कृष्ट पारंपरिक संस्कृति, सांस्कृतिक सौम्य शक्ति में परिवर्तित हो सकती है? सबसे पहले, हमें चीन की पारंपरिक संस्कृति के क्रमबद्ध विकास को मजबूत करना चाहिए; पारंपरिक संस्कृति और आधुनिकीकरण के मध्य संबंधों के साथ अच्छी तरह से व्यवहार करें। हमें जानबूझकर राष्ट्रीय संस्कृति के आधुनिकीकरण का एहसास होना चाहिए और उम्र की भावना के साथ पारंपरिक संस्कृति को जोड़ना चाहिए।

द्वितीय, हमें चीनी लोगों के रोजमर्रा के आचरण में चीन की पारंपरिक संस्कृति के मूल्यों जैसे उदारता, निष्ठपूर्ण आचरण, समारोह, ज्ञान और ईमानदारी को ध्यान में रखना चाहिए, ताकि प्रत्येक चीनी धारावाहिक में चीन की सांस्कृतिक सौम्य शक्ति का प्रदर्शन किया जा सके।

तृतीय, हमें पारंपरिक संस्कृति के बारे में किशोरों की शिक्षा और शिक्षा को मजबूत करने पर तथा किशोरों पर राष्ट्रीय संस्कृति के प्रभाव पर ध्यान देना चाहिए, ताकि शानदार पारंपरिक चीनी संस्कृति को चीनी राष्ट्र के अस्तित्व और विकास के लिए आध्यात्मिक समर्थन प्रदान किया जा सके।

चतुर्थ, हमें बाहरी दुनिया में चीन के पारंपरिक सांस्कृतिक मूल्यों के संचार को मजबूत करना चाहिए और विश्व भर में मूल्यवान चीनी संस्कृति को मान्यता प्राप्त और सम्मानित करना चाहिए और इसे बहुत ही आकर्षक संस्कृति बनने में मदद करनी चाहिए।

प्रचार के लिए विद्यमान संबंधों पर निर्भरता

स्पष्ट रूप से, भारत स्थानीय परिस्थितियों के अनुसार अपनी सांस्कृतिक सौम्य शक्ति को प्रचारित करता है। जितना संभव हो सके अन्य देशों के साथ संबंधों की खोज करके और

इन संबंधों के प्रभाव के विस्तार पर ध्यान केंद्रित करके, भारत निरंतर अपनी सांस्कृतिक सौम्य शक्ति को बढ़ा सकता है। इसे सांस्कृतिक सौम्य शक्ति के प्रचार में चीन से उधार लिया जा सकता है।

सबसे पहले, चीन को अन्य देशों के साथ मित्रतापूर्ण सहयोग और संबंधों को सशक्त करना चाहिए और अन्य देशों, विशेष रूप से पड़ोसी देशों के साथ आर्थिक तथा व्यापारिक सहयोग, सांस्कृतिक आदान-प्रदान, निजी यात्राओं, और अन्य गतिविधियों में वृद्धि करनी चाहिए। चीन को विश्व के करीब आने और संपूर्ण विश्व को चीन के बारे में ओर अधिक जानने के लिए विश्व भर में चीनी संस्कृति को प्रस्तुत करने के लिए जल्दी से आगे बढ़ना चाहिए। इस दौरान, चीन को वास्तविक परिस्थितियों के आधार पर, दुनिया में प्रचलित जनता की राय पर ध्यान देना चाहिए और बाहरी प्रचार से आंतरिक प्रचार को अलग करना चाहिए। प्रत्येक देश की विशिष्ट स्थिति, प्रत्येक अवस्था, और प्रत्येक लक्ष्य के आधार पर, चीन को विदेशियों के विचारों, शौकों, और ग्रहणशीलता को पूरी तरह से समझना चाहिए और फिर सांस्कृतिक संचार पर ध्यान केंद्रित करना चाहिए।

क्षेत्र के संदर्भ में, एशिया-प्रशांत क्षेत्र का चीन के साथ घनिष्ठ संबंध है और इनके मध्य मूल भाषा के साथ घनिष्ठ समानता है। कई एशियाई-प्रशांत देशों और चीन में समान तथा समरूप सांस्कृतिक परंपराएं हैं, और यह सभी कन्फ्यूशियस संस्कृति द्वारा गहराई से प्रभावित हैं। इसके अलावा, चीन का एशियाई-प्रशांत देशों, विशेष रूप से उन पड़ोसी देशों, के साथ घनिष्ट राजनीतिक तथा आर्थिक आदान-प्रदान और सहयोग विद्यमान है। एशियाई-प्रशांत क्षेत्र को शुरुआती बिंदु के रूप में लेते हुए, चीन अपनी प्रतिष्ठा और प्रभाव को जल्दी से विकसित कर सकता है। दर्शकों के संदर्भ में, चीन को राष्ट्रीयता, वंश, सांस्कृतिक, और ऐतिहासिक पृष्ठभूमि में मतभेदों को ध्यान में रखना चाहिए और विदेशियों के विचारों तथा आदतों के निकट होना चाहिए। जहां पर कोई भी ऐतिहासिक संबंध हैं, चीन को ऐसे ऐतिहासिक संबंध को पुनर्स्थापित और सुविधाजनक बनाना चाहिए। जब भी कोई विचारधारात्मक समानता होती है, तब साझा मूल्यों पर अधिक ध्यान दिया जाना चाहिए।

प्रचार के लिए अग्रणी और सहायक प्रणालियों का संयोजन

अपनी सांस्कृतिक सौम्य शक्ति का विकास करते समय, भारत अपनी विशिष्ट सांस्कृतिक रूपों जैसे कि रविंद्रनाथ टैगोर, मोहनदास करमचंद गांधी (महात्मा गांधी) और भारतीय संगीत तथा ललित कला के प्रभावशाली प्रभाव को बहुत महत्व देता है। इसी प्रकार, चीन को अपनी सांस्कृतिक सौम्य शक्ति का विकास करने के लिए कई सहायक प्रणालियों पर भरोसा और अग्रणी प्रणाली निर्मित करने पर ध्यान केंद्रित करना चाहिए।

हाल के वर्षों में, चीन उत्साह सहित चीनी संस्कृति का प्रचार कर रहा है और चीन के सांस्कृतिक ब्रांडों के निर्माण पर ध्यान केंद्रित कर रहा है। जहां एक तरफ, चीन कन्फ्यूशियस संस्थान के मजबूत प्रभाव का उपयोग करता है। वही दूसरी तरफ, चीन महत्वपूर्ण अंतरराष्ट्रीय कार्यक्रमों और प्रदर्शनियों, जैसे ओलंपिक खेलों और विश्व प्रदर्शनी के प्रचार प्रभाव का भी उपयोग कर रहा है। नवंबर 2004 में प्रथम कन्फ्यूशियस संस्थान की स्थापना के बाद, चीन ने 2012 के अंत तक 108 देशों और क्षेत्रों में 400 कन्फ्यूशियस संस्थान और 535 कन्फ्यूशियस कक्षाएं स्थापित की थीं (कन्फ्यूशियस इंस्टीट्यूट मुख्यालय 2012), जो चीनी भाषा के शिक्षण को बढ़ावा देने, चीनी संस्कृति के वैश्विक ब्रांडों को विस्तारित करने, और चीन की सांस्कृतिक सौम्य शक्ति का प्रचार करने के लिए प्रमुख साधन बन गए थे। 2008 के बीजिंग ओलंपिक खेलों और 2010 के शंघाई एक्सपो की सफलता ने विश्व को चीन और चीन की संस्कृति, विशेष रूप से चीन की सांस्कृतिक सौम्य शक्ति के विकास के बारे में बेहतर जानकारी दी है।

इस तथ्य के बावजूद कि चीन विश्व के विभिन्न देशों में अपनी संस्कृति का प्रचार करने के लिए सचेत प्रयास कर रहा है, चीनी संस्कृति का प्रचार करने वाले निजी चैनल अभी भी बहुत संकीर्ण और कमजोर हैं। इसलिए, चीन को, चीन की सांस्कृतिक सौम्य शक्ति के विकास के लिए, विविध संचार चैनलों में गहन शोध करने और संचार के लिए नवीन सामग्री को निर्मित करने के दौरान कन्फ्यूशियस संस्थान तथा सरकार की महत्वपूर्ण गतिविधियों को प्रमुख भूमिका निभाने के लिए संपूर्ण रूप से स्वतंत्र छोड़ देना चाहिए। संचार चैनल के संबंध में, चीन को आधिकारिक और निजी दोनों प्रकार के चैनलों को महत्व देना चाहिए। एक तरफ, हमें कन्फ्यूशियस संस्थान और अन्य आधिकारिक संस्कृति संचार संस्थानों की महत्वपूर्ण भूमिका पर निर्भर होना चाहिए। साथ ही, हमें गैर-सरकारी कूटनीति और सार्वजनिक कूटनीति जैसे निजी चैनलों को सक्रिय रूप से नियोजित करना चाहिए और विविध संचार चैनलों तथा संचार की नम्य विधियों द्वारा विदेशों में महान प्रतिष्ठा प्राप्त Yao Ming और Li Na जैसे खेल सितारों के साथ-साथ प्रवासी चीनीयों और रिसॉर्ट के संभावित और जबरदस्त प्रभाव का उपयोग करना चाहिए। संचार की सामग्री के संबंध में, हमें संचार को 'प्रौद्योगिकी संचालित' और 'सेवा-संचालित' से 'श्रोताओं के अनुभव-संचालित' में बदल देना चाहिए और दर्शकों के अनुभव पर ध्यान देना चाहिए ताकि चीन की सांस्कृतिक सौम्य शक्ति के संचार प्रभाव में सुधार किया जा सके और चीनी संस्कृति की अपनी पहचान को सक्रिय कर सके। भारत का योग श्रोताओं के अनुभव से प्रेरित संचार का सबसे अच्छा उदाहरण है। इसलिए, चीन को सांस्कृतिक संचार में सामग्री की व्यावहारिकता और अनुभव पर ध्यान देना चाहिए। चीनी भाषा के अलावा, चीन व्यक्तिगत रूप से स्रोत का अनुभव करने के लिए, और चीनी संस्कृति के आकर्षण तथा उन पर गहन छाप छोड़ने के लिए चीनी मार्शल आर्ट्स, Tai Ji Quan, ताओवाद, संगीत, लोक

नृत्य, शतरंज, भोजन, और परिधान के माध्यम से श्रोताओं को विभिन्न शारीरिक अनुभव, भावनाए और धारणाएं भी प्रदान कर सकता है।

सांस्कृतिक उद्योग और संस्कृति संचार

सांस्कृतिक उद्योग, संस्कृति के संचार का एक महत्वपूर्ण वाहक है। भारतीय सरकार ने भारतीय संस्कृति के प्रतीकात्मक उत्पादों के औद्योगीकरण को बहुत महत्व दिया है और अपने संपन्न सांस्कृतिक संसाधनों पर आधारित इन उत्पादों को प्राकृतिक रूप से आकर्षक बनाने और आसानी से मान्यता प्रदान करने में महत्वपूर्ण भूमिका अदा करती है। चीन की सांस्कृतिक सौम्य शक्ति के विकास का मुख्य विषय सांस्कृतिक उद्योग में घोर पिछड़ापन है (Ouyang Youquan और Ji Hailong 2013), जो चीन की जनसंख्या, संसाधनों, और आर्थिक विकास के स्तर से मेल नहीं खाता है। सांस्कृतिक उद्योग का व्यवसायिक विकास और पुनरुत्थान न सिर्फ चीन की सांस्कृतिक सौम्य शक्ति के लिए भौतिक आधार प्रदान कर सकता है बल्कि यह राष्ट्रीय शक्ति के विकास और अंतरराष्ट्रीय प्रतिस्पर्धात्मकता को बढ़ाने के लिए एक महत्वपूर्ण मापदंड भी बन सकता है।

यहां पहले से ही कुछ सफल उदाहरण विद्यमान हैं, जो दिखाते हैं, कि चीन के सांस्कृतिक उत्पाद विदेशों में लोकप्रिय हो गए हैं। कुछ टीवी धारावाहिकों को उदाहरण के रूप में लेते हुए 1986 में बने जर्नी टू द वेस्ट धारावाहिक को विदेशों में व्यापक रूप से स्वीकृत किया गया था, वियतनाम में एसपाईरसन धारावाहिक बहुत लोकप्रिय हुआ, पर्ल राजकुमारी की वापसी नामक धारावाहिक ने दक्षिण कोरिया तथा अन्य दक्षिणपूर्व एशियाई देशों में एक सनसनी पैदा की, ब्यूटीफुल डॉटर-इन-लॉ धारावाहिक अफ्रीका में सबसे अधिक पसंद किया गया और *Legend of Zhen Huan* धारावाहिक अमेरिका के मुख्य टीवी चैनलों पर प्रसारित किया जाएगा। हालांकि, चीन का सांस्कृतिक उद्योग अभी भी विदेशों पर बहुत कम प्रभाव डालता है। फिल्मों को एक उदाहरण के रूप में लेते हुए, चीन का फिल्म उद्योग वैश्विक सांस्कृतिक बाजार का मात्र 4 प्रतिशत हिस्सा लेता है (Yu Fan 2013)।

विदेशों में चीनी संस्कृति के व्यापार को बढ़ावा देने के लिए, सर्वप्रथम सांस्कृतिक उत्पादों के उत्पादन को मजबूत करना आवश्यक है। हमें न सिर्फ पारंपरिक चीनी संस्कृति से पुष्टिकारक पदार्थ निकालना चाहिए बल्कि समय के साथ इसे समृद्ध भी करना चाहिए और नई खोज पर ध्यान देना चाहिए। वैश्वीकरण के बाजार नियमों का अनुपालन करते समय, हमें उत्कृष्ट सांस्कृतिक उत्पादों का उत्पादन करना चाहिए जहाँ गहरी पहुँच वाले विचार, सराहनीय मूल्य और रोजमर्रा की जिंदगी के साथ करीबी संबंध हों। दूसरी तरफ, हमें पैकेजिंग, प्रचार प्रसार, और विपणन में अंतरक्षेत्रीय सहयोग को मजबूत करना चाहिए। साथ ही, चीन के सांस्कृतिक उत्पादों, और सेवाओं के लिए हमें सांस्कृतिक उत्पादों के निर्यात और सेवा चैनलों को विस्तृत, विदेशी विपणन को मजबूत और विदेशी विपणन नेटवर्क की

स्थापना को तीव्र करना चाहिए। फिल्मों, टीवी धारावाहिकों, एनिमेशन, और टीवी प्रसारित कार्यक्रमों के निर्माण, तथा उत्पादन के साथ-साथ अंतरराष्ट्रीय विपणन नेटवर्क की स्थापना पर विशेष ध्यान दिया जाना चाहिए। हमें चीन के प्रसारित कार्यक्रमों और सेवाओं को दृढ़ता से बढ़ावा देने के लिए महत्वपूर्ण अंतरराष्ट्रीय फिल्म समारोहों और विदेशी मीडिया की भूमिकाओं पर ध्यान देना चाहिए। विदेशी सांस्कृतिक बाजार के विकास द्वारा, हम चीन की सांस्कृतिक सौम्य शक्ति को बढ़ाने के लिए संस्कृति उपभोग को आगे बढ़ाएंगे। अंत में, हमें चीनी संस्कृति को फैलाने के लिए सरकार के नियंत्रण के आभाव वाले निजी चैनलों पर अधिक निर्भर होना चाहिए, ताकि अकस्मात और अदृश्य तरीके से चीन की सांस्कृतिक सौम्य शक्ति के संचार का एहसास हो सके।

संदर्भ

Chen Hongbing. 2008. 'On Indian Cultural Essence.' *South Asian Studies Quarterly* 1.

Confucius Institute Headquarters. 2012. *Annual Report 2012*. Available at http://www.hanban.edu.cn/report/pdf/2012.pdf (accessed in June 2013).

Mohan, C.R. 2003 (6 January). 'Indian Diaspora and "Soft Power"'. *The Hindu*. http://www.thehindu.com/thehindu/2003/01/06/stories/2003010604431100.htm (accessed in June 2014).

Nye, J.S. 2005. *Soft Power*. Beijing: The Eastern Publishing.

Ouyang Youquan and Ji Hailong. 2013. 'Cultural Root and Industrial Logics of National Soft Power.' *Social Science Front* 2: 147–152.

Paul, T.V. and Nayar, B.R. 2003. *India in the World Order: Searching for Major Power Status*, Cambridge: Cambridge University Press.

People's Daily. 2013. Global News. Available at http://www.dzwww.com/rollnews/news/201009/t20100929_6711684.htm (accessed in June 2013).

Ren Fei. 2009. 'New Trends in India's Diplomacy: To Promote Cultural Soft Power.' *South Asian Studies Quarterly* 2: 12–24.

Ren Junjie. 2008. 'On India's Soft Power.' *South Asian Studies Quarterly* 4: 77–84.

Yu Fan. 2013. *Slowdown and Future: On the International Influence of China's Movies 2011*. Available at http://www.ccdy.cn/wenhuabao/lb/201206/t20120611_308087.htm (accessed in August 2013).

7 बीसीआईएम आर्थिक गलियारे की प्रेरक शक्ति और बाधाएं

Li Jingfeng

परिचय

2013 में, चीन के नए केंद्रीय नेतृत्व ने अंतःसंबधन प्रणालियों का प्रस्ताव दिया-दो लम्बवत, अर्थात् बांग्लादेश, चीन, भारत और म्यांमार—आर्थिक गलियारा (बीसीआईएम-ईसी) और चीन-पाकिस्तान आर्थिक गलियारा तथा दो क्षैतिज, अर्थात् वन बेल्ट और वन रोड (Shu Silk Road)। बीसीआईएम-ईसी का उद्देश्य चीन और भारत के मध्य अंतःसंबधन प्रणाली के निर्माण को मजबूत करना था, जो चीन और भारत के मध्य आर्थिक तथा व्यापारिक सहयोग में वृद्धि करने के लिए अनिवार्य शर्त है। सांस्कृतिक आदान-प्रदान, टी हॉर्स रोड, दक्षिणी रेशम मार्ग, और स्टाइलवेल रोड के इतिहास इत्यादि सभी ने अंतःक्षेत्रीय अंतःसंबधन के महत्व को प्रमाणित किया है। मई तथा अक्टूबर 2013 में चीन और भारत दोनों ने दृढ़तापूर्वक कहा है कि, बीसीआईएम-ईसी दोनों देशों के मध्य संबंधों में एक महत्वपूर्ण पहलू है।

गलियारे के विकास के पीछे मौलिक धारणा यह थी कि, इस गठबंधन में कुछ अद्वितीय गुण थे, जिससे परिवहन, व्यापार और निवेश संयोजकता पर लाभ से आर्थिक सहयोग और एकीकरण के माध्यम से सहभागी देशों को महत्वपूर्ण लाभ प्राप्त होने की उम्मीद होती है। संबंधित तुलनात्मक अनुकूल परिस्थिति का चित्रण करके देशों को लाभान्वित होने की व्यापक संभावना है।

सर्वप्रथम प्रोफ़ेसर रहमान सुब्हान द्वारा बीसीआईएम क्षेत्र के अंतर्गत आर्थिक सहयोग के महत्व पर विचार किया गया। उन्होंने स्पष्ट किया कि आज की राजनीतिक सीमाओं की रूप-रेखाओं के बावजूद इन चार देशों के मध्य घनिष्ठ सहयोग, लेन-देन की लागत को महत्वपूर्ण रूप से घटा सकता है, व्यापार और निवेश को प्रोत्साहित कर सकता है, जिसके चलते क्षेत्र में गरीबी उन्मूलन और विकास में तेजी आ सकती है। इस विचार ने सहभागी देशों को विभिन्न क्षेत्रों में अधिक सहयोग के लिए पहलों हेतु मिलने और उन पर चर्चा करने का अवसर प्रदान करने के लिए कुनमिंग प्रस्ताव नामक मंच के विकास को प्रेरित किया। पहल की प्रथम बैठक 1999 में कुनमिंग में आयोजित की गई थी। पहल का दृष्टिकोण धीरे-धीरे अनिवार्य रूप से नागरिक समाज (द्वितीय ट्रैक) से एक अंतर-सरकारी (प्रथम ट्रैक) हेतु प्रयास का मार्गदर्शन करना था। यह स्वीकृत किया गया है, कि इस दृष्टिकोण और पहल

के उद्देश्यों को साकार करने के लिए राजनीतिक अंत:क्रय (Buy-in) और अंतर-सरकारी स्वामित्व आवश्यक होगा। प्रस्ताव, वर्षों के दौरान बीसीआईएम मंच में विकसित हुआ है। सालाना आयोजित सफल बीसीआईएम मंचों ने बीसीआईएम सहयोग से प्राप्त होने वाले संभावित लाभों के बारे में अधिक जागरूकता पैदा करने में महत्वपूर्ण योगदान दिया। मंच की संरचना के तहत विभिन्न स्तरों पर उप-क्षेत्रीय सहयोग की प्रगति निश्चित रूप से आवश्यक है। फरवरी 2013 में, बीसीआईएम कोलकाता से कुनमिंग (K2K) तक रैली को सफलतापूर्वक आयोजित किया गया था। दोनों पक्ष इस क्षेत्र की पारस्परिकता और बीसीआईएम आर्थिक गलियारे के निर्माण के प्रस्तावों को मजबूत करने के लिए अनुसंधान के लिए संयुक्त कार्यकारी समूह स्थापित करने पर अन्य दलों से परामर्श करने पर सहमत हुए (People's Republic of China Ministry of Foreign Affairs 2013)।

मई 2013 में, चीनी प्रधानमंत्री ली केकियांग की भारत यात्रा के दौरान दोनों देशों ने 'चीनी जनवादी गणराज्य और भारत के संयुक्त घोषणापत्र' पर हस्ताक्षर किए, जिसके द्वारा चीन और भारत ने औपचारिक रूप से क्षेत्र की पारस्परिकता को मजबूत करने तथा आर्थिक और व्यापारिक सहयोग और सांस्कृतिक आदान-प्रदान को बढ़ावा देने के लिए आर्थिक गलियारे के निर्माण का प्रस्ताव दिया। 22–24 अक्टूबर, 2013 के दौरान, पूर्व भारतीय प्रधानमंत्री मनमोहन सिंह ने चीन का दौरा किया और दोनों देशों ने 'चीन-भारत रणनीतिक साझेदारी दृष्टिकोण के लिए भविष्य के विकास के संयुक्त घोषणापत्र' को जारी किया। एक वर्ष के दौरान दोनों देशों के शीर्ष-स्तर के अधिकारियों की यात्राओं के आदान-प्रदान के साथ, भारत ने बीसीआईएम-ईसी पहल के निर्माण की पुष्टि की और बीसीआईएम संयुक्त कार्यकारी समूह ने कार्यान्वयन चरण में पहल की प्रविष्टि को चिह्नित करते हुए तय कार्यक्रम पर अपनी पहली बैठक आयोजित की। इस प्रकार दोनों पक्षों ने

> दोनों देशों के नेताओं द्वारा प्राप्त सर्वसम्मति के अनुसार स्वीकृत किया और दोनों पक्षों ने बीसीआईएम-ईसी कार्यकारी समूहों की स्थापना की। अक्टूबर में चीनी कार्यकारी समूहों की भारत यात्रा पहल को बढ़ावा देने के लिए एक सकारात्मक कदम था। दोनों पक्षों ने बांग्लादेश और म्यांमार के साथ परामर्श और संचार को बनाए रखा। दिसंबर में, बीसीआईएम ने बीसीआईएम-ईसी की विशिष्ट योजना का अध्ययन करने के लिए संयुक्त कार्यकारी समूह की प्रथम बैठक बुलाई (*People's Daily* 2013)।

18–19 दिसंबर, 2013 के दौरान बांग्लादेश, भारत, और बर्मा के सरकारी अधिकारियों ने कुनमिंग में चार देशों की बीसीआईएम-ईसी संयुक्त कार्यकारी समूह की बैठक में भाग लिया। युन्नान एकेडमी ऑफ सोशल साइंसेज के दक्षिण एशियाई अध्ययन संस्थान के निदेशक चेन लिजुन ने कहा कि बीसीआईएम-ईसी की रूप-रेखा स्पष्ट हो गई है (*21st Century Business Herald 2013*)।

बीसीआईएम आर्थिक गलियारे के निहितार्थ

'ट्रैक टू डिप्लोमेसी' से 'ट्रैक वन डिप्लोमेसी' में उल्लेखनीय रूप से उन्नयन

1999 से 2013 के दौरान क्षेत्रीय आर्थिक सहयोग मंच बीसीआईएम ने कुछ प्रगति की, लेकिन कोई वास्तविक सफलता नहीं मिली क्योंकि आर्थिक सहयोग मंच अभी भी 'ट्रैक टू' स्थिति में था। इस मामले में चार देशों के अकादमिक और स्थानीय सरकारें शामिल थीं, लेकिन उस अवधि में केंद्र सरकार के साथ कोई भी प्रत्यक्ष भागीदारी नहीं हुई थी। इस संदर्भ में, बीसीआईएम-ईसी वह पहल थी जिस पर पहली बार चीन और भारत सरकारी स्तर पर सर्वसम्मति से पहुंचे, जिसका अर्थ है कि ट्रैक टू (व्यक्ति से व्यक्ति) को 'ट्रैक वन' (सरकार से सरकार) में उन्नयन किया गया था।

बीसीआईएम आर्थिक गलियारे द्वारा दक्षिण एशिया, दक्षिण पूर्व एशिया, और पूर्वी एशिया के क्षेत्रीय आर्थिक विकास के मजबूत होने उम्मीद है

बीसीआईएम के ज्यादातर क्षेत्र अपेक्षाकृत पिछड़े हैं, जहां आर्थिक विकास अपेक्षाकृत कमजोर है। क्षेत्रीय आर्थिक सहयोग मंच मुख्य रूप से क्षेत्र में आर्थिक सहयोग को बढ़ाने के लिए एक प्रेरक शक्ति के रूप में कार्यरत राज्य के नेतृत्व वाली सहकारी समिति के साथ एक व्यवस्था है और जिसका अर्थ इन देशों के इन गलियारों के आसपास के क्षेत्र तथा गलियारों के आर्थिक विकास को बढ़ावा देना और एशिया में आर्थिक एकीकरण की प्रक्रिया में वृद्धि करना है।

संकीर्ण और केंद्रित परास (Range) के साथ, 'आर्थिक गलियारा' 'क्षेत्रीय सहयोग' से अधिक परिभाषित है

क्षेत्रीय सहयोग एक व्यापक अवधारणा है जिसमें शिक्षा, अर्थव्यवस्था, कृषि, क्षेत्र, और वाणिज्य से संबंधित सभी क्षेत्रों में सहयोग शामिल हैं, जबकि आर्थिक गलियारा एक बहुत ही संकीर्ण अवधारणा है। यह अस्पष्ट है और सर्व-समावेशी नहीं है। भौगोलिक अवधारणा के अनुसार, गलियारे का अर्थ है, दो क्षेत्रों को जोड़ने वाला संकीर्ण गलियारा, जैसे कि हेक्सी (Hexi) गलियारा और अफगानिस्तान का वाखान गलियारा। आर्थिक दृष्टिकोण से, यह दो अर्थव्यवस्थाओं के बीच संपर्क का मुख्य मार्ग है, इसलिए बीसीआईएम-ईसी का एक परिभाषित परास है।

भारत, बर्मा, और बांग्लादेश आर्थिक गलियारा अन्तरसंक्रियता (Interoperability) को प्राप्त करने के लिए चीन और भारत की अर्थव्यवस्थाओं से जुड़ा हुआ है, ताकि दोनों अर्थव्यवस्थाओं के मध्य आर्थिक परस्पर निर्भरता के स्तर में वृद्धि हो, और दोनों के मध्य अधिक विनिमय और सहयोग को प्राप्त किया जा सके, जो बदले में समान विकास को

बढ़ावा देगा। भारतीय और चीनी संस्थानों के विद्वानों का मानना है कि बीसीआईएम क्षेत्रीय आर्थिक सहयोग, क्षेत्रीय आर्थिक सहयोग और उप-क्षेत्रीय आर्थिक सहयोग के परास के मध्य होना चाहिए।

बीसीआईएम आर्थिक गलियारा, केंद्रीय और स्थानीय पहल को प्रोत्साहित करेगा

21 नवंबर 2013 को चीन और भारत के मध्य आर्थिक सहयोग से संबंधित K2K मंच की नौवी बैठक कोलकाता में आयोजित की गई थी। क्षेत्रीय आर्थिक सहयोग को सुदृढ़ करना बैठक का मुख्य विषय था। पश्चिम बंगाल के गवर्नर एम. के. नारायणन ने उद्घाटन समारोह में बोलते हुए कहा कि भारत और चीन के प्रधानमंत्रियों की यात्राओं के आदान-प्रदान ने उस वर्ष भारत, बर्मा, और बांग्लादेश गलियारे में द्विपक्षीय संबंधों तथा व्यापार के सकारात्मक विकास को चिह्नित किया है और इससे क्षेत्र विशेष रूप से पश्चिम बंगाल और युन्नान प्रांत के आर्थिक विकास में भी महत्वपूर्ण वृद्धि होगी (Chinanews 2013)। असम की राज्य संसद के सदस्य श्री बोरदोलोई ने कहा: 'मुझे आशा है कि 'भारत, विश्व के लिए भारत की पूर्वोत्तर सीमा हेतु बाधा की अपेक्षा प्रवेश द्वार बने'; उन्होंने स्टिलवेल राजमार्ग को फिर से खोलने के लिए भारत की केंद्रीय सरकार के समक्ष दो अनुरोध भी प्रस्तुत किए (Baruah 2004)।

बीसीआईएम आर्थिक गलियारे के लिए प्रेरक शक्ति

चीन का विचार

चीन के परिप्रेक्ष्य से, बीसीआईएम क्षेत्रीय आर्थिक सहयोग को ट्रैक टू से ट्रैक वन में अपग्रेड किया जाना एक नीति थी, जिसने कई संभावनाएं उत्पन्न की और यह पड़ोसी देशों से संबंधित चीन की कुटनीतिक रणनीति भी थी। बीसीआईएम-ईसी चीन की पश्चिमी विकास रणनीति और अंतर्देशीय सामरिक विकास को बढ़ावा देगा, सीमावर्ती क्षेत्रों तथा राष्ट्रीय ऊर्जा सुरक्षा में स्थिरता बनाए रखने और चीनी महत्वाकांक्षा तथा राष्ट्रीय पुनरोद्धार की उपलब्धि पर ध्यान केंद्रित करेगा।

बीसीआईएम-ईसी का राजनीतिक और सुरक्षा की दृष्टि से बहुत महत्व था। इसका परम उद्देश्य चीन के पश्चिमी परिधि के अशांत क्षेत्र को, शांतिपूर्ण विकास और शांतिपूर्ण प्रगति के साथ किसी क्षेत्र में बदलना था। इसका महत्वपूर्ण आर्थिक महत्व भी था। यह व्यावहारिक सहयोग संबंधों को और मजबूत कर सकता है, दोनों देशों के मध्य राजनीतिक सहयोग के माध्यम से चीन-भारतीय व्यापार असंतुलन को हल कर सकता है, दोनों देशों के मध्य व्यापक आर्थिक सहयोग में सहायता कर सकता है और अंततः आर्थिक जीवंतता निर्मित कर सकता है।

अंत में, बीसीआईएम-ईसी में यूनान की 'गोइंग आउट' रणनीति के कार्यान्वयन की सुविधा प्रदान करने की संभावना है, जिसका तात्पर्य है कि यूनान आर्थिक विकास के लिए पूर्व और दक्षिण पूर्व एशियाई देशों के साथ संवाद करना चाहता है। विशेष रूप से 2009 में, यूनान सरकार जो दो महासागरों, प्रशांत महासागर और भारतीय महासागर, साथ ही पूर्वी एशिया, दक्षिण पूर्व एशिया और दक्षिण एशिया को जोड़ने वाले दक्षिण पश्चिम में चीन के लिए द्वार खोलती है, ने महसूस किया कि बीसीआईएम-ईसी के तहत राष्ट्रीय सीमाओं के साथ सुदृढ़ पुल का निर्माण करना अत्यधिक अनिवार्य और महत्वपूर्ण हो गया है।

भारत का विचार

भारतीय परिप्रेक्ष्य से, इस पहल के पीछे प्रमुख रूप से राजनीतिक विचार है। भारत ने 2014 में अपने आम चुनाव आयोजित किए। भारतीय राष्ट्रीय कांग्रेस जो, 10 वर्षों से भारत पर शासन कर रही है, अपनी खोई हुई लोकप्रियता को वापस पाने के लिए कूटनीतिज्ञ क्षेत्रों पर केंद्रित थी और इसलिए भारत ने चीन की पहलों पर सकारात्मक प्रतिक्रिया दी। 11 फरवरी 2014 को, नई दिल्ली में पूर्व भारतीय प्रधानमंत्री मनमोहन सिंह के साथ एक बैठक में, चीन के विशेष प्रतिनिधि और राज्य सभासद यांग जिची ने एक बार फिर कहा कि भारतीय पक्ष बीसीआईएम-ईसी के निर्माण में सक्रिय रूप से भाग लेगा।[1] इस तरह, भारतीय पक्ष ने अपनी स्थिति की पुष्टि की।

प्रस्ताव के लिए एक अन्य विचार निश्चित रूप से आर्थिक था। 2013 में, चीन के विदेशी मुद्रा भंडार में नई ऊंचाई देखी गई, जो 3.82 ट्रिलियन डॉलर तक पहुंच गई, साथ ही अगले पांच वर्षों में चीन से विदेशी निवेश के पैमाने का प्रक्षेप $ 500 बिलियन तक पहुंच जायेगा। चीनी सरकार 'गोइंग आउट' की रणनीति को लागू करने के लिए चीनी उद्यमों को प्रोत्साहित करती है और भारत में निवेश करने के लिए अधिक से अधिक चीनी उद्यमों को बढ़ावा देने के लिए इच्छुक है। वर्तमान समय में, भारत को विदेशी निवेश को आकर्षित करने की तत्काल आवश्यकता का सामना करना पड़ रहा है। इस पहल पर चीन की सकारात्मक प्रतिक्रिया के साथ, इसकी अर्थव्यवस्था की कठिनाईयों को दूर करने के लिए निवेश को चीन से ग्रहण करना फायदेमंद होगा।[2] इसके अलावा, आर्थिक क्षेत्र के संबंध में, समस्या सिर्फ व्यापार नहीं है; मुख्य समस्या उद्योगों और निवेश का स्थानीय बदलाव है। इस प्रकार, भारत में बाधाओं को दूर करने और इसी समय अर्थव्यवस्था को विकसित करने के लिए चीन के अनुभव, प्रौद्योगिकी, व्यापार, और कृषि लाभों का उपयोग करने का लाभकारी है, जो बदले में पूर्वोत्तर में सामाजिक स्थिरता को बढ़ावा देगा।

तृतीय विचार सुरक्षा है। भारत के पूर्वोत्तर में पारस्परिक संचार तथा अंतःसंबंध के कार्यान्वयन या स्थानीय आर्थिक विकास की प्रमुख समस्याएं, भारत के पूर्वोत्तर क्षेत्र के मंद

आर्थिक विकास और कमजोर परिवहन आधारिक संरचना से संबंधित है। सीमावर्ती क्षेत्रों में सुरक्षा और स्थायित्व बनाए रखने के लिए अनुकूल वातावरण एक प्रमुख शर्त है।

चतुर्थ, क्षेत्र में अंतरराष्ट्रीय संबंधों के संदर्भ में, बांग्लादेश और म्यांमार कई वर्षों से 'बीसीआईएम सहयोग मंच' की गतिविधियों में सक्रिय रूप से भाग ले रहे थे। चीन की पहल को इसके लिए सकारात्मक प्रतिक्रिया मिलेगी। यदि भारत इस बात से सहमत नहीं होगा, तब वह इस क्षेत्र में देश की छवि को कमजोर कर निष्क्रिय और पृथक क्षेत्रों वाली पंक्ति में खड़ा हो जाएगा।

बीसीआईएम आर्थिक गलियारे की बाधाएं

भारत की केंद्रीय सरकार की चिंताएं

सर्वप्रथम, पूर्वोत्तर भारत में सुरक्षा समस्या एक प्रमुख चिंता का विषय है। बीसीआईएम क्षेत्रीय आर्थिक सहयोग की स्थापना 1999 में हुई थी, लेकिन लंबे समय तक यह ट्रैक टू स्तर पर फंसी हुई थी। भारतीय सरकार की भूमिका में निष्क्रियता होने के कारण पर्याप्त प्रगति करना मुश्किल था। ऐसा इसलिए है, क्योंकि बीसीआईएम क्षेत्रीय आर्थिक सहयोग भारत के पूर्वोत्तर भाग से होकर जा रहा है, जहां अवैध अप्रवासियों के कारण सुरक्षा समस्याएं विद्यमान हैं। भारत के सात पूर्वोत्तर राज्य अपेक्षाकृत पिछड़े हैं और राज्यों को अलग करने की प्रवृत्ति जैसी कुछ अन्य समस्याएं भी हैं। हालांकि भारत सरकार ने राव काल से पूर्वोत्तर का विकास और दक्षिण-पूर्व एशिया को दक्षिण एशिया से जोड़ने वाले प्रवेश द्वार के रूप में पूर्वोत्तर भारत का निर्माण करने के लिए ईस्ट नीति का कार्यान्वयन आरम्भ किया था, अब तक इस नीति में बहुत प्रगति नहीं हुई है।

चीन-भारतीय संबंधों से संबद्ध यहां एक अन्य चिंता है। आंशिक रूप से तनावग्रस्त चीन-भारतीय संबंधों के कारण बीसीआईएम सहयोग व्यवस्था बहुत सफल नहीं रही है।[3] उनमें से, सीमावर्ती मुद्दे, सीमा पार नदियों का मुद्दा, चीन-पाकिस्तान संबंध, चीन-भारतीय व्यापार असंतुलन इत्यादि आर्थिक गलियारे के विकास को सीमित करने वाले कारक हैं। आर्थिक दृष्टिकोण से, भारत भी चिंतित है कि बीसीआईएम-ईसी भारत में चीनी उत्पादों की बड़ी संख्या में बाढ़ का कारण बन सकता है, जिसका भारतीय घरेलू विनिर्माण उद्योग पर प्रमुख प्रभाव पड़ रहा है। इसलिए, विदेशी प्रत्यक्ष निवेश के लिए खुदरा क्षेत्र खोलने की दिशा में भारत सरकार सकारात्मक दृष्टिकोण नहीं रखती। भारतीय सरकार को चीनी उत्पादों पर आयात शुल्क बढ़ाकर भारतीय निर्माताओं की रक्षा करनी है। भारतीय रुपये के अवमूल्यन के साथ इस कारक की संयुक्त कार्रवाई, चीनी उत्पादों के आयात की लागत में वृद्धि करेगी, इस प्रकार उन्हें भारतीय बाजार में फीका बना दिया जाएगा।

तृतीय, भारत में चीनी निवेश अन्य एशियाई देशों की तुलना में अभी भी बहुत कम होने के लिए भारत की अस्पष्ट आर्थिक नीतियां जिम्मेदार हैं। कुछ चीनी कंपनियां मानती हैं कि भूमि अधिग्रहण, पर्यावरण अनुमतियाँ, नियामक ढांचा, और जटिल बहु-चरणीय अनुमोदन प्रक्रिया के संबंध में भारत की प्रणाली अपारदर्शी और अनुत्तरदायी है और इसलिए इसका सामना करना मुश्किल है।

चतुर्थ, भारत-बांग्लादेश संबंधों के संभावित प्रभाव, इस संबंध में अन्य चिंता के विषय हैं। ऐतिहासिक कारकों के अलावा, भारत और बांग्लादेश के मध्य अवैध अप्रवासन की समस्याएं हुई हैं। आर्थिक विकास स्तर से प्रभावित, पूर्वोत्तर भारत के लोग काम और शिक्षा के लिए भारत के अन्य भागों में जाते हैं जबकि पूर्वोत्तर राज्य असम में विद्यमान श्रम-केंद्रित रोजगारों पर कभी-कभी बांग्लादेश के अवैध अप्रवासियों द्वारा कब्जा कर लिया जाता है। आंकड़े बताते हैं, कि असम में 26 प्रतिशत अवैध आप्रवासी बांग्लादेश से हैं (*Rediffnews* 2014)।

पाँचवाँ, एक अन्य समस्या पूर्वोत्तर भारत की स्थिति से संबंधित है। 5 दिसंबर, 2013 को बीसीआईएम पर विश्व मामलों की भारतीय परिषद (आईसीडब्ल्यूए) द्वारा आयोजित एक संगोष्ठी के प्रतिभागियों ने इस मुद्दे पर सहमति व्यक्त की कि उत्तर पूर्व क्षेत्र को मात्र 'गलियारे' के रूप में उपयोग नहीं किया जाना चाहिए, बल्कि क्षेत्र में व्यापार और निवेश केंद्रों का निर्माण करना चाहिए।[4]

वर्तमान सरकार की नीति

26 मई, 2014 को श्री नरेंद्र मोदी भारतीय गणतंत्र के प्रधानमंत्री बने। राजनीतिक विचारधाराएं भी इस प्रस्ताव को प्रभावित कर सकती हैं। सबसे पहले, पूर्वोत्तर भारत में बीजेपी के लिए अधिक समर्थन प्राप्त करने के लिए, इस क्षेत्र में निर्धनता को कम करने और बुनियादी ढांचे के निर्माण तथा अन्य उपायों को मजबूत करने के द्वारा, पार्टी को पूर्वोत्तर भारत के लोगों के हितों पर विचार करना आवश्यक है। लेकिन दूसरी तरफ, हिंदुओं से समर्थन प्राप्त करने के अभियान में प्रधानमंत्री ने बांग्लादेश से अप्रवास को प्रतिबंधित करने और बांग्लादेश के अवैध अप्रवासियों के निष्कासन के लिए समय सीमा निर्धारित करने की कोशिश की (*The Hindu* 2014)। इसका, इन प्रस्तावों पर नकारात्मक प्रभाव हो सकता है।

बर्मा का राजनीतिक परिवर्तन और राष्ट्रीय सुरक्षा संबंधी मुद्दे

पर्वतों से बद्ध अच्छे पड़ोसियों के समान, म्यांमार और चीन के मध्य संबंध बहुत अच्छे हैं। म्यांमार सरकार ने भी प्रासंगिक बैठकों में शामिल होने के लिए सरकारी स्तर के अधिकारियों को भेजकर बीसीआईएम क्षेत्रीय आर्थिक सहयोग पर बहुत सकारात्मक रुख अपनाया।

म्यांमार राजनीतिक परिवर्तन से गुजर रहा है, लेकिन इसकी चीन की नीति में कभी भी अधिक तबदीलियाँ नहीं करनी पड़ी। म्यांमार राष्ट्रीय हितों के विचार के लिए 'बीसीआईएम आर्थिक क्षेत्र' में सक्रिय रूप से भाग लेगा क्योंकि चीन-म्यांमार की दोस्ती की जड़ें गहरी हैं। इसलिए, म्यांमार में राजनीतिक संक्रमण निरंतर विकसित हो सकता है, लेकिन इसकी चीन नीति में कोई प्रतिकूल परिवर्तन होने की संभावना नहीं है। हालांकि, म्यांमार में राजनीतिक संक्रमण के दौरान राजनीतिक अशांति की संभावना हो सकती है, जो बीसीआईएम आर्थिक गलियारे की निर्माण प्रक्रिया को प्रभावित कर सकती है। उदाहरण के लिए, चीन के जनजातीय लड़ाकों के साथ म्यांमार की सीमा होने से, म्यांमार सरकार द्वारा म्यांमार में मुसलमानों और बौद्धों के बीच एकाध संघर्ष को कुचलने की संभावना नहीं है और इस तरह की गतिविधियों का आर्थिक गलियारे की प्रक्रिया पर प्रभाव पड़ेगा।

अर्थव्यवस्था को प्रोत्साहित करने में बीसीआईएम एक प्रेरक शक्ति

चीन-भारतीय आर्थिक सहयोग भारत, बर्मा, और बांग्लादेश में आर्थिक गलियारे के अंतर्गत जनसंख्या के एक बड़े परास को समाविष्ट करेगा, जबकि बीसीआईएम गलियारा चीनी अर्थव्यवस्था के एक छोटे से भाग को प्रभावित करेगा। भारत आर्थिक गलियारा, संकीर्ण गलियारे के माध्यम से दो प्रमुख उभरती अर्थव्यवस्थाओं को जोड़ता है। इसलिए इस आर्थिक क्षेत्र के अन्तर्गत जनसंख्या सिर्फ 400 मिलियन है। वहीं दूसरी तरफ, चीन और भारत के मध्य कुछ मुद्दों के कारण, गलियारे का उल्लेखनीय ढंग से विस्तार करना असंभव है।

वर्तमान स्थिति

हालांकि, बीसीआईएम-ईसी के निर्माण की नींव बहुत पहले रखी गई थी लेकिन 14 वर्षों के बाद भी, सहयोग ने अपने उद्देश्यों को प्राप्त करने की दिशा में अल्प प्रगति ही की है। एक दशक से भी अधिक समय तक, भारत सरकार ने परियोजना में थोड़ी ही रुचि दिखाई। हालांकि भारत, कोलकाता को चीन के यूनान प्रांत में कुनमिंग के साथ जोड़ने और म्यांमार तथा बांग्लादेश से गुजरने वाली परियोजना पर उत्साह दिखा रहा है (*The Hindu* 2015)। वर्तमान समय में 2,800 किमी K2K (कुनमिंग-रुईली-भामो-लाशीओ-मनडाले-तामू-इम्फाल-सिलहट-ढाका-कोलकाता) गलियारे का मुख्य चैनल अब लगभग तैयार है। म्यांमार में कालेवा से मोन्यवा तक एक छोटा से प्रसार को सुधारने की जरूरत है। वर्तमान भारतीय सरकार ने संकेत दिया है कि वह आर्थिक कूटनीति पर अपनी रणनीतियों के संबंध में क्षेत्रीय एकीकरण को उच्च महत्व देगी। बीसीआईएम गलियारा भारत-चीन संबंधों को सुधारने के लिए मजबूत अवसर प्रदान करता है और यह भारत की एक्ट ईस्ट नीति को बढ़ावा देगा।

निष्कर्ष

बीसीआईएम-ईसी में ऐसे क्षेत्र शामिल हैं, जिनमें ज्यादातर अल्पसंख्यकों के निवास वाले क्षेत्र हैं, जहां स्थानीय और केंद्र सरकार के मध्य संबंध नाजुक हैं। आर्थिक गलियारा इन क्षेत्रों के विकास को बढ़ावा देगा और निर्धनता से जुड़े कुछ संघर्षों को कम करेगा। यह इस क्षेत्र में सुरक्षा समस्याओं का समाधान करने में भी सहायक होगा। बीसीआईएम-ईसी चीन और भारत के मध्य व्यापार असंतुलन की समस्या के साथ-साथ चीन में अतिरिक्त उत्पादन क्षमता की समस्या का समाधान करने में मदद करेगा।

बहुत सारे राजनीतिक और आर्थिक कारक बीसीआईएम-ईसी को प्रभावित करते हैं। लेकिन, चीन और भारत के मध्य संबंधों में सुधार बुनियादी कारक है। यह भारत की नई सरकार के सहयोग और पर्याप्त समर्थन पर भी निर्भर करता है।

यदि चीन और भारत बीसीआईएम-ईसी मुद्दे पर सक्रिय रूप से सहयोग करते हैं, तब इस क्षेत्र के तीव्र विकास अवधि के साथ यह आगे बढ़ेगा, जो दक्षिणपश्चिम के लिए चीन की खुली रणनीति के विकास में मदद करेगा और भारत के लिए पूर्व की नीति को भी लाभान्वित करेगा। यदि बीसीआईएम-ईसी, अपने विकास में कठिनाई का सामना करता है तो, चीन द्विपक्षीय सहयोग पर विचार करते हुए चीन-म्यांमार तथा बांग्लादेश के बुनियादी ढांचे और ऊर्जा विकास को बढ़ावा दे सकता है (Chen Jidong and Zhou Ren 2006), जिसके माध्यम से यह बीसीआईएम-ईसी के लिए आधारभूत मंच प्रदान कर सकता है।

टिप्पणियाँ

1. Former Indian Prime Minister Manmohan Singh met with Yang Jiechi, People's Republic of China Embassy in India, 11 February 2014 "http://in.china-embassy.org/chn/sgxw/t1127457.htm (accessed on 20 April 2015).
2. Li Jingfeng: 'Sichuan Participation in India, Burma and Bangladesh Economic corridor Construction', managers, August 2013, p. 14.
3. Study of the problem needs to be strengthened India—India and China expert Professor Xie Gang, chief issue interview, Southeast Asia South Asian Studies, 2013 Section 2, pp. 102–105.
4. 'Seminar on BCIM-Economic Corridor', India Council of World Affairs, 5 December 2013, http://icwa.in/pdfs/Pressrelease09122013.pdf (accessed on 15 April 2015).

संदर्भ

Baruah, Amit. 2004 (20 September). 'Northeast as a Trade Hub'. *The Hindu*. Available at http://www.hindu.com/2004/09/20/stories/2004092001681000.htm (accessed on 20 April 2015).

Chen Jidong and Zhou Ren. 2006. 'Energy Cooperation in India, Burma and Bangladesh Strengthening the Relations Link'. *South Asian Studies Quarterly*: 8–13.

Chinanews. 2013. 'India and the Ninth Meeting of the Curtain K2K Focus of Regional Cooperation'. November 22. Available at http://www.chinanews.com/gn/2013/11-22/5533056.shtml (accessed on 20 April 2015).

Dingjun. 2013 (25 December). 'Silk Road South Line to Start Building BCIM Economic Corridors into the National Strategy'. *21st Century Business Herald,* 7.

People's Daily. 2013 (24 October). 'China-India Strategic Cooperative Partnership Vision for the Future Development of the Joint Statement', 3.

People's Republic of China Ministry of Foreign Affairs. 2013, May 20. 'Republic of the People's Republic of China and India Joint Statement'. Available at http://www.mfa.gov.cn/mfa_chn/zyxw_602251/t1041929.shtml (accessed on 20 April 2015).

Rediffnews. 2014. 'We Are in Denial, but Bangladeshis Are Still Flooding India's Northeast'. March 21. Available at http://www.rediff.com/news/column/bangladeshis-are-still-flooding-indias-northeast/20140321.htm (accessed on 20 April 2015).

The Hindu. 2014 (26 May). 'Surge in the Northeast'. Available at http://www.thehindu.com/opinion/editorial/surge-in-the-northeast/article6046674.ece (accessed on 20 April 2015).

———. 2015 (26 June). 'China, India Fast-track BCIM Economic Corridor Project'. Available at http://www.thehindu.com/news/national/china-india-fasttrack-bcim-economic-corridor-project/article7355496.ece (accessed on 14 April 2015).

8 संयुक्त राज्य अमेरिका की 'एशिया धुरी' और चीन-पाकिस्तान संबंध

चीन-भारत संबंधों पर प्रभाव

Chen Jixiang

परिचय

2012 में, संयुक्त राज्य अमेरिका में बराक ओबामा के प्रशासन ने घोषणा की कि संयुक्त राज्य अमेरिका, एशिया-प्रशांत क्षेत्र में अपनी भूमिका को मज़बूत करने में रूचि रखता है। बाद में इस पहल को एशिया के संबंध में अमेरिका की 'धुरी' या 'पुनर्संतुलन' के रूप में जाना गया। प्रशासन की क्षेत्रीय रणनीति,'एशियाई धुरी' ने द्विपक्षीय सुरक्षा गठबंधन को मजबूत करने, उभरती हुई शक्तियों के साथ कामकाजी संबंधों को गहरा करने, क्षेत्रीय बहुपक्षीय संस्थानों के साथ संलग्न होने, व्यापार तथा निवेश का विस्तार करने, व्यापक रूप से सैन्य उपस्थिति को आगे बढ़ाने और लोकतंत्र तथा मानवाधिकार को विकसित करने के लिए कार्यप्रणाली के महत्वपूर्ण विस्तारों को प्रस्तुत किया। हालांकि, रणनीति ने विभिन्न एशियाई देशों, विशेष रूप से चीन में अमेरिकी पुनर्संतुलन के पीछे वास्तविक उद्देश्य के संबंध में संशयवाद और अविश्वास पैदा किया है, और यह लंबे समय तक एक बहस का विषय रहा है। कई लोगों ने इसका समर्थन किया है, जिसके द्वारा संयुक्त राज्य अमेरिका एशियाई देशों के मध्य विवादों और विभाजनों का बीजारोपण करके एशिया के आर्थिक विकास के लाभों को जब्त करने की कोशिश कर रहा है। विशेष भू-राजनीतिक स्थिति वाले पाकिस्तान को चीन, दक्षिण एशियाई सुरक्षा की हिफ़ाज़त करने के लिए एक आधारशिला के रूप में मानता है और मध्य एशिया के अग्रभाग यूरेशिया के केंद्रीय स्थल को नियंत्रित करने के अमेरिकी प्रयास को विफल कर दिया है। इस ध्येय के लिए, चीन अपनी राष्ट्रीय रणनीति और संपूर्ण रूप से एशिया के हितों के लिए पाकिस्तान के साथ अपने संबंधों को बहुत मजबूत करेगा। वास्तव में, अंतरराष्ट्रीय परिस्थिति में तीव्र परिवर्तन चीन को वैश्विक रणनीति के परिप्रेक्ष्य में पाकिस्तान के साथ अपने संबंधों की समीक्षा करने के लिए प्रेरित करता है। यद्यपि चीन दोनों पक्षों के मध्य राजनीतिक विश्वास और सुरक्षा सहयोग में वृद्धि करने के लिए अपने प्रयासों को जारी रखेगा, फिर भी चीन का रणनीतिक केंद्र बिंदु आर्थिक सहयोग से भारत सहित एशिया में क्षेत्रवाद को बढ़ावा देने हेतु स्थानांतरित हो गया है। फिर

भी, क्षेत्रीय प्रभुत्व को लेकर भारत की सशक्त जागरूकता और अन्य देशों की अर्थव्यवस्था तथा सुरक्षा में भारत की रूचि, अक्सर चीन-पाकिस्तान संबंधों के अत्यधिक स्पष्टीकरण (Over-interpretation) का कारण बनती है, जिससे क्षेत्रीय सुरक्षा के लिए कुछ संभावित अस्थिर कारकों का विकास होता है।

यूएस की 'एशियाई धुरी' रणनीति का उद्देश्य और पाकिस्तान का भूराजनैतिक परिवेश

यूएस की 'एशियाई धुरी' रणनीति, सारांश में, पूर्ण रूप से एशिया के उत्थान को नियंत्रित करने की एक पहल है

उपर्युक्त लिखित रणनीतियों की पहल के संबंध में यहां विभिन्न मान्यताएं विद्यमान हैं। एशिया एशियाई लोगों से संबंधित हैं, न कि चीन और संयुक्त राज्य अमेरिका से। लेकिन, एशिया में संयुक्त राज्य अमेरिका की सैन्य उपस्थिति को अक्सर कई विद्वानों द्वारा एशिया में अराजकता तथा गरीबी और अमरीकी डॉलर के उपनिवेशीकरण में महत्वपूर्ण भूमिका निभाने का आधार माना जाता है। एशियाई देशों के पास अमेरिका की 'एशियाई धुरी' रणनीति के लिए उत्साहित होने का कोई विशेष कारण नहीं है क्योंकि यह इस धारणा के संबंध में उनकी चिंता बढ़ाने वाला है कि इसका लक्ष्य एशिया के उदय को नियंत्रित करना है।

सामान्य रूप से यह माना जाता है कि विश्व भर के देशों में संयुक्त राज्य अमेरिका की सैन्य उपस्थिति अपने आर्थिक उपनिवेशीकरण के उद्देश्य से कार्य करती है, जिससे डॉलर के उपनिवेशीकरण का मार्ग प्रशस्त हो जाता है। कुछ पर्यवेक्षकों के लिए यह संयुक्त राज्य अमेरिका की रणनीति प्रतीत होती है कि अन्य देशों की शासन-प्रणाली अपनी राष्ट्रीय पहचान से वंचित रहे और तथाकथित लोकतंत्र तथा मानवाधिकारों को बढ़ावा देकर उन्हें संयुक्त राज्य अमेरिका पर निर्भर कर दिया जाए, जिससे इन जैसे देशों के 'अभिजात वर्ग' को शासन के लिए अपने प्रतिनिधि के रूप में बदला जा सके। इस रणनीति को लागू करने में संयुक्त राज्य अमेरिका, सैन्य रूप से आमतौर पर अपने लक्षित देशों पर नियंत्रण और प्रत्यक्ष आक्रमण जैसे साधनों को अपनाता है, आक्रामक रूप से अराजकता पैदा करता है और विपक्षी बलों का शस्त्रीकरण करता है। राजनीतिक रूप से और प्रचार (Propaganda-wise) के द्वारा यह आम तौर पर वैश्विक राजनीतिक प्रभुत्व और जनमत नियंत्रण में अपनी अनुकूल परिस्थितियों से लाभ उठाकर लक्षित देशों को अलग करता है, और लक्षित देशों सरकार तथा लोगों के मध्य निरंतर अविश्वास पैदा करता है। भू-राजनीतिक रूप से यह भी प्रतीत हो सकता है कि संयुक्त राज्य अमेरिका आम तौर पर लक्षित देश और उनके पड़ोसियों के मध्य विवादों को पैदा करने की कोशिश कर रहा है; और उस क्षेत्र के अंतर्गत देशों के राजनीतिक, आर्थिक और सैन्य संसाधनों को समाप्त करता है, जहां लक्षित देश स्थित हैं,

जो इस क्षेत्र के सामूहिक उन्नयन को रोकता है, साथ ही संयुक्त राज्य अमेरिका को लंबे समय तक इस क्षेत्र में सैन्य प्रतिरोध को बनाए रखने में सक्षम बनाता है। इसके अलावा आर्थिक रूप से अमेरिका, अमेरिकी नेतृत्व में वैश्वीकरण का उपयोग करके पूर्ण निजीकरण और वित्तीय उदारीकरण को बढ़ावा देने के लिए लक्षित देशों के अभिजात वर्ग को प्रलोभन देता है, जो लक्षित देशों के बहुत सारे प्राकृतिक संसाधनों को खरीदने और उनकी वित्तीय प्रणाली को नियंत्रित करने के लिए सोने से निकलने वाले हरे रंग के डॉलर को सक्षम बनाता है, जो आखिरकार लक्षित देशों को अपने प्रमुख संसाधनों और अपनी वित्तीय संप्रभुता पर अपना नियंत्रण खोने के लिए प्रेरित करता है। इस प्रकार, यह संयुक्त राज्य अमेरिका का आर्थिक उपनिवेश बनकर डॉलर प्रणाली में लक्षित देशों के शामिल होने की सुविधा प्रदान करता है।

इसका बहुत बार समर्थन किया जाता है कि निरंतर अंदरूनी कलह के कारण राजनीतिक रूप से कमजोर देशों के, संयुक्त राज्य अमेरिका के डॉलर के प्रभुत्व के अधीन आ जाने की संभावना होती है क्योंकि अमेरिकी सेना के दबाव में और घरेलू अशांति के कारण देश का अभिजात वर्ग यह सोचने लगेगा कि अमेरिकी डॉलर एकमात्र विश्वसनीय विकल्प है। संयुक्त राज्य अमेरिका विश्व के शेष भागों में तथाकथित उनके लोकतंत्र, मानवाधिकार और स्वतंत्रता को बढ़ावा देता है और अकादमिक तथा मीडिया समुदाय में राष्ट्रों को अधिक लोकतांत्रिक, समृद्ध और सशक्त बनाने में मदद करने के उद्देश्य से कोष को बढ़ावा नहीं देता है; बल्कि लक्षित देशों को उसके प्रभुत्व को स्वीकार करने के लिए फंसाने हेतु ऐसा करता है, जिसके परिणामस्वरूप, वह अपने प्रतिद्वंद्वियों को कमजोर कर देता है और अंततः अमेरिकी वैश्विक विरासत को मजबूत करने के लिए लक्षित देशों पर नियंत्रण प्राप्त करता है। सोवियत संघ के पतन से एशिया में उत्पन्न हर एक उथल-पुथल और गिरावट तथा मध्य पूर्व में युद्ध और नरसंहार के लिए रूस की औद्योगिक ताकत में नाटकीय रूप से गिरावट, मध्य एशिया में असंतोष और निर्धनता, पूर्वोत्तर एशिया में दीर्घ तनाव, उत्तर कोरिया में निर्धनता और यहां तक कि दक्षिण चीन सागर में क्षेत्रीय अराजकता तथा तनाव भी एशिया में अमेरिकी सैन्य उपस्थिति के लिए जिम्मेदार हो सकता है।

यूएस की 'एशियाई धुरी' रणनीति पर एशिया की नियंत्रण नीति के समर्थकों द्वारा विचार किया जाता है ताकि उभरते एशियाई देशों के उदय को पूरी तरह से नियंत्रित किया जा सके जो ऊपरी तौर से केवल चीन के विरुद्ध एक पहल प्रतीत हो सकती है, इस अर्थ में यह एक मनहूस नीति है, जिसका लक्ष्य एशिया में प्रमुख उभरती अर्थव्यवस्थाओं पर विजय प्राप्त करना है। ऐतिहासिक रूप से और भविष्य के रुझानों से देखा गया है कि मानव इतिहास की लंबी यात्रा में जापान का उदय सिर्फ एक छोटा प्रकरण है, जबकि एशिया का उदय, चीन और भारत के नेतृत्व में सामूहिक वृद्धि, लंबे समय तक चलने वाली प्रवृत्ति का प्रतिनिधित्व करता है, निश्चित रूप से विश्व व्यवस्था दूरगामी परिवर्तनों की ओर अग्रसर है। वर्तमान

घटनाओं के आधार पर चीनी अर्थव्यवस्था के तीव्र विकास ने, न सिर्फ अन्य एशियाई देशों के लिए त्वरित विकास के ऐतिहासिक अवसर पैदा किये हैं, बल्कि विश्व आर्थिक केंद्र के पूर्वीय बदलाव का नेतृत्व करते हुए पूर्वी एशिया की आर्थिक शक्ति के एकीकरण को भी सुगम बनाया है। इस परिदृश्य को आकार देना एशिया, अफ्रीका, यूरोप, रूस, तथा दक्षिण अमेरिका में आर्थिक विकास के साथ-साथ बहु-ध्रुवीय विश्व के लिए एक महत्वपूर्ण आश्वासन के लिए गतिशील प्रवर्तक बल है। वैश्विक प्रभुत्व और डॉलर के उपनिवेशीकरण को बनाए रखने के अपने प्रयासों और इच्छा को देखते हुए संयुक्त राज्य अमेरिका, यूरो के उदय को बर्दाश्त नहीं कर सकता, जिससे एशिया के अकेले ही उन्नयन होने को संयुक्त राज्य अमेरिका द्वारा अपने रास्ते के एक कांटे के रूप में देखा जाता है। इस कारण से, संयुक्त राज्य अमेरिका अग्रणी अर्थव्यवस्थाओं के विकास को रोकने के लिए 'फूट डालो और राज करो' की रणनीति को अपना रहा है, जिसमें एशिया का हर पहलू शामिल है, चाहे वह चीन-भारतीय संबंधों में अलगाव तथा चीन को घेरने की नीति हो या फिर एशियाई अर्थव्यवस्था का तीव्र विकास करने वाले इंजनों को रोकने का प्रयास हो। सभी उपायों का उपयोग करने के पश्चात चीन के विकास को अवरुद्ध करने में कठिनाई को देखते हुए संयुक्त राज्य अमेरिका, एशिया में अमेरिकी सैन्य उपस्थिति की कमजोर स्थिति को अनदेखा करते हुए चीन के कुछ पड़ोसी देशों की अदूरदर्शितापूर्ण रणनीति का लाभ उठाकर और उनमे आपसी कलह पैदा करके क्षेत्रीय अराजकता का निर्माण करता है, जिससे चीन को अपनी सीमाओं पर अपनी सैन्य उपस्थिति को बढ़ाने तथा एशियाई देशों के सामूहिक उदय को रोकने के लिए मजबूर किया जा सकता है।

पाकिस्तान का भू-राजनीतिक परिवेश

एशिया-प्रशांत क्षेत्र की दिशा में पुनर्संतुलन की अमेरिकी रणनीति के लिए पाकिस्तान एक महत्वपूर्ण भौगोलिक रणनीतिक आधार है। दक्षिण एशियाई उपमहाद्वीप के उत्तर-पश्चिम में स्थित, अपने दक्षिण में हिंद-महासागर तथा अरब सागर, पूर्व में भारत, उत्तर-पूर्व में चीन, पश्चिम में अफ़ग़ानिस्तान तथा दक्षिण-पश्चिम में ईरान से सटा हुआ होने के कारण पाकिस्तान एक महत्वपूर्ण ऊर्जा का मार्ग होने के साथ-साथ वैश्विक महत्व रखता है। यह संयुक्त राज्य अमेरिका के लिए यूरेशिया महाद्वीप (विश्व द्वीप) के केंद्रीय स्थल में प्रवेश करने के लिए अपनी 'समुद्र के माध्यम से भूमि को नियंत्रित करने' की रणनीति को कार्यान्वित करने के लिए प्रवेश का एक प्रमुख भू-रणनीतिक बिंदु होने के साथ-साथ एशिया के केंद्र में एक महत्वपूर्ण मुहाना है। इस मुद्दे पर कुछ विचारक मानते हैं कि यूएस धुरी का मुख्य उद्देश्य चीन की जांच करना, एशियाई अर्थव्यवस्था के इंजन को बंद करना और संपूर्ण रूप से एशिया के उदय को रोकना है। इस लक्ष्य की पूर्ति के लिए दक्षिण एशिया, पश्चिम एशिया, और मध्य एशिया के लिए अमेरिकी रणनीतियों के सहयोग और समर्थन की जरुरत है। दक्षिण, पश्चिम,

और मध्य एशियाई क्षेत्रों में संयुक्त राज्य अमेरिका का रणनीतिक केंद्र, अपनी पश्चिमी प्रशांत रणनीति के साथ अराजकता को उत्पन्न करता है, जो चीन के विकास के लिए आवश्यक समय और स्थान को नियंत्रित करता है। डिएगो गार्सिया और खाड़ी देशों में विद्यमान अपने सैन्य अड्डों के माध्यम से संयुक्त राज्य अमेरिका आतंकवाद, अलगाववाद, और धार्मिक चरमपंथी ताकतों के बीच पाकिस्तान में आंतरिक संघर्ष को उकसाता रहा है, जो किसी भी समय पाकिस्तानी शासन और भारत तथा पश्चिमी चीन की सुरक्षा को जोखिम में डाल सकता है, चीन की रणनीति का पश्चिम की ओर झुकाव हो जाना, दक्षिण और उत्तर की तरफ से भारतीय ओर में और संपूर्ण यूरोप तथा एशिया में बाजार एकीकरण को रोकने के लिए एक डबल-स्तरीय प्रस्तरण का निर्माण करना। इसके अलावा मध्य एशिया, यूरेशियन महाद्वीप को जोड़ने वाला एक पुल और चार दिशाओं की तरफ बढ़ने वाले जंक्शन है; यदि एक बार पाकिस्तान को संयुक्त राज्य अमेरिका द्वारा तोड़ दिया गया तो यह, पांच मध्य एशियाई देशों, कज़ाखस्तान, उज़्बेकिस्तान, किर्गिस्तान, तुर्कमेनिस्तान, और ताजिकिस्तान के बीच ऐतिहासिक असन्तोष, जातीय विरोधाभास, और धार्मिक संघर्ष को उत्तेजित करेगा (Chen Lianbi 2001)। यदि यह स्थिति होती है तो मध्य एशिया को यूरेशियन महाद्वीप के अंतर्गत अनियंत्रित आतंकवादी और धार्मिक चरमपंथी गतिविधियों द्वारा व्यापार, संसाधनों और ऊर्जा स्रोतों के बाधित प्रवाह के साथ दीर्घकालिक अराजकता और उथल-पुथल का सामना करना पड़ सकता है जिससे चीन, भारत और रूस सभी पीड़ित होंगे।

चीन-पाकिस्तान आर्थिक गलियारा, एशियाई अर्थव्यवस्था के एकीकरण को त्वरित करने के लिए और 'वन बेल्ट और वन रोड' की रणनीति को कार्यान्वित करते हुए एशिया के सामूहिक उदय को बढ़ावा देने के चीन के प्रयासों का एक प्रमुख भाग है, 'वन बेल्ट और वन रोड' की रणनीति समरसता पूर्ण एशिया के निर्माण के लिए और चीन की वैश्विक रणनीति में एक नवीनता के लिए चीन का नया दृष्टिकोण है। यद्यपि चीन की 'वन बेल्ट एंड वन रोड' रणनीति का उद्देश्य यूरोपीय और एशियाई देशों तथा रुचि के क्षेत्रों में पारस्परिक लाभ प्राप्त करना और दोनों के लिये फायदेमंद परिणामों की प्राप्ति है, इसके कार्यान्वयन से एशियाई देशों को चीन के उदय का लाभ उठाकर अपने-अपने आर्थिक और सामाजिक विकास को आगे बढ़ाने में सक्षम बनाया जाएगा, जो बदले में संपूर्ण एशिया के उदय की गति को तीव्रता प्रदान करेगी। हालांकि, इस रणनीति को संयुक्त राज्य अमेरिका ने अपने वैश्विक आधिपत्य के प्रति प्रतिकूल माना है। जैसा कि एक लेख में उल्लेख किया गया है, चीन के 'समुद्री रेशम मार्ग' प्रस्ताव की सफलता क्षेत्रीय स्थिरता, सुरक्षा और शांति में महत्वपूर्ण योगदान देगी (Chaturvedi 2014)। यदि यह रणनीति एशिया की शांति, स्थिरता और विकास के लिए अनुकूल है, तो यह अमेरिका के वैश्विक वर्चस्व के लिए आवश्यक रूप से अनुकूल नहीं है। यह मानते हुए कि संपूर्ण एशिया का उदय, एशिया में अमरीकी सैन्य उपस्थिति की वैधता के बारे में संदेह उत्पन्न करेगा, संयुक्त राज्य अमेरिका पश्चिमी प्रशांत में अपने अपतटीय

संतुलित प्रयासों को बढ़ाने के अलावा मध्य एशिया तथा मध्य पूर्व में अराजकता पैदा करने और एशियाई तथा यूरेशियन बाजार के एकीकरण को रोकने की कोशिश भी कर रहा है। पश्चिम चीन (Xinjiang Uygur Autonomous Region) और मध्य एशिया के लिए समुद्र के प्रवेश द्वार के रूप में पाकिस्तान की भौगोलिक स्थिति के साथ, चीन-पाकिस्तान आर्थिक गलियारा पश्चिमी चीन के बाजार को दक्षिण एशिया, मध्य पूर्व, मध्य एशिया, अफ्रीका और यहां तक कि यूरोप के साथ भी निकटता से बांध सकता है। बांग्लादेश, चीन, भारत, म्यांमार-इकोनॉमिक कॉरिडोर (बीसीआईएम-ईसी) के समान, चीन-पाकिस्तान आर्थिक गलियारा भी 'स्थल-आधारित रेशम मार्ग आर्थिक बेल्ट और समुद्री रेशम मार्ग आर्थिक बेल्ट' के एक महत्वपूर्ण संगम अर्थात्, भूमि-समुद्री की परस्पर क्रिया के लिए रणनीतिक मार्ग और एशिया के आर्थिक एकीकरण के लिए महत्वपूर्ण संगम के रूप में कार्य करता है। निकोलस स्पाइकमैन, नियंत्रण (Containment) के गॉडफादर, द्वारा प्रस्तावित रिमलैंड सिद्धांत के अनुसार, यह यूरेशियन महाद्वीप का परिधीय क्षेत्र है, जो प्रमुख शक्तियों के मध्य टकराव का प्रमुख युद्ध-क्षेत्र रहा है, और ऐतिहासिक व्याख्याएं भविष्य के लिए रास्ता खोल रही है (स्पाइकमैन 1965)। इस प्रकार यह स्पष्ट है कि पाकिस्तान अपनी महत्वपूर्ण भू-रणनीतिक स्थिति के कारण अमेरिका की वैश्विक रणनीति के शतरंज की बिसात पर एक महत्वपूर्ण प्यादा बन सकता है।

पाकिस्तान की राजनीतिक और आर्थिक रूप से कमजोर पारिस्थितिकी संयुक्त राज्य अमेरिका के लिए इस महत्वपूर्ण सामरिक केंद्रीय स्थल को नियंत्रित करने के लिए काफी अनुकूल है। पाकिस्तान को प्रभावित करने के लिए संयुक्त राज्य अमेरिका द्वारा पाकिस्तान की राजनीतिक अव्यवस्था और कमजोर आर्थिक बुनियाद का उपयोग किया जा सकता है। हिंद महासागर और मध्य एशिया को जोड़ने वाले एक महत्वपूर्ण रणनीतिक मार्ग के रूप में पाकिस्तान की भौगोलिक स्थिति को देखते हुए, संयुक्त राज्य अमेरिका पाकिस्तान को नियंत्रित करने और मध्य एशिया तक पहुंचने की कोशिश कर रहा है, यूरेशिया महाद्वीप के केंद्रीय स्थल पर नियंत्रण रखने के प्रयास में चीन, भारत और रूस शामिल है और ईरान की ओर अपने कठोर रूख को बनाए रखता है। आतंकवाद के खिलाफ अमेरिकी युद्ध ने पाकिस्तान में आतंकवाद, राजनीतिक अव्यवस्था और आर्थिक मंदी का प्रसार किया है। इसके बावजूद, पाकिस्तान ने अफगानिस्तान में आतंकवाद के खिलाफ अमेरिकी युद्ध के लिए उच्च लागत का भुगतान किया है। संयुक्त राज्य अमेरिका अभी भी पाकिस्तान पर बार-बार अपनी लाठी चलाता है। विशेष रूप से, संयुक्त राज्य अमेरिका ने पाकिस्तान की संप्रभुता की उपेक्षा करते हुए आतंकवाद-विरोध के नाम पर ड्रोन से सीमा पार बमबारी अभियान चलाए हैं, जिसमें कई नागरिकों की मौत हुई है और इससे पाकिस्तान के घाव भरने में सामाजिक मनमुटाव उत्पन्न हुआ है। संयुक्त राज्य अमेरिका पाकिस्तान को नियंत्रित

और अस्थिर करने के लिए पदस्थ शासन को उखाड़ फेंकने और नियंत्रित करने के लिए पाकिस्तान में एक गुट या एक सशस्त्र संगठन का समर्थन कर सकता है। एक बार पाकिस्तान पर प्रभाव खोने के बाद चीन न सिर्फ विशाल भू-राजनीतिक दबाव का सामना करेगा बल्कि अपनी पश्चिम की ओर रणनीति को विचलित होते हुए साथ ही साथ अपनी तेल तथा गैस पाइपलाइनों को संयुक्त राज्य अमेरिका द्वारा नियंत्रित होते हुए भी देखेगा। चीन अपने आर्थिक विकास के भाग्य को दूसरे देश के हाथों में रखने का जोखिम नहीं उठा सकता है।

पाकिस्तान के साथ संबंधों का चीनी पुन:स्थापन

संयुक्त राज्य अमेरिका के एशिया की ओर पुनर्संतुलन स्थापित करने तथा चीन की राष्ट्रीय रणनीति के साथ समायोजन करने जैसे, विश्व के राजनीतिक और आर्थिक परिदृश्य में बदलाव से प्रेरित होकर चीन, पाकिस्तान के साथ अपने संबंधों को पुनः स्थापित कर रहा है।

पाकिस्तान के साथ सुरक्षा सहयोग में वृद्धि

वर्तमान समय में, पाकिस्तान को अपने पड़ोसी राष्ट्र अफगानिस्तान से संयुक्त राज्य अमेरिका द्वारा युद्ध बलों की आंशिक वापसी के बाद व्यापक चरमपंथी विचारों, घरेलू सुरक्षा भेद्यताओं, प्राधिकार का अभाव, आर्थिक विकास में असफलता और अराजकता के पश्चात्वर्ती आघात सहित आंतरिक और बाहरी रूप से कई समस्याओं और परेशानियों का सामना करना पड़ता है। यद्यपि संयुक्त राज्य अमेरिका और चीन के मध्य स्पष्ट रूप से रणनीतिक संघर्ष विद्यमान हैं, पाकिस्तान के लिए, बाद वाले को, पाकिस्तान के सबसे विश्वसनीय मित्र के रूप में, पहले के साथ मुकाबला नहीं करना चाहिए और संयुक्त राज्य अमेरिका के साथ संबंधों को स्थिर करने की कोशिश करनी चाहिए। फिर भी, चीन को पाकिस्तान के साथ सैन्य तथा सुरक्षा सहयोग को और अधिक बढ़ाने के लिए जल्द से जल्द पाकिस्तान के प्रति अपनी रणनीति को सुधारना चाहिए, और देश को पूरी तरह से हथियारों और सैन्य ताकत को बनाये रखने में इसकी मदद करनी चाहिए ताकि इसकी राजनीतिक स्थिरता और स्वस्थ आर्थिक विकास सुनिश्चित हो सके। चीन-पाकिस्तान आर्थिक गलियारे की स्थापना करते हुए, पाकिस्तान में औद्योगिक पार्कों के निर्माण और पाकिस्तान के साथ सांस्कृतिक आदान-प्रदान को बढ़ावा देने के दौरान, चीन को पड़ोसी अफगानिस्तान, ईरान और भारत के साथ पाकिस्तान के तनाव को कम करने के लिए पाकिस्तान को समर्थन देने का भी प्रयास करना चाहिए, पाकिस्तान को अपनी घरेलू स्थिरता के अनुकूल बाहरी वातावरण के निर्माण में सहायता करनी चाहिए। यह व्यक्त किया जाता है कि चीन सक्रिय रूप से व्यापक रणनीतिक साझेदारी विकसित करने के लिए पाकिस्तान और ईरान का समर्थन करता है, पाकिस्तान और ईरान के मध्य बढ़ते सुरक्षा सहयोग का समर्थन करता है,

और जल्द से जल्द चीन-पाकिस्तान-ईरान मुक्त व्यापार क्षेत्र स्थापित करने का प्रयास करता है। चीन को भारत और पाकिस्तान के मध्य भी सर्वव्यापी रूप से आर्थिक तथा व्यापारिक सहयोग का उदारतापूर्वक समर्थन करना चाहिए, जो क्षेत्रीय सहयोग के लिए दक्षिण एशियाई संघ (सार्क) और चीन के मध्य आर्थिक एकीकरण में तेजी लाने के लिए अनुकूल होगा। इसके अलावा, चीन को संयुक्त राज्य अमेरिका द्वारा पाकिस्तान, ईरान और मध्य एशिया में किसी भी प्रकार की उथल-पुथल पैदा करने से रोकने के लिए और यूरेशिया लैंड ब्रिज की सुरक्षा के लिए रूस के साथ साझेदारी करनी चाहिए। तथ्यों के आधार पर पाकिस्तान और उसके पड़ोसी देशों के मध्य संबंधों के संदर्भ में, भारत के साथ अपने संबंधों का व्यावहारिक प्रबंधन इसकी सुरक्षा, अर्थव्यवस्था और सामाजिक विकास के लिए महत्वपूर्ण है। इस कारण से, पाकिस्तान-भारत संबंधों के लिए व्यावहारिक दृष्टिकोण, काफी हद तक, चीन के लिए पाकिस्तान के साथ अपने संबंधों को गहरा करने के साथ-साथ चीन-पाकिस्तान संबंधों को समायोजित करने के आयाम के लिए एक महत्वपूर्ण विचार होना चाहिए।

चीन-पाकिस्तान आर्थिक सहयोग

यह, अफ्रीका-फारस की खाड़ी-सिंजियांग ऊर्जा गलियारे की स्थापना के लिए और पाकिस्तान के साथ आर्थिक तथा व्यापारिक सहयोग को मजबूत करने, पाकिस्तान के आर्थिक विकास को बढ़ावा देने, चीन-पाकिस्तान आर्थिक एकीकरण को सुविधाजनक बनाने, चीन और पाकिस्तान के मध्य संबंधों को दृढ़ करने के लिए हिंद महासागर में चीन की रणनीति के कार्यान्वयन के लिए एक महत्वपूर्ण भौगोलिक स्तंभ है। चीन-पाकिस्तान आर्थिक गलियारे की स्थापना दोनों देशों के मध्य व्यापक और गहन आर्थिक तथा व्यापारिक सहयोग के लिए एक बंधन के रूप में लक्षित 'सबके फायदे' की रणनीति ('win-win' strategy) है, जो पाकिस्तान की अर्थव्यवस्था के निरंतर और स्थिर विकास को सुविधाजनक बनाती है। यद्यपि चीन और पाकिस्तान आर्थिक रूप से अत्यधिक संपूरक हैं और सहयोग के लिए बड़ी क्षमता रखते हैं, लेकिन दोनों देशों के मध्य आर्थिक और व्यापारिक सहयोग की संभावना पाकिस्तान की सुरक्षा स्थिति के कारण पूरी तरह से थोपी नहीं हुई है। पाकिस्तान में लगभग 200 मिलियन की जनसंख्या, प्रचुर मात्रा में संसाधन और व्यापक आर्थिक क्षमता विद्यमान है। हालांकि, अन्य कारकों के साथ खराब घरेलू सुरक्षा वातावरण, राजनीतिक अस्थिरता, और ऊर्जा आपूर्ति की कमी ने आर्थिक विकास, विदेशी पूंजी के पर्याप्त भण्डारण में कमी, बेरोजगारी दर में वृद्धि, और पाकिस्तानी के लोगों के तकलीफ़देह जीवन को उत्पन्न किया है। ऐसी स्थिति में, पाकिस्तान को बुनियादी ढांचे में सुधार करने, अपने विनिर्माण क्षेत्र को बढ़ावा देने, रोजगार सृजित करने और अपने लोगों के जीवन स्तर को बढ़ाने में मदद करने के लिए चीन से बड़ी मात्रा में निवेश की जरूरत है। चूंकि

विकास के वर्षों बाद भी चीनी अर्थव्यवस्था को औद्योगिक पुनर्गठन के लिए भी मजबूत दबाव का सामना करना पड़ रहा है, चीन, पाकिस्तान की आर्थिक स्थिति में आर्थिक पुनर्गठन और औद्योगिक हस्तांतरण लेनदारी लेखा के लिए, इसके औद्योगिक स्तर और पाकिस्तान के साथ चीन के संबंध में पाकिस्तान को पसंदीदा गंतव्य के रूप में चुन सकता है। चीन-पाकिस्तान आर्थिक गलियारे की योजना न सिर्फ रेलवे, राजमार्ग, विमानन मार्ग, तेल और गैस पाइपलाइनों, सिंचाई और जल निकासी सुविधाओं, सूचना संचार प्रौद्योगिकी (आईसीटी) तथा अन्य सहित बुनियादी ढांचे के निर्माण को शामिल करती है; बल्कि यह ऊर्जा और संसाधन विकास, औद्योगिक पार्क निर्माण, मुक्त व्यापार क्षेत्रों की स्थापना और सांस्कृतिक तथा शैक्षणिक आदान-प्रदान में सहयोग को भी शामिल करती है। आर्थिक और व्यापारिक क्षेत्रों में चीन-पाकिस्तान का व्यापक सहयोग पाकिस्तान की अर्थव्यवस्था के स्वस्थ विकास को बढ़ावा दे सकता है, उसकी औद्योगिक क्षमता में वृद्धि कर सकता है और लोगों की आजीविका में सुधार कर सकता है, जो बदले में पाकिस्तान की आंतरिक स्थिरता में योगदान देगा और दोनों पक्षों के मध्य आपसी राजनीतिक विश्वास और सुरक्षा सहयोग में वृद्धि करेगा।

सांस्कृतिक, सामाजिक और शैक्षणिक आदान-प्रदान

भाषा, संस्कृति, पर्यटन, शिक्षा, विज्ञान तथा प्रौद्योगिकी, खेल सहित अन्य कई क्षेत्रों में सहयोग के माध्यम से आदान-प्रदान को सुगम बनाने से चीन-पाकिस्तान संबंधों के सामाजिक आधार को मजबूत करने में मदद मिल सकती है और यह एक पीढ़ी से दूसरे पीढ़ी तक चीन-पाकिस्तान के मित्रतापूर्ण संबंधों की निरंतरता के लिए लाभकारी हो सकता है। दोनों देशों के नागरिकों के मध्य मजबूत मित्रता और साझा हितों की गहरी और विस्तृत श्रृंखला विद्यमान है, लेकिन चीन-पाकिस्तान संबंधों में दोनों देशों के मध्य नागरिक आदान-प्रदान की कमी का सामना करना एक बहुत ही महत्वपूर्ण व्यावहारिक मुद्दा है। भाषा से प्रभावित, मध्यम वर्ग के परिवारों में पैदा हुए पाकिस्तानी छात्र ब्रिटेन और यूएसए की रोमांटिक कथाओं, जासूसी कहानियों और जीवनी उपन्यासों के बारे में उत्साहित हैं, वह अंग्रेजी फिल्मों और टीवी कार्यक्रमों तथा पश्चिमी जीवनशैली की सराहना करते हैं। इसके विपरीत, चीनी भाषा का पाकिस्तान में कम से कम प्रभाव है और यह 2005 तक वहाँ नहीं है जब, चीन ने पाकिस्तान के इस्लामाबाद में कन्फ्यूशियस इंस्टीट्यूट इस्लामाबाद नामक पहला कन्फ्यूशियस संस्थान स्थापित किया था। 2013 तक 8,000 से भी कम पंजीकृत प्रतिभागियों और सीमित कवरेज के साथ, पाकिस्तानी विश्वविद्यालयों, उच्च विद्यालयों और भाषा प्रशिक्षण संस्थानों में कन्फ्यूशियस संस्थान द्वारा स्थापित चीनी शिक्षण और शिक्षा के लिए मात्र 40 केंद्र थे। 2013 में पाकिस्तानी राष्ट्रीय शिक्षा प्रणाली में चीनी भाषा

शिक्षण ने प्रवेश करना शुरू किया जब सिंध प्रांत की सरकार ने घोषणा की थी कि, प्रांत भर के सभी विद्यालयों और शैक्षणिक संस्थानों में छठी कक्षा के ऊपर या उससे अधिक कक्षाओं के लिए कार्यक्रमों में चीनी भाषा पाठ्यक्रम अनिवार्य होंगे, जो 2013 से शुरू होगा। चीन और अमेरिका के मध्य पाकिस्तान पर प्रभाव ज़माने के संघर्ष में चीनी भाषा की अपेक्षा अंग्रेजी भाषा अधिक मजबूत स्थिति में हैं, और चीनियों तथा पाकिस्तानियों के मध्य जन-से-जन आदान-प्रदान की कमी है, जो कि चीन और चीन-पाकिस्तान की पीढ़ी दर पीढ़ी मित्रता के लिए बहुत प्रतिकूल है। पाकिस्तान ने इसे स्पष्ट रूप से महसूस किया है, जैसा कि पाकिस्तान के पूर्व प्रधान मंत्री यूसुफ रजा गिलानी द्वारा स्पष्ट रूप से उल्लेख किया गया था जब, 16 फरवरी, 2012 को वह चीन के सिंजियांग के एक सद्भावना प्रतिनिधिमंडल से मिले। उन्होंने कहा कि पाकिस्तान, चीन के साथ सांस्कृतिक और शैक्षिक आदान-प्रदान को और मजबूत करने तथा पाकिस्तान-चीन संबंधों के लिए सामाजिक आधार को दृढ़ करने की आशा व्यक्त करता है।

चीन-पाकिस्तान संबंधों की पुन:स्थापना का चीन-भारत संबंधों पर प्रभाव

कुछ भारतीय लोगों द्वारा, इस महत्वपूर्ण समय में अभूतपूर्व विशेषता, विश्व स्थिति में दूरगामी परिवर्तन, उभरती हुई शक्तियों का सामूहिक उदय, प्रमुख पश्चिमी शक्तियों की समग्र गिरावट (Yuan Peng 2012) और वैश्विक राजनीतिक तथा आर्थिक परिदृश्य को बड़ा झटका, चीन के भौगोलिक रणनीतिक उपायों, पाकिस्तान के साथ सैन्य और सुरक्षा सहयोग में वृद्धि और चीन-पाकिस्तान-ईरान मुक्त व्यापार क्षेत्र की स्थापना इत्यादि की, भारत के लिए खतरों के रूप में गलत रूप से व्याख्या की गई है, जो चीन-भारत संबंधों को प्रभावित करती है। असल में चीन, पाकिस्तान के साथ अपने संबंधों को समायोजित कर रहा है, और पाकिस्तान तथा ईरान के साथ सहयोग को मजबूत कर रहा है, जो मुख्य रूप से अमेरिका की पुनर्संतुलन रणनीति की जांच करने का लक्ष्य रखता है, जिसे एशिया में अराजकता उत्पन्न करने का कारण माना जाता है, जो क्षेत्रीय शांति को समेकित करने और एशियाई क्षेत्रवाद को बढ़ावा देने के लिए एक रणनीतिक पहल है। भारतीय हितों के लिए हानिकारक होने की बजाय यह भारत के लिए अनिवार्य रूप से लाभकारी है।

भारत की दृष्टि में चीन-भारत संबंध

21वीं शताब्दी में चीन और भारत अंतरराष्ट्रीय समुदाय में राजनीतिक तथा आर्थिक क्षेत्रों में एक समान नियति साझा करते हैं। 21वीं शताब्दी की शुरुआत में विश्व के राजनीतिक और आर्थिक परिदृश्य में सबसे बड़ा परिवर्तन देखा गया अर्थात्, वैश्विक शासन में उभरती

अर्थव्यवस्थाओं का तेजी से अधिक प्रतिनिधित्व और प्रभाव देखा गया। निरंतर मूल्य पर मापे जाने वाले सकल घरेलू उत्पाद (जीडीपी) के संबंध में, 11 उभरती हुई अर्थव्यवस्थाओं (अर्जेंटीना, ब्राजील, चीन, भारत, इंडोनेशिया, दक्षिण कोरिया, मेक्सिको, रूस, सऊदी अरब, दक्षिण अफ्रीका और तुर्की) और G7 (7 का समूह) के मध्य का अंतर 1990 में 9.88 ट्रिलियन डॉलर से घटकर 2013 में 2.5 ट्रिलियन डॉलर हो गया। मानक चार्टर्ड द्वारा 2013 के पूर्वानुमान के अनुसार, 2030 तक उभरती हुई अर्थव्यवस्थाओं का सकल घरेलू उत्पाद विश्व के सकल घरेलू उत्पाद का 63 प्रतिशत होगा। 2010 से उभरती हुई अर्थव्यवस्थाओं द्वारा विश्व आर्थिक विकास में योगदान विकसित देशों को आगे बढ़ा रहा है। विश्व बैंक के अनुमानों के अनुसार, 2013 में चीन ने दुनिया के सकल घरेलू उत्पाद की वृद्धि में 4.6 प्रतिशत का योगदान दिया, जो 2009 में 14.5 प्रतिशत और 2012 में 20 प्रतिशत था, जो संयुक्त राज्य अमेरिका उभरती अर्थव्यवस्थाओं की तुलना में दो प्रतिशत अधिक है। चीन और भारत विश्व आर्थिक विकास के मूल इंजन बन गए हैं, जो विश्व के भू-राजनितिक और आर्थिक परिदृश्य में गहरे परिवर्तन ला रहे है। हालांकि, प्रमुख यूरोपीय शक्तियों, संयुक्त राज्य अमेरिका और जापान समेत मौजूदा शक्तियां, जो परंपरागत रूप से विश्व के राजनीतिक और आर्थिक परिदृश्य के विकास का नेतृत्व करती हैं, आम तौर पर उभरती अर्थव्यवस्थाओं के मध्य संबंध और सहयोग को अलग करने की कोशिश कर सकती हैं, और उन्हें चीन तथा भारत द्वारा प्रतिनिधित्व की जाने वाली अग्रणी उभरती अर्थव्यवस्थाओं को चुनकर अधिक उचित और न्यायपूर्ण अंतर्राष्ट्रीय राजनीतिक और आर्थिक व्यवस्था की स्थापना करने के प्रयासों में बाधा उत्पन्न कर सकती हैं। वास्तव में, विकासशील चीन और भारत प्रमुख ताकत हैं, जो मौजूदा अंतरराष्ट्रीय राजनीतिक और आर्थिक व्यवस्था को बदलने की क्षमता रखते हैं और साथ ही, वर्तमान अंतरराष्ट्रीय राजनीतिक और आर्थिक व्यवस्था के निहित ब्याज धारकों के लिए स्वाभाविक रूप से दमन का प्रमुख लक्ष्य रखते हैं।

कुछ भारतीयों का मानना है कि वैश्विक राजनीतिक अर्थव्यवस्था में अपने वर्चस्व को बनाए रखने के लिए, चीन, भारत, ब्राजील, रूस और दक्षिण अफ्रीका सहित उभरती हुई शक्तियों को बहिष्कृत करने के इरादे से संयुक्त राज्य अमेरिका, ट्रांस पैसिफिक पार्टनरशिप (टीपीपी) और ट्रान्साटलांटिक व्यापार और निवेश साझेदारी (टीटीआईपी) को वैश्विक व्यापार ढांचे के द्वारा आगे बढ़ाने के लिए हर संभव प्रयास कर रहा है, जिसके आधार पर उभरती अर्थव्यवस्थाओं के विकास की गति को शामिल करने के लिए राजनीतिक, आर्थिक, सैन्य और राजनयिक गठबंधन या अर्ध-गठबंधन की कोशिश की जाएगी। 17 मार्च, 2014 को, एक लेख में बताया गया कि टीपीपी और टीटीआईपी अनुबंध के नये नियम हैं, जिन्हें विकसित देशों द्वारा लंबे समय से स्थापित को आधुनिकतम बनाने के लिए

माने गये थे। ऐसे नए नियमों के खिलाफ, जो चीन और भारत को बहिष्कृत करते हैं, दोनों देशों को बारीकी से सहयोग करना चाहिए क्योंकि दोनों पक्षों के मध्य क्षेत्रीय और वैश्विक हित अतिव्यापी हो रहे हैं (*The Hindu* 2014)। इस प्रकार, दोनों देशों को प्रमुख शक्तियों के बीच नए प्रकार के 'सबके फायदे का सौदा' ('win-win') संबंध के निर्माण के लिए पारंपरिक राजनयिक मानसिकता के बॉक्स से अवगत होना चाहिए।

चीन के साथ सबके फायदे (win–win situation) की स्थिति भारत के लिए एक प्रमुख शक्ति बनने की आकांक्षा को वास्तविक बनाने के लिए लाभकारी है। स्वतंत्र भारत के पहले प्रधानमंत्री जवाहरलाल नेहरू ने एक बार अपनी पुस्तक द *डिस्कवरी ऑफ इंडिया* में स्पष्ट रूप से उल्लेख किया था कि 'वर्तमान स्थिति के साथ, भारत दुनिया में सिर्फ द्वितीयक भूमिका नहीं निभा सकता है। भारत को दृश्य में सशक्त या अदृश्य होना चाहिए' (नेहरू 1999, 56)। भू-राजनीतिक रूप से, तीन तरफ से समुद्र से घिरा होने के कारण भारत के समक्ष प्रमुख सुरक्षा का जोखिम समुद्री तट से आता है, इसलिए हिंद महासागर की समुद्री शक्ति पर नियंत्रण के बिना इसका उदय असंभव होगा। भारत की बढ़ती आर्थिक ताकत की पृष्ठभूमि और राष्ट्रीय शक्ति में वृद्धि तथा बहु-ध्रुवीय विश्व की स्पष्ट प्रवृत्ति के खिलाफ, भारत की महान शक्ति की स्थिति तलाशने की रणनीति का एक महत्वपूर्ण पहलू हिंद महासागर में अपनी नौसैनिक सर्वोच्चता का विस्तार करना है।

हालांकि, वर्तमान समय में हिंद महासागर की समुद्री शक्ति संयुक्त राज्य अमेरिका द्वारा नियंत्रित होती है जो अफगानिस्तान, सऊदी अरब, इज़राइल, इराक, डिएगो गार्सिया, ऑस्ट्रेलिया और सिंगापुर तथा अन्य क्षेत्रों में सैन्य गतिविधियों और सैन्य तैनाती की बड़ी श्रृंखला के माध्यम से भूमि और समुद्र दोनों ही मार्ग से उपमहाद्वीप पर प्रमुख प्रभाव डालने की कोशिश करती है। भारतीय उपमहाद्वीप की ओर संयुक्त राज्य अमेरिका की तेजी से बढ़ती रणनीतिक स्थिति भारतीय नेताओं पर गहन मनोवैज्ञानिक प्रतिबिंब का निर्माण करती हैं, जो हिंद महासागर की सुरक्षा को प्रथम प्राथमिकता देते हैं (Zhang Wenmu 2010)।

चीन और भारत को सहयोग से फायदा और प्रतिद्वंद्विता से नुकसान होता है। यद्यपि एशिया, विकास को लेकर चीन और भारत को एक साथ देख रहा है, फिर भी विश्व शक्ति के केंद्र में एशिया की प्रगति और भी अधिक जोखिम भरी होगी जब दोनों देशों में से किसी एक को विदेशी शक्तियों द्वारा उपयोग किया जाता है। चीन और भारत, काफी हद तक, एशिया के साथ समान भाग्य साझा करते हैं, जो सशक्त चीन और भारत से लाभान्वित है, लेकिन यदि चीन और भारत कमजोर हुए तो पश्चिम द्वारा औपनिवेशिक शोषण से पीड़ित होंगे। भारतीय नेताओं ने इसे अच्छी तरह से महसूस किया है। जून 2003 में पेकिंग विश्वविद्यालय में अपने भाषण में अटल बिहारी वाजपेयी ने पाया कि यदि चीन और भारत हाथ मिलाते हैं,

तो 21वीं शताब्दी एशिया की शताब्दी होगी। उन्होंने आगे यह भी कहा कि यदि दोनों देश तीव्र टकराव में जाते हैं तो यह असंभव होगा। 'प्रभावशाली महान शक्ति' बनने के भारतीय सपने के बावजूद, युद्ध में पड़ोसी देशों के बाहर और घरेलू रूप से सरकारी अधिकारों की कमी तथा जातीय समूहों, धर्मों, राजनीतिक वर्गों के बीच निरंतर संघर्ष का सामना करना पड़ा; भारत निश्चित रूप से विदेशी शक्तियों का दबाव सहन करने में असमर्थ है। यदि चीन की विकास की गति कम हो जाती है, तो भारत पश्चिमी भू-राजनीति के शतरंज की बिसात पर विघटित हो सकता है। इसके अलावा, दोनों देशों के मध्य आर्थिक परस्पर निर्भरता तेजी से गहरी हो रही है, चीन न सिर्फ भारत का सबसे बड़ा व्यापारिक साझेदार है, बल्कि भारत के वर्चस्व वाले सार्क का पर्यवेक्षक और साथ ही साथ इस संगठन के आठ सदस्यों में से अफगानिस्तान और भूटान को छोड़कर छह सदस्यों का प्रमुख व्यापारिक साझेदार भी है। इस संदर्भ में, कई भारतीय विद्वानों ने चीन के उदय की अपेक्षाकृत शांत और गंभीर समझ हासिल की है। रक्षा अध्ययन और विश्लेषण संस्थान (आईडीएसए) में चीनी मामलों के विशेषज्ञ रविप्रसाद नारायणन ने कहा है कि चीन का उदय शांतिपूर्ण और लचीले स्वरूप की विशेषता है, जो व्यावहारिकता को प्रेरित करती है, आर्थिक विकास को प्राथमिकता देती है, क्षेत्रवाद और प्रथाओं को खोलने की नीति पर केंद्रित है (Chen Yongjie 2007)। व्यावहारिक रूप से, क्षेत्रवाद पर, विशेष रूप से अच्छे पड़ोसी पर ध्यान केंद्रित करना, चीन के विकास में योगदान देने वाली एक महत्वपूर्ण भू-राजनीतिक रणनीति है। भारतीय विद्वानों ने लंबे समय से इसमें अंतर्दृष्टि प्राप्त की है और महसूस किया हैं कि चीन का उदय भारत के लिए अपनी अर्थव्यवस्था को विकसित करने और अपनी राष्ट्रीय शक्ति को मजबूत करने के लिए ऐतिहासिक अवसर है। इस प्रकार, चीन-पाकिस्तान संबंधों पर उनके विचार अधिक व्यावहारिक हैं। भारत दोनों पक्षों के शांत विकास और दक्षिण एशियाई क्षेत्र की स्थिरता तथा भारत के लिए विकास के समय और जगह को बनाए रखने के लिए एक स्थिर पाकिस्तान की उम्मीद करता है। इसके अलावा, चीन का क्षेत्रवाद भारत को बहिष्कृत नहीं करता और चीन तथा पाकिस्तान के मध्य घनिष्ठ संबंध पाकिस्तान और दक्षिण एशिया की स्थिरता के लिए बहुत महत्वपूर्ण है। इसलिए, चीन, भारत और पाकिस्तान के मध्य शांतिपूर्ण तथा मैत्रीपूर्ण संबंध भारत के उदय को तीव्र करने और एक महान शक्ति बनने की अपनी आकांक्षा को वास्तविक बनाने में सकारात्मक योगदानकर्ता है।

चीन की विदेश नीति और चीन-पाकिस्तान संबंधों के प्रति भारत का रुख

चीन, भारत की विदेश नीति को प्रभावित करने वाला एक प्रमुख कारक है। भौगोलिक स्थिति, इतिहास, अर्थव्यवस्था और वैश्विक रैंकिंग तथा अन्यों के मध्य लेनदारी लेखा क्रय (Factoring); दोनों देशों में, चीन का अस्तित्व, विकास और इसकी विदेश नीति अनिवार्य

रूप से भारत की विदेश नीति और भारत के नीति निर्माण पर प्रत्यक्ष और अप्रत्यक्ष प्रभाव डालती है। शीत युद्ध के बाद आर्थिक वैश्वीकरण के साथ, चीन अपनी विदेश नीति को धीरे-धीरे समायोजित कर रहा है और इसकी सभी नई विदेश और व्यापारिक नीतियां आर्थिक विकास पर केंद्रित हैं। इस निर्णय के आधार पर कि देशों के मध्य परस्पर निर्भरता निश्चित रूप से बढ़ेगी, 'विविधीकरण', 'सबके फायदे का सहयोग (win–win cooperation)' और 'उदासीन राजनीति तथा उग्र अर्थव्यवस्था' जैसी अवधारणाओं को चीन की विदेश और व्यापारिक नीतियों में प्रस्तुत किया गया है। जाहिर तौर पर, विकास के इस चरण में चीन अपने आर्थिक विकास को बाधित करने वाला कोई भी अनावश्यक विवाद नहीं चाहता है, ताकि वह अपनी अर्थव्यवस्था में सुधार और विकास तथा आधुनिकीकरण को प्रोत्साहन देने से अविचलित रह सके। अब तक, इस प्रकार के प्रयासों ने चीन की आर्थिक कूटनीति के लाभकारी परिणामों में योगदान दिया है, आर्थिक और व्यापारिक सहयोग के लिए बहु-स्तरीय और बहु-क्षेत्रीय अंतरराष्ट्रीय मंचों की स्थापना में मदद की और चीनी सैन्य बल के आधुनिकीकरण को बढ़ावा दिया तथा मूल राष्ट्रीय हितों की सुरक्षा के लिए अपनी हार्ड पावर में वृद्धि की। चीन की विदेश नीति अर्थव्यवस्था और आर्थिक सफलता को प्राथमिकता देती है, जो भारत को कुछ हद तक प्रभावित करती है। पाकिस्तान के साथ अपने संबंधों के चीन के समायोजन के प्रति भारत का दृष्टिकोण समय के साथ ओर अधिक व्यावहारिक हो जाएगा। यद्यपि भारत-पाकिस्तान संबंध तनावपूर्ण रहते हैं, फिर भी वित्त वर्ष 2012–2013 में पाकिस्तान के लिए भारत का निर्यात लगभग 15 प्रतिशत बढ़कर 1.6 अरब डॉलर हो गया और पाकिस्तान से भारत में आयात 30 प्रतिशत बढ़कर 488 मिलियन डॉलर हो गया, जबकि इस दौरान शेष विश्व में भारत का निर्यात 4 प्रतिशत से कम हो गया। यह विशेष रूप से ध्यान देने योग्य है, कि मई 2014 में भारत के नए प्रधानमंत्री नरेंद्र मोदी ने अपने पाकिस्तानी समकक्ष नवाज शरीफ को अपने शपथग्रहण समारोह में भाग लेने के लिए आमंत्रित किया, यह पहला अवसर था जब पाकिस्तान की आजादी के बाद एक तरफ के प्रधानमंत्री ने शपथग्रहण समारोह में भाग लेने के लिए दूसरी तरफ के अपने समकक्ष को आमंत्रित किया हो। मोदी की इस पहल ने एक निश्चित अर्थ में चीन की विदेश नीति और पाकिस्तान के साथ अपने संबंधों के लिए चीन के समायोजन के प्रति भारत की व्यावहारिकता दिखायी है।

फिर भी, चीन-पाकिस्तान संबंधों के प्रति भारत का दृष्टिकोण अस्पष्ट और उलझनों से भरा रहता है। हालांकि विभिन्न बलों द्वारा निर्धारित भारत की विदेश नीति अभी भी अपने सैन्य प्रतिष्ठानों द्वारा काफी प्रभावित है। 1991 में भारत के आर्थिक सुधार के बाद से, भारत की विदेश नीति दो अंतर्निहित विचारों से प्रभावित हुई है: एक सैन्य पक्ष से संबंधित हैं, जो यह मानता है कि सैन्य बल शांति तथा सुरक्षा की सबसे मजबूत गारंटी है, भारत

को विश्वसनीय द्वितीय परमाणु आक्रमण की क्षमता और पारंपरिक सैन्य शक्ति की पूरी श्रृंखला को विकसित करना चाहिए और चीन तथा पाकिस्तान की ओर ज्यादा सतर्कता पर रहना चाहिए; दूसरा विचार मुख्य रूप से उदारवादियों से संबंधित है, जो मानते हैं, कि भारत का प्राथमिक लक्ष्य सैन्य शक्ति की अपेक्षा आर्थिक शक्ति होना चाहिए, क्योंकि आर्थिक परस्पर निर्भरता ने हिंसक टकरावों के लाभदायक होने को असंभव बना दिया है। इस प्रकार, वे तर्क देते हैं कि भारत को चीन और भारत के साथ आर्थिक और व्यापारिक संबंधों को मजबूत करना चाहिए। देश की राजनीतिक संरचना के कारण, भारतीय विदेश नीति में दो अलग-अलग विचारों की अंतःक्रिया निश्चित रूप से दृढ़ होगी। परिणामस्वरूप, भारत की विदेश नीति को उदारवादियों द्वारा अपेक्षित आर्थिक प्राथमिकता के लक्ष्य से चिपकना मुश्किल हो सकता है और दीर्घस्थायी सीमावर्ती मुद्दे चीन-पाकिस्तान संबंधों के प्रति भारत के संदेह को बढ़ाते हैं। इसके अलावा, इस क्षेत्र से बाहर के देशों का प्रभाव चीन-पाकिस्तान-भारत के बहुपक्षीय तंत्र के अंतर्गत सकारात्मक अंतःक्रिया को भी बाधित करेगा।

भारत अर्थव्यवस्था और सुरक्षा के क्षेत्र में अन्य देशों पर अत्यधिक निर्भर है। आर्थिक रूप से, भारत, चीन और यूएसए पर निर्भर है जो क्रमशः भारत का सबसे बड़ा और दूसरा सबसे बड़ा व्यापारिक साझेदार है; लेकिन सुरक्षा के क्षेत्र में, भारत मुख्य रूप से रूस, फ्रांस, और संयुक्त राज्य अमेरिका पर निर्भर है। यूएस की 'एशियाई धुरी' रणनीति के साथ, भारत में संयुक्त राज्य अमेरिका और चीन को संतुलित करने का झुकाव है, जिसे इसके सैन्य प्रतिष्ठानों द्वारा देखा जा सकता है। यह झुकाव चीन, पाकिस्तान और भारत के मध्य बहुपक्षीय आर्थिक और व्यापारिक सहयोग को काफी प्रभावित करेगा साथ ही साथ चीन-पाकिस्तान संबंधों के प्रति भारत के दृष्टिकोण को भी प्रभावित करेगा। उपर्युक्त प्रभावित करने वाले कारकों को देखते हुए, चीन-पाकिस्तान संबंधों में चीन के समायोजन के सन्दर्भ में भारत को लंबे समय तक उलझन में डाला जा सकता है।

निष्कर्ष

चीन-पाकिस्तान संबंधों की पुन:स्थापन का अर्थ खतरा नहीं है, बल्कि भारत के लिए एक अवसर है। जबकि भारत अब भी आर्थिक भागीदारी से परे और मित्रतापूर्ण पड़ोसी बनने से पहले चीन को अपनी राष्ट्रीय सुरक्षा के लिए एक बड़ा खतरा मानता रहा है, चीन एशिया में भू-राजनीतिक संतुलन को बनाएं रखने और घरेलू आर्थिक विकास को बढ़ावा देने के उद्देश्य से भारत के साथ अपने आर्थिक आदान-प्रदान में वृद्धि कर रहा है। चीन और भारत के मध्य आर्थिक और व्यापारिक सहयोग का लक्ष्य सबके फायदे वाला परिणाम है। हालांकि, ऐसा प्रतीत होता है कि चीन भारत के साथ अपने व्यापार से अधिक लाभ उठा रहा है, भारत के

साथ चीन का व्यापार अधिशेष 2012 में 39.09 अरब डॉलर था, जो दोनों देशों के मध्य कुल व्यापार मूल्य का 8.0 प्रतिशत अर्थात् 56.8 प्रतिशत था।[1]

वास्तव में, इस प्रकार का अधिशेष मुख्य रूप से सस्ती और अच्छी गुणवत्ता वाली मशीनरी तथा उपकरणों की बड़ी मात्रा में आयात करके बुनियादी ढांचे के निर्माण को बढ़ाने की भारत की आवश्यकता के कारण था। तथ्यों के आधार पर, चीन और भारत ने अर्थव्यवस्था तथा व्यापार, विज्ञान तथा प्रौद्योगिकी, संस्कृति तथा पर्यटन, शिक्षा इत्यादी जैसे क्षेत्रों में आदान-प्रदान और सहयोग में उपयोगी परिणाम प्राप्त किए हैं। चीन-भारत संबंधों के महत्वपूर्ण विकास से दोनों देशों के विभिन्न क्षेत्र और उद्योग काफी हद तक लाभान्वित हुए हैं। वर्तमान समय में, पारस्परिकता और पारस्परिक लाभ तथा सबके फायदे के सहयोग की अवधारणाओं ने धीरे-धीरे दोनों देशों के लोगों के दिलों में गहराई से अपना रास्ता खोज लिया है, लेकिन व्यापक व्यापारिक अंतर, ऊर्जा स्रोतों पर प्रतिस्पर्धा, क्षेत्रीय विवादों और सुरक्षा मुद्दों तथा अन्य कारकों, साथ ही अन्य क्षेत्रों के देशों के साथ दक्षिण एशिया के संबंध, दोनों देशों के बीच गलतफहमी और संदेह का प्रमुख कारण बने रहेंगे। वह कारक, जो एक निश्चित घटना से शुरू होते हैं और कुछ बाहरी ताकतों द्वारा शोषित होते हैं, चीन-भारतीय रिश्ते को एक जटिल परिस्थिति में डाल सकते हैं। हालांकि, दक्षिण एशियाई क्षेत्रों की स्थिरता और शांति को बनाए रखना भारत के साथ चीन के संबंधों की रीढ़ की हड्डी है, जो आसानी से नहीं बदली जाएगी। इसके अलावा, चीन-पाकिस्तान आर्थिक गलियारे की स्थापना भारत को चीन के साथ ऊर्जा सहयोग और दक्षिण एशिया में आर्थिक एकीकरण की सुविधा के लिए एक महत्वपूर्ण ऐतिहासिक अवसर प्रदान करती है। इस प्रकार भारत द्वारा, चीन-पाकिस्तान संबंधों के पुनर्गठन को संभवतः खतरे के रूप में व्याख्या नहीं की जा सकती है।

टिप्पणी

1. Source: Statistical estimates published by Directorate General of Commercial Intelligence and Statistics and Department of Commerce of India in 2013.

संदर्भ

Chaturvedy, R.R. 2014. 'Reviving the Maritime Silk Route'. *The Hindu*, April 11.

Chen Lianbi. 2001. 'Issues Concerning the Ethnic Relations between Five Central Asian Countries'. *Eastern Europe and Central Asia Research* 3: 34.

Chen Yongjie. 2007. 'How Indian Scholars View China's Rise'. *21st Century Business Herald*, September 13.

Nehru, J. 1999. *The Discovery of India*. Teen Murti House.

The Hindu. 2014. 'India-China Strategic Economic Dialogue to Discuss Counter Strategies to the TPP'. *The Hindu.* Available at http://china.cankaoxiaoxi.com/2014/0319/362591.shtml (accessed in May 2014).

Spykman, N.J. 1965. *The Geography of the Peace.* Trans. Liu Yuzhi. The Commercial Press.

Yuan Peng. 2012. 'Thoughts on Big Time and Grand Strategy—and the 10 Relationships China's Diplomacy Need to Deal with in the New Era'. *Contemporary World & Socialism* (4): 11.

Zhang Wenmu. 2010. 'Great Power Politics in Central Areas of World Geopolitical System—and the Strategic Complementary Role of India-China Security Cooperation'. *Pacific Journal, Issue* (3): 24.

9 अफगानिस्तान में चीन और भारत सहयोग

Xie Jing

परिचय

अफगानिस्तान का एक अद्वितीय भौगोलिक स्थान है। अपने विशेष भौगोलिक स्थान के कारण, अफगानिस्तान मध्य एशिया, पश्चिम एशिया और दक्षिण एशिया से जुड़ा हुआ है। यह एक स्थलबद्ध देश है, जो चीन के पड़ोसी देशों में से एक हैं और मध्य एशिया की ओर महत्वपूर्ण मार्ग (Channel) है। यह प्राचीन रेशम मार्ग का भाग है, जो दक्षिण एशिया से भी जुड़ा हुआ है और इसलिए सभ्यताओं के चौराहे पर स्थित है। 19वीं शताब्दी में, यह मध्य एशिया को नियंत्रित करने के लिए रूस और इंग्लैंड का केंद्र था। शीत युद्ध के अंत से पहले 1980 के दशक में संयुक्त राज्य अमेरिका और सोवियत संघ ने यही अपनी आखिरी लड़ाई लड़ी। 2001 के अंत में अमेरिका ने आतंकवाद के विरुद्ध युद्ध का शुभारंभ किया था। अफगानिस्तान हमेशा से ही क्षेत्रीय संघर्ष और अस्थिरता का संवेदनशील स्थान रहा है। परिणामस्वरूप, अफगानिस्तान की समस्या पूरी तरह से राष्ट्रीय ही नहीं रही है, बल्कि विचार करने के लिए क्षेत्रीय और यहां तक कि वैश्विक लोकप्रिय विषय बन गई है। इसलिए, अफगानिस्तान की तुलना एक दर्पण से की जा सकती है, जो न सिर्फ दक्षिण-मध्य एशिया और प्रमुख विश्व शक्तियों के वर्तमान हितों को ही नहीं बल्कि प्रमुख शक्तियों की ताकत को भी दर्शाता है। वर्ष 2014 अफगानिस्तान के इतिहास में एक महत्वपूर्ण मोड़ था। संयुक्त राज्य अमेरिका द्वारा अफगानिस्तान में युद्ध छेड़े 13 साल हो गए हैं।

संयुक्त राज्य अमेरिका ने 2014 में अपने सैन्यदल को वापस बुलाने की योजना बनाई; अफगान राष्ट्रपति चुनाव भी इस वर्ष ग्रीष्म के मौसम में आयोजित किए गए थे। अफगानिस्तान ने सैन्यदल की वापसी के बाद उस वर्ष एक नए राष्ट्रपति का चयन किया। उस अवधि के दौरान, इसने क्षेत्र में सत्ता का एक नया संतुलन बनाया; वर्तमान समय में, इराक में चरमपंथी समूहों और अफगानिस्तान में असुरक्षित स्थिति के उदय के कारण अफगानिस्तान का भविष्य अनियंत्रित और अनिश्चितताओं से भरा हुआ है। वापसी के बाद, क्षेत्र की उभरती शक्तियों के रूप में चीन और भारत सीधे पहली पंक्ति में खड़े हैं। इन दोनों देशों को अफगानिस्तान के प्रमुख हितधारकों के रूप में भी माना जाता है।

अफगानिस्तान में चीन की रुचि

हाल के वर्षों में, चीन ने अफगानिस्तान के साथ अपनी साझेदारी को निरंतर मजबूत किया है। प्रथम, अफगानिस्तान के पास खनिज संसाधनों का समृद्ध भंडार होने कारण चीन ने अफगानिस्तान में व्यापक आर्थिक निवेश किया है और अपना प्रभाव जमाया है। चीन के धातुकर्म समूह के पास कार्टूचे के दक्षिण में लॉगर प्रांत की ऐनाक तांबे की खदान में 30 साल का खनन अनुभव है। यह तांबे की खदान दुनिया की सबसे बड़ी खदान है। चीन के धातुकर्म समूह का बुनियादी परियोजनाओं और खनन में कुल निवेश 4.4 अरब डॉलर तक पहुंचने की उम्मीद है और साथ ही 400 मेगावॉट के तापीय उर्जा प्लांट का विकास भी साथ-साथ होगा। इससे कोयले और पानी से संबंधित मुद्दों को हल करने में मदद मिलेगी। चीन राष्ट्रीय पेट्रोलियम निगम (सीएनपीसी) ने उत्तरी अफगानिस्तान में अमू दरिया घाटी में तीन तेल क्षेत्रों के लिए सफलतापूर्वक बोली लगाई है। इस तेल क्षेत्र से भविष्य में 7 बिलियन डॉलर कमाने की उम्मीद है। संसाधनों के विकास के अलावा, चीन-अफगान व्यापार भी रेडियो संचार तक विस्तृत है। फ़ीनिक्स वीकली के अनुसार, विदेशी निवेश में चीन पहले स्थान पर है; निवेश परियोजनाएं भी चीन-अफगान आर्थिक सहयोग का भाग हैं। चीनी निवेश परियोजनाएं जैसे परवान सिंचाई परियोजनाएं, अफगानिस्तान की आर्थिक परिस्थितियों में सुधार करने पर केंद्रित हैं। चूंकि चीनी लोग अफगानिस्तान में निवेश करते हैं, इसीलिए अफगानिस्तान की स्थिति अफगानिस्तान में चीनी नागरिकों की सुरक्षा पर भी असर डालती है। इसके अतिरिक्त, अफगानिस्तान चीन के वर्तमान रेशम मार्ग आर्थिक बेल्ट के निर्माण से निकटता से संबंधित है। अफगानिस्तान, पाकिस्तान, और भारत 'रेशम मार्ग इकोनॉमिक जोन' के देश हैं, जो अफगान समस्या के समाधान पर निर्भर करता है। यदि अफगानिस्तान में शांति प्रक्रिया सफल होती है, तो मध्य एशिया के साथ तीनों देशों के आर्थिक सहयोग में भी सुधार किया जाएगा और इसके विपरीत, वे सभी अस्पष्ट और संदिग्ध स्थिति में प्रवेश करेंगे जो आर्थिक क्षेत्र के निर्माण को उत्साहहीन कर देगा (*Xinhua* 2013b)।

द्वितीय, अफगानिस्तान में चीन के कुछ हित विद्यमान हैं। अफगानिस्तान पश्चिम की तरफ से चीन का पड़ोसी है। यदि भविष्य में अफगानिस्तान की स्थिति नियंत्रण से बाहर हो जाती है, तो अफगानिस्तान में युद्ध के वर्षों के बाद धार्मिक चरमपंथी पड़ोसी देशों में भी फैल जाएंगे, जैसे शिनजियांग में ईटीआईएम के सदस्य। अफगानिस्तान में युद्ध से पहले, वे प्रायः अफगान 'जिहाद' में शामिल हो जाते थे। अल-कायदा से अपने प्रशिक्षण के साथ, उन्हें अफगानिस्तान में इस्लामी चरमपंथी संगठनों से समर्थन मिला। यह उम्मीद की गई थी कि यदि 2014 में अफगानिस्तान की स्थिति नियंत्रण से बाहर हो गई थी, तो सुरक्षा की स्थिति में

गिरावट के साथ, पूर्वी तुर्किस्तान के सदस्य अधिक संसाधन पाने और आतंकवादी हमलों के कारण अराजक स्थिति का लाभ उठाएंगे (Pantucci 2013)। 2014 में, विदेश मंत्री वांग यी ने अफगान विदेश मंत्री ओस्मानी के साथ एक संवाददाता सम्मेलन में कहा कि: 'अफगानिस्तान की शांति और स्थिरता पश्चिमी चीन की सुरक्षा से संबंधित है और पूरे क्षेत्र की शांति और विकास से संबंधित है (*Xinhua* 2013a)।'

तृतीय, 2013 में ड्रग्स एंड क्राइम डेटा पर संयुक्त राष्ट्र कार्यालय के अनुसार अफगानिस्तान में ड्रग्स उत्पादन विश्व के कई अन्य देशों और क्षेत्रों के कुल उत्पादन मूल्य से भी अधिक था। वास्तव में, अफगान की ड्रग्स समस्या सिर्फ देश तक ही सीमित नहीं है, बल्कि इसका प्रभाव पड़ोसी देशों में भी फैल रहा है। ड्रग्स एकमात्र समस्या नहीं है; और अधिक महत्वपूर्ण बात यह है, कि इसकी वजह से हिंसा, तस्करी और गंभीर आपराधिक गतिविधियां होती हैं। इसीलिए चीन की पश्चिमी सीमा भी अफगानिस्तान से नशीली दवाओं की तस्करी के खतरे का सामना कर रही है। फरवरी 2014 में, शी जिनपिंग ने रूस के सोची में शीतकालीन ओलंपिक में भाग लिया, जहां वह अफगान राष्ट्रपति हामिद करज़ई से मिले। शी जिनपिंग ने कहा कि चीन अफगानिस्तान के शांतिपूर्ण पुनर्निर्माण और 'तीन बलों' तथा पार-राष्ट्रीय अपराधों का मुकाबला करके सहयोग को मजबूत करने के लिए अपनी सहायता बढ़ाने के इच्छुक है (Zhao Yanrong 2014)।

अफगानिस्तान में भारत की रुचि

भारत अफगानिस्तान के पुनर्निर्माण में शामिल चार प्रमुख देशों में से एक है। अफगानिस्तान पर इसका दीर्घकालिक प्रभाव पड़ा है। भारत और अफगानिस्तान सुरक्षा सहयोग का आधार साझा करते हैं। 2005 में, अफगानिस्तान में भारतीय नागरिकों की रक्षा के लिए भारतीय पुलिस बल अफगानिस्तान में तैनात किए गए थे। दोनों देशों के नेता निरंतर एक-दूसरे देश का दौरा करते रहते हैं। 2011 में उन्होंने 'रणनीतिक साझेदारी समझौते' पर हस्ताक्षर किए। भारत ने कहा कि इस समझौते से अफगानिस्तान के साथ सुरक्षा सहयोग में वृद्धि होगी, 500 अधिकारियों सहित लगभग 20,000 से 30,000 अफगान राष्ट्रीय सेना के सदस्यों को प्रशिक्षित करने के लिए योजना बनाई जाएगी और सुविधाएं तथा कुछ हथियार दिए जाएंगे। इन दोनों पक्षों के मध्य घनिष्ठ संबंध के कारण, प्रशिक्षण को ओर अधिक प्रभावी बनाना संभव था।

आर्थिक सहयोग के संदर्भ में, अफगानिस्तान में आर्थिक निवेश (लगभग $ 2 बिलियन) की दिशा में भारत का सकारात्मक दृष्टिकोण था। 2012 में, भारत और अफगानिस्तान द्वारा नई दिल्ली में एक शिखर सम्मेलन का आयोजन किया गया था, जिसका लक्ष्य अफगानिस्तान में विदेशी निवेश को आकर्षित करना था। यह अफगानिस्तान के लिए बहुत महत्वपूर्ण था। 2011 में, खनन क्षेत्र में, राज्य संचालित भारतीय स्टील कंपनी ने बिजली

संयंत्रों के निर्माण के लिए हाजीगक में लौह खादानों के लिए बोली लगाई। आधारिक संरचना के क्षेत्र में, भारत ने सलमा बांध बिजली संयंत्र का पुनर्निर्माण किया जो कि बहुत महत्वपूर्ण है। इस परियोजना ने अफगानिस्तान के सभी लोगों को लाभान्वित किया। भारत और अफगानिस्तान ने ईरान से जुड़ने के लिए राजमार्ग के निर्माण में भी सहयोग किया और उन्होंने रेल निर्माण परियोजनाओं का भी प्रस्ताव दिया। एक ब्योरेवार विवरण के रूप में, खनिज और आधारिक संरचना पर निवेश आखिरकार क्षेत्रीय व्यापार, परिवहन और क्षेत्र के ऊर्जा चैनलों को बढ़ावा देने के लिए एक मजबूत सामरिक महत्व के साथ अक्सर अंतर्निहित होते हैं।

भारत स्वास्थ्य सेवा और शिक्षा को समान रूप से महत्व दिया है। भारत, महिलाओं के लिए चिकित्सालय और विद्यालयों का निर्माण करने में अफगानिस्तान की मदद करने के लिए तैयार था। अफगानिस्तान के लिए यह सहायता बहुत महत्वपूर्ण थी। इसके अलावा, भारत सरकार द्वारा अफगान छात्रों को भारत में अध्ययन करने की अनुमति देने के निर्णय ने अफगानिस्तान के साथ ऐतिहासिक और सांस्कृतिक संबंधों को मजबूत किया (Zhang Chunyan और Zhu Yufan 2013)।

अफगानिस्तान के साथ भारत का सहयोग आर्थिक लाभ, सुरक्षा मुद्दों, क्षेत्रीय संतुलन, और रणनीतिक विचारों पर आधारित है। लंबे समय तक, अफगानिस्तान पर पाकिस्तान का एक महत्वपूर्ण प्रभाव रहा था। विशेष रूप से, कश्मीर मुद्दे का भारत-पाकिस्तान के द्विपक्षीय संबंधों पर दीर्घकालिक प्रभाव पड़ता है। इसलिए भारत, अफगानिस्तान के साथ संपर्क के माध्यम से अफगानिस्तान पर पाकिस्तान के प्रभाव के भाग को पूरी तरह बदल सकता है और भविष्य में रणनीतिक लाभ प्राप्त करने के लिए मध्य एशिया में अपने प्रभाव को बढ़ा सकता है।

अफगानिस्तान के पुनर्निर्माण में चीन-भारत सहयोग

अफगानिस्तान के पड़ोसी राष्ट्र होने के नाते, अफगानिस्तान से अमेरिकी सेना को वापस बुलाने के बाद चीन और भारत पहली पंक्ति में सीधे खड़े हैं। चूंकि चीन और भारत के मजबूत आर्थिक संबंध हैं, इसलिए अफगानिस्तान के पुनर्निर्माण में इन दोनों देशों के लिए एक-दूसरे के साथ सहयोग करना मुश्किल नहीं होगा। साथ ही, यह सहयोग इस क्षेत्र पर पश्चिमी दुनिया के प्रभाव को आवश्यक रूप से कमजोर करने के लिए क्षेत्रीय शक्तियों की ताकत को प्रतिबिंबित करेगा।

विश्लेषण से, चीन और भारत दोनों ने अपने हितों को ध्यान में रखते हुए अफगानिस्तान के पुनर्निर्माण में एक महत्वपूर्ण भूमिका निभाई है। अफगानिस्तान के साथ क्षेत्रीय सहयोग के संबंध में चीन और भारत के सामान्य हित इस तथ्य में निहित हैं कि दोनों पक्षों को

अफगानिस्तान में एक सुरक्षित और स्थिर दशा की आवश्यकता है और वे नहीं चाहते कि अफगानिस्तान भविष्य में आतंकवादी संगठनों के लिए पनाहगाह बन जाए। भारत का मानना है कि अफगानिस्तान के पुनर्निर्माण की प्रक्रिया में, इसकी सुरक्षा एक पूर्ण आवश्यकता है। यदि अफगानिस्तान अस्थिर है तो अफगानिस्तान में हर निवेश और प्रयास व्यर्थ होगा।

द्वितीय, चीन और भारत दोनों इस क्षेत्र में अन्य देशों के साथ सहयोग करना चाहते हैं। वर्तमान समय में, अफगानिस्तान की सहायता और अपनी सुरक्षा की गारंटी के अलावा, अफगानिस्तान के प्रति भारत की नीतियों का उद्देश्य इस क्षेत्र में किसी अन्य देश के प्रभाव को पूरी तरह से परेशान करना नहीं है। एक पूर्व भारतीय राजनयिक ने कहा कि भारत ने अपने हितों के लिए क्षेत्रीय सहयोग के लिए अफगानिस्तान को स्थिर करने और एकीकृत करने में मदद की है। इसके अलावा, भारत की भारत के खिलाफ अफगानिस्तान में होने वाले आतंकवादी हमलों का सामना करने की भी मजबूत इच्छा है। इसी समय, कुछ विशेषज्ञों ने बताया कि, भारत के लिए, मध्य एशिया की नीति को इस क्षेत्र में वर्चस्व की खोज नहीं करनी चाहिए, लेकिन मध्य एशिया की वर्तमान नीति को इस क्षेत्र में शक्ति संरचना के साथ साझेदारी करनी चाहिए।

2014 में, सोची में अफगान राष्ट्रपति हामिद करज़ई से मुलाकात करते हुए शी जिनपिंग ने जोर देकर कहा कि चीन राष्ट्रीय स्वतंत्रता, संप्रभुता, और क्षेत्रीय अखंडता की रक्षा के लिए अफगान का समर्थन करेगा और मित्रता के नवीनीकरण की प्रक्रिया में 'अफगानिस्तान के प्रभुत्व वाले लोगों' का समर्थन करेगा। चीन क्षेत्रीय आर्थिक सहयोग के लिए एकीकरण में अफगानिस्तान का समर्थन करता है (Liu Xiao Ming 2014)।

अंततः, समष्टि स्तर पर ऐतिहासिक कारणों की वजह से, चीन-भारतीय संबंधों में भू-राजनीतिक दृष्टिकोण से अनसुलझे सीमा विवाद जैसे कुछ संवेदनशील समस्याएं विद्यमान हैं। हालांकि, यह सहयोग के विरुद्ध बिल्कुल नहीं है। चीन और भारत अब अपनी अर्थव्यवस्थाओं के विकास पर अधिक ध्यान दे रहे हैं। वे दोनों घरेलू अर्थव्यवस्था के विकास के लिए प्रतिबद्ध हैं। भविष्य में द्विपक्षीय संबंधों के विकास में प्रतिस्पर्धा और टकराव मुख्य तराने नहीं हैं। इसलिए विश्लेषण से यह स्पष्ट है कि जहां तक अफगानिस्तान के भविष्य का सवाल है, चीन और भारत स्वयं को शून्य-संचय खेल (zero-sum game) में नहीं देख पाएंगे, बल्कि इसमें एक-दूसरे के सहयोग के साथ-साथ एक-दूसरे के व्यापक हित शामिल होंगे।

अफगानिस्तान में चीन-भारतीय सहयोग से लाभ

सबसे पहले, आर्थिक हितों के दृष्टिकोण से, चीन और भारत दोनों को अफगानिस्तान में निवेश वातावरण की स्थिरता सुनिश्चित करने और निवेशकों तथा नागरिकों की रक्षा के लिए सहयोग के बिंदुओं की खोज करनी चाहिए। अफगानिस्तान प्राकृतिक संसाधनों

में समृद्ध है और उभरते विकासशील देशों के रूप में चीन और भारत को घरेलू आर्थिक विकास का समर्थन करने के लिए संसाधनों की आवश्यकता है। अफगानिस्तान में अपने निवेश के संदर्भ में भारत और चीन एक दूसरे के साथ प्रतिस्पर्धा कर सकते हैं और यह इन दोनों देशों के मध्य संघर्ष का कारक भी हो सकता है। हालांकि, अभी के लिए, अफगानिस्तान की सुरक्षा के बारे में मुख्य रूप से चिंता एक ओर गंभीर समस्या है। अगर अफगानिस्तान की सुरक्षा की स्थिति बिगड़ती है, तो दोनों देश अफगानिस्तान में निवेश में हितों को खो देंगे जो बदले में चीन और भारत की आर्थिक प्रगति में बाधा डालेंगे। इसीलिए, इन दोनों देशों को अफगानिस्तान में सुरक्षा चिंताओं को मजबूत करने के साथ-साथ चीन तथा भारत की बेहतर आर्थिक संभावना के लिए स्थिर निवेश वातावरण बनाए रखने की कोशिश करनी चाहिए।

एक ही समय में, दोनों देश आधारभूत संरचना के निर्माण से एक-दूसरे को लाभ पहुंचा सकते हैं, उदाहरण के लिए, सड़क का निर्माण, जो 'सबके फायदे के सौदे' ('win-win' strategy) की स्थिति को प्राप्त कर सकता है, यह सुनिश्चित करना कि सभी को अफगानिस्तान के संसाधनों से लाभान्वित किया जा सके। दूसरा, आर्थिक हितों के अलावा, गैर पारंपरिक सुरक्षा के कारकों पर चीन-भारतीय सहयोग की भी आवश्यकता है। चीन और भारत दोनों अब ऐसे कारकों के खतरे का सामना कर रहे हैं। युद्ध के कारण, अफगानिस्तान ने लंबे समय तक ड्रग्स और शरणार्थियों की गंभीर समस्याओं का सामना किया है। शिक्षा और स्वास्थ्य सेवा प्रणाली भी काफी पिछड़ी हुई है। यह अफगानिस्तान में चीन-भारतीय सहयोग के लिए अवसर प्रदान करता है। ड्रग तस्करी ने चीन की पश्चिमी सीमा की सुरक्षा को जोखिम में डाला है। भारत और चीन दोनों के लिए, यहां आतंकवाद में 'अधिप्लावन प्रभाव (Spillover effect)' का खतरा है। इसलिए, गैर पारंपरिक सुरक्षा के क्षेत्र में सहयोग के माध्यम से, चीन और भारत अफगानिस्तान में स्थानीय लोगों का विश्वास जीत सकते हैं, जो बहुत महत्वपूर्ण है और अफगानिस्तान में आर्थिक निवेश का आधार है। एक ही समय पर, चीन और भारत सहयोग के माध्यम से पारस्परिक विश्वास के स्तर में सुधार कर सकते हैं (Hornung 2012)।

अफगानिस्तान में सांस्कृतिक आदान-प्रदान के दृष्टिकोण से, भारत और चीन के पास निश्चित सहयोग के लिए स्थान है। चौथी शताब्दी बीसी में, चीनी रेशम को भारत में पहली बार आयात किया गया और दूसरी शताब्दी बीसी में चीन के रेशम को भारत से अफगानिस्तान में प्रेषित किया गया था। चीन, भारत और अफगानिस्तान प्राचीन काल के रेशम मार्ग पर विद्यमान देश हैं, जिनके साथ प्रतिच्छेदन का इतिहास रहा था। इसलिए दोनों देश अफगानिस्तान के पुरातात्विक व्यवसाय को पुनःबहाल करने, देश के पर्यटन उद्योग को पुनर्जीवित करने, स्थानीय लोगों के लिए रोजगार को बढ़ाने, दोनों देशों के मध्य सहयोग तथा संचार को मजबूत करने और भू-रणनीतिक विचार की अपेक्षा

भू-राजनीतिक सभ्यता का उपयोग करने के लिए अपने सांस्कृतिक और ऐतिहासिक संबंधों का उपयोग साथ-साथ कर सकते हैं।

इसके अलावा, चीन और भारत दोनों क्षेत्रीय शक्ति के रूप में, बहुपक्षीय मंच को बढ़ावा देने के लिए, द्विपक्षीय सहयोग के माध्यम से कंधे पर जिम्मेदारी लेकर क्षेत्रीय स्थिरता के लिए समन्वयक की एक महत्वपूर्ण भूमिका निभा सकते हैं। तथ्यों ने प्रमाणित कर दिया है कि बल द्वारा समस्या का समाधान नहीं किया जा सकता। क्षेत्रीय वार्ता एक कुंजी के समान है और सार्क (दक्षिण एशियाई क्षेत्रीय सहयोग संघ) तथा शंघाई सहयोग संगठन (एससीओ) को 2014 के बाद अफगानिस्तान के बारे में चर्चा को बढ़ावा देने के लिए और अधिक शक्ति का उपयोग करना चाहिए तथा बड़ी भूमिका निभानी चाहिए। अफगानिस्तान की समस्याओं का समाधान करने के लिए एससीओ महत्वपूर्ण ध्यान दे रहा है। चीन, रूस, और मध्य एशिया के चार राज्य एससीओ के सदस्य राष्ट्र हैं। 24 जून 2016 को भारत और पाकिस्तान ने ताशकंद में दायित्वों के ज्ञापन पर हस्ताक्षर किए, जिससे एससीओ में पूर्ण सदस्य के रूप में शामिल करने की औपचारिक प्रक्रिया शुरू हो गई। अफगानिस्तान भी एससीओ का एक पर्यवेक्षक राष्ट्र है। यह चीन और भारत को अफगानिस्तान में एक दूसरे का सहयोगी बनने के लिए एक मंच प्रदान करता है। अफगानिस्तान की समस्या का समाधान करने के लिए एससीओ द्वारा विचारित किए गए पांच पहलू इस प्रकार हैं:

- प्रथम, अफगानिस्तान की समस्या का समाधान करने के लिए एक पूर्ण आभास क्षेत्रीय स्थिरता, विश्व शांति और एससीओ के स्वस्थ विकास तथा संभावनाओं को बनाए रखने के लिए अत्यंत महत्वपूर्ण है क्योंकि प्रत्येक सदस्य देश की राष्ट्रीय सुरक्षा दांव पर खड़ी है।
- द्वितीय, संगठन तथा अन्य अंतरराष्ट्रीय संगठनों और देशों के ऐसे सदस्यों को समर्थन प्रदान करना जो अफगानिस्तान को आर्थिक सहायता प्रदान करने में शामिल है।
- तृतीय, अफगानिस्तान की समस्या का समाधान करने की प्रक्रिया में संयुक्त राष्ट्र को प्रमुख भूमिका निभानी चाहिए। संयुक्त राष्ट्र के नेतृत्व में अन्य अंतरराष्ट्रीय संगठन और राष्ट्रीय संघ होंगे और अफगानिस्तान की स्थिरता तथा आर्थिक पुनर्निर्माण को बढ़ावा देने में शामिल होंगे।
- चतुर्थ, सैन्य संसाधन अकेले अफगानिस्तान की समस्या का समाधान नहीं कर सकते; अफगानिस्तान में शांति के लिए एक राजनीतिक समाधान मूल रूप से आवश्यक है।
- पंचम, एससीओ का मानना है कि अफगान के पुनःनिर्माण की प्रक्रिया अफगानिस्तान के लोगों द्वारा होनी चाहिए। इसलिए, भविष्य में एससीओ अफगानिस्तान की समस्याओं का समाधान करने के लिए एक अच्छे मंच के रूप में कार्य कर सकता है।

अब, चीन और भारत क्षेत्रीय सुव्यवस्था पर चर्चा करने तथा अफगानिस्तान के भविष्य पर विचार करने वाले हितधारकों को मंच प्रदान करने के लिए बैठकों की एक श्रृंखला पर संयुक्त रूप से क्षेत्रीय प्रभाव का उपयोग कर सकते हैं। उदाहरण के लिए, 2013 में, चीन और भारत ने सफलतापूर्वक अंतरराष्ट्रीय सम्मेलन का आयोजन किया; बीजिंग में पहला चीन-भारत-अफगानिस्तान संवाद आयोजित किया गया था। फिर, नवंबर 2013 में रूस, भारत, और चीन के विदेश मंत्रियों की 12 वीं बैठक नई दिल्ली में आयोजित की गई जहां तीनों मंत्री एक महत्वपूर्ण आम सहमति तक पहुंचे। मंत्रियों का मानना है कि तीनों देश अफगानिस्तान में कई आम हित साझा करते हैं और एशिया तथा यूरोप में शांति और स्थिरता के लिए भी महत्वपूर्ण भूमिका निभाते हैं। अफगानिस्तान के पुनर्निर्माण की प्रक्रिया में चीन, भारत और रूस एक दूसरे के अनिवार्य भागीदार हैं।

अंत में, अफगानिस्तान के प्रति भारत और चीन के सकारात्मक दृष्टिकोण ने अन्य देशों को अफगानिस्तान के पुनर्निर्माण की प्रक्रिया में भाग लेने के लिए भी प्रोत्साहित किया है। विशेष रूप से, इस संदर्भ में पाकिस्तान की भागीदारी बहुत महत्वपूर्ण है। भौगोलिक कारकों ने इस मुद्दे में लंबे समय तक एक महत्वपूर्ण भूमिका निभाई है। पाकिस्तान ने अफगानिस्तान पर प्रभाव बढ़ाने की कोशिश की है। अस्थिरता में वृद्धि से अफगानिस्तान में तालिबान का अधिक प्रभाव हो सकता है। विशेष रूप से डूरंड लाइन, पाकिस्तान और अफगानिस्तान के मध्य अंतरराष्ट्रीय सीमा भारत के लिए एक बड़ा खतरा है। एक स्थिर अफगानिस्तान के लिए, पाकिस्तान की भागीदारी अनिवार्य है।

चीन पाकिस्तान के साथ मैत्रीपूर्ण संबंधों का उपयोग कर सकता है। चीन को अफगानिस्तान के पुनर्निर्माण की प्रक्रिया में पाकिस्तान को सक्रिय भूमिका निभाने देना चाहिए। यह चीन, भारत, और पाकिस्तान के मध्य पारस्परिक विश्वास को मजबूत करेगा, जो बदले में क्षेत्र को ओर अधिक स्थिर बना देगा (Li Tao 2013)।

अफगानिस्तान में चीन-भारत सहयोग के समक्ष चुनौतियां

अफगानिस्तान में चीन-भारत सहयोग अभी भी कई चुनौतियों और अनिश्चितताओं का सामना कर रहा है। यद्यपि अफगानिस्तान के दोनों देशों के मध्य सहयोग के कई अवसर हैं, लेकिन कुछ ऐसे मुद्दे और चिंताएं हैं जिनका समाधान करने की आवश्यकता है। प्रथम, अमेरिकी बल वापस बुलाने के बाद, अफगानिस्तान में सुरक्षा की स्थिति अनिश्चित है। हाल ही में, इराक में इस्लामी चरमपंथियों के पुनःविकास के साथ, इस्लामी चरमपंथ का खतरा सामने आया है। अमेरिकी सरकार, सेना, और कुछ मुख्य महत्वपूर्ण थिंक टैंक की रिपोर्टों ने बताया कि अफगानिस्तान के भविष्य को गंभीर चुनौतियों का सामना करना पड़ रहा है। रिपोर्टों ने सबसे बुरी स्थिति की संभावना को भी खारिज नहीं किया।

2014 में ड्रग्स एंड क्राइम आंकड़ों पर संयुक्त राष्ट्र कार्यालय ने आगे कहा कि अफगान ड्रग की खेती 2013 की तुलना 7 प्रतिशत की वृद्धि के साथ 224,000 हेक्टेयर तक की उच्चतम ऊंचाई तक पहुंच गई है।[1] इसलिए अफगानिस्तान की अस्थिरता का भविष्य में अफगानिस्तान के पुनर्निर्माण में चीन और भारत के भाग लेने पर बहुत नकारात्मक प्रभाव हो सकता है।

द्वितीय, अफगानिस्तान बाहरी शक्तियों के प्रभाव से प्रभावित है। चूंकि संयुक्त राज्य अमेरिका ने अफगानिस्तान में आतंकवाद के खिलाफ युद्ध शुरू किया था, अफगानिस्तान के बाहर बहुराष्ट्रीय कंपनियों के मध्य प्रतिस्पर्धा को रखा गया है। अमेरिका की वापसी के बाद, अफगानिस्तान के बाहर हितधारक देशों के मध्य ओर अधिक भयंकर प्रतिस्पर्धा होगी। 31 सितंबर 2014 को, संयुक्त राज्य अमेरिका और अफगानिस्तान ने द्विपक्षीय सुरक्षा समझौते पर हस्ताक्षर किए। संयुक्त राज्य अमेरिका अफगानिस्तान में कानूनी आधार प्रदान करना जारी रखेगा। परिणामस्वरूप, संयुक्त राज्य अमेरिका मूल हित में विद्यमान रहेगा।

तृतीय, 21 सितंबर, 2014 को, अफगानिस्तान के स्वतंत्र चुनाव आयोग ने पूर्व वित्त मंत्री अशरफ घनी को अफगानिस्तान के राष्ट्रपति के रूप में घोषित किया। इसलिए घरेलू राजनीतिक समन्वय जैसी नई सरकार की नीति अफगानिस्तान के भविष्य को प्रभावित करेगी। अंत में, अफगानिस्तान में चीन-भारतीय सहयोग को अन्य कारकों द्वारा भी चुनौती दी जाएगी, जिसमें चीन-पाकिस्तान संबंधों, चीन-पाकिस्तान संबंधों और भारत-पाकिस्तान संबंधों जैसे महान शक्तियों के मध्य भविष्य के संबंध शामिल हैं।

निष्कर्ष

इस प्रकार, यह स्पष्ट है कि अफगानिस्तान में चीन और भारत के हितों का एक उल्लेखनीय सम्मिलन है (Shisheng Hu et al. 2014)। दोनों देशों का मानना है कि अफगानिस्तान का पुनर्वास अफगान के नेतृत्व में होना चाहिए। अफगानिस्तान में महत्वपूर्ण आर्थिक क्षमता है जो विद्रोहियों के प्रभुत्व वाले अपने क्षेत्रों के कारण काफी हद तक निर्बाध है। चीन और भारत अफगानिस्तान के संसाधनों के प्रमुख संभावित निवेशकों और उपभोक्ताओं में से हैं और अफगानिस्तान को अपनी अर्थव्यवस्था की समृद्धि के लिए अपनी प्राकृतिक संपत्ति निर्यात करने की जरूरत है। चीनी और भारतीय सरकारों तथा निवेशकों दोनों ने खनन, हाइड्रोकार्बन, आधारभूत संरचना के विकास, तथा अन्य क्षेत्रों में संभावनाओं के संदर्भ में अफगानिस्तान में अपने हितों को दिखाया है। इसलिए, दोनों देशों को प्रगति के लिए रणनीतियों को विकसित करने के लिए अफगानिस्तान के साथ काम करना चाहिए। हालांकि चीन और भारत दोनों ने अफगानिस्तान के राष्ट्रीय सुरक्षा बल (एएनएसएफ) का समर्थन और उन्हें प्रशिक्षित किया है, लेकिन उन्हें इस संबंध में अफगानिस्तान के सुरक्षा मुद्दों

के लिए भविष्य में महत्वपूर्ण योगदान देना होगा। फिर भी, चीन और भारत सभी सुरक्षा-संबंधी चिंताओं पर कभी-कभी सहमत नहीं भी हो सकते हैं। हालांकि, अफगानिस्तान से संयुक्त राज्य अमेरिका और नाटो (उत्तरी अटलांटिक संधि संगठन) के सैन्य दल के बाहर निकलने से भारत और चीन के मध्य सामरिक सहयोग को जगह मिलती है। लेकिन दोनों राष्ट्र अफगानिस्तान में सुरक्षा मुद्दों और घरेलू स्थिरता से भययुक्त हैं क्योंकि वे नहीं चाहते कि सैनिकों को वापस बुलाने के बाद अफगानिस्तान इस्लामी आतंकवादी समूहों के लिए पनाहगाह में बदल जाए। इसलिए इस बात के बारे में कुछ अनिश्चितता है कि कैसे दोनों देश अवसरों पर पूंजीकरण करने और नाटो तथा पश्चिमी हितों के साथ अफगानिस्तान में सहयोग करने में सक्षम होंगे। फिर भी, ये दो उभरती एशियाई महाशक्ति क्षेत्रीय खिलाड़ियों के रूप में होगी जो अफगानिस्तान की समस्याओं का समाधान करने में सक्षम है जिससे देश को एक समृद्ध और स्थिर भविष्य की ओर बढ़ने में मदद मिलती है।

टिप्पणी

1. United Nations Office on Drugs and Crime (UNODC) द्वारा, अफगान अफीम सर्वेक्षण में बताया गया है कि 2014 में रिकॉर्ड-ब्रेकिंग 224,000 हेक्टेयर खेती की गई थी, जिसमें 2013 के आंकड़े की तुलना में 7 प्रतिशत की वृद्धि हुई थी। Available at https://www.theguardian.com/news/datablog/2014/nov/12/opium-harvest-afghanistan-record-levels-after-troop-withdrawal (accessed on 12 November 2014).

संदर्भ

Hornung, Jeffrey W. 2012. 'Why China Should Do More in Afghanistan'. *The Diplomat*. Available at http://thediplomat.com/2012/08/why-china-should-do-more-in-afghanistan/ (accessed on 1 August 2012).

Hu Shisheng, Sawhney, R.K. and Pantucci, R. 2014. 'A Roadmap for Sino-Indian Cooperation in Afghanistan'. Available at http://www.vifindia.org/article/2014/july/01/a-roadmap-for-sino-indian-cooperation-in-afghanistan (accessed on 25 April 2015).

Li Tao. 2013. 'The Situation in Afghanistan after the American Withdrawal and the Role of China and India'. *South Asia Research Quarterly*.

news.qq.com. 2014. 'Afghanistan's new President's Visit to China and China Will Provide $2 billion of aid'. Available at http://news.qq.com/a/20141029/028818.htm (accessed on 29 October 2014).

Liu Xiao Ming. 2014. 'Xi Jinping Met with Afghan President Hamid Karzai'. *Xinhuanet*. Available at http://news.xinhuanet.com/2014-02/08/c_119234704.htm (accessed on 8 February 2014).

Pantucci, Raffaello. 2013. 'China's Afghanistan Challenge'. *The Diplomat*. Available at http://thediplomat.com/2013/04/chinas-afghanistan-challenge/ China's Afghanistan Challenge (accessed on 5 April 2013).

Xinhua. 2013a. 'China, Afghanistan Agree to Strengthen Ties'. Available at http://en.people.cn/90883/8411495.html (accessed on 26 September 2013).

———. 2013b. 'What Will You Bring Economic Belt "Silk Road"'. Available at http://news.xinhuanet.com/globe/2013-10/05/c_132773983.htm (accessed on 5 October 2013).

Zhang Chunyan and Zhu Yufan. 2013. 'The Afghan Strategic Partnership of India: Progress, Effect and Prospect'. *South Asia Research Quarterly*.

Zhao Yanrong. 2014. 'Xi Meets Karzai in Sochi'. *China Daily*. Available at http://europe.chinadaily.com.cn/china/2014-02/09/content_17273016.htm (accessed on 9 February 2014).

भाग II
अर्थव्यवस्था और व्यापार: तुलनात्मक केंद्र

10 वैश्वीकरण के लिए विभिन्न मार्ग

भारत-चीन की कहानी

Sriparna Basu

परिचय

एक जटिल और बहु-आयामी प्रक्रिया के रूप में, वैश्वीकरण ने हमेशा मिश्रित प्रतिक्रियाओं को उत्पन्न किया है। पिछले दो दशकों से वैश्वीकरण को दो अलग-अलग नज़रियों से देखा गया है। एक परिप्रेक्ष्य यह है कि वैश्वीकरण आम तौर पर सोचे जाने से बहुत पहले ही आरंभ हो गया था और अप्रत्याशित मार्ग अपना लिया था; हम सोचने के आदी हैं, उदाहरण के लिए, पश्चिमी आविष्कार के रूप में पूंजीवाद और मुक्त बाजार दर्शन के बाद इसे एशिया और दुनिया के अन्य भागों में प्रत्यारोपित या अधिरोपित किया गया। लेकिन ऐतिहासिक शोध ने चीनी दार्शनिक Lao Tze के कार्य *Tao Te Ching*, से पहले ही मुक्त बाजार अर्थशास्त्र के संस्थापक सिद्धांतों का पता लगाया है।[1] इस परिप्रेक्ष्य से, वैश्वीकरण पहले से विद्यमान आर्थिक और सामाजिक स्वरूप में एक सुधार है (Bayly 2004; Chanda 2007)। वैश्वीकरण के बारे में दूसरी धारणा यह है कि यह तकनीकी क्रांति और उत्तर-राष्ट्रीय विश्व व्यवस्था में वस्तुओं, सेवाओं, लोगों और सांस्कृतिक व्यवहार के प्रवाह सहित पूंजी के वैश्विक पुनर्गठन का एक उत्पाद है (Appadurai 1996; Castells 1991; Lash and Urry 1994)। इस बाद के परिप्रेक्ष्य में, यहां विचारों का विभाजन है। कुछ वैश्वीकरण को सभी क्षेत्रों और जीवन के क्षेत्रों पर पूंजी तथा बाजार के वैश्विक पूंजीवाद और पश्चिम प्रेरित नव-साम्राज्यवाद के लिए एक तर्क के रूप में देखते हैं और स्थानीय

संस्कृतियों तथा जीवन के तरीकों को मुद्रित करने वाले सजातीय मानकों को लागू करते हैं (Bourdieu and Wacquant 1999; Harvey 1989; Jameson 1991; Mander and Goldsmith 1996; Soja 1989; Steger 2005; Stiglitz 2002)। दूसरों के लिए, यह आधुनिकीकरण की अपरिवर्तनीय निरंतरता है, जो आर्थिक, राजनीतिक, और सांस्कृतिक विकल्पों के साथ-साथ विविधता को जन्म देती है (Friedman 1999; Fukuyama 1992)।

इस प्रकार प्रत्येक दृष्टिकोण, आलोचनात्मक रूप में हवा का रुख बदल देता है-जबकि वैश्वीकरण के क्रांतिकारी तर्क को वैश्वीकरण के चित्रण द्वारा प्राचीन काल से चल रही घटना के रूप में संतुलित किया जाता है, सामाजिक और आर्थिक निर्धारणा जिसे आलोचकों ने पढ़ा है, लोकतांत्रिक विकल्पों के लिए वैश्वीकरण कार्य की दृष्टि से इसे चुनौती दी जाती है। इसलिए, इस पॉइंट-काउंटरपॉइंट से जो उभरता है, वह स्पष्ट संकेत है कि वैश्वीकरण को मात्र एक मार्ग के रूप में वर्णित नहीं किया जा सकता। उत्तर-विश्व व्यापार संगठन (डब्ल्यूटीओ) और शुल्क तथा व्यापार शासन पर सामान्य समझौते हाल ही में आर्थिक वैश्वीकरण न्यायप्रिय हैं, जबकि राजनीतिक और दार्शनिक उधार के संदर्भ में वैश्वीकरण एक पुरानी घटना है। दूसरा, भूमंडलीकरण के तहत प्राधिकरण के नुकसान से गुजरने वाले राष्ट्र-राज्यों के बारे में आलोचकों द्वारा प्रकट की गई चिंता के बावजूद, एक समान तर्क दिया जा सकता है कि यह वैश्वीकरण के लिए कई विकल्प या मार्ग पेश कर सकता है; और आधुनिक राज्य अपने तरीके से वैश्वीकरण का प्रबंधन और सहयोगित करने के लिए शक्ति और स्वायत्तता का उपयोग कर सकते हैं। जैसा कि Panitch (1994, 64) द्वारा तर्क दिया गया है, वैश्वीकरण राज्यों में (एवमेव), के द्वारा, की देखरेख में, संरक्षण के लिए हो सकता है; इसे उनके द्वारा लिखित महत्वपूर्ण सम्मानों में कूटलेखन किया गया है। वैश्वीकरण का यह पुनर्लेखन निश्चित रूप से चीन और भारत से जुड़ा मामला है, जो एशिया की दो सबसे बड़ी उभरती अर्थव्यवस्थाएं हैं।

इतिहास में चीन और भारत आक्रामक औपनिवेशिक शक्तियों के विरुद्ध अपने संघर्ष के संदर्भ में एक समान स्थितियाँ साझा करते हैं। अतीत में, दोनों देशों को सम्मानित किया गया है और फिर पश्चिमी इतिहास लेखन में उन्हें बुरा कहा गया है; 20 वीं शताब्दी में दोनों राष्ट्र प्रमुख राजनीतिक परिवर्तनों से गुजरते हुए राजनीतिक और आर्थिक संप्रभुता के लिए लंबे संघर्ष के बाद स्वतंत्र राष्ट्र-राज्यों के रूप में उभरे थे और दोनों स्वयं के प्रतिनिधित्व और प्रगति की धारणाओं के बीच काफी अंतर-विमर्श कर रहे थे। इस निबंध का तर्क है कि चीन और भारत द्वारा अपनाए गए मार्ग वास्तव में अपनी स्वयं की आधुनिकताओं द्वारा तैयार तथा उत्पादित किए जाते हैं। लेकिन आधुनिक भारत पर आधुनिक चीन ने सांस्कृतिक/सभ्यतागत प्रभाव डाला है, जिस पर अधिक ध्यान नहीं दिया गया है और जांच के योग्य है।

मैं तीन प्रमुख क्षेत्रों के आसपास चर्चा को संयोजित करता हूँ: मैं पश्चिमी इतिहास लेखन में चीन और भारत के प्रतिनिधित्व की समीक्षा के साथ शुरू करता हूँ; इसके पश्चात मैं उन ऐतिहासिक स्मरणों की खोज करता हूँ जो भारत और चीन के आत्म-प्रतिनिधित्व में सामने आते हैं क्योंकि उन्होंने आधुनिक राज्यत्व में अपना संक्रमण किया है; और अंततः मैं दिखाता हूँ कि 1970 के दशक के उत्तरार्ध में चीन और 1990 के दशक की शुरुआत में भारत में वैश्विक आर्थिक व्यवस्था में एकीकृत होने के आधार पर विकास के प्रारूप में, चीन तेजी से औद्योगिकीकरण की क्षमता का प्रदर्शन कर रहा है, जिसका भारत पर महत्वपूर्ण प्रभाव पड़ा क्योंकि यह आवेगों में सिंचित किया गया, जिसका परिणाम आधुनिक भारत के प्रारंभिक वर्षों की विशेषता वाले आत्मनिर्भरता और स्वाधीनता के नेहरूवादी सिद्धांतों में विराम होना है।

उदय और पतन

वालरस्टीन और ब्रौदेल ने दृढ़ता से तर्क दिया है कि आधुनिक इतिहास के लिए विकास के क्षण विश्व आर्थिक प्रणाली में थे, जो 1800 के बाद एशिया में उभरे और तत्पश्चात यूरोप में स्थानांतरित हो गए (Wallerstein 1974; Braudel 1982)। 17वीं और 18वीं सदी में व्यापार और वाणिज्य के लिए एक मजबूत प्रतियोगी के रूप में यूरोप के उद्भव से पहले, चीन और भारत ने इस प्रदर्शन का वैश्विक आर्थिक शक्तियों के रूप में नेतृत्व किया (Frank 1998)। आर्थिक इतिहासकार एंगस मैडिसन के अनुसार, 1600 में चीन और भारत दोनों ने विश्व सकल घरेलू उत्पाद में 50 प्रतिशत से अधिक का योगदान दिया। कन्फ्यूशियस क्लासिक्स को फ्रांसीसी क्रांति के अग्रदूतों जैसे वोल्टेयर, रूसो और डाइडरॉट (Needham 1969, 90) द्वारा उनकी तर्कसंगतता के लिए घोषित किया गया था और यूरोप में चीन को शासन के एक तर्कसंगत प्रारूप को स्वीकार करने के रूप में जाना जाता था, जिसके लिए इसकी आर्थिक समृद्धि को जिम्मेदार ठहराया जा सकता था (Fuchs 2006)। मुगल साम्राज्य के दौरान भारत अपने शिल्प के लिए जाना जाता था। इसके पास कृत्रिम बाजार, साख और पूंजी होने की प्रतिष्ठा थी। ब्रौदेल के अनुसार, सदियों से भारत आंशिक रूप से भूमध्यसागरीय दुनिया के साथ अपने संबंधों के माध्यम से, 'मुद्रा अर्थव्यवस्था के अधीन' था, और 'कंबय (गुजरात), ऐसा कहा जाता था कि अदन और दूसरी तरफ मलक्का की तरफ अपनी भुजाएँ फैलाकर ही केवल जीवित रह सकता था (Braudel 1982, 528)। भारतीय वस्त्र उद्योग विश्व में सबसे उन्नत था; भारत में उत्पादित 'कैलिकोस' या मुद्रित कपड़े इंग्लैंड, फ्रांस, और हॉलैंड में बाजारों में फ़ैल गए (Tarlo 1996)। व्यापार के संदर्भ में भारत, एशिया में व्यापार और आर्थिक महाशक्ति के रूप में चीन के बाद दक्षिणपूर्व एशिया, एक सापेक्ष पिछड़ा हुआ क्षेत्र, के साथ दूसरे स्थान पर था।

हालांकि, 19वीं शताब्दी की शुरुआत में, आधुनिक यूरोप के आरंभ में आयोजित उन्नत सभ्यताओं के रूप में चीन और भारत की धारणा दूसरे चरम पर पहुंच गई थी, ताकि उन्हें बिना किसी महत्वपूर्ण अतीत या भविष्य के प्रस्तुत किया जा सके। Hegel (2004, 29) के लिए, एशियाई समाजों, विशेष रूप से भारत लेकिन चीन भी, 'स्थैतिक' थे: उनमें यूरोपीय इतिहास में गतिशीलता और प्रगति को देखने की योग्यता की कमी थी।[2] यह भारत के ब्रिटिश शासकों का भी दृष्टिकोण था: भारत की प्रगति और सभ्यता के लिए उनकी मौजूदगी आवश्यक थी।[3] एक आमूल परिवर्तनवादी विचारक के रूप में, मार्क्स ने उपनिवेशवाद के पीड़ितों के लिए काफी सहानुभूति महसूस की। फिर भी, उन्होंने 'उत्पादन की एशियाई पद्धति' को प्रस्तावित किया, जो एक ऐसे अर्थ में उत्पादन के तरीकों के मध्य अद्वितीय था, जो परिवर्तन के अधीन नहीं है, लेकिन उपनिवेशवाद जैसी बाहरी शक्ति द्वारा टूटने तक अनिश्चित काल तक चल सकता है। यह आर्थिक भाषा में हीगल के पुन: कथन की मात्रा है। यह इस प्रकार है, कि पटरी से उतरे एशियाई समाजों को इतिहास की पटरियों पर वापस लाने के लिए उपनिवेशवाद आवश्यक है: 'इंग्लैंड के अपराध जो भी रहे हों, वह क्रांति लाने में इतिहास का अचेत साधन था' (Marx 1853)।

1989 के उत्तरार्ध में, 20 वीं शताब्दी के चीन के पूर्व प्रतिष्ठित इतिहासकार जॉन के. फेयरबैंक, चीन में प्रथम ओपियम (अफ़ीम) युद्ध पर टिप्पणी करते समय (1839–42), जिसमें ब्रिटिश नौसेना द्वारा चीन की हार हुई और चीन के महत्वपूर्ण भागों के अर्द्ध औपनिवेशिक प्रभुत्व की शुरुआत की; पूर्व की निष्क्रियता बनाम पश्चिम की शक्ति के वर्चस्ववादी प्रतिमान को दोहराता है, जब वह कहता है:

> राजनयिक समानता और व्यावसायिक अवसर की मांग में, ब्रिटेन ने सभी पश्चिमी राज्यों का प्रतिनिधित्व किया, जो जल्द ही या बाद में एक समान चीजों की मांग कर चुके थे, अगर ब्रिटेन के पास नहीं था..... फिर भी संभवतः चीन-विदेशी युद्ध का कोई प्रकार शुरू हो गया होगा, पश्चिमी विस्तार की अनूठी शक्ति और चीनी संस्थानों के अचल जड़त्व को प्रदान की गई (Fairbank and Reischauer 1989, 277; Martinez-Robles 2008 में उद्धृत)।

इतिहास का पुनर्लेखन: राष्ट्र का जन्म

दिलचस्प बात यह है, कि हीगल और मार्क्स ने स्थिर भारत की भ्रामक छवियां प्रदर्शित की जो 'बाहरी इतिहास' था, जिसे भारतीय राष्ट्रवादियों ने एक स्वतंत्र और आत्मनिर्भर भारतीय स्थिति बनाने के लिए अपनाया था, लेकिन उन्हें पुनर्मूल्यांकन के माध्यम से रखा गया था। गांधी के अनुसार, 'भारत अचल रहता है और यह उसकी महिमा है' (गांधी 2008, 73)। इसी प्रकार, नेहरू ने गांधी के मद्देनजर भारत की 'अनियंत्रित और अपराजित' भावना भी कहा (नेहरू 1946, 563)। यदि पश्चिमी इतिहास लेखन ने भारत को एक गौरवशाली

अतीत से अपमानित करने के रूप में चित्रित किया है, तो भारतीय राष्ट्रवादी विचारों ने इस धारणा को अनिवार्य रूप से एक आवश्यक मोड़ दिया है, जो समान रूप से वही है, जो कि मुश्किलों और अशांति से गुजरने के बावजूद, औपनिवेशिक आक्रमण उनमें से एक था (Breckenridge and Van Der Veer 1993, 11)। भारत में जिस जड़ता का आरोप लगाया जाता है, वह इसके बजाय समानता और सहिष्णुता तथा स्वयं को सुधारने की क्षमता के रूप में माना जाता है, जिसने भारत को अपनी आंतरिक शक्ति को संरक्षित करने में सक्षम बनाया है।

इस पुनर्व्याख्या में, ऐतिहासिक प्रक्रिया में भारत का अपरिवर्तनीय चरित्र और भागीदारी की कमी उनकी प्राचीन आध्यात्मिकता का प्रतीक है, जो पश्चिम की भौतिक शक्ति से अधिक है। हिंद स्वराज में गांधी एक आदर्श भारत का चित्रण करते हैं, जिसमें एक दूसरे के साथ व्यापार और राजनीतिक आदान-प्रदान तथा शक्ति के केंद्र के बिना आत्मनिर्भर और आत्मसंयमी गांव शामिल होते हैं (गांधी 1909)। नेहरू ने अपने स्वायत्त और संगठित आदर्श गांव समुदायों में बसने वाले भारत के मूल के इस निर्माण में निकटता से गांधी का पालन किया है, जिन्होंने औपनिवेशिक शासन के विकल्प की पेशकश की है। भारतीय राष्ट्रवाद के विद्वान् द्वारा अपनाई गई इन आंतरिक रणनीति/दिशा-निर्देशों ने 1950 के दशक के मध्य में नेहरू के तहत स्थापित आर्थिक नियोजन और राजनीतिक रणनीति के एजेंडे में केंद्रीय तत्वों के रूप में स्वायत्त राष्ट्र और समाजवाद को बनाने के लिए मार्ग प्रशस्त किया होगा। तब एक मायने में, आत्मनिर्भर स्वायत्तता की सांस्कृतिक राष्ट्रवादी स्थिति आर्थिक राष्ट्रवाद के रूप में स्वाधीनता के साथ एक दूसरे के रूप में बदल गई, जिसने आर्थिक आत्म-स्वतंत्रता को अपवित्र प्रभाव के रूप में माना जाने वाले बाहरी संबंधों को जानबूझकर अस्वीकार करने के तरीके के रूप में कायम रखा। आरंभिक चरणों में, साहित्य में भारत की आर्थिक रणनीति की आंतरिक प्रकृति पर बहुत अधिक टिप्पणी की गई है (Jalan 1991, 13; Nayar 1997; Srinivasan and Tendulkar 2003)। आत्मनिर्भरता और भविष्य में स्थिरता लाने के लिए, आंतरिक ध्यान के साथ राज्य के स्वामित्व और प्रबंधित वाली स्वदेशी विनिर्माण का आधार बनाने पर जोर दिया गया था। इस प्रकार, राज्य निजी पूंजी के दायरे को सीमित करने वाला आर्थिक शक्ति का अंतिम निर्णायक था, जो कि भारतीय राष्ट्रवादी सोच द्वारा अपनाई गई निजी लालच की अर्ध-मार्क्सवादी धारणा पर वापस लौटकर आता है, हालांकि, पश्चिमी राष्ट्रों द्वारा प्राप्त भौतिक प्रगति के बजाय भारत का अंतिम गौरव अपने आध्यात्मिकता में है। इस प्रकार, यह 'आंतरिक रणनीति' भारतीय इतिहास की यूरो-केंद्रित छवियों के उत्सुक एकीकरण और भारतीय आध्यात्मिकता पर राष्ट्रवादी निर्धारण को स्वयं द्वारा परिभाषित दृष्टिकोण के रूप में निभाता हैं, जो भारत के अतीत की महान व्यापारिक शक्ति के रूप में उपेक्षा करता है।

चीन की राष्ट्रवादी कथाओं ने चीन के अतीत के पुनर्निर्माण में भी भाग लेते हुए चीन के अधिकांश इतिहास में चीन को एक महान और शक्तिशाली राष्ट्र के रूप में प्रस्तुत किया। चीनी राष्ट्रवादी दृष्टिकोण ने चीनी साम्राज्य के अधीन रहने वाले चीन के सहायक राज्यों की सूची के द्वारा चीन के दूरगामी भौगोलिक प्रभाव की पुष्टि की है। 1954 में चीनी पाठ्यपुस्तकों ने 1839 में ओपियम युद्ध और 1949 में इसके एक संप्रभु शक्ति के रूप में पुनर्जन्म के मध्य की अवधि के दौरान पश्चिमी और जापानी साम्राज्यवादी शक्तियों के हाथों में पीड़ित क्षेत्रीय हानि और चीन के परंपरागत भौगोलिक प्रभाव को दर्शाते हुए जीत का नक्शा बनाया (Garver 2001, 14–15)। इसका उद्देश्य माओ की सांस्कृतिक क्रांति के तर्क को मजबूत करना और अपमानजनक अतीत को मिटाकर इतिहास को फिर से बनाने के अपने प्रयासों के लिए लोकप्रिय समर्थन हासिल करना था।

भारत और चीन के ऐतिहासिक मार्गों को उनके राष्ट्र निर्माण के शुरुआती चरणों में अभिसरण करने के लिए देखा जा सकता है: दोनों राजनीतिक और आर्थिक स्वतंत्रता के लिए लंबे समय के संघर्ष के बाद स्वतंत्र गणराज्य के रूप में उभरे; दोनों का विकास अल्पविकस और बड़ी जनसंख्या तथा एक कृषि अर्थव्यवस्था सेट-अप द्वारा किया गया था जहां अधिकांश जनसंख्या निवास करती थी। चीन की शुरुआती आर्थिक और औद्योगिक रणनीति 1950 के दशक के आरंभ में भारत की तरह पश्चिम विरोधी और साम्राज्यवाद विरोधी विचारधारा से प्रेरित थी और व्यापक उद्योग उन्मुख विकास रणनीति को अपनाने पर आधारित थी (Lin, Cai and Li 1996, 203)। इस संबंध में भारत और चीन दोनों ने सोवियत संघ और उसकी समाजवादी विचारधारा से अपनी प्रेरणा चित्रित की। इसी तरह की रणनीति के माध्यम से नेहरू सोवियत संघ की आर्थिक उपलब्धियों से प्रभावित थे (Nayar 1997, 29)। चीनी नेतृत्व के लिए, 1930 के दशक में सोवियत संघ की राष्ट्र निर्माण क्षमता ने पश्चिमी बाजार अर्थव्यवस्थाओं में महामंदी के प्रति दृढ़ संकल्प प्रदान किया। इसके अलावा 1950 में कोरियाई युद्ध में चीन की भागीदारी के बाद, पश्चिमी देशों से व्यापार प्रतिबंध और अलगाव के परिणामस्वरूप, चीन को पूंजीगत वस्तुओं और सैन्य सामग्रियों के उत्पादन के लिए अपनी क्षमता के निर्माण के लिए प्रेरित किया गया (Lin, Cai and Li 1996, 204)। दोनों देशों द्वारा आर्थिक संप्रभुता प्राप्त करने के साधन के रूप में एक स्वायत्त बंद किया गया था, जहां राज्य मुख्य अंतरराष्ट्रीय आर्थिक प्रणाली से विराम में विकास के लिए प्राथमिक कर्ता बन गया।

वैश्वीकृत होते विश्व में

यह महत्वपूर्ण है कि चीन और भारत दोनों ने दबाव के अंतर्गत अपनी अर्थव्यवस्थाओं को उदार बनाया है। सोवियत प्रकार की नियोजित अर्थव्यवस्था के साथ चीन का ऐतिहासिक विराम और खुली बाजार-उन्मुख प्रणाली में संक्रमण को अक्सर 1949–76

से Mao Zedong के शासन से जुड़े पूर्व के विनाशकारी परिणामों के लिए जिम्मेदार ठहराया जाता है, जब चीन सामाजिक-राजनीतिक और आर्थिक संकट में फिसल गया।[4] भारतीय परिदृश्य में, अपनी बंद दरवाजा नीति की उत्पत्ति भारत के दीर्घकालिक आत्मनिर्भरता के लक्ष्य में है; 1966 के विदेशी मुद्रा संकट ने नियंत्रण तथा तापावरोधन और विदेशों से धन के सभी प्रवाहों के अविश्वास की दिशा में इस प्रवृत्ति को आगे बढ़ाया। आगामी परिणामों में निर्यात को कम कर देना, अंतरराष्ट्रीय प्रतिस्पर्धात्मकता में कमी, गुणवत्ता में गिरावट और उच्च लागत वाली संरचना (Banik and Bhaumik 2006, 86–88) थे। अंततः, 1991 में इसने गंभीर भुगतान संतुलन के संकट का रूप लिया, जिसमें विदेशी मुद्रा भंडार में जड़ता की नीति को तोड़ने और सुधार के लिए जगह बनाने के लिए मात्र दो सप्ताह में आयात के मूल्य को घटते देखा।

जब माओ की मृत्यु के बाद 1978 में Deng Xiaoping ने सत्ता संभाली, तब उन्होंने आर्थिक नीति में बदलावों के समानांतर व्यापक प्रशासनिक सुधारों की एक श्रृंखला बनाई, जैसे कि विचारधारात्मक तर्क की अपेक्षा अपनी तकनीकी विशेषज्ञता के आधार पर पार्टी में विशेषज्ञों की भर्ती करना। व्यवस्था में नौकरशाही की गड़बड़ी वरिष्ठ सदस्यों के लिए आजीवन कार्यकाल समाप्त करके कम हो गई थी और तीन से पांच साल की अनिवार्य अवधि के भीतर पार्टी के कार्यकर्ताओं को पॉलिटेक्निक या कॉलेज शिक्षा प्राप्त करना आवश्यक था (Khanna 2008, 41–42)। इस प्रकार, केवल पार्टी संबद्धता पर उद्यम और प्रदर्शन को प्राथमिकता दी गई है, जिसने कुशल श्रमिकों की एक नई पीढ़ी और प्रदर्शन की संस्कृति को जन्म दिया। मनमोहन सिंह के लिए, जिन्हें भारतीय अर्थव्यवस्था को खोलने का श्रेय दिया जाता है, मामले अधिक जटिल थे। सिंह के ऐतिहासिक 1991 के बजट को सत्तारूढ़ कांग्रेस पार्टी के भीतर ठंडा स्वागत मिला और उर्वरकों के लिए सब्सिडी को कम करने के सुझाव पर संसद के सदस्यों का एक बड़ा हिस्सा परेशान था, अन्य उपायों के बीच, जिसे उन्होंने चुनाव में उनके लिए वर्तनी के विनाश के रूप में माना (Jose 2011)। ऐसा नहीं है कि 1980 के दशक के दौरान भारतीय नीति निर्माताओं के लिए नीतिगत बदलाव की आवश्यकता स्पष्ट नहीं हुई थी, लेकिन अंतिम प्रणालीगत बदलाव चीन की दृश्यमान सफलता थी और सोवियत संघ के पतन की वजह से भारतीय योजना के लिए आधार प्रदान किया गया था (Bhagwati and Panagariya 2012, 34)।

प्रतिछाया का खेल (The Game of Shadows)

हालांकि यह सच है कि पश्चिम के सांस्कृतिक/सभ्यतागत प्रभाव ने आधुनिक भारतीय संस्थानों और पहचान की राजनीति को गंभीर रूप से प्रभावित किया है, भारत में ऐसे प्रभाव पर गहन विवाद रहा है, साथ ही चिंता से भरपूर है। आशीष नंदी ने स्वयं के भीतर

दूसरे के इस सिंड्रोम को बहुत उपयुक्त नाम दिया है-उन्होंने पश्चिम को अंतरंग दुश्मन के रूप में वर्णित किया है, जो भारतीय आत्म के अंतर्गत दर्ज है (मैंने ज़ोर दिया)। यदि पश्चिमी प्रभाव (वैश्वीकरण उनमें से एक है), चाहे अस्वीकार या स्वीकार किया गया हो, भारत में जोरदार बहस का निरंतर विषय है, जबकि दूसरे सांस्कृतिक प्रभाव पर आश्चर्यजनक रूप से बहस कम होती है, जो वर्षों से लगातार बढ़ता जा रहा है-चीन का प्रभाव। जबकि पश्चिम के साथ घनिष्ठता को चिंता के साथ एक पहेली माना सकता है, क्योंकि इसके साथ आर्थिक और सांस्कृतिक अंतर को संबंध के लिए बहुत अच्छा माना जाता है; वही दूसरी तरफ, चीन की भारत जैसी परिस्थिति बहुत पहले से नहीं थी और विश्व शक्ति के रूप में इसका उद्भव पश्चिम के गिरते आधिपत्य (Hegemony) का साक्षी है। शायद चीन की बढ़ती सैन्य शक्ति और विनिर्माण ने प्रेरणादायक मानदण्ड के रूप में व्यापक स्वीकृति प्राप्त की होगी।

चीन-भारतीय संबंध के आरंभिक चरणों में, नेहरू ने चीन तक बढ़ने के शुरुआती प्रयास किए; 30 दिसंबर, 1949 को भारत पीपुल्स रिपब्लिक ऑफ चाइना को मान्यता देने वाला दूसरा देश था। एशियाई संघ पर नेहरू के दृष्टिकोण, जिसमें भारत और चीन दो ध्रुव बन गए थे, ने जोर दिया कि एक समान सांस्कृतिक अतीत वाले एशियाई देशों को एक साथ काम करना चाहिए। इस अवधि के दौरान 'हिंदी चीनी भाई-भाई' (भारत और चीन भाई हैं) का लोकप्रिय नारा, इसके चीन की ओर भावनाओं की प्रबलता के आरंभ के लिए ऋणी है। नेहरू-गांधी परिवार के करीबी सहयोगी नटवर सिंह ने 1955 में सोवियत संघ की औपचारिक यात्रा के दौरान नेहरू और बुलगानिन के मध्य हुई बातचीत को याद किया: सुरक्षा परिषद के छठे सदस्य के रूप में भारत को स्वीकार करने के संयुक्त राज्य अमेरिका के प्रस्ताव और बुल्गारिया के प्रस्ताव को नेहरू ने बंद कर दिया और वह चाहते थे कि यह प्रस्ताव चीन जाए (Singh 2014, 121)। नेहरू ने चीन के विरुद्ध पहल के रूप में प्रस्ताव की व्याख्या की। आधी शताब्दी बाद, जब 2005 में यूएस-भारत परमाणु समझौते पर हस्ताक्षर किए गए, तब मनमोहन सिंह की अध्यक्षता वाली गठबंधन सरकार ने संसद में बहुमत खो दिया क्योंकि सीपीआई (एम) (कम्युनिस्ट पार्टी ऑफ इंडिया [मार्क्सवादी]), एक प्रमुख साझेदार, ने अमेरिका और भारत द्वारा चीन विरोधी पैंतरेबाज़ी के रूप में इस समझौते को देखा; परिणामस्वरूप, इसने सरकार से समर्थन वापस ले लिया। महत्वपूर्ण बात यह है कि 1964 में चीन के साथ विचारधारात्मक निकटता के कारण सीपीआई (एम) सोवियत-समर्थित सीपीआई (भारतीय कम्युनिस्ट पार्टी) से अलग होकर अस्तित्व में आई। इस क्रिया ने स्वयं को फिर से दोहराया जब सीपीआई (एम) से एक और पृथकतावादी गुट, माओवादी समर्थित झुकाव के साथ नक्सलियो ने 'चीन का अध्यक्ष हमारा अध्यक्ष' के नारे को अपनाया।

चीन की बढ़ती सौम्य शक्ति ने महत्वपूर्ण तरीकों से भारत के राजनीतिक और आर्थिक परिदृश्य को प्रभावित किया है। 1962 के युद्ध में चीन से भारत की शर्मनाक हार ने मजबूत सैन्य आधार बनाने के लिए महत्वपूर्ण शिक्षा प्रदान की, जो सैन्य बल विकसित करने के नेहरू के शांतिवादी दृष्टिकोण से स्पष्ट विचलन था (Guha 2008, 310–12)। इस हार ने रक्षा खर्च में तेजी से वृद्धि के साथ, भारतीय रक्षा चिंतन और प्रारंभिक रणनीतियों के आधार में आकस्मिक पूर्ण परिवर्तन के संकेत दिए, जिससे 1970 के दशक के आरंभ में, यह केंद्रीय बजट का 40 प्रतिशत और सकल राष्ट्रीय उत्पाद (जीएनपी) का 3 प्रतिशत से अधिक हो गया (Garver 2001, 63)। इसी तरह 1964 में, जब चीन ने अपनी परमाणु क्षमता अर्जित कर ली, उसके बाद 1974 तक उसने भारत के लिए एक प्रेरणा के रूप में कार्य किया। इसमें आश्चर्य की बात नहीं, जब चीन ने 1979 में माओवाद और राज्य निर्देशित पूंजीवाद के साथ अलग-अलग तरीकों का विभाजन किया था, भारत में भी झटकों को महसूस किया गया। वित्त मंत्री पी. चिदंबरम ने, 1997 के अपने 'ड्रीम बजट' में देंग शियाओ पिंग का हवाला देते हुए अपने सुधार एजेंडे का बचाव किया: 'विकास एकमात्र दृढ़ सत्य है' (Chidambaram 1997, 24)।[5]

पश्चिम को उसके ही खेल में हराना?

चीन का आर्थिक सुधार दोतरफा मार्ग साबित हुआ। जबकि चीन ने विश्व के कम लागत वाले विनिर्माण में हावी होकर, आर्थिक और राजनीतिक परिदृश्य को फिर से परिभाषित किया है, लेकिन बदले में दुनिया द्वारा भी चिह्नित किया गया है (Zakaria 2008, 91)। लेकिन चीन के मामले में अलग से जो दिखा वह था, वैश्वीकरण की आक्रामक रूप से मांग और विकसित अर्थव्यवस्थाओं के साथ अंतर को कम करने हेतु सहयोगित करना और यहां तक कि शायद उनसे भी अधिक हो जाना। अपने व्याख्यान में, बहल ने संक्षेप में इस शक्ति के खेल का वर्णन किया:

> चीन के विस्मयकारी आर्थिक विस्तार से डर, दुनिया के लिए काफी सामान्य है, जो कि 1820–70 के काल्पनिक अमेरिकी विकास दशकों के मुकाबले प्रभावशाली है। तीस वर्ष तक कौन सा देश हर वर्ष 9 प्रतिशत की वृद्धि से बढ़ रहा है? इस तरह की छोटी अवधि में किस देश ने अपनी प्रति व्यक्ति आय में ग्यारह बार वृद्धि दर्ज की है, 400 मिलियन लोगों को अबाध गरीबी रेखा से बाहर खींच रहा है? कौन सा देश 'कोल्ड कैश (नकदी के रूप में पैसा जो आसानी से उपलब्ध है)' का सबसे बड़ा हिस्सा रखता है, जो 2.5 ट्रिलियन डॉलर है? विश्व स्तरीय आधारभूत संरचना को विकसित करने के लिए कौन सा देश 1 बिलियन डॉलर खर्च करता है? (Bahl 2010)

यह वर्णन, जो वैश्वीकरण को पश्चिम को हराने के रूप में देखता है, गैर-पश्चिमी राष्ट्रों के व्यापारिक द्वार और उन पर एक तरफा वर्चस्व वाले प्रभाव डालने के रूप में देखता है, अतः यह स्वयं ही एक वर्चस्ववादी (Hegemonic) के रूप में हो जाता है। वास्तव में, विभिन्न वैश्वीकरण संभव हैं और मजबूत राष्ट्र-राज्यों को वैश्वीकरण के अपने तरीके का चयन करने में काफी स्वतंत्रता है, जिसका उपयोग उनके विकास को सुविधाजनक बनाने के लिए किया जाता है। इसके विपरीत, वैश्वीकरण से बाहर निकलने का फ़ैसला करने से संकट की स्थिति में वृद्धि हो सकती है और यह लंबे समय तक टिकाऊ नहीं है। इसके अतिरिक्त, वैश्वीकरण का गैर-पश्चिमी देशों के अंतर्गत प्रवाह हो सकता है और इस सर्किट को पूरा करने के लिए पश्चिम को एक आवश्यक ध्रुव होना अपेक्षित नहीं है। इस प्रकार, चीनी सफलता, उनके मध्य सीमावर्ती विवादों के अस्तित्व और तनावपूर्ण राजनीतिक संबंधों के बावजूद, अपने स्वयं के प्रयासों से खुद को उठाना, भारत के लिए विचारधारात्मक स्पेक्ट्रम में हर जगह काफी प्रेरणादायक रहा है। पश्चिम से गैर-पश्चिम तक, गैर-पश्चिम से पश्चिम तक, और गैर-पश्चिमी राष्ट्रों के अंतर्गत वैश्वीकरण ने कई तरफ प्रवाहों को खोला है। यह वास्तव में शक्ति क्षेत्र है, जिसमें 21वीं शताब्दी के समाजों को कार्य करना चाहिए। यह पश्चिम और गैर-पश्चिमी समाज़ों के लिए, विकल्पों के अंत को नहीं बल्कि यह उन विकल्पों की बहुतायत को दर्शाता है, जिनके साथ अब राष्ट्रों को प्रतियोगिता में भाग लेना है।

टिप्पणियाँ

1. देखें, *The Tao of the West: Western transformations of Taoist Thought,* जिसमें ब्रिटिश दार्शनिक जॉन जेम्स क्लार्क ने चीनी दार्शनिक Lao Tze के कार्य *Tao Te Ching* के समान मुक्त बाजार अर्थव्यवस्थाओं के संस्थापक सिद्धांतों का पता लगाया। इसी तरह, एडम स्मिथ की, *Inquiry into the Nature and Causes of Wealth of Nations*, जिसे आम तौर पर मुक्त बाजार सिद्धांत स्थापित करने का श्रेय दिया जाता है, Francois Quesnay, एक फ्रांसीसी निर्बाधवादी (Physiocrat) के कार्य से प्रेरित थी, जो मानते थे कि सरकारों को प्राकृतिक आर्थिक नियमों के संचालन में हस्तक्षेप नहीं करना चाहिए। शब्द, अहस्तक्षेप (Laissez-faire) के निर्माण के लिए Quesnay ज़िम्मेदार थे और Quing China के पूर्व के तथा Ming के बाद के यूरोपीयन यात्रियों से प्राप्त विवरणों से असाधारण रूप से प्रभावित थे। आर्थिक स्वतंत्रता, अपेक्षाकृत बड़े पैमाने पर व्यापारिक और औद्योगिक उद्यम, कई लोगों द्वारा बाद में निजी अर्थव्यवस्था के तहत उपभोग के कारण उत्तरार्द्ध में उन्होंने धनी अर्थव्यवस्था, समृद्ध व्यापार और वाणिज्य पाया था।
2. ऐसा ही समान अभिकथन J.G. Herder के विचारों में पाया जा सकता है, *Ideas for the Philosophy of the History of Humanity:* [चीनी] साम्राज्य एक संलेपन युक्त मम्मी है जो हाइरोग्लिफिक्स (चित्रलिपि) से चित्रित और रेशम में लिपटी हुई है; इसका आंतरिक जीवन सीतनिद्रा में गए जानवरों की तरह है (Herder 1787, XIV: 13, cited in Gobel 1995)।
3. इस संदर्भ में देखें, 1933 में ब्रिटिश संसद में थॉमस बाबिंगटन मैकॉले का जोशीला भाषण, जिसमें कहा गया कि भारत में ब्रिटिश उपनिवेशवादियों की भूमिका यह थी कि 'उन लोगों को अच्छी सरकार दें, जिन्हें हम एक स्वतंत्र सरकार नहीं दे सकते हैं'।

4. इन्हें दो माओवादी कार्यक्रमों के सबसे अच्छा उदाहरण द्वारा समझा जा सकता है: "ग्रेट लीप फॉरवर्ड" (1959–60) जो "सांस्कृतिक क्रांति" (1966–76) के फलस्वरूप लोगों के बड़े पैमाने पर परिनियोजन के माध्यम से चीन की अर्थव्यवस्था विकसित करने के दायित्व में लगा हुआ था, जिसने कम्युनिस्ट पार्टी के रैंक के भीतर से उपक्रम को खत्म करने की मांग की। पहले के अवास्तविक लक्ष्यों ने देश को गंभीर मानव-निर्मित अकाल के रूप में, क़ब्र में धक्का दे दिया, जिसने लगभग 30 मिलियन चीनी लोगों की जान ले ली (Meng et al. 2015); दूसरे कार्यक्रम के तहत, सौ मिलियन चीनी लोगों पर ज़ुल्म हुए और दस लाख लोग मारे गए (Khanna 2008, 41; MacFarquhar and Schoenhals 2006; Treiman and Deng 1997).
5. 28 फरवरी 1997 को वित्त मंत्री श्री पी. चिदंबरम के बजट 1997–98 का भाषण देखें। Available at http://indiabudget.nic.in/bspeech/bs199798.pdf (accessed on 27 May 2016).

संदर्भ

Appadurai, A. 1996. *Modernity at Large: Cultural Dimensions of Globalization*. Minneapolis: University of Minnesota Press.

Bahl, R. 2010. *Super Power? The Amazing Race between China's Hare and India's Tortoise*. India: Penguin.

Banik, A., and Bhaumik, P. 2006. *Foreign Capital Inflows to China, India and the Caribbean: Trends, Assessments and Determinants*. UK: Palgrave Macmillan.

Bayly, C. 2004. *The Birth of the Modern World 1780? 1914. Global Connections and Comparisons*. Oxford: Blackwell.

Bhagwati, J., and Panagariya, A. 2012. *India's Tryst with Destiny*. India: Collins Business.

Bourdieu, P., and Wacquant, L. 1999. 'On the Cunning of Imperialist Reason'. *Theory, Culture & Society* 16(1): 41–58.

Braudel, F. 1982. *The Perspective of the World: Civilization & Capitalism, 15th–18th Century Volume 3*. Berkeley: University of California Press.

Breckenridge, C.A., and Van Der Veer, P. (eds) 1993. *Orientalism and the Postcolonial Predicament*. University of Pennsylvania Press: Philadelphia.

Castells, M. 1991. *The Informational City: Information Technology, Economic Restructuring, and the Urban-Regional Process*. Oxford: Blackwell.

Chanda, N. 2007. *Bound Together: How Traders, Preachers, Adventurers, and Warriors Shaped Globalization*. USA: Caravan.

Fairbank, J.K., and Reischauer, E.O. 1989. *China: Tradition and Transformation*. Boston: Houghton Mifflin.

Frank, A.G. 1998. *Re-Orient: Global Economy in the Asian Age*. Los Angeles: University of California Press.

Friedman, T. 1999. *The Lexus and the Olive Tree*. New York: Farrar, Straus, Giroux.

Fuchs, T. 2006. 'The European China: Receptions from Leibnitz to Kant'. Trans. Martin SchÖnfeld. *Journal of Chinese Philosophy* 33(1): 35–49.

Fukuyama, F. 1992. *The End of History and the Last Man*. New York: Avon.

Gandhi, M.K. 1909. *Hind Swaraj: Or, Indian Home Rule*. Trans. Mahadev Desai. Ahmedabad: Navajivan.

———. 2008. *Mahatma Gandhi: The Essential Writings*. USA: Oxford University Press.

Garver, J.W. 2001. *Protracted Contest: Sino-Indian Rivalry in the Twentieth Century*. New Delhi: Oxford University Press.

Gobel, R.J. 1995. 'China as an Embalmed Mummy: Herder's Orientalist Poetics'. *South Atlantic Review* 60(1): 111–129.

Guha, R. 2008. *India after Gandhi: The History of the World's Largest Democracy*. India: Picador.

Harvey D. 1989. The Condition of Postmodernity, Oxford: Blackwell.

Hegel, G.W. 2004. *Philosophy of History*. New York: Barnes and Noble.

Jalan, B. 1991. *India's Economic Crisis: The Way Ahead*. New Delhi: Oxford University Press.

Jameson, F. 1991. *Postmodernism, or the Cultural Logic of Late Capitalism*. Durham, N.C.: Duke University Press.

Jose, V.K. 2011. 'Falling Man: Manmohan Singh at the Centre of the Storm'. *The Caravan*, October issue: 1–8.

Khanna, T. 2008. *Billions of Entrepreneurs: How China and India are Reshaping their Futures and Yours*. New Delhi: PenguinViking.

Lash, S., and Urry, J. 1994. *Economies of Signs and Space*. London: SAGE Publications.

Lin, J.Y., Cai, F. and Li, Z. 1996. 'The Lessons of China's Transition to a Market Economy'. *Cato Journal* 16(1): 201–231.

MacFarquhar, R., and Schoenhals, M. 2006. *Mao's Last Revolution*. USA: Harvard University Press.

Mander, J., and Goldsmith E. (eds) 1996. *The Case against the Global Economy*. San Francisco: Sierra Club.

Martinez-Robles, D. 2008. 'The Western Representation of Modern China: Orientalism, Culturalism and Historiographical Criticism'. *Journal of the UOC's Humanities Department and Languages and Cultures Department* (8). Available at http://digithum.uoc.edu (accessed on 27 May 2016).

Marx, K. 1853. 'The British Rule in India'. In *Selected Works*, eds Karl Marx and Frederick Engels, 345–351. Moscow: Foreign Languages Publishing House.

Meng, Xin, Qian, N., and Yared, P. 2015. 'The Institutional Causes of China's Great Famine, 1959–1961'. *Review of Economic Studies* 82: 1568–1611.

Nayar, B.R. 1997. 'Nationalist Planning for Autarky and State Hegemony: Development Strategy Under Nehru'. *Indian Economic Review* 32(1): 13–38.

Needham, J. 1969. *Within the Four Seas: The Dialogue of East and West*. London: Allen & Unwin.

Nehru, J. 1946. *The Discovery of India*. New Delhi: Oxford University Press.

Panitch, L. 1994. 'Globalization and the State'. *Socialist Register* 60–93.

Singh, N. 2014. *One Life Is Not Enough: An Autobiography*. New Delhi: Rupa.

Soja, E.W. 1989. *Postmodern Geographies: The Reassertion of Space in Critical Social Theory*. London: Verso.

Srinivasan, T.N. and Tendulkar, S. 2003. *Reintegrating India with the World Economy*. Washington, DC: Institute for International Economics.

Steger, M.B. 2005. 'From Market Globalism to Imperial Globalism: Ideology and American Power after 9/11'. *Globalizations* 2(1): 31–46.

Stiglitz, J.E. 2002. *Globalization and Its Discontents*. New York: Norton.

Tarlo, E. 1996. *Clothing Matters: Dress and Identity in India*. Chicago, IL: University of Chicago Press.

Treiman, J.D., and Deng, Z. 1997. 'The Impact of the Cultural Revolution on Trends in Educational Attainment in the People's Republic of China'. *American Journal of Sociology* 103(2): 391–428.

Wallerstein, I.M. 1974–1989. *The Modern World System I–III*, Orlando, FL: Academic Press.

11 उत्तर-वैश्वीकरण युग में क्षेत्रीय असमानता

भारत और चीन पर एक अध्ययन

Arindam Banik and Arnab K. Deb

परिचय

द्वितीय विश्व युद्ध के बाद, विकासशील देशों ने औद्योगिकीकरण के साधन के रूप में आयात प्रतिस्थापन की नीति का चयन किया। हालांकि, पिछले दो दशकों में कई देशों ने अपनी विकास रणनीति में परिवर्तन किया है और व्यापारिक उदारीकरण द्वारा वैश्विक आर्थिक एकीकरण की ओर झुकाव दिखाया। चूंकि व्यापार उदारीकरण ने कम मजदूरी वाले देशों में उत्पादन गतिविधि को स्थानांतरित कर दिया है, इसलिए विकासशील देशों में नवाचार को बढ़ावा देने के माध्यम से व्यापार गतिविधि का पुनर्गठन हुआ। उद्योगों की कारक तीव्रता पर निर्भर, औद्योगिक बाधाओं को हटाने से व्यापारिक गतिशीलता बहुत प्रभावित हुई है। इसके साथ-साथ, आयात-प्रतिस्पर्धी क्षेत्र से निर्यात-उन्मुख क्षेत्र तक उत्पादन के कारकों के पुन:स्थापन के परिणाम के रूप में हुआ था। अंतरराष्ट्रीय व्यापार में इन देशों की भागीदारी ने विभिन्न चैनलों के माध्यम से समस्त कल्याण और वास्तविक औसत आय में लाभ प्राप्त किया। इसने तुलनात्मक लाभ के आधार पर विशेषज्ञता और विनिमय से दक्ष लाभ को उत्पादित किया। इसने अंतिम और मध्यवर्ती वस्तुओं की बड़ी किस्मों की उपलब्धता के कारण उच्च कल्याण और उत्पादकता का भी नेतृत्व किया।

चार दशकों से भी अधिक समय से Hirschman और Rothschild (1973) ने आर्थिक विकास की प्रक्रिया में असमानता के लिए बदलती सहनशीलता पर ध्यान दिया। उन्होंने तर्क दिया कि 'सुरंग प्रभाव (Tunnel effect)'[1] अल्पकालिक हो सकता है और Kuznets (1955) और Kaldor (1957) के प्रचलित ज्ञान को चुनौती दी जा सकती है। कुजनेट्स और कालडोर असमानता-वृद्धि संबंध के विभिन्न विचार पेश करते हैं। कुजनेट्स के विचार में, विकास के शुरुआती चरणों के परिणामस्वरूप असमानता बढ़ जाती है, जबकि कालडोर की दृष्टि में, विकास उत्पन्न करने के लिए असमानता की आवश्यकता होती है। कुजनेट्स के अनुसार, आर्थिक विकास और असमानता के मध्य संबंध को उल्टे-U कर्व के रूप में दर्शाया जा सकता है। विकास के शुरुआती चरण में एक अर्थव्यवस्था अनौपचारिक ग्रामीण क्षेत्र से औद्योगिक क्षेत्र तक जाती है। विकास के इस चरण के दौरान,

कृषि ग्रामीण क्षेत्र की लागत पर औद्योगिक क्षेत्र बढ़ता है और यहां अधिक असमानता की एक संक्रमण प्रक्रिया है। एक उल्टे-U कर्व का यह कुज़नेट स्पष्टीकरण 'दोहरी अर्थव्यवस्था' की गतिशीलता पर निर्भर करता है (Turnovsky 2013)। इसके लिए कालडोर ने एक बहुत सीधा स्पष्टीकरण दिया है। चूंकि गरीबों की तुलना में अमीरों के पास बचत के लिए उच्च प्रवृत्ति होती है, अमीरों के पक्ष में पुनर्वितरण से अधिक बचत होती है और इस प्रकार निवेश और विकास के लिए संसाधन होते हैं।

जैसा कि Deaton (2013) ने लिखा है कि असमानता विकास का एक भाग और पार्सल है। चूंकि जनसंख्या के कुछ सदस्य गरीबी और वंचित होने से 'ग्रेट एस्केप' बनाने में सफल हो जाते हैं, अन्य को पीछे छोड़ा जा सकता है। वर्षों में, जब हिर्शमैन-रॉथ्सचाईल्ड चुनौती और पारंपरिक ज्ञान में कुजनेट्स तथा कालडोर द्वारा मदद मिली, तब से विकास और असमानता के मध्य संबंधों की हमारी समझ में प्रगति हुई है। यह विश्वास है, कि सामान्य तौर पर आर्थिक विकास गरीबी को दूर करता है और आय की असमानता को कम करता है जो अब कई अध्ययनों द्वारा व्यापक रूप से आयोजित और अनुभवी रूप से समर्थित होती है। पिछले 40 वर्षों में भारत और चीन जैसी उभरती अर्थव्यवस्थाओं में व्यापारिक उदारीकरण की प्रक्रिया के माध्यम से भी वृद्धि देखी गई है। हालांकि, इन देशों में आय वितरण के लिए इसका प्रभाव शोधकर्ताओं के बीच गहन बहस का विषय रहा है।

निष्पक्ष रूप से व्यावहारिक स्थितियों के तहत अंतरराष्ट्रीय व्यापार सिद्धांत भविष्यवाणी करते हैं कि एक देश के उत्पादन के कारक के स्वामी व्यापार उदारीकरण से हमारे विजेताओं में अपेक्षाकृत प्रचुर मात्रा में हैं और हारने वाले दुर्लभ कारक के स्वामी हैं। वास्तव में अधिकांश विकासशील देशों में अकुशल श्रम अपेक्षाकृत प्रचुर मात्रा में है। तदनुसार, व्यापार उदारीकरण को अकुशल श्रमिकों को लाभ पहुचाना चाहिए और इससे बदले में यह इन देशों में गरीबी में कमी का नेतृत्व करता है। हालांकि, श्रम समेत कारकों की अंतर-क्षेत्रीय गतिशीलता की कमी, व्यापार उदारीकरण के गरीबी-न्यूनन के प्रभाव को कम करने में एक प्रमुख कारक है। ऐसा इसलिए है, क्योंकि यदि उत्पादन के कारकों का पुनर्वितरण नहीं होता है तो विशेषज्ञता से लाभ को पूरी तरह से प्राप्त नहीं किया जा सकता है। इसके अलावा, क्षेत्रों में मजदूरी समानता-व्यापार उदारीकरण से अकुशल श्रमिकों को लाभ पहुंचाने के लिए एक अन्य प्रमुख आवश्यकता-अंतर-क्षेत्रीय कारक गतिशीलता की अनुपस्थिति में नहीं होती है। परिणामस्वरूप, अकुशल श्रमिक, जो उन क्षेत्रों में लीन नहीं हो पाए जहां व्यापार उदारीकरण के कारण विकास हुआ है, आय में गिरावट का अनुभव करते हैं (और यहां तक कि अन्य श्रम बाजार कठोरता की उपस्थिति में उनके रोजगार की स्थिति में भी प्रतिकूल परिवर्तन है)।

इस विस्तार का अनुमान लगाने के लिए कि कौन सा देश वैश्वीकरण का अनुसरण करने वाली उदारीकरण प्रक्रिया के लाभ को प्राप्त कर सकता है, देश के क्षेत्रीय प्रदर्शन का अध्ययन करना जरूरी है, क्योंकि देश का कल्याण इस बात पर निर्भर करता है कि इसके

राज्य और प्रांत उत्तर-वैश्वीकरण की अवधि के दौरान किस प्रकार आय उत्पन्न करते हैं। यह स्पष्ट है, कि राज्य/प्रांत अपनी उत्पादन संरचना को अंतरराष्ट्रीय मांगों के अनुकूल बनाने का प्रयास करते हैं। हालांकि, यदि कुछ राज्य/प्रांत ऐसा करने में सक्षम नहीं हैं, तो उनमे क्षेत्रीय आय असमानता हो सकती है जो बदले में राष्ट्रीय स्तर पर असमान आय वितरण को जन्म देती है। इसलिए, एक महत्वपूर्ण सवाल उठता है: वैश्वीकरण के लाभ को पूर्ण करने के लिए राज्य या प्रांत किस प्रकार अपनी उत्पादन संरचना को पुनः आकार देने में सक्षम हैं? भारत और चीन जैसे भौगोलिक दृष्टि से बड़ी उभरती अर्थव्यवस्थाओं के लिए अलग-अलग क्षेत्रों में, यह समझना विशेष रूप से बहुत अनिवार्य है कि विश्व व्यापार को खोलने से देश के विभिन्न क्षेत्रों में प्रभाव बराबर हो रहा है। इस पृष्ठभूमि के खिलाफ, यह निबंध क्षेत्रीय असमानता के हाल के रुझानों और भारत तथा चीन, दो सबसे बड़े उभरते देशों में इसके संभावित कारणों पर तुलनात्मक चर्चा प्रदान करने का प्रयास करता है।

भारत में आर्थिक सुधार: उदारीकरण, निजीकरण, और वैश्वीकरण

1991 में भारत को, 1980 के दशक के मध्य से बने रहने वाले, बड़े पैमाने पर भुगतान संकट का सामना करना पड़ा और इसने घरेलू निवेश, व्यापार, विदेशी निवेश, और सार्वजनिक तथा वित्तीय क्षेत्रों में कठोर नीति सुधारों पर बल दिया। ये भारतीय अर्थव्यवस्था के कामकाज में दक्षता को बढ़ाने और इसे सबसे तेजी से बढ़ती अर्थव्यवस्था और विश्व स्तरीय प्रतिस्पर्धी बनाने के स्पष्ट उद्देश्य के साथ हुआ। 1990 के दशक के आरंभ में नीति परिवर्तन की गति तेज हो गई, जब नव-उदारवादी सुधार कार्यक्रमों को स्पष्ट रूप से स्वीकार करने से गहन आर्थिक उदारीकरण की अवधि की शुरुआत हुई और अर्थव्यवस्था में राज्य हस्तक्षेप की दिशा में व्यवहार में बदलाव आया। इस अवधि के दौरान आर्थिक नीतियों का केंद्र उदारीकरण, निजीकरण, और वैश्वीकरण की दिशा में अधिक न्यायसंगत वितरण के लिए राज्य हस्तक्षेप से दूर हो गया (Pal and Ghosh 2007)। आर्थिक संक्रमण की इस अवधि का अर्थव्यवस्था के लगभग सभी प्रमुख क्षेत्रों के समग्र आर्थिक विकास पर भयानक प्रभाव पड़ा है और पिछले दो दशकों में इसके प्रभावों को शायद ही अनदेखा किया जा सकता है। इसके अलावा, यह वैश्विक अर्थव्यवस्था में भारतीय अर्थव्यवस्था के वास्तविक एकीकरण के प्रारंभ को भी चिह्नित करता है। भारत के संदर्भ में, वैश्वीकरण का तात्पर्य भारत में आर्थिक गतिविधियों के विभिन्न क्षेत्रों में निवेश करने के लिए विदेशी कंपनियों को सुविधाएं प्रदान करके विदेशी प्रत्यक्ष निवेश (एफडीआई) के लिए अर्थव्यवस्था को खोलना, भारत में बहुराष्ट्रीय कंपनियों के प्रवेश के लिए बाधाओं और अवरोध को दूर करना, भारतीय कंपनियों को विदेशी सहयोग में प्रवेश करने की अनुमति देना, विदेशों में संयुक्त उद्यम स्थापित करने के लिए उन्हें प्रोत्साहित करना, टैरिफ और आयात शुल्क पर

मात्रात्मक प्रतिबंधों से स्विच करके व्यापक आयात उदारीकरण कार्यक्रमों को पूरा करना है; इसलिए, भारत में 1991 के नीतिगत सुधारों के साथ वैश्वीकरण की पहचान की गई है।

1980 के दशक में भारत में आर्थिक नीति और सुधार पर बहस शुरू हुई और आज भी जारी है। 1991 में नई आर्थिक नीति के व्यापक परिचय से पहले, जैसा कि यह ज्ञात हुआ था, वहां व्यापक आशंका थी कि बाजार बलों पर उदारीकरण और अत्यधिक निर्भरता से भारत में क्षेत्रीय, ग्रामीण-शहरी और लंबवत असमानताओं में वृद्धि होगी (Pal and Ghosh 2007)।

चीन में आर्थिक सुधार: उदारीकरण, व्यावहारिकता, विपणन, और निगमीकरण

आज विश्व इतिहास की एक प्रमुख विशेषता, विश्व आर्थिक वैश्वीकरण की प्रक्रिया में चीन की भागीदारी है। इस एकीकरण का औचित्य अर्थव्यवस्था में प्रतिस्पर्धा को बढ़ावा देना है, उम्मीद है कि प्रतियोगिता अक्षम राज्य के स्वामित्व वाले उद्यमों (एसओई) को जमानत देगी और उन्हें अधिक प्रतिस्पर्धी बनाएगी। दिसंबर 1978 में, चीन की कम्युनिस्ट पार्टी (सीपीसी) की अगुवाई में Deng Xiaoping ने वैश्वीकरण के महत्व को स्पष्ट रूप से समझ लिया और चीनी अर्थव्यवस्था को नियोजित से बाजार अर्थव्यवस्था में बदलने के उद्देश्य से आर्थिक सुधार शुरू किए। तदनुसार, 1978 के बाद से चीन ने उदारीकरण, व्यावहारिकता, विपणन, और निगमीकरण की बाजार-उन्मुख आर्थिक सुधार नीति अपनाई (Li 1997; Perkins 1988, 1994)। परिणामस्वरूप, देश की वास्तविक वार्षिक आर्थिक वृद्धि लगभग 8 प्रतिशत है और उत्पादकता लगभग 3 प्रतिशत बनी हुई है (Borenszten and Ostry 1996; Chow and Li 2002)।

आर्थिक सुधारों का पहला प्रारूप मुख्य रूप से कृषि पर केंद्रित था, लेकिन चीन ने दुनिया के लिए सतर्कतापूर्वक खुलना शुरू किया। 1980 के दशक में औद्योगिक सुधार सहित बड़े सुधारों में, राष्ट्रीय बैंकों का पुनरुद्धार, मूल्य सुधार, और वित्तीय सुधार शामिल थे। 1980 में सरकार ने पांच विशेष आर्थिक क्षेत्र-तीन Guangdong प्रांत में -स्थापित किए। सुधार के विस्तार के रूप में अन्य आर्थिक क्षेत्रों का पालन किया गया। केंद्र की नियोजित अर्थव्यवस्था से धीमा संक्रमण निरंतर चल रहा है। 1980 के दशक के उत्तरार्ध में संकीर्ण आपूर्ति और उच्च्च मुद्रास्फीति के रूप में आर्थिक अति ताप सामान्य था (Li 1994)। 1993 की ऑस्टिरिटी (Austerity) योजना के साथ वित्तीय सुधार शुरू हुआ जिसने पश्चिमी प्रांतों में निवेश को पुनर्निर्देशित किया। 1995 के बैंकिंग सुधार ने बैंकिंग क्षेत्र का पुनर्गठन किया, जबकि 1997 के एसओई सुधार का उद्देश्य उत्पादन में राज्य के हस्तक्षेप को कम करना था। दिसंबर 2001 में बहुतायत में समझौता वार्ता के बाद, विश्व व्यापार

संगठन (डब्ल्यूटीओ) में चीन के प्रवेश से, मुक्त व्यापार की पहल खत्म हो गई। 2001 में डब्ल्यूटीओ में चीन का प्रवेश शीर्ष नेतृत्व द्वारा लिया गया एक महत्वपूर्ण निर्णय था। चीनी उद्यमों के लिए यह एक बड़ा साहस पूर्ण कार्य था; क्योंकि प्रवेश से पहले, वे वैश्विक उद्यमों की तुलना में हर प्रकार से बेहद कमजोर थे (Nolan 2001, 2004)।

डब्ल्यूटीओ में प्रवेश के बाद एफडीआई के प्रवाह से तीव्र प्रेरित नवीनीकृत निवेश ने चीन को 'दुनिया के लिए कारखाना' बना दिया। तटीय क्षेत्र, जहां अधिकांश आबादी निवास करती हैं, ने अधिकांश विदेशी निवेश को आकर्षित किया है। 2000 में अंतर्देशीय क्षेत्रों में विकास को आकर्षित करने के लिए चीन की 'पश्चिमी विकास रणनीति' शुरू हुई। 2003 के अंत तक चीन के एफडीआई का वास्तविक मूल्य 500 बिलियन डॉलर तक पहुंच गया। 1980 के दशक के दौरान एफडीआई का संपूर्ण मूल्य 19 बिलियन डॉलर से भी कम था। व्यापक बाजार तक पहुंच और सस्ते श्रम ने चीन को बहुराष्ट्रीय निगमों (एमएनसी) का सबसे अच्छा उत्पादन क्षेत्र बना दिया जिसने चीन की मूल आर्थिक गतिविधियों को स्थानांतरित कर दिया। ये बाजार के नेता हैं और चीन के उच्च तकनीकी क्षेत्रों और अंतरराष्ट्रीय व्यापार पर हावी होने के कारण ओर अधिक प्रतिस्पर्धी बन गए हैं। डब्ल्यूटीओ समझौते से अवैध औद्योगिक नीतियों के साथ, चीन ने उन्हें अधिक प्रतिस्पर्धी न बनाने के उद्देश्य के लिए नहीं बल्कि उन्हें आकार में बड़ा बनाने और एकाधिकार या अल्पाधिकार के माध्यम से अत्यंत लाभदायक बनाने के लिए राज्य क्षेत्र में व्यापक हस्तक्षेप को बनाए रखा। वास्तव में, *यह दुनिया का संयोजन कारखाना बन गया है* (*The assembly plant of the world*); वैश्विक आपूर्ति श्रृंखला के एक विस्तार के रूप में। एक प्रमुख दृष्टिकोण, आजकल यह है कि चीन वैश्वीकरण से काफी लाभान्वित हुआ है और यह इसके उच्च सकल घरेलू उत्पाद (जीडीपी) के विकास में स्पष्ट है। चीनी कंपनियां बड़ी और मजबूत हो रही हैं। परिणामस्वरूप, चीन तेजी से एक आर्थिक महाशक्ति में स्वयं को औद्योगिकीकृत कर रहा है।

भारत में क्षेत्रीय असमानता और उत्तर-सुधार वर्षों में इसका कारण

भारत में, 1960 और 1970 के दशक में दशकीय औसत वृद्धि दर लगभग 3.4 प्रतिशत थी, जिसका तात्पर्य प्रति व्यक्ति विकास दर लगभग 1 प्रतिशत है। 1980 के दशक के मध्य से और 1993 में विशेष रूप से राष्ट्रीय उत्पादन में वृद्धि दर 1960 और 1970 के दशक की तुलना में औसतन काफी अधिक रही है। प्रति व्यक्ति राष्ट्रीय उत्पाद मूल्य में वृद्धि दर 1993–94 और 1999–2000 के बीच प्रति वर्ष 4.8 प्रतिशत थी (Marjit and Kar 2008)। व्यापक रूप से यह माना जाता है कि 1991 के आर्थिक सुधारों के बाद भारत ने अपने विकास प्रदर्शन में प्रमुख संरचनात्मक अंतराल का अनुभव किया है। पिछले दशक में औसत वृद्धि दर सालाना प्रभावशाली रूप से 7.8 प्रतिशत रही है।

2008–09 और 2009–10 के संकटकालीन वर्षों के दौरान, जब वैश्विक वित्तीय संकट ने विश्व अर्थव्यवस्था को आघात पहुँचाया, तब भारतीय अर्थव्यवस्था ने बहुत लचीलापन दिखाया और तब अर्थव्यवस्था की औसत वृद्धि दर प्रतिवर्ष 6 प्रतिशत से अधिक थी। हालांकि, सुधार के बाद विकास प्रक्रिया की एक प्रमुख आलोचना क्षेत्रीय असमानता में वृद्धि है। राष्ट्रीय स्तर पर विकास से लाभ देश के विभिन्न क्षेत्रों में समान रूप से विस्तृत नहीं हुए हैं और अमीर तथा गरीब क्षेत्रों के बीच प्रति व्यक्ति आय के स्तर में मतभेदों को जन्म दिया है। Topalova (2005) का तर्क है कि आयात योग्य वस्तुओं पर शुल्कदर में कमी आयात-प्रतिस्पर्धी गतिविधियों की एकाग्रता के साथ भारत के जिलों में निर्धनता की घटनाओं और गहराईयों को कम करने में प्रभावी नहीं रही है।

नवशास्त्रीय विकास सिद्धांत भविष्यवाणी करता है कि क्षेत्र की विकास दर, आय के प्रारंभिक स्तर से विपरीत रूप से संबंधित होती है क्योंकि बंद अर्थव्यवस्था में, अधिक विकसित क्षेत्र में पूंजी के लिए सीमांत प्रतिफल में गिरावट आती है, जिससे अभिसरण (Convergence) होता है। नव आर्थिक भौगोलिक तथा अंतरराष्ट्रीय व्यापार साहित्य में, Elizondo और Krugman (1996) ने भी यह तर्क दिया कि संघीय अर्थव्यवस्था में आर्थिक वैश्वीकरण के साथ क्षेत्रीय असमानता घट सकती है क्योंकि अंतरराष्ट्रीय प्रतिस्पर्धा में वृद्धि अत्यधिक केंद्रित उत्पादन और व्यापार केंद्रों की एकाधिकार शक्ति को खत्म कर देती है। हालांकि, इन सैद्धांतिक भविष्यवाणियों के विपरीत, भारतीय अर्थव्यवस्था के संदर्भ में आनुभविक अध्ययनों ने पाया है कि क्षेत्रीय असमानता बढ़ रही है, विशेष रूप से 1991 से जब उदारीकरण और अविनियमन की नीतियों को अपनाया गया।

भारत के विभिन्न क्षेत्रों में प्रचलित असमानता के विस्तार को समझने के लिए, हमें क्षेत्रीय असमानता को स्पष्ट करने वाले चुनिंदा चरों को देखने की आवश्यकता है। तालिका 11.1 उत्तर-उदारीकरण के वर्षों के दौरान विभिन्न उप-अवधि में सकल राज्य घरेलू उत्पाद (जीएसडीपी) में गिनी गुणांक और भिन्नता का प्रतिनिधित्व करती है। दोनों संकेतक क्षेत्रीय असमानता की उपस्थिति को दर्शाते हुए एक बढ़ती प्रवृत्ति दिखाते हैं। उत्तर-सुधार की अवधि विशेष रूप से महत्वपूर्ण है क्योंकि इस अवधि में बढ़ती आर्थिक दक्षता, सब्सिडी में कमी, और वैश्वीकरण की रणनीति के तहत अधिक जवाबदेही का अनुभव हुआ है, जिसने आधारभूत विकास के लिए कार्यक्रमों और योजनाओं को प्रभावित और संशोधित किया और बदले में अपेक्षाकृत विकसित क्षेत्रों का पक्ष लिया है। परिणामस्वरूप, इस अवधि के दौरान करीबी समीक्षा से पता चलता है कि 1909 के दशक के मध्य में एक या दो वर्ष के अलावा, उत्तर-सुधार की अवधि में असमानता बढ़ रही है।

इसी प्रकार, अन्य कैच-ऑल इकोनॉमिक इंडिकेटर-प्रति व्यक्ति उपभोग व्यय-आय के मामले में स्पष्ट बढ़ती प्रवृत्ति को भी दिखाते हैं। अखिल भारतीय स्तर पर, 1993–94 में विविधता का गुणांक (सीवी) 17.6 प्रतिशत से बढ़कर 2004–05 में 24.4 प्रतिशत हो गया

तालिका 11.1: प्रति व्यक्ति जीएसडीपी में असमानता: भारित और अभारित सूचकांक

वर्ष	*न्यूनतम से अधिकतम प्रति व्यक्ति जीएसडीपी का अनुपात (प्रतिशत में)*	*सीवी (जनसंख्या द्वारा भारित)*	*सीवी अभारित*	*गिनी गुणांक (जनसंख्या द्वारा भारित)*
1993–94	30.527	34.549	38.33	0.1917
1996–97	27.586	36.781	NA	0.2071
1999–2000	28.899	37.417	35.09	0.2173
2001–02	21.556	35.610	NA	0.2078
2002–03	21.608	36.686	NA	0.2771
2003–04	22.705	36.230	NA	0.2290
2004–05	20.105	(a) 38.44 (b) 38.90	(a) 29.81 (b) 34.15	0.2409

स्रोत: Kundu and Varghese (2010)

है (तालिका 11.1)। इसी तरह के पैटर्न को ग्रामीण क्षेत्रों और छोटे शहरी केंद्रों तथा राज्यों के मामले में देखा गया था। कोई व्यक्ति अनुमान लगाएगा कि 1990 के दशक के दौरान और अगले पांच वर्षों में - जिस अवधि में संरचनात्मक सुधार के पहले और दूसरे चरण को देखा गया-क्षेत्रीय असंतुलन बढ़ गया है।

उत्तर-उदारीकरण की अवधि के दौरान पिछड़े राज्यों के समूह की पहचान करने के लिए, प्रत्येक राज्य के प्रदर्शन पर विचार करके अलग-अलग तरीके से राज्य स्तरीय परिदृश्य की जांच करना महत्वपूर्ण होगा। Ahmad and Narain (2008) भारतीय राज्यों को 'उच्च', 'मध्यम' और 'कम' आय की श्रेणियों में वर्गीकृत करते हैं। पूर्वोत्तर राज्य एक विशेष श्रेणी से संबंधित हैं, जिसके चलते वह वित्त आयोग से विशेष अनुदान के साथ-साथ अन्य अधिमान्य व्यवहार का आनंद लेते हैं, और एक अलग श्रेणी का गठन करते हैं। इस अध्याय से पता चलता है कि ज्यादातर राज्य जिनकी प्रति व्यक्ति आय निम्न स्तर की थी, वे न केवल 1980 के दशक में बल्कि 1990 के दशक में भी कम आय वृद्धि दर्ज करते थे। 1980 के दशक के दौरान निम्न आय श्रेणी वाले राज्यों और पूर्वोत्तर राज्यों में क्रमश: 2.5 प्रतिशत और 2.8 प्रतिशत की वृद्धि दर दर्ज की गई थी, जो राष्ट्रीय औसत से बहुत कम थी। ये दर 1990 के दशक के दौरान क्रमशः 2.3 और 2.5 प्रतिशत तक गिर गई (Kundu and Varghese 2010)।

अलग-अलग राज्यों के विकास प्रदर्शन को ध्यान में रखते हुए, यह स्पष्ट है कि असम, बिहार (झारखंड समेत), मध्य प्रदेश (छत्तीसगढ़ समेत), उड़ीसा, और उत्तर प्रदेश (उत्तराखंड समेत) जैसे कम आय वाले राज्यों ने 1980 के दशक दौरान बहुत कम औसत वृद्धि दर का अनुभव किया है। 1990 के दशक में, इन राज्यों की वृद्धि दर ओर भी बहुत कम हो गई है। विकास दर में अस्थिरता के साथ कम वृद्धि दर (समय के साथ उनके सीवी के माध्यम से

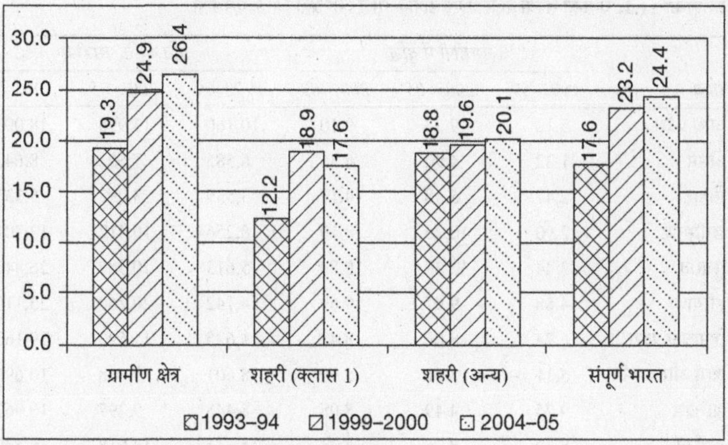

चित्र 11.1: प्रति व्यक्ति उपभोग व्यय में अंतर-राज्य असमानता

स्रोत: Kundu and Varghese (2010)

मूल्यांकन) इन राज्यों के लिए एक ओर गंभीर समस्या पैदा करती हैं। इसके अलावा, मध्यम और उच्च आय वाले राज्यों के विपरीत, इन राज्यों के प्रति व्यक्ति आय के पूर्ण आंकड़े में गिरावट देखी गई तथा 1990 के दशक के दौरान कम से कम दो वर्षों में कोई वृद्धि नहीं हुई है। राज्य स्तर पर अन्य आर्थिक संकेतकों का उपयोग करके कई अन्य अध्ययन पिछली शताब्दी के अंतिम दो दशकों के दौरान असमानता में बढ़ती प्रवृत्ति की पुष्टि करते हैं, इस प्रकार क्षेत्रीय असंतुलन के उच्चारण के सिद्धांत की पुष्टि करते हैं। प्रति व्यक्ति राज्य घरेलू उत्पाद (एसडीपी) के स्तर और उसमें वृद्धि के आधार पर, आठ राज्यों के एक समूह (तीन नवगठित राज्यों सहित) को पहचाना जा सकता है, जो पिछड़े क्षेत्र की श्रेणी से संबंधित है। ये राज्य बिहार, झारखंड, उड़ीसा, मध्य प्रदेश, छत्तीसगढ़, उत्तर प्रदेश, उत्तराखंड, और असम है (Kundu and Varghese, 2010; तालिका 11.2 भी देखें)।

पूर्व की चर्चा सुधार अवधि के दौरान भारत में अन्तर- और अंतः-क्षेत्रीय असमानता में एक उल्लेखनीय वृद्धि दर्शाती है। हालांकि, यह असमानता न सिर्फ आय के संदर्भ में बल्कि स्वास्थ्य और शिक्षा तक पहुंच के संदर्भ में भी स्पष्ट है (विवरण के लिए Pal and Ghosh 2007 देखें)। हालांकि, इस अध्याय में, मुख्य रूप से हमारा ध्यान वैश्वीकरण की अवधि के दौरान भारतीय अर्थव्यवस्था के विभिन्न क्षेत्रों में बढ़ती आय की असमानता पर है। इस बात पर ध्यान दिया जाना चाहिए कि वैश्वीकरण भारतीय अर्थव्यवस्था में कई क्षेत्रों के उदारीकरण का एक परिणाम है। तदनुसार, इस खंड में, हम चर्चा करने का प्रयास करते है कि इस अवधि के दौरान क्षेत्रीय आय की असमानता के लिए भूमंडलीकरण के बाद उदारीकरण की प्रक्रिया किस हद तक जिम्मेदार है।

तालिका 11.2: चयनित राज्यों के लिए एसडीपी में वृद्धि और प्रति व्यक्ति एसडीपी

	एसडीपी में वृद्धि			*प्रति व्यक्ति एसडीपी*		
राज्य	*1997–99*	*2003–05*	*2007–09*	*1997–99*	*2003–05*	*2007–09*
आंध्र प्रदेश	5.12	9.25	9.10	10,160	13,996	18,001
असम	1.32	4.90	6.36	6,585	7,602	8,640
बिहार	2.47	5.48	14.11	3,539	3,992	5,332
छत्तीसगढ़	2.90	10.26	8.10	8,256	10,412	12,701
गुजरात	3.44	12.36	10.89	15,613	20,349	26,447
हरियाणा	4.88	9.07	9.69	14,742	20,260	25,110
हिमाचल प्रदेश	6.74	8.06	8.42	11,625	15,590	19,162
जम्मू और कश्मीर	5.11	5.52	5.90	8,601	9,608	10,696
झारखंड	9.75	4.49	8.08	8,448	9,297	10,967
कर्नाटक	8.32	8.95	8.44	11,715	14,518	18,529
केरल	5.83	8.46	10.00	10,961	15,339	20,104
मध्य प्रदेश	7.36	6.83	4.94	8,759	9,374	10,204
महाराष्ट्र	6.23	8.79	9.01	16,494	20,319	25,190
उड़ीसा	6.87	11.23	8.23	6,466	8,290	10,309
पंजाब	4.74	5.17	6.70	16,320	18,900	21,603
राजस्थान	5.82	11.24	8.76	9,708	11,021	12,862
तमिलनाडु	6.35	9.78	6.75	13,243	16,663	21,090
उत्तर प्रदेश	2.73	4.77	10.71	6,452	7,090	8,573
उत्तरांचल	1.43	15.28	7.52	8,356	12,844	16,827
पश्चिम बंगाल	7.16	6.27	7.72	9,827	12,540	14,929
मध्यमान (Mean)	5.23	8.31	8.47	10,293	12,900	15,864
SD	2.28	2.91	2.04	3,566	4,814	6,223
CV	0.436	0.350	0.240	0.347	0.373	0.392
भारित CV	0.409	0.325	0.244	0.383	0.422	0.441

स्रोत: Kundu and Varghese (2010)

1991 की उदारीकरण प्रक्रिया का एक महत्वपूर्ण घटक व्यापार उदारीकरण था जो अनिवार्य रूप से प्रकृति में अपरिहार्य है, क्योंकि यह निर्यात क्षेत्र के पक्ष में और आयात-प्रतिस्पर्धी क्षेत्र के खिलाफ आय वितरित करता है। जब तक व्यापार से लाभ पुनर्वितरित नहीं किया जाता है, व्यापार उदारीकरण हमेशा आय वितरण को बदल देगा, जो उच्च असमानता का संकेत दे सकता है। भारत में, एक समान घटना देखी गई थी। कई आनुभविक अध्ययनों ने मुक्त व्यापार और क्षेत्रीय असमानता में वृद्धि के मध्य एक मजबूत संबंध पाया है। Aghion, Burgess, Redding and Zilibotti (2004) बताते हैं कि

1991 की व्यापार उदारीकरण प्रक्रिया ने पहले से विकसित राज्यों (कर्नाटक, आंध्र प्रदेश, और तमिलनाडु) में स्थित ज्यादातर उत्पादक उद्योगों में वृद्धि को बढ़ावा दिया है, जिससे क्षेत्रीय असमानता में वृद्धि हुई है।

Daumol (2010) ने मुक्त व्यापार और क्षेत्रीय असमानता में वृद्धि के मध्य के संबंध की समीक्षा की। 1980–2003 की अवधि के लिए आकड़ों का उपयोग करते हुए, उन्होंने दिखाया कि अंतरराष्ट्रीय व्यापार में भारत का महत्तर वैश्विक एकीकरण क्षेत्रीय असमानता के साथ बढ़ गया है। अध्ययन का तर्क है कि 1990 के दशक में विदेशी बाजारों के लिए देश को खोलने ने दक्षिण भारत में संचलन प्रक्रिया उत्पन्न की, जो कि विदेशी बाजारों के लिए सबसे कम लागत वाला सीमा क्षेत्र है। ऐतिहासिक रूप से, इस दक्षिणी क्षेत्र में हमेशा से विशाल बंदरगाह रहा है और इसने विदेशी व्यापारियों और यात्रियों का स्वागत किया है। वर्तमान दिनों में, तटीय दक्षिण भारत में स्थित उद्योग अंतरराष्ट्रीय बाजार और आंतरिक बाजार दोनों को संतुष्ट कर सकते हैं। 1991 में विश्व बाजार के लिए अर्थव्यवस्था को खोलने के बाद, यह क्षेत्र आंतरिक स्थलबद्ध क्षेत्रों की अपेक्षा सापेक्ष रूप से ज्यादा लाभ में रहे हैं। इसके अलावा, अधिक कुशल उप-राष्ट्रीय सरकार और स्थानीय शिक्षा की बेहतर गुणवत्ता ने इस क्षेत्र को विदेशी और भारतीय फर्मों के लिए ओर भी आकर्षक बनाया है (Guha 2007)।

एक अन्य मार्ग जिसके माध्यम से व्यापार उदारीकरण ने क्षेत्रीय असमानता को जन्म दिया, आर्थिक विकास है। मुक्त व्यापार और विकास पर हाल के अध्ययनों जैसे Calderon, Loayza, and Schmidt-Hebbel (2004) बताते हैं कि प्रति व्यक्ति आय के निम्न स्तर वाले देशों के लिए विकास प्रभाव लगभग शून्य है और विकास के अच्छे स्तर वाले देशों के लिए सकारात्मक है। तर्क की इस पंक्ति के बाद, मुक्त व्यापार अधिक विकसित भारतीय राज्यों के लिए लाभकारी था और अन्यों के लिए हानिकारक था; बदले में इस घटना ने क्षेत्रीय असमानताओं को जन्म दिया।

एक अन्य महत्वपूर्ण मार्ग जिसके माध्यम से वैश्वीकरण ने क्षेत्रीय असमानता में वृद्धि की, देश के वित्तीय क्षेत्र का उदारीकरण है। जैसा कि Pal and Ghosh (2007) ने तर्क दिया है, "असमानता पर वित्तीय उदारीकरण का सबसे प्रतिकूल प्रभाव नीतियों से आया है जो राष्ट्रीयकृत बैंकों के लिए 'प्राथमिकता क्षेत्र' उधार मानदंडों को आसान बनाता है"। 1980 के दशक तक, राष्ट्रीयकृत बैंकों पर प्राथमिकता क्षेत्र ऋण लक्ष्य को पूरा करने का दायित्व था। लेकिन उदारीकरण के बाद, प्राथमिकता क्षेत्र की परिभाषा को अन्य अधिक गतिविधियों को शामिल करने के लिए व्यापक किया गया था और बेसल समझौते द्वारा निर्धारित पूंजी पर्याप्तता स्तर को बनाए रखने के बजाय बैंकिंग पर जोर दिया गया। परिणामस्वरूप, ज्यादातर बैंक अब छोटे किसानों और लघु उद्योगों को उधार देने से बचते हैं, क्योंकि उन्हें कम क्रेडिट योग्य ग्राहक माना जाता है। इसने छोटे उद्यमों की व्यवहार्यता और उत्कर्ष पर नाटकीय प्रभाव डाला है जो देश के सबसे बड़े नियोक्ता हैं और इसलिए

आय वितरण और गरीबी में कमी को अप्रत्यक्ष रूप से प्रभावित किया है। इसके अलावा, भारत में एफडीआई के प्रवाह ने सकल घरेलू पूंजी निर्माण में मामूली सुधार किया है, लेकिन इसकी घटनाएं भौगोलिक दृष्टि से और क्षेत्रीय रूप से बहुत ही कम आमदनी तक ही सीमित है। इसने देश में अंतरराज्यीय और अंतर-क्षेत्रीय असमानता में वृद्धि की है।

सुधार अवधि के दौरान भारत में बढ़ती असमानता के लिए ज़िम्मेदार एक अन्य कारक राजकोषीय घाटे में कमी पर बहुत अधिक जोर देना है। प्रभावशाली लॉबी के दबावों के कारण भारत में प्रत्यक्ष और अप्रत्यक्ष कर दरें घट गई। साथ ही, मौजूदा व्यय को कम करने में सरकार की विफलता से संकेत मिलता है, कि राजकोषीय घाटे में कमी मुख्य रूप से पूंजीगत व्यय और ग्रामीण व्यय को कम करके, साथ ही एक बार राजस्व उत्पन्न करने के लिए पीएसयू को बेचने के द्वारा की जाती है। पूंजीगत व्यय में कमी के कारण प्रमुख आधारभूत क्षेत्रों और सामाजिक कल्याण योजनाओं में सार्वजनिक निवेश कम हो गया। भारत जैसे देश में, जहां आधारिक संरचना के विकास का स्तर खराब है, आधारिक संरचना में सार्वजनिक निवेश न केवल अपने प्रत्यक्ष विकास प्रभावों के लिए महत्वपूर्ण हैं बल्कि इसलिए भी महत्वपूर्ण हैं, क्योंकि यह प्रभाव में अपनी भीड़ के माध्यम से निजी निवेश लाता है।

चीन में क्षेत्रीय असमानता और उत्तर-सुधार के वर्षों में इसका कारण

1870 के दशक से, दुनिया में वैश्वीकरण की तीन लहरें रही हैं। व्यापार, प्रवास, पूंजी प्रवाह, एफडीआई और तकनीकी हस्तांतरण में घटती बाधाएं, वैश्वीकरण में शामिल हैं। वैश्विक एकीकरण की पहली लहर, 1870–1914, परिवहन लागत को कम करने के संयोजन द्वारा सक्रिय की गई थी, जैसे पालोंवाले जहाज़ (Sail) से स्टीमशिप (वाष्प-शक्ति से चलनेवाला जहाज़) में अदला-बदली करना, और शुल्कदर की बाधाओं में कटौती, जो एंग्लो-फ्रेंच समझौते द्वारा संचालित हैं। 1945 से 1980 तक, विश्व में वैश्वीकरण की दूसरी लहर थी। इस अवधि के दौरान, विकसित देशों के मध्य व्यापार निर्मित वस्तुओं की बाधाओं को समाप्त कर दिया गया था, लेकिन विकासशील देशों के लिए, सिर्फ बाधा कम हो रही थी, प्राथमिक वस्तुओं के व्यापार में बाधा थी। 1980 के दशक के आसपास वैश्वीकरण की तीसरी लहर उभरी जो विशिष्ट थी। इस अवधि के दौरान, चीन समेत उभरती अर्थव्यवस्थाओं ने वैश्विक बाजार तक पहुंच शुरू कर दी।

कई विकसित और विकासशील राष्ट्रों की एक सामान्य विशेषता क्षेत्रों में निरंतर असमानता है। यह तथ्य मानक नव शास्त्रीय सिद्धांत के साथ स्पष्ट विरोधाभास रखता है, जो भविष्यवाणी करता है कि अच्छी तरह से काम करने वाली अर्थव्यवस्था में कारक गतिशीलता और व्यापार या विदेशी मुद्रा के क्रय-विक्रय के माध्यम से क्षेत्रीय असमानताओं को समाप्त किया जाना चाहिए (Henderson and Thisse 2004)। उत्तर-सुधार के वर्षों में चीन क्षेत्रीय असमानता का अध्ययन करने के लिए एक अद्वितीय और महत्वपूर्ण अवसर

प्रस्तुत करता है। वैश्वीकरण की तीसरी लहर की उपस्थिति के साथ, वैश्विक बाजार में चीन का टूटना कई आर्थिक परिवर्तनों के माध्यम से दिखाई देता है। 1983 में 0.92 बिलियन डॉलर से 2007 में 83.5 बिलियन डॉलर तक एफडीआई प्रवाह लगभग 90 गुना बढ़ गया; 1980 में 57 बिलियन युआन से 2006 में 14,097 बिलियन युआन तक विदेशी व्यापार की मात्रा 247 गुना बढ़ गई; वस्तुतः वर्षों में औसत टैरिफ दर काफी हद तक गिर गई है (Yue 2010)। फलस्वरूप, चीन में जीडीपी और प्रति व्यक्ति आय बढ़ी और देश ने 9 प्रतिशत की औसत वृद्धि दर के साथ तेजी से आर्थिक विकास का अनुभव किया। अंतिम तीन दशकों के दौरान, चीन ने 2011 में प्रति व्यक्ति जीडीपी तेजी से, लगभग चमत्कारी विकास, का अनुभव किया, जो 1978 के स्तर से 35 गुना तक पहुंच गई। हालांकि, इस परिमाण का आर्थिक विकास देश में बढ़ती असमानता की लागत पर आया था। विश्व बैंक के अनुमानों के अनुसार, चीन की आय गिनी गुणांक भारत, बांग्लादेश, और पाकिस्तान जैसे दक्षिण एशियाई देशों से कहीं अधिक है। अन्तर-क्षेत्रीय मतभेद समय में बढ़ने के साथ चीन में आय की असमानता अन्तर-और अंतः-क्षेत्रीय दोनों में बढ़ी है (Fujita and Hu, 2001; Kanbur and Zhang, 1999)।

असमानता के सभी तीन परिमाण CV, Theil इंडेक्स, और गिनी गुणांक 1978 से 2006 तक की अवधि के लिए अन्तर-प्रांतीय असमानता का एक समान प्रक्षेपण प्रकट करते हैं (चित्र 11.2)। हम 1970 के दशक के अंत में अन्तर-प्रांतीय असमानता में उतार-चढ़ाव, 1980 के दशक के दौरान गिरावट और 1990 के दशक के दौरान वृद्धि देख

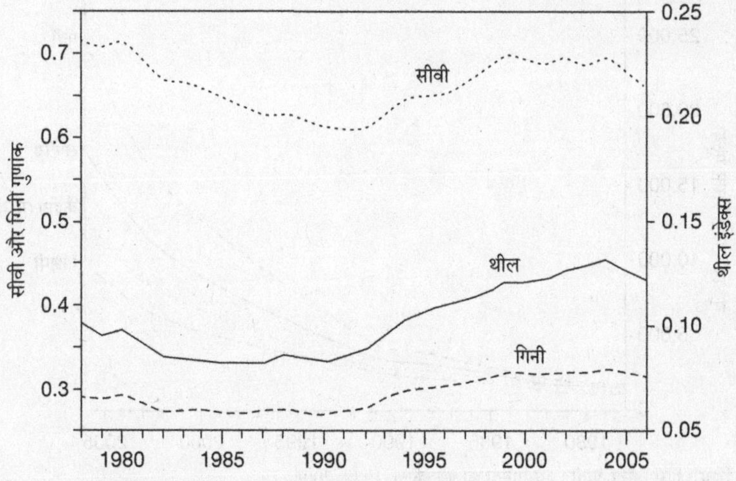

चित्र 11.2: प्रति व्यक्ति जीडीपी में अन्तर-प्रांतीय असमानता, 1978–2006

स्रोत: Fan and Sun (2008)

सकते हैं। हालांकि यह 1999 से 2004 के दौरान अपेक्षाकृत स्थिर और वृद्धि को बनाए रखती हैं, लेकिन 2004 से 2006 के दौरान यह गिरावट को दिखाती है। शुद्ध परिणाम यह है कि Theil इंडेक्स, गिनी गुणांक, और CV के अनुसार 1978 के स्तर की तुलना में 2006 में अन्तर-प्रांतीय असमानता क्रमशः 22 प्रतिशत अधिक, 9 प्रतिशत अधिक और 8 प्रतिशत कम थी (Fan and Sun, 2008)। इसलिए, 1970 के दशक के अंत में आरंभ हुए आर्थिक सुधारों ने कई पूर्वी क्षेत्र के प्रांतों के विकास को बढ़ाया है, जो पहले से ही कमजोर थे।

Theil इंडेक्स के अन्तर-क्षेत्रीय (क्षेत्रों के बीच में) और अंतः-क्षेत्रीय (क्षेत्र के अंतर्गत) घटकों में अपघटन से पता चलता है कि घटक के अनुसार योगदान समय के साथ भिन्न होता है (चित्र 11.3)। 1978 से 1993 के दौरान अंतः-क्षेत्रीय असमानता अन्तर-क्षेत्रीय असमानता से काफी अधिक थी। साथ ही, अन्तर-प्रांतीय असमानता की समग्र प्रवृत्ति अंतः-क्षेत्रीय असमानता द्वारा निर्धारित की गई थी। हालांकि, 1990 और 2004 के बीच, अन्तर-क्षेत्रीय असमानता तेजी से और निरंतर बढ़ी, जबकि अंतः-क्षेत्रीय असमानता पहले गिरी और फिर काफी स्थिर रही। 1993 में, अन्तर-क्षेत्रीय असमानता अंतः-क्षेत्रीय असमानता को पार कर गई और उसके बाद अन्तर-प्रांतीय असमानता में परिवर्तन के मुख्य निर्धारक के रूप में बदल दी गई। विशेष रूप से, 1990 के दशक के आरंभ से, जब अन्तर-क्षेत्रीय असमानता बढ़ी, तब अन्तर-प्रांतीय असमानता भी अनुरूप रही। आख़िरकार, 2004 से अन्तर-क्षेत्रीय और अंतः-क्षेत्रीय असमानताओं में गिरावट आई है, इस प्रकार अन्तर-प्रांतीय असमानता का एक विशिष्ट गिरावट में समापन हुआ है।

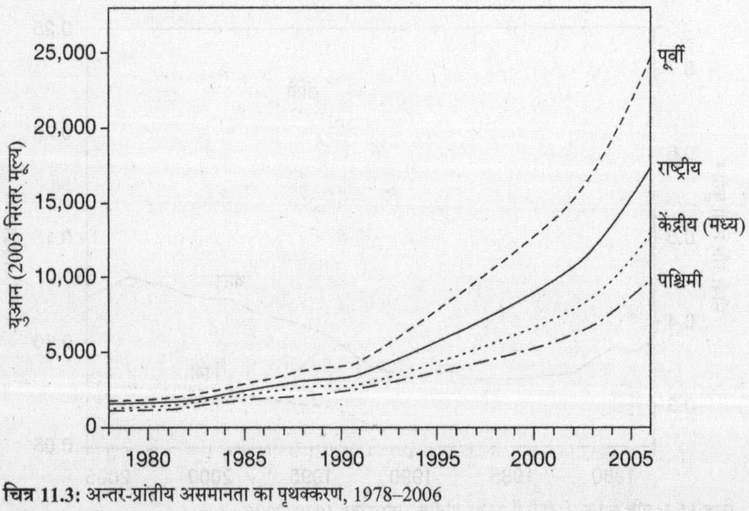

चित्र 11.3: अन्तर-प्रांतीय असमानता का पृथक्करण, 1978–2006

स्रोत: Fan and Sun (2008)

उपर्युक्त चर्चित-पृथक्करण अभ्यास से पता चलता है कि समग्र अन्तर-प्रांतीय असमानता की परीक्षा अकेले क्षेत्रों के मध्य और अंतर्गत महत्वपूर्ण परिवर्तनों को पृथक करती है। इन्वर्टित-यू मॉडल द्वारा की गई भविष्यवाणी के अनुसार 1980 के दशक के दौरान अन्तर-प्रांतीय असमानता में गिरावट को सुधार नीति के संतुलित प्रभाव के लिए प्रमाण और क्षेत्रीय अभिसरण के लिए समर्थन के रूप में व्याख्यायित किया जा सकता है (उदाहरण के लिए, Yang 1994; Duncan and Tian 1999)। जैसा कि चित्र 11.3 में दिखाया गया है, यद्यपि, 1980 के दशक के अंत में अन्तर-क्षेत्रीय असमानता तेजी से अपने मार्ग पर बढ़ रही थी, जिसने बाद में 1990 के दशक में व्यापक वृद्धि की दिशा में अन्तर-प्रांतीय असमानता को प्रोत्साहित किया। चित्र 11.4, 1990 के दशक से प्रति व्यक्ति जीडीपी में पूर्वी क्षेत्र की त्वरित वृद्धि को दर्शाता है; जैसे कि इसके और मध्य तथा पश्चिमी क्षेत्रों के बीच का अंतर, अध्ययन अवधि के शेष-भाग में निरंतर विस्तृत होना जारी है (तालिका 11.1 भी देखें)। स्पष्ट रूप से, इस अंतर ने 1990 के दशक के आरंभ से अन्तर-क्षेत्रीय असमानता में वृद्धि के लिए अनुमान लगाया है (चित्र 11.3)। चित्र 11.3 में दिखाई गई 1980 के दशक के दौरान अंतः-क्षेत्रीय असमानता में गिरावट, क्षेत्रों के अंतर्गत विशिष्ट परिवर्तनों का भी आवरण करती है। चित्र 11.5 में, अंतः-क्षेत्रीय असमानता को तीन क्षेत्रों द्वारा तत्सम्बन्धी योगदान में आगे विश्लेषित किया गया है। 1978 से 2006 तक की अवधि के दौरान, पूर्वी क्षेत्र में अंतः-क्षेत्रीय असमानता अन्य

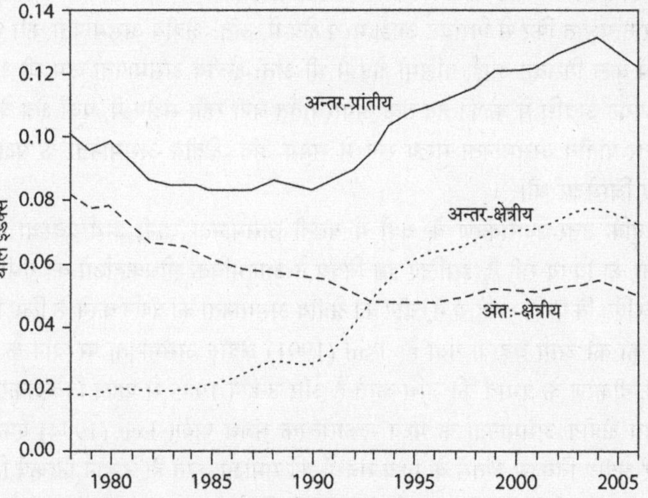

चित्र 11.4: चीन और उसके तीन क्षेत्रों की प्रति व्यक्ति जीडीपी, 1978–2006

स्रोत: Fan and Sun (2008)

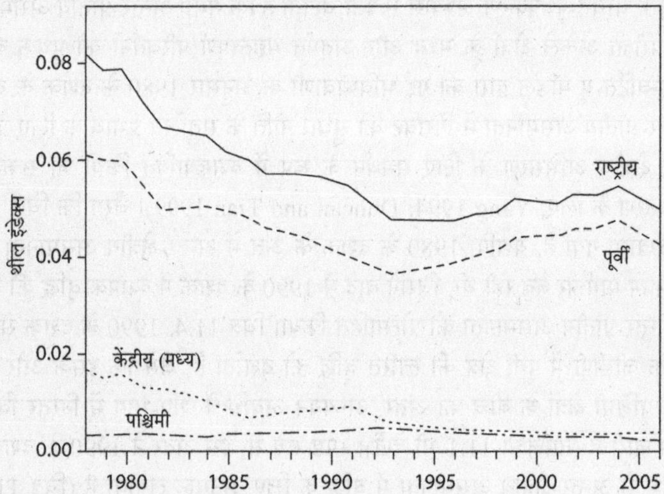

चित्र 11.5: अंतः-क्षेत्रीय असमानता का पृथक्करण, 1978–2006

स्रोत: Fan and Sun (2008)

दो क्षेत्रों की तुलना में काफी अधिक थी और समग्र अंतः-क्षेत्रीय असमानता में प्रवृत्ति का मुख्य निर्धारक बनी रही। पूर्वी क्षेत्र में अंतः-क्षेत्रीय असमानता 1978 में अधिक थी, लेकिन इसके बाद 1993 तक इसमें गिरावट आई; इसके बाद 2004 के दौरान वृद्धि हुई और तत्पश्चात फिर से गिरावट आई। मध्य क्षेत्र में, अंतः-क्षेत्रीय असमानता कम थी और इसमें कुल गिरावट आई। पश्चिमी क्षेत्र में भी अंतः-क्षेत्रीय असमानता कम थी और पूरी अध्ययन अवधि में काफी हद तक अपरिवर्तित बनी रही। संक्षेप में, पूर्वी क्षेत्र के भीतर अन्तर-प्रांतीय असमानता मुख्य रूप से समग्र अंतः-क्षेत्रीय असमानता के प्रक्षेपण के लिए ज़िम्मेदार थी।

चूंकि उत्तर-उदारीकरण के वर्षों में बढ़ती असमानता चीनी अर्थव्यवस्था के लिए चिंता का विषय रही है, इसलिए इस विषय ने आनुभविक शोधकर्ताओं का गंभीर ध्यान आकर्षित किया है। साहित्य में, चीन की क्षेत्रीय असमानता का वर्णन करने के लिए विभिन्न कारकों को आगे बढ़ाया गया है। Tsui (1991) क्षेत्रीय असमानता पर चीन के वित्तीय विकेन्द्रीकरण के प्रभाव की जांच करते हैं और उन्होंने 1985 से पहले विकेंद्रीकरण और खराब क्षेत्रीय असमानता के मध्य सकारात्मक संबंध पाया। Lee (1994) एफडीआई और क्षेत्रीय विकास अंतरों के मध्य संबंधों की समीक्षा करते हैं। उन्होंने निष्कर्ष निकाला कि एफडीआई प्रवाह की मात्रा में अंतर चीन की क्षेत्रीय असमानता में योगदान देते हैं। इसके अलावा, कई अध्ययन यह भी सुझाव देते हैं, कि भौगोलिक कारक और क्षेत्रीय

अधिमान्य नीतियां दो महत्वपूर्ण कारक हैं जो तटीय क्षेत्रों में आर्थिक विकास में योगदान देते हैं (उदाहरण के लिए, Fleisher and Chen 1997; Demurger et al. 2001)। इसके अलावा, यहां प्रमाण भी है कि सुधार युग के दौरान चीन की क्षेत्रीय असमानता समझाने में स्थानीय संरक्षणवाद भी एक महत्वपूर्ण भूमिका निभा सकता है (Young 2000)।

एक अन्य महत्वपूर्ण कारक जिसे चीन में क्षेत्रीय असमानता को समझाने में प्रभावशाली पाया गया, वित्तीय क्षेत्र का विकास है। आर्थिक विकास की प्रक्रिया में वित्तीय क्षेत्र की महत्वपूर्ण भूमिका को साहित्य में लंबे समय से मान्यता प्राप्त है (उदाहरण के लिए, Bencivenga and Smith 1991; Greenwood and Jovanovic 1990; King and Levine 1993a, 1993b; Levine 1997; Merton and Bodie 1995; McKinnon 1973; Shaw 1973)। अच्छी तरह से काम करने वाली वित्तीय प्रणाली कई महत्वपूर्ण कार्यों को प्रदान करके आर्थिक विकास को प्रोत्साहित करेगी जैसे भुगतान का समाशोधन और निपटान, बचत का समुच्चयन, स्थल और समय में संसाधनों के आवंटन को सुविधाजनक बनाना, जोखिम को संग्रहीत करना और सूचना लागत को कम करना (Merton and Bodie 1995)।

हाल के अध्ययनों (Cai, Wang and Du 2002; Chang 2002, Chen and Fleisher 1996; Fleisher and Chen 1997; Yang 2002) से पता चलता है कि क्षेत्रीय असंतुलन बढ़ रहा है। उदाहरण के लिए, Bhalla, Yao and Zhang (2003) ने पाया कि अन्तर-क्षेत्रीय असमानता ग्रामीण-शहरी असमानता से अधिक गंभीर है। Yao and Zhang (2001) ने क्षेत्रीय असंतुलन में दो महत्वपूर्ण कारक/कारकों के लिए खुलेपन और परिवहन की पहचान की। Lin, Wang and Zao (2004) ने प्रांतों में श्रम प्रवासन के संबंध में क्षेत्रीय असमानता की जांच की और दिखाया कि क्षेत्रीय असमानता 1985 से 2000 के मध्य 1.31 से 1.65 के तटीय भूमि आय अनुपात से काफी बढ़ी है, जबकि शहरी-ग्रामीण आय अनुपात उसी अवधि में 1.82 से 2.42 तक बढ़ी है। 1985–90 में कुल 11.83 मिलियन से 1995–2000 में 27.53 मिलियन तक अन्तर-प्रांतीय प्रवासन में वृद्धि क्षेत्रीय असमानता की वृद्धि के लिए जिम्मेदार थी। श्रम बाजार में ये परिवर्तन प्रांतीय विकास में असंतुलन के संभावित कारण हो सकते हैं।

श्रम बाजार में न सिर्फ परिवर्तन, बल्कि अन्य कारकों की निवेश वस्तुओं के आवंटन में परिवर्तन ने भी चीन में क्षेत्रीय आय में असंतुलन को जन्म दिया है। सुधार के बाद तटीय क्षेत्रों में शिक्षित श्रमिकों के बड़े प्रवास के बाद, प्रौद्योगिकी और शिक्षा दोनों पर व्यय काफी हद तक राज्य संचालित था। चीन में तटीय प्रांतों और आंतरिक प्रांतों के बीच विकास विचलन को कारक इनपुट के प्रकार और प्रदर्शन से जोड़ा जा सकता है, जैसा कि विभिन्न निवेश संसाधनों और मानव पूंजी में असमानता से देखा गया है। 1978 में आर्थिक सुधार से पहले

सभी निवेश गतिविधियां राज्य के स्वामित्व वाली थीं, लेकिन विभिन्न प्रकार के वित्तीय संसाधन और विभिन्न प्रकार के उद्यम 1978 से उभरने लगे। उनकी मौलिकता के आधार पर, चीन में निश्चित संपत्तियों में निवेश राज्य विनियमन, राष्ट्रीय बैंक ऋण, एफडीआई, स्वयं उठाए गए धन, और अन्य में विभाजित हैं। उनके प्रचलित लक्ष्य के आधार पर, निश्चित संपत्तियों में निवेश को राज्य स्वामित्व, गैर-राज्य स्वामित्व और विदेशी स्वामित्व के तहत वर्गीकृत किया जाता है। तटीय प्रांतों में भौगोलिक लाभ होता है और वह आंतरिक प्रांतों की तुलना में अधिक उत्पादक वित्तीय संसाधनों को आकर्षित करेगा। व्यक्तिगत स्वामित्व वाले उद्यम समान रूप से आंतरिक प्रांतों की तुलना में तटीय प्रांतों में अधिक प्रबल होंगे (Liu and Li 2006)।

निष्कर्ष

आज भारत और चीन को व्यवसाय की दुनिया में दो महाशक्तियों के रूप में जाना जाता है। दोनों देशों ने वैश्विक अर्थव्यवस्था में शामिल होने के क्रम में बाजार-उन्मुख सुधारों को अपनाया। 1978 में, चीन ने उदारीकरण, व्यावहारिकता, विपणन और निगमीकरण की बाजार-उन्मुख आर्थिक सुधार नीति अपनाई। भारतीय अर्थव्यवस्था में आर्थिक सुधारों की प्रक्रिया 1991 के गंभीर विदेशी मुद्रा संकट के कारण शुरू हुई थी। इस अवधि के दौरान भारत में आर्थिक नीतियों का फोकस उदारीकरण, निजीकरण और वैश्वीकरण की दिशा में अधिक न्यायसंगत वितरण के लिए राज्य हस्तक्षेप से दूर हो गया।

केंद्रीय नियोजित अर्थव्यवस्था से बाजार-संचालित अर्थव्यवस्था तक एक प्रतिमान बदलाव ने निश्चित रूप से इन देशों के विकास प्रदर्शन को बढ़ावा दिया। फिर भी, इन दोनों देशों में क्षेत्रीय आय वितरण की एक करीबी जांच स्पष्ट रूप से बताती है कि उच्च विकास पथ प्राप्त करने में सफलता मजबूत क्षेत्रीय असमानता के भारी खर्च पर आई है। जबकि भारतीय अर्थव्यवस्था के संदर्भ में असमानता का स्तर बढ़ रहा है और चीनी अर्थव्यवस्था वैश्वीकरण की अवधि में गिरावट का अनुभव करती है। इस असमानता के पीछे के कारकों की खोज करते हुए हम पाते हैं, कि व्यापार उदारीकरण और वित्तीय क्षेत्र का उदारीकरण -दो घटनाएं जिन्होंने भारतीय अर्थव्यवस्था को वैश्विक अर्थव्यवस्था में परिवर्तित कर दिया-मुख्य रूप से क्षेत्रीय असमानता में निरंतर वृद्धि के लिए जिम्मेदार हैं। इसके अलावा, पूंजी व्यय को नियंत्रित करने के माध्यम से राजकोषीय घाटे में कमी पर अत्यधिक फोकस वैश्वीकरण की अवधि में क्षेत्रीय असमानता बढ़ने का कारण बनता है। वहीं दूसरी तरफ, कारक जो मुख्य रूप से चीन में विद्यमान क्षेत्रीय असमानता का वर्णन करते हैं, वित्तीय विकेंद्रीकरण, एफडीआई का प्रवाह और वित्तीय क्षेत्र का विकास और खुलापन है। इनके साथ, अधिमान्य सरकारी नीतियों और उत्पादन के कारकों के आवंटन में परिवर्तन ने चीन में क्षेत्रीय असंतुलन का भी नेतृत्व किया है।

टिप्पणी

1. जनसंख्या के कुछ हिस्सों का, तुलनात्मक वंचितता को स्वीकार कर स्वेच्छा से पीछे बने रहना जबकि दूसरे आगे बढ़ रहे हों, इस उम्मीद में कि बाद में यह प्रगति दूर-दूर तक फैल जाएगी।

संदर्भ

Aghion, P., Burgess, R., Redding, S.J. and Zilibotti, F. 2008 (September). 'The Unequal Effects of Liberalization: Evidence from Dismantling the License Raj in India'. *American Economic Review*, American Economic Association 98(4): 1397–1412.

Ahmad, A. and Narain, A. 2008. 'Towards Understanding Development in Lagging Regions of India'. Paper presented at the Conference on Growth and Development in the Lagging Regions of India, Administrative Staff College of India, Hyderabad.

Bhalla, A.S., Yao, S. and Zhang, Z. 2003. 'Causes of Inequalities in China, 1952 to 1999'. *Journal of International Development* 15(8): 939–955. doi: 10.1002/jid.1033

Bhattacharya, B.B. and Sakthivel, S. 2004, March. 'Regional Growth and Disparity in India: Comparison of Pre- and Post-Reform Decades'. *Economic and Political Weekly* 39(10): 1071–7107.

Borensztein, E. and Ostry, D.J. 1996. 'Accounting for China's Economic Performance'. *American Economic Review* 86(2): 224–228.

Cai, F., Wang, D. and Yang, D. 2002. 'Regional Disparity and Economic Growth in China: The Impact of Labor Market Distortions'. *China Economic Review* 13(2–3): 197–212.

César C.R. Duncan and Schmidt-Hebbel, K. 2004. 'The Role of Credibility in the Cyclical Properties of Macroeconomic Policies in Emerging Economies'. *Review of World Economics* 140(4): 613–633.

Chang, G.H. 2002. 'The Cause and Cure of China's Widening Income Disparity'. *China Economic Review* 13(4): 335–340.

Chen, J. and Fleisher, B.M. 1996. 'Regional Income Inequality and Economic Growth in China'. *Journal of Comparative Economics* 22(2): 141–164.

Chow, G.C. and Li, K.-W. 2002. 'China's Economic Growth: 1952–2010'. *Economic Development and Cultural Change* 51 (October): 247–256.

Daumal, M. 2013. 'The Impact of Trade Openness on Regional Inequality: The Cases of India and Brazil'. Economics Papers from University Paris Dauphine 123456789/4295. Paris: Dauphine University.

Deaton, A. 2013. *The Great Escape: Health, Wealth, and the Origins of Inequality*. Princeton, NJ: Princeton University Press.

Démurger, S., Sachs, J.D., Woo, W.T., Bao, S., Chang, G. and Mellinger, A. 2001. 'Geography, Economic Policy and Regional Development in China'. *Asian Economic Papers* 1(1): 146–197.

Fan, C.C. and Sun, M. 2008. 'Regional Inequality in China, 1978–2006'. *Eurasian Geography and Economics* 49(1): 1–18.

Fleisher, B.M. and Chen, J. 1997. 'The Coast-Noncoast Income Gap, Productivity, and Regional Economic Policy in China'. *Journal of Comparative Economics* 25(2): 220–236.

Fujita, M. and Hu, D. 2001. 'Regional Disparity in China 1985–1994: The Effects of Globalization and Economic Liberalization'. *The Annals of Regional Science* 35(1): 3–37.

Guha, R. 2007. 'The Better Half'. *Outlook India Magazine*. http://www.outlookindia.com/magazine/story/the-better-half/235079 (accessed on 16 July 2007).

Henderson, J.V. and Thisse, J.F. (eds) 2004. 'Handbook of Regional and Urban Economics', Handbook of Regional and Urban Economics 4(4).

Hirschman, A.O. and Rothschild, M. 1973. 'The Changing Tolerance for Income Inequality in the Course of Economic Development'. *The Quarterly Journal of Economics* 87(4): 544–566.

Kaldor, N. 1957. 'A Model of Economic Growth'. *Economic Journal* 67(268): 591–624.

Kanbur, R. and Zhang, X. 1999. 'Which Regional Inequality? The Evolution of Rural–Urban and Inland-Coastal Inequality in China from 1983 to 1995'. *Journal of Comparative Economics* 27(4): 686–701.

Kar, S. and Marjit, S. 2001, July. 'Informal Sector in General Equilibrium: Welfare Effects of Trade Policy Reforms'. *International Review of Economics & Finance* 10(3): 289–300.

Krugman, P. and Elizondo, R.L. 1996, April. 'Trade Policy and the Third World Metropolis'. *Journal of Development Economics* 49(1): 137–150.

Kundu, A. and Varghese, K. 2010. 'Regional Inequality and Inclusive Growth in India under Globalization-Identification of Lagging States for Strategic Intervention'. Working Paper Series. New Delhi: Oxfam India. http://policy-practice.oxfam.org.uk/publications/regional-inequality-and-inclusive-growth-in-india-under-globalization-identific-346636 (accessed on 28 April 2015).

Kuznets, S. 1955. 'Economic Growth and Income Inequality'. *American Economic Review* 45(1): 1–28.

Lee, J. 1994. 'Regional Differences in the Impact of the Open Door Policy on Income Growth in China'. *Journal of Economic Development* 19(1): 215–234.

Yue, Li. 2010, March. 'Globalization and Inequality in China'. *Northeast Asian Studies* Section 18(19 merger issue): 1–13.

Lin, J.Y., Wang, G. and Zao, Y. 2004, April. 'Regional Inequality and Labor Transfer in China'. *Economic Development and Cultural Change* 52(3): 587–603.

Liu, T. and Li, K-W. 2006. 'Disparity in Factor Contributions between Coastal and Inner Provinces in Post-Reform China'. *China Economic Review* 17(4): 449–470.

Nolan, P. 2001. *China and the Global Economy: National Champions, Industrial Policy and the Big Business Revolution.* Houndsmill: Palgrave.

———. 2004. *Transforming China: Globalization, Transition and Development.* London: Anthem.

Pal, P. and Ghosh, J. 2007. 'Inequality in India: A survey of Recent Trends'. Working Paper Nos. 45, United Nations, Department of Economics and Social Affairs, New York, USA.

———. 1994. 'Completing China's Move to the Market'. *The Journal of Economic Perspectives* 8(2): 23–246.

Perkins, D.H. 1988. 'Reforming China's Economic System'. *Journal of Economic Literature* 26(2): 601–645.

Topalova, P. 2007. 'Trade Liberalization, Poverty and Inequality: Evidence from Indian Districts'. In *Globalization and Poverty*, ed. Ann Harrison (pp. 291–336). National Bureau of Economic Research, Inc. USA: University of Chicago Press.

Tsui, K. 1991. 'China's Regional Inequality, 1952–1985'. *Journal of Comparative Economics* 15(1): 1–21.

Turnovsky, S. 2013. 'The Relationship between Economic Growth and Inequality'. *New Zealand Economic Papers* 47(2): 2–28.

Yang, D.T. 2002. 'What Has Caused Regional Inequality In China?' *China Economic Review* 13(4): 331–334.

Yao, S. and Zhang, Z. 2001. 'On Regional Inequality and Diverging Clubs: A Case Study of Contemporary China'. *Journal of Comparative Economics* 29(3): 466–484.

Young, A. 2000, November. 'The Razor's Edge: Distortions and Incremental Reform in the People Republic of China'. *Quarterly Journal of Economics*, CXV, 1091–1135.

12 चीन और भारत में विनिर्माण नीतियां और रणनीतियां

एक तुलनात्मक विश्लेषण

Prageet Aeron and B.A. Metri

परिचय

21वीं शताब्दी की शुरुआत में, किसी भी कंपनी को कुछ भी विनिर्माण करने हेतु गंतव्य की तलाश के संदर्भ में एक स्पष्ट विकल्प उपलब्ध था और वह था चीन। लाभ कई थे, जैसे वैश्विक मुद्रा की बास्केट की तुलना में कृत्रिम रूप से कम मुद्रा दर, कम मजदूरी दर, कुशल जनशक्ति और अनुकूल सरकारी नीतियां उल्लेख के संदर्भ में कुछ प्रमाण हैं। सांख्यिकीय रूप से, यदि हम 1994 से 2012 तक चीन के लिए उद्योग बनाम सेवाओं से सकल घरेलू उत्पाद (जीडीपी) के प्रतिशत के भाग को देखते हैं, तब हम देखते हैं कि विनिर्माण हमेशा 45 प्रतिशत से ऊपर रहा है (2012 में मूल्य के जोड़ के अनुसार 32 प्रतिशत), और हाल ही में यह है कि सेवा क्षेत्र ने विनिर्माण द्वारा योगदान के स्तर तक पहुंचना शुरू कर दिया है (चित्र 12.1ए)। विश्व अर्थव्यवस्था में समग्र योगदान के संदर्भ में, चीन दुनिया के सकल घरेलू उत्पाद में 9 प्रतिशत योगदान देता है और विश्व भर में जीडीपी के विकास की दिशा में लगभग 8 प्रतिशत योगदान देता है (चित्र 12.1बी)। डॉलर में मापे गए विनिर्माण के मूल्य के संदर्भ में; 2012 के आंकड़ों के अनुसार चीन अकेले दुनिया के विनिर्माण में लगभग 22 प्रतिशत का योगदान देता है।[1] यदि हम भारत के लिए इसी आंकड़े को देखते हैं, तो हम मूल रूप से अलग तस्वीर देखते हैं। 2012 के अनुसार, भारत विश्व के सकल घरेलू उत्पाद का लगभग 2.5 प्रतिशत, विश्व के विनिर्माण मूल्य का 2 प्रतिशत योगदान देता है और इस क्षेत्र में स्वयं भारत अपनी जीडीपी का 15 प्रतिशत हिस्सा निर्मित करता है। यदि हम राष्ट्रीय विनिर्माण नीति और इस उद्देश्य कि वर्ष 2022 तक 100 मिलियन नौकरियों के निर्माण के साथ विनिर्माण क्षेत्र को समग्र भारतीय सकल घरेलू उत्पाद का लगभग 25 प्रतिशत योगदान देना चाहिए, से इसकी तुलना करते हैं तो भारत के लिए संख्या बदतर दिखती है।

चिंता के कुछ मुद्दे जो आज नीति निर्माताओं के सामने पेश आते हैं, उनमें शामिल हैं:

- क्या चीन ने विनिर्माण क्रांति की ऊंचाई को प्राप्त किया है;
- क्या भारत मौजूदा भारतीय सरकार द्वारा विनिर्माण पर विशेष जोर देने के विनिर्माण में एक पहचान बना सकता है;

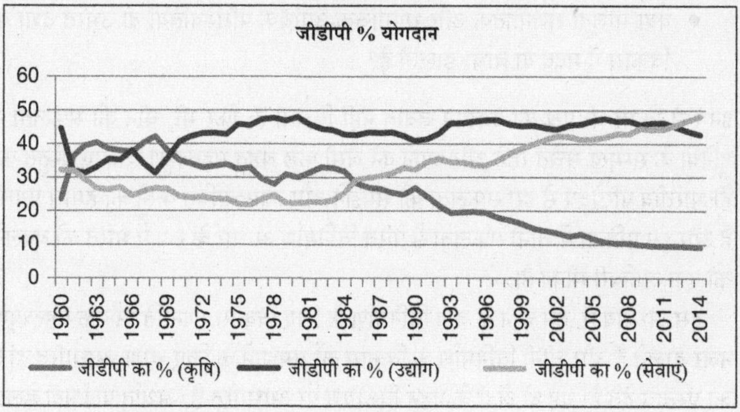

चित्र 12.1 ए: उद्योग और सेवा से जीडीपी के प्रतिशत का हिस्सा[2]

स्रोत: Manufacturers Alliance for Productivity and Innovation, USA.

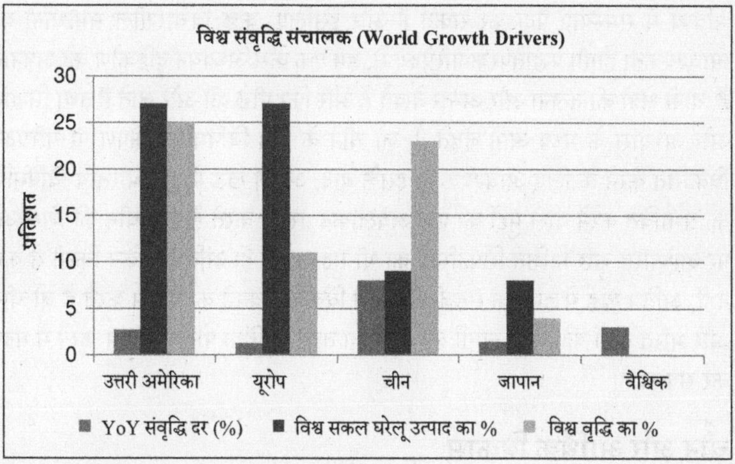

चित्र 12.1 बी: विश्व सकल घरेलू उत्पाद में चीन का हिस्सा[3]

स्रोत: The Economist

- चीन और भारत दोनों के लिए रास्ता क्या है;
- क्या भारत कमजोर विनिर्माण क्षेत्र को विकसित करने के लिए अपने समृद्ध सेवा क्षेत्र का उपयोग कर सकता है;
- क्या चीन अपने विनिर्माण आधार आदि के शीर्ष पर एक प्रभावी सेवा क्षेत्र की इमारत विकसित कर सकता है।

- क्या मौजूदा राजनीतिक और सामाजिक-आर्थिक परिस्थितियां दो उभरते देशों के विकास में मदद या बाधा डालती हैं?

इनमें से किसी भी प्रश्न का आसान जवाब नहीं मिलता है; फिर भी, चीन की सफलता ने दुनिया के सम्मुख सचेत रहने और ध्यान देने जैसी कुछ बहुत महत्वपूर्ण शिक्षाएं प्रस्तुत की हैं। भारतीय परिप्रेक्ष्य से इस सफलता को समझने और व्याख्यायित करने का हमारा प्रयास है और इस प्रक्रिया में चीनी सफलता से प्रेरित विनिर्माण आधार के रूप में भारत को बदलने का एक आखिरी मौका है।

इस अध्याय में, हम चीन के बाद विनिर्माण के लिए विकास रणनीति पर एक महत्वपूर्ण नजर डालते हैं और चीनी विनिर्माण के विकास को समझाने के लिए चरण-आधारित ढांचे का प्रस्ताव देते हैं। यह दो क्षेत्रों के गहन विश्लेषण पर आधारित है, अर्थात् पर्ल नदी डेल्टा (PRD) और यांगत्सी नदी डेल्टा (YRD), जिन्होंने अंतिम कुछ दशकों में जबरदस्त विकास दिखाया है। इसे अगले खंड में प्रस्तुत किया गया है। हम चीनी विनिर्माण और विकास के समग्र चीनी प्रारूप से जुड़ी समस्याओं की भी पहचान करते हैं जो निकट भविष्य में समस्याएं पैदा कर सकते हैं और इसलिए, कुछ विचारशील समाधानों की आवश्यकता होगी। पद्धतिपरक परिप्रेक्ष्य से, हम एक केस अध्ययन दृष्टिकोण को अपनाते हैं, दोनों क्षेत्रों की तुलना और अन्तर देखते हैं और फिर पीछे की ओर जाते हैं तथा सिद्धांत और अभ्यास के मध्य आगे बढ़ते हैं, जो चीन के बाद विनिर्माण प्रक्षेपण पर परिप्रेक्ष्य विकसित करने के लिए आवश्यक है। इसके बाद, अगले खंड में, हम भारतीय विनिर्माण को प्रभावित करने वाले मुद्दों का एक अवलोकन प्रस्तुत करते हैं; हम चीन की शिक्षाओं पर आधारित कुछ निश्चित सिफारिशों का भी सुझाव देते हैं। अंतिम लेकिन किसी से कम नहीं, अंतिम खंड में हम एक सहजीवी प्रारूप विकसित करने का प्रयास करते हैं जो चीन और भारत दोनों को अपने लोगों की सफलता तथा आर्थिक परिवर्तन प्राप्त करने में मदद कर सकता है।

चीन और आर्थिक विकास

चीन और भारत दोनों प्राचीन सभ्यताएं हैं जो पूरे मानव इतिहास में व्यापार और वाणिज्य में संलग्न है। इसके लिखित प्रमाण हैं कि लगभग 1800 तक, चीन और भारत ने दुनिया के सकल घरेलू उत्पाद का 50 प्रतिशत हिस्सा गठित किया।[4] 1820 से लगभग 1970 तक स्थिति में भारी गिरावट आई जब संयुक्त हिस्सा विश्व अर्थव्यवस्था के 10 प्रतिशत से भी कम हो गया (Maddison 2001)। यह सिर्फ 1990 के दशक के उत्तरार्ध से परे है कि संयुक्त हिस्सा फिर से बढ़ रहा है, जो लगभग 25 प्रतिशत के स्तर तक पहुंच गया है (ये सभी आंकड़े क्रय शक्ति समानता पर 1990 डॉलर में हैं)। इतिहास के माध्यम से, चीन और भारत

ने विश्व जीडीपी में समान योगदान दिया है, लेकिन अपने नवीनतम आधुनिक अवतार में, चीन 2012 तक सबसे बड़े हिस्से में योगदान देता है।

चीन ने 1949 के बाद औद्योगिकीकरण की दिशा में अपनी प्रगति शुरू की, जब कम्युनिस्ट पार्टी सत्ता में आई और चीनी जनवादी गणराज्य (पीआरसी) की स्थापना की। 1949–78 के चरण के दौरान, चीन ने आत्मनिर्भरता को आगे बढ़ाने के प्रयास में केंद्रीकृत नियोजन के सोवियत मॉडल (1947 में स्वतंत्रता के पश्चात बहुत कुछ भारत की तरह) का पालन किया। मुख्य रूप से इस्पात, पूंजीगत वस्तुएं, सीमेंट इत्यादि जैसे मुख्य उद्योगों पर ध्यान केंद्रित किया गया। हालांकि, 1978–79 में आरंभ होने वाले देंग शियाओ पिंग की दृष्टि से वास्तविक संक्रमण शुरू किया गया था। उनके नेतृत्व के तहत, चीन ने आर्थिक कल्याण को प्राप्त करने के उद्देश्य से निर्धारित किया, जिसे 2000 तक सभी नागरिकों के लिए 800 डॉलर प्रति व्यक्ति जीडीपी के रूप में परिभाषित किया गया था (Hale and Hale 2003)। देंग ने चीन में आर्थिक उदारीकरण का एक युग शुरू किया, यह एकल पार्टी कम्युनिस्ट शासन के छत्र के तहत होने के रूप में अद्वितीय था। 1980 और 1990 के दशक के दौरान चीन के दो बहुत ही प्रमुख औद्योगिक समूहों, अर्थात् PRD और YRD, के विकास का अध्ययन करके क्या प्राप्त किया जा सकता है? इन दो क्षेत्रों का अध्ययन विनिर्माण में चीन द्वारा प्राप्त की गई भारी सफलता के लिए संचालकों की एक सूची विकसित करने में हमारी सहायता करेगा।

***PRD*:** PRD में नौ शहर, अर्थात् Guangzhou, (प्रांतीय राजधानी), Shenzhen, Foshan, Zhuhai, Jiangmen, Zhongshan और Dongguan, Huizhou के चार जिले और प्रदेश तथा Zhaoqing के चार जिले और प्रदेश शामिल हैं। चीन की समग्र अर्थव्यवस्था पर PRD के प्रभाव को देखने में इस तथ्य से सबसे अच्छा अनुमान लगाया जा सकता है कि 2013 में, यह क्षेत्र चीन में सकल घरेलू उत्पाद का 9.3 प्रतिशत, चीन में कुल विदेशी प्रत्यक्ष निवेश (एफडीआई) का 19.6 प्रतिशत और चीन के निर्यात का 27.5 प्रतिशत हिस्सा साझा करता था।[5] यह दुनिया में इलेक्ट्रॉनिक वस्तुओं, बिजली के सामानों, खिलौनों, वस्त्रों और प्लास्टिक उत्पादों का अग्रणी निर्माता और निर्यातक है।

यह 1979 में था, कि PRD को एक विशेष आर्थिक क्षेत्र (SEZ) के रूप में स्थापित किया गया था, जिसे बहुत उदार आर्थिक नीति का पालन करने की अनुमति थी और जिसमें कर प्रोत्साहन, लाभ का प्रत्यावर्तन, शुल्क मुक्त आयात इत्यादि शामिल थे। हांगकांग और मकाऊ के साथ निकटता में PRD क्षेत्र हमेशा लंबे समय से परिवार से संबंधित और सांस्कृतिक संबंधों के माध्यम से अपने सहयोग को पोषित करता रहा है। 1970 के दशक से पहले हांगकांग और मकाऊ दोनों में चीनी प्रवासीयों ने एक मजबूत व्यावसायिक नींव विकसित की थी और वे अंतरराष्ट्रीय व्यापार में प्रमुख खिलाड़ी थे। हांगकांग सबसे बड़े

बंदरगाहों में से एक था, जो क्षेत्र में हल्के विनिर्माण, वित्तीय सेवा केंद्र और व्यापारिक केंद्र के लिए एक केंद्र था; जबकि मकाऊ अपने परिधान और वस्त्र उद्योग के लिए जाना जाता था। यह प्रवासी हमेशा PRD के आसपास और PRD में मौजूद सस्ती भूमि और सस्ते श्रम का लाभ उठाने और चीन से मांग को पूरा करने के क्रम में व्यापार को मुख्य भूमि में लाना चाहते थे, जिससे स्वयं उत्पादन करने की अपेक्षा उत्पादन के प्रबंधन पर अधिक ध्यान केंद्रित करना पड़ा। उदारीकरण की प्रक्रिया ने उन्हें केवल सही प्रोत्साहन दिया। प्रारंभ में, इस क्षेत्र में स्थानांतरित किया गया काम ज्यादातर श्रम गहन, जैसे खिलौने, कपड़े, पेय पदार्थ इत्यादि से संबंधित था। आरंभिक उत्पादन का उद्देश्य चीन में स्थानीय मांग को पूरा करना था, लेकिन धीरे-धीरे निर्यात-उन्मुख मानसिकता PRD के पूर्वी किनारे पर अधिक विकसित हुई।

1985 के आसपास, ज्यादातर हांगकांग से मुख्य स्थानांतरण शुरू हो गया। यह अधिक आत्मविश्वास के कारण था जो PRD के कुछ हिस्सों में उत्पादन के साथ प्रारंभिक सफलता और हांगकांग से निवेशकों द्वारा अर्जित समृद्ध रिटर्न के परिणामस्वरूप विकसित हुआ था। PRD में होने वाले बुनियादी ढांचे के विकास के द्वारा यह भी सुविधा प्रदान की गई थी और इससे पहले की तुलना में रसद बहुत आसान हो गई। इसके अलावा, हांगकांग कई बहुराष्ट्रीय निगमों (एमएनसी) के लिए अपने क्षेत्रीय मुख्यालयों के साथ घर भी था जो हांगकांग से निवेशकों द्वारा प्राप्त सफलता के बाद PRD से लागत प्रभावी खरीद की तलाश में थे। इस अवधि के दौरान, ताइवान, जापान और कोरिया से निवेश PRD तक पहुंचने लगा, हालांकि उन्हें मुख्य रूप से हांगकांग के माध्यम से भेजा जाता था, क्योंकि PRD में व्यवसाय के बारे में समझ हांगकांग में बहुत अधिक थी। परिणामस्वरूप, PRD की उत्पादन क्षमताओं को विद्युत और इलेक्ट्रॉनिक उपकरणों, श्रम-केंद्रित हार्डवेयर असेंबली और घरेलू विद्युत उपभोक्ता वस्तुओं की उप-असेंबली के साथ गहरा कर दिया गया, जिसमें विनिर्माण का एक बड़ा भाग शामिल था। इसने एक बहुत ही महत्वपूर्ण प्रौद्योगिकीय इनपुट का प्रतिनिधित्व किया जिसने हांगकांग की मध्यस्थता के साथ चीन में अपनी जगह बनाई। यद्यपि PRD का पश्चिमी किनारा सरकारी स्वामित्व वाली विनिर्माण इकाइयों का घर था, लेकिन वे निर्यात-उन्मुख और तकनीकी रूप से हांगकांग के प्रचारित इकाइयों के रूप में विकसित नहीं थी। इसने प्रौद्योगिकी के प्रसार को चिह्नित किया, PRD में कई फर्मों ने प्रतिलिपि बनाने, इंजीनियरिंग को रिवर्स करने और नई पेश की गई क्षमताओं को अवशोषित करने के लिए अपने आप को सुधारने का लिए सहारा लिया।

1990 के दशक के दौरान, कम्प्यूटर पार्ट्स और संकलित कंप्यूटर, टेलीकॉम उपकरण, इलेक्ट्रॉनिक खिलौने, उच्च तथा उपयुक्त रसायन और सटीक उपकरणों जैसे अत्यधिक तकनीकी रूप से गहन उत्पादों के परिचय के साथ उत्पादन क्षमताओं को ओर बढ़ाया गया। इस चरण के दौरान, ताइवान, पश्चिमी और जापानी कंपनियों के नेतृत्व में,

तालिका 12.1: चीन से समग्र उत्पादन के प्रति PRD का योगदान (2000)

आईटी और इलेक्ट्रॉनिक		*विद्युत उपकरण*	
78.80%	टेलीफोन	88.20%	विद्युत पंखे
60.20%	प्रिंटर	80.40%	Hi-fi
55.80%	फ़ैक्स मशीन	79.00%	इलेक्ट्रिक कुकर
50.70%	डिजिटल स्विच	72.10%	माइक्रोवेव ओवन
43.60%	वीडियो रिकॉर्डर	64.30%	कैमरा
35.50%	वीसीडी प्लेयर	58.40%	गैस वॉटर हीटर
31.10%	एलएस सेमिकन्डक्टर	37.50%	एअर कंडीशनर
24.30%	CRT	34.80%	रंगीन टेलीविजन
23.00%	PCs	25.10%	रेफ्रिजरेटर
19.10%	मोबाइल फोन	24.90%	वैक्यूम क्लीनर्स

स्रोत: Enright, Chang, Scott and Zhu (2003)

हालांकि, हांगकांग की मध्यस्थता के माध्यम से मिली मदद से, PRD क्षेत्र में अधिक से अधिक प्रौद्योगिकी को अपनाया गया। इससे परे, तकनीकी इनपुट, अनुकूल कानून, और तेजी से कुशल श्रमिकों की उपस्थिति के साथ बढ़ता निवेश संयोजित होता है; 2000 के दशक तक PRD एक बिंदु पर पहुंच गया था जहां इसे विद्युत, इलेक्ट्रॉनिक, जूते, रसायन, और खिलौनों से संबंधित सभी प्रकार के उत्पादों की प्रमुख उत्पादन सुविधा के रूप में सम्मानित किया गया था, प्रत्यक्ष कनेक्शन के साथ-साथ हांगकांग के माध्यम से दुनिया भर में अपने उत्पादों की आपूर्ति कर रहा था। 1990 के दशक से विकास की तीव्र गति को हुवई और जेडटीई जैसी स्थानीय कंपनियों के उदय से सबसे अच्छी तरह आकर्षित किया जा सकता है, जो आज दुनिया भर में उच्चतम दूरसंचार उत्पादों की अग्रणी उत्पादक हैं। तालिका 12.1 विभिन्न वस्तुओं के लिए PRC के सहयोग से उत्पादन के प्रसार का चित्रण करती है।

यद्यपि 1978 में ज्यादातर उद्यम राज्य के स्वामित्व में थे, जबकि 2001 तक, 10 प्रतिशत से भी कम उद्यमों का प्रतिनिधित्व राज्य के स्वामित्व द्वारा किया गया था, जिसमें शेष राशि विदेशी निवेश द्वारा वित्त पोषित निजी क्षेत्र द्वारा दी गई थी। 1978 में, चीन के प्रतिशत के रूप में PRD के सकल घरेलू उत्पाद का हिस्सा 2.6 प्रतिशत था, चीनी निर्यात के प्रतिशत के रूप में निर्यात 3.4 प्रतिशत था और चीन की एफडीआई के प्रतिशत के रूप में एफडीआई लगभग 3 प्रतिशत थी। वर्ष 2001 के लिए समान संख्या व्यापक परिवर्तन की तस्वीर चित्रित करती है। सकल घरेलू उत्पाद का प्रतिशत 8.7 प्रतिशत तक पहुंच गया, निर्यात प्रतिशत 34.1 प्रतिशत तक पहुंच गया और एफडीआई प्रतिशत 28.6 प्रतिशत तक पहुंच गया।

YRD: चीन के पूर्वी तट पर YRD स्थित है, जिसमें शंघाई और Suzhou, Wuxi, Changzhou, Zhenjiang, Nanjing, Nantong, Yangzhou, Taizhou (Jiangsu Province), Hangzhou, Jiaxing, Huzhou, Shaoxing, Zhoushan, Ningbo and Taizhou (Zhejiang) सहित 15 अन्य आसपास के शहर शामिल हैं। 2013 के अनुसार YRD लगभग 110 वर्ग किमी तक फैला हुआ है और लगभग 115 मिलियन निवासियों का घर है। चीन के कुल सकल घरेलू उत्पाद में YRD के जीडीपी का हिस्सा लगभग 18.8 प्रतिशत (2007) था; YRD क्षेत्र का प्रति व्यक्ति सकल घरेलू उत्पाद चीन के सकल घरेलू उत्पाद से लगभग 2.5 गुना (2007) तक पहुंच गया। YRD चीन के कुल औद्योगिक उत्पादन का लगभग 25 प्रतिशत, चीन में कुल एफडीआई के 50 प्रतिशत के साथ-साथ चीन से कुल निर्यात के 37 प्रतिशत हिस्से (2007) का लेखा रखता है।[6]

1990 के दशक के आरंभ में, YRD को केंद्र सरकार और स्थानीय सरकार दोनों के द्वारा नए विकास केंद्र के रूप में सक्रिय रूप से बढ़ावा दिया गया। राज्य-स्वामित्व वाले उद्यमों, टाउनशिप और विलेज-शिप फर्मों द्वारा प्रारंभिक प्रोत्साहन दिया गया था। हालांकि, यह मॉडल जल्द ही अक्षमता और पैमाने की अर्थव्यवस्थाओं (Economies of scale) की कमी के कारण समस्याओं से घिर गया। इसके बाद बाहरी भागीदारों अर्थात् हांगकांग और (मुख्य रूप से) ताइवान की फर्मों द्वारा सक्रिय निवेश किया गया, जिसने 1990 के दशक के उत्तरार्ध और 2000 के आरंभ से ही YRD के स्वरूप को पूरी तरह से बदल दिया। विशेष रूप से ताइवान के आईटी उद्योग के परिप्रेक्ष्य से YRD का प्रभाव ऐसा रहा है कि 1990–2006 की अवधि के दौरान YRD में ताइवान के निवेश का कुल हिस्सा 5 प्रतिशत से बढ़कर 67 प्रतिशत हो गया है जबकि मुख्य भूमि के अन्य हिस्सों में परिणामस्वरूप घट रहा है (Yang 2009)। उदाहरण के तौर पर, Suzhou (YRD में Jiangsu प्रांत में एक छोटा सा नगर) में 1997–2002 की अवधि के दौरान, राज्य-स्वामित्व वाले और अन्य सामूहिक फर्मों के उत्पादन में लगभग 60 प्रतिशत से 10 प्रतिशत तक गिरावट आई और यह ज्यादातर YRD की समस्या थी (Chen 2007)। PRD और YRD के मध्य अंतर का एक महत्वपूर्ण बिंदु उद्योग की प्रकृति और उद्योग द्वारा उपयोग की जाने वाली ज्ञान की प्रगाढ़ता रही है। जहां PRD उद्योग मुख्य रूप से निर्यात उन्मुख, श्रम-केंद्रित, ज्ञान की प्रगाढ़ता पर न्यून थे; वहीं YRD में अर्धचालक डिजाइन तथा निर्माण, अत्यधिक मशीनीकृत ऑटो डिज़ाइन तथा निर्माण और पेट्रोरसायन, इस्पात, मशीनी उपकरण तथा अन्य जैसे भारी उद्योग जैसे उद्योगों का एक अधिक विविध मिश्रण था। जिस स्तर पर YRD आधारित उद्योग वैश्विक उत्पादन नेटवर्क के साथ जुड़े हुए हैं वह PRD में अपने साथियों से मूल रूप से अलग हैं (Chen 2007; Yang 2009)। ऐसा लगता है कि YRD ने विनिर्माण और सेवाओं के संदर्भ में एक अधिक संतुलित दृष्टिकोण अपनाया है, जिसे

संभवतः विकास को बढ़ावा देने के लिए एक-दूसरे में सिंचित किया गया है। YRD क्षेत्र के मुख्य शहर शंघाई का विश्व स्तरीय अनुसंधान और विकास केंद्र (Du 2005) तथा बैंकिंग, आईटी सेवाओं, लेखांकन, कानून इत्यादि जैसे अन्य व्यावसायिक सेवाओं के संदर्भ में विशेष रूप से उच्च स्थान हैं। PRD और YRD के आमने-सामने विद्वानों का एक अन्य महत्वपूर्ण अवलोकन PRD में स्थानीय अधिकारियों के साथ बढ़ता असंतोष, YRD में स्थानीय निकायों की बेहतर पारदर्शिता और दक्षता, YRD में बौद्धिक संपदा अधिकारों के साथ-साथ YRD में बेहतर आधारभूत संरचना के संबंध में विशेष रूप से बेहतर संस्थागत तंत्र हैं; इन सभी ने YRD के भीतर उच्च वृद्धि की है। इसके अलावा, PRD में स्थापित अधिकांश उद्योगों में 100 प्रतिशत पुनः निर्यात उन्मुखीकरण था और इसने आधिकारिक तौर पर बोझिल की अपेक्षा चीनी मांग को आउटपुट में स्थानांतरित कर दिया। इसलिए, शंघाई स्थित सहायक कंपनियां और उद्योग वस्तुओं की बढ़ती चीन की आंतरिक मांग को पूरा करने के लिए काफी अनुकूल थे (Overholt 2004; Yang 2009)। अच्छी तरह से परिभाषित समूहों को विकसित करने की कोशिश कर रहे स्थानीय अधिकारियों के साथ YRD के लिए विकास की रणनीति, जैसे कि PRD में स्वयं विकसित समूहों की तुलना में Jiangsu में नोटबुक (हुंडी की किताब) के लिए रणनीति, अधिक शीर्ष पाद (top-down) अभिकल्प वाली रही है।

विनिर्माण में चीन की सफलता का विश्लेषण

हम प्रत्येक चरण की प्रमुख विशेषताओं के साथ, निश्चित विशिष्ट मील के पत्थर या चरणों के संदर्भ में, PRD और YRD क्षेत्रों की तुलना और विश्लेषण के आधार पर चीनी विनिर्माण के समग्र विकास प्रक्षेपवक्र को चित्रित करने का प्रयास करते हैं (तालिका 12.2)।

सफलता के दो घटकों की, जिन्होंने चीन में अति विशाल परिवर्तन में योगदान दिया है, PRD और YRD क्षेत्रों और दोनों क्षेत्रों में अपनाई गई नीतियों पर चर्चा के आधार पर आगे पहचान की गई है।

सरकारी नीति: 1978–79 में शुरू होने वाले वर्षों में चीन द्वारा 'खुले द्वार की नीति' के साथ कई उपाय अपनाएं थे, जो सुधारों की गति निर्धारित करते थे। इन उपायों में से सबसे महत्वपूर्ण उपाय स्थानीय सरकार और अन्य स्थानीय निकायों का सशक्तिकरण करना था। उदाहरण के लिए, गुआंगदोंग प्रांत (PRD) को व्यापार पर नियंत्रण दिया गया था और भूमि अधिकारों को स्थानीय निकायों को सौंप दिया गया था जो भूमि को पट्टे पर और बहुराष्ट्रीय कंपनियों के लिए इसकी कीमत तथा जमीन के लिए आवश्यक किसी भी उत्पादन कार्य पर फैसला कर सकते थे। विदेश-स्वामित्व वाले बैंकों को विदेशी मुद्रा व्यापार सुनिश्चित करने के लिए प्रांत में भी शुरू किया गया था और स्थानीय शेयर बाजार की स्थापना 1980 में

तालिका 12.2: विनिर्माण वृद्धि के चरण (चीन)

मापदंड	*चरण 1* *सरल अनुबंध विनिर्माण*	*चरण 2* *विशिष्ट विनिर्माण और असेंबली*	*चरण 3* *मौलिक आंतरिक-तंत्र (In house) डिज़ाइन और उन्नत विनिर्माण*
श्रम की विशेषताएँ	गहन श्रम, कम कौशल काम	श्रम और गहन कौशल	R&D कौशल के उच्चतम स्तर की आवश्यकता
उत्पाद की जटिलता	आधारभूत-खिलौने, रासायनिक वस्तुएं, कपड़े	माध्यमिक-ऑटो के घटक, पीसी के घटक, इलेक्ट्रॉनिक खिलौने, सूक्ष्मता सामग्री, उपकरण इत्यादि।	उच्च-नोटबुक, उच्चतम मोबाइल फोन, इंजन, उच्चतम मशीनरी
प्रयोजनीय वस्तुएँ	प्राथमिक विनिर्माण विद्यमान होना चाहिए	विभिन्न घटकों के सफल विनिर्माण को बनाए रखना	कर्मशाला परिपक्वता (Shop-floor maturity) का उच्चतम स्तर, एकत्रित उत्पादों की प्रमाणित डिलीवरी, उन्नत मशीनीकरण, सर्वोत्तम कार्यप्रणालियों को अपनाया गया
प्रौद्योगिकी हस्तांतरण प्रक्रिया	चीन में राज्य-स्वामित्व वाले उद्यमों ने इस आधारभूत विनिर्माण को सक्षम बनाया	एमएनसी ने प्राथमिक प्रौद्योगिकी पर प्रौद्योगिकी निर्माण को प्रेरित किया	शीर्ष कंपनियों द्वारा अपनाई गई आंतरिक-तंत्र (In house) R&D या लाइसेंस प्राप्त प्रौद्योगिकी में वृद्धि और सुधार करती है
प्रतियोगिता का आधार	श्रम-आधारित लागत अंतरपणन, क्षेत्रीय व्यापार केंद्रों के लिए स्थानीय निकटता	श्रम-आधारित लागत अंतरपणन, क्षेत्रीय व्यापार केंद्रों के लिए स्थानीय निकटता, पुर्जों को तीव्रता से जोड़ने के लिए विभिन्न घटक निर्माताओं की स्थानीय निकटता, उच्च क्षमता	उन्नत डिजाइन कौशल, कम लागत में अच्छी तरह से स्थापित विनिर्माण पारिस्थितिक तंत्र

हुई थी। यह सब उस समय किसी भी मुख्य भूमि प्रांत के लिए लगभग असंभव था। यद्यपि एक शीर्ष का नियंत्रण था, लेकिन प्रांतीय और जिला स्तर के निकायों को योजनाओं के लिए और आवश्यकताओं के अनुसार अपना पाठ्यक्रम चार्ट तैयार करने के लिए पर्याप्त स्वायत्तता दी गई थी। स्थानीय निकायों को व्यापार के लिए नीतियों को तैयार करने और अनुकूल वातावरण का निर्माण करने के लिए पर्याप्त शक्तियां और स्वायत्तता दी गई थी। यह प्रक्रिया न तो तात्कालिक और न ही स्वचालित थी। बाद में PRD में एसईजेड के निर्माण द्वारा यह एक प्रयोग के रूप में शुरू हुआ, क्योंकि व्यापार की जरूरत विकसित हुई, स्थानीय निकायों को शक्ति और प्रमुखता हासिल करने की अनुमति थी। इन स्थानीय निकायों के पास संपत्ति अधिकारों को परिभाषित करने के मार्ग में व्यापक निर्देश थे, भूमि उपयोग नीतियां तैयार की गईं और विभिन्न निर्यात उन्मुख एमएनसी को जमीन पट्टे पर देने के लिए पट्टे की संरचना को परिभाषित किया गया, जिन्होंने संबंधित क्षेत्रों में दुकानों की स्थापना की था। इन गतिविधियों से उत्पन्न राजस्व का उपयोग केंद्रीय निकाय के साथ क्षेत्रों

के सुधार के लिए किया गया था, जिस पर शुल्क से उसकी कमाई कम हो सकती थी। क्षेत्र में विदेशी मुद्रा व्यापार को सक्षम करने के साथ-साथ स्टॉक एक्सचेंज विकसित करने के लिए एसईजेड खोलने के लिए आवश्यक बुनियादी ढांचे का विकास सही हैं, संस्थानों का निर्माण यह सुनिश्चित करने के लिए किया गया था कि विकास चक्र बिना किसी कमी से हो सके। क्षेत्रों में सड़कों, पुलों, बंदरगाहों, बेहतर आवास, स्कूलों और विश्वविद्यालयों सहित आधारिक संरचना का निर्माण केंद्रीय प्रांतों से तटीय प्रांतों में श्रमिकों के विशाल प्रवास को दिखाता था।

दूसरा महत्वपूर्ण पहलू प्रौद्योगिकी का निरंतर संचार रहा है। चूंकि कंपनियां उच्च तकनीकी स्तरों को अवशोषित और विकसित करती हैं, इसलिए समूहों के भीतर समूह (चित्र 12.2) निर्मित करने वाले क्षेत्र के अंतर्गत निचला काम आउटसोर्स किया गया था, यह सुनिश्चित करते हुए कि लगभग पूरे उत्पाद को क्षेत्र के भीतर ही बनाया जा सके। इसलिए, ऐसा नहीं था कि सिर्फ एक कंपनी ने तकनीक को अवशोषित कर लिया और आगे बढ़

चित्र 12.2: PRD में विभिन्न समूह (Clusters)

PRD शहरों में समूह

शहर	समूह
Guangzhou	ऑटो और उसके पार्ट्स, परिवहन उपकरण, विद्युत उत्पाद, इलेक्ट्रॉनिक्स, रासायनिक वस्तुएं, वस्त्र, टेक्सटाइल, व्यापारिक सेवाएं, सॉफ्टवेयर, खिलौने
Panyu*	खेल के सामान, टेक्सटाइल, वस्त्र, आभूषण, खिलौने, विद्युत आपूर्ति उपकरण, शिपिंग कंटेनर
Shenzhen	इलेक्ट्रॉनिक्स, कंप्यूटर उत्पाद, दूरसंचार उत्पाद, आईसी, खिलौने, प्लास्टिक की वस्तुएँ, हाथ की घड़ियां, दीवार घड़ियां, तेल चित्र, बंदरगाह सेवाएं, रसद, वित्त, मुद्रण, कृत्रिम पेड़
Dongguan	इलेक्ट्रॉनिक्स कंप्यूटर, संघटक, बाह्य उपकरण, वस्त्र, फर्नीचर, जूते, खिलौने, हाथ की घड़ियां, दीवार घड़ियां, छुरी, रसोई का सामान, सोल्डरिंग मशीनरी, मछली पकड़ने के (Angling) उपकरण
Huizhou	लेजर डायोड, डिजिटल इलेक्ट्रॉनिक्स, सीडी-रोम, टेलीफोन, बैटरी, सर्किट बोर्ड, सूक्ष्म मशीनरी, प्लास्टिक की वस्तुएँ, रासायनिक पदार्थ
Zhongshan	प्रकाश फिक्स्चर, लैंप, धातु के उत्पाद, मोटरसाइकिल, आरामदायक वस्त्र, ताले, ऑडियो उपकरण
Foshan	औद्योगिक मृत्तिका-शिल्प, मृत्तिका-शिल्प कलाकृति, सिलाई, टेक्सटाइल, बच्चों के वस्त्र
Chencun*	फूलों की खेती, सजावटी मछली, टर्फ (Turf) फार्मिंग
Nanhai*	टेक्सटाइल, एल्यूमीनियम के उत्पाद, मोटरसाइकिल, अंडरवियर
Shunde*	विद्युत उपकरण, बढ़ईगिरी, शिपिंग कंटेनर, फर्नीचर, मशीनरी, साइकिलें
Jiangmen	टेक्सटाइल, वस्त्र, कागज, बैटरियां

स्रोत: Enright, Scott and Chang (2005)

टिप्पणी: *Panyu, Guangzhou का एक जिला है। Chencun, Nanhai and Shunde, Foshan के जिले हैं।

गई, वास्तव में, प्रौद्योगिकी हस्तांतरण न सिर्फ एमएनसी से विशिष्ट फर्मों तक बल्कि क्षेत्रों के भीतर भी हुआ था। इस प्रकार, क्षेत्र की समग्र तकनीकी गहनता और क्षमता में समय के साथ धीरे-धीरे सुधार हुआ।

एक बहुत ही महत्वपूर्ण नीति हस्तक्षेप कृत्रिम रूप से कमजोर मुद्रा थी, जो निर्यातकों का पक्ष ले सकती थी। चीनी सरकार ने निवेशकों के ध्यान के साथ-साथ एक ही क्षेत्र के भीतर फर्मों के बीच निर्मम प्रतियोगिता के लिए प्रतिरोधी विभिन्न क्षेत्रों के बीच गंभीर प्रतिस्पर्धा को बढ़ावा देकर प्रतिस्पर्धी फर्मों का अपना स्वदेशी संस्करण बनाया। यद्यपि उसी क्षेत्र के भीतर एमएनसी स्वामित्व से राज्य स्वामित्व से सामूहिक स्वामित्व तक अलग-अलग स्वामित्व वाली सभी संरचनाएं उच्च मूल्य के उत्पादों को बनाने और एक-दूसरे के उत्पादों पर भरण (Feeding) के संदर्भ में सरेखित कि गई थी, साथ ही इसी समय निरंतर मूल्य निर्धारण दबाव ने फर्मों को प्रक्रिया के संदर्भ में अपनी समग्र तकनीकी सामग्री में सुधार करते समय लागत में कटौती के नए तरीकों के बारे में सोचने पर मजबूर कर दिया।

एक बार क्षेत्रीय विकास और प्रतिस्पर्धा समाप्त हो जाने के बाद, एक तरफ चीन में शीर्ष नेतृत्व ने इस तीव्र प्रतिस्पर्धा को बढ़ावा देने पर ध्यान केंद्रित किया और साथ ही इसी समय दूसरी तरफ एसईजेड मॉडल को विस्तारित करने और पिछले कार्यान्वयन से प्राप्त शिक्षाओं को नए क्षेत्रों में परिस्थितियों का निर्माण किया। उदाहरण के लिए, PRD की शिक्षाओं का उपयोग अनुसंधान और विकास सेवाओं और अन्य व्यावसायिक सेवाओं के साथ अधिक मूल्य वर्धित, उच्च विनिर्माण बनाने की कोशिश करके YRD में किया गया था। चीन द्वारा अपनाया गया विकास का विनियमित पूंजीवादी मॉडल अद्वितीय, सफल और बहुत प्रासंगिक था जिसे दुनिया के किसी भी अन्य हिस्से द्वारा प्रत्यक्ष रूप से अपनाया या अनुकृत नहीं किया जा सकता।

कम मजदूरी और कुशल श्रमशक्ति में निरंतर सुधार: 1990 के दशक में विद्यमान विनिर्माण केंद्रों की तुलना में चीन में मजदूरी ऐतिहासिक रूप से कम रही हैं जिसमें संयुक्त राज्य अमेरिका, जापान और यूरोप शामिल हैं। यह कारक चीन की समग्र लागत प्रतिस्पर्धात्मकता में निर्णायक साबित हुआ, जिसने विनिर्माण में शीर्ष स्थिति प्राप्त करने के लिए कार्यप्रणाली पर चीन की प्रभावशाली शक्ति को स्थापित किया। इसके अलावा, चीन में उपलब्ध कुशल श्रमशक्ति ने आगे विनिर्माण पारिस्थितिकी तंत्र के विकास में योगदान दिया। यहां भी, सरकारी नीतियों ने एक महत्वपूर्ण भूमिका निभाई। उच्च-तकनीकी-गहन उद्योग जैसे अर्धचालक विनिर्माण पर विशेष जोर दिया गया था; और घरों में नई प्रौद्योगिकियों को विकसित करने के क्रम में अनुसंधान और विकास पर ध्यान केंद्रित करने के लिए विश्वविद्यालयों और राज्य-स्वामित्व उद्यमों के बीच संबंध स्थापित करा गया। चीन में बहुराष्ट्रीय कंपनियों के कारखानों में काम करने के माध्यम से और विदेश में प्रशिक्षण के माध्यम से विकसित किए गए विशेष कौशल के साथ चीनी इंजीनियरों को उद्यमियों के रूप

में स्वयं का व्यापार आरंभ करने के लिए विशेष प्रोत्साहन दिया गया था। इसने सुनिश्चित किया है कि हासिल किया गया कौशल न सिर्फ बनाए रखा गया था बल्कि आगे अधिक से अधिक स्नातकों में भी स्थानांतरित कर दिया गया था। अधिक समय तक, इस तरह के कौशल ने आंतरिक नवाचार और उच्च श्रेणी के उत्पादों को भी चीन में विकसित किया जो वैश्विक उत्पादों के साथ प्रतिस्पर्धा कर सकता था। चीन में प्रौद्योगिकी के हस्तांतरण पर उनके कार्य (Hu, Jefferson and Jinchang 2005) से पता चलता है कि बहुराष्ट्रीय कंपनियों द्वारा दोनों अनुसंधान और विकास तथा प्रौद्योगिकी के बाहरी संचार एक-दूसरे के पूरक हैं क्योंकि अनुसंधान और विकास मुख्य रूप से चीनी कंपनियों के बीच अवशोषक क्षमता विकसित (Cohen & Levinthal 1989) करने के लिए जिम्मेदार थे। चूंकि चीन के भीतर बाजार विकसित हुआ, चीनी सरकार ने घरेलू विकसित मानकों को बढ़ावा देकर बड़ी क्षमता का लाभ उठाया (उदाहरण के लिए, मोबाइल टेलीफोनी के लिए 4 जी मानक में), जिसका मौजूदा विनिर्माण आधार पर सकारात्मक प्रभाव पड़ा जिससे उन्हें विश्व स्तरीय सुविधाओं और पैमाने को विकसित करने में सक्षम बनाया गया।

भविष्य में चीन के समक्ष संभावित समस्याएं

चीन ने निश्चित रूप से बहुत प्रगति की हैं और इसके परिणाम सभी को देखने के लिए और विश्लेषण करने वाले हैं। हालांकि, प्रत्येक सिक्के के दो पक्ष होते हैं। चीनी विकास का नकारात्मक पक्ष भी एक वास्तविकता है, जिससे चीन को निकट भविष्य में निपटना होगा। कुछ मुद्दे, जिन्हें हम इंगित कर सकते हैं, पर चर्चा निम्नप्रकार से की गई है:

- असमान विकास तटीय क्षेत्रों के साथ आंतरिक क्षेत्रों के विरुद्ध विद्यमान मॉडल की स्थिरता के लिए विशाल खतरे के रूप में विकास के सभी मानकों पर आगे बढ़ रहा है। इसमें कुछ गंभीर मुद्दे शामिल हैं: तटीय क्षेत्रों के अति उच्च शहरीकरण के कारण उच्च प्रदूषण, संसाधनों पर भारी दबाव और उपजाऊ डेल्टा क्षेत्रों में फसलों का विनाश होता हैं जो लंबे समय तक खाद्य उत्पादन को प्रभावित करता है।
- चीन ने प्रभावी रूप से शहरों और यहां तक कि नगर-पालिका-संबंधी क्षेत्रों के बीच उच्च प्रतिस्पर्धा का निर्माण किया जो एफडीआई के लिए इच्छुक थे। हालांकि, इसने कम से कम विचलन वाले क्षेत्रों में एक समान उद्योग समूहों की एक अनूठी समस्या पैदा की और इसलिए, सभी क्षेत्र जो समान फर्मों और एफडीआई को लुभाने की कोशिश कर रहे हैं इसका मतलब किसी अन्य क्षेत्र के लिए नुकसान था।
- आर्थिक परिस्थितियों में सुधार और जीवन के बेहतर स्तर में अगली पीढ़ी द्वारा जांच के तहत मौजूदा राजनीतिक व्यवस्था को और तनाव के तहत एकल पार्टी प्रणाली को उच्च स्तरीय स्वायत्तता की आवश्यकता हो सकती है।

- कृत्रिम रूप से मुद्रा की कमी पर एक प्रतिक्रिया को प्रेरित करने वाली विश्व व्यवस्था द्वारा सवाल किया जा सकता है, जो रेनमिन्बी (Renminbi) पर उच्च मूल्य डालना चाहता है।
- प्रतिपाटन (Anti-dumping) के मुद्दे चीनी गाड़ी को पटरी से उतारने की धमकी देने वाले हो सकते हैं, जिससे कुछ उद्योगों को व्यापार से बाहर किया जा सकता है और कुछ उद्योगों को अलाभकारी बनाया जा सकता है। इसीलिए, व्यापार को संतुलित करना आवश्यक है, जैसे कि पूरी तरह से निर्यात उन्मुखीकरण की अपेक्षा आंतरिक मांगों के साथ साथ निर्यात दोनों की आवश्यकताओं का ध्यान रखना।

भारतीय विनिर्माण के साथ संबद्ध समस्याओं का अवलोकन

इस अध्याय के कार्यक्षेत्र (Scope) को देखते हुए, हम स्वयं को विस्तृत चर्चा विकसित करने के बजाय भारतीय विनिर्माण के साथ प्रमुख समस्या क्षेत्रों को संक्षेप में सीमित रखते हैं। भारतीय विनिर्माण में रणनीति और प्रथाओं से संबंधित हाल में उभरें प्रासंगिक विद्वानों का काम बहुत अनोखा है। अधिकांश उद्धृत कार्यों में Chandra और Sastry (2002) तथा Dangayach और Deshmukh (2003) शामिल हैं। हालांकि ये काम लगभग एक दशक पुराने हैं, फिर भी वे प्रासंगिक हैं; विशेष रूप से पीडब्ल्यूसी की पसंद से तैयार विभिन्न उद्योग रिपोर्टों से प्रमाणित हैं (FICCI & Price Waterhouse Coopers 2014); बीसीजी (Bhattacharya, Bruce and Mukherjee 2014) और कई अन्य जो भारतीय विनिर्माण के बारे में निम्नलिखित बिंदुओं पर जोर देते हैं:

- स्पेक्ट्रम में विनिर्माण क्षेत्र के भीतर अत्यधिक कुशल (एमटेक, पीएचडी, आदि) कार्यबल की कमी।
- बोर्ड में विशेष रूप से असंगठित खिलाड़ियों के बीच समकालीन आपूर्ति श्रृंखला और तार्किक नीतियों की कमी।
- कारखानों में मानकीकृत उपकरणों की कमी, और सामान्य रूप से डिजाइन सहित आईटी उपकारणों और विनिर्माण के बीच एकीकरण की कमी।
- स्थानीय मानकों की कमी, वैश्विक सहयोगियों के मध्य भारतीय मानकों की कम स्वीकृति और अनुसंधान तथा विकास पर कम व्यय।
- श्रम सुधारों की कमी, विशिष्ट स्थानों के लिए कर छुट्टियों के आधार पर कर संरचनाओं को बदलना जो टैक्स अवकाश समाप्त होने के बाद अलाभकारी साबित होते हैं और श्रम सुरक्षा और श्रम प्रशिक्षण पर न्यूनतम ध्यान देना।
- समग्र उत्पाद लागत के प्रतिशत के रूप में उच्च सामग्री लागत, विक्रेता विकास क्रियाओं की कमी और दीर्घकालिक संविदात्मक व्यवस्था की कमी।
- न्यूनतम मानदंड (Benchmarking) के प्रयास।

भारतीय ऑटो उद्योग और ऑटो घटक उद्योग के अलावा, अन्य ने वैश्विक दृश्य पर बहुत कम प्रभाव डाला है (Dangayach & Deshmukh 2003)। हालांकि, अगर हम चीन के साथ तुलना करते हैं, तो 1991 में भारत ने वास्तव में चीन की तुलना में अधिक पैसिंजर कारों का उत्पादन किया, लेकिन 2013 तक यह दृश्य पूरी तरह बदल गया था। चीन ने न सिर्फ पैसिंजर कार उत्पादन में भारत को पीछे छोड़ दिया बल्कि 2013 में चीन द्वारा उत्पादित वॉल्यूम भारत के उत्पादन से लगभग छह गुना था।

निष्कर्ष

सापेक्ष शक्ति का व्यापक विश्लेषण, निकट भविष्य के लिए भारत को मुख्य रूप से एक सेवा गंतव्य और चीन को मुख्य रूप से विनिर्माण अड्डे के रूप में देखता है। चीन विशेष रूप से YRD क्षेत्र में विकसित बैंकिंग केंद्रों और अनुसंधान व विकास से स्पष्ट रूप से सेवाओं की ओर अच्छी प्रगति कर रहा है। दूसरी तरफ, भारत विनिर्माण में बहुत महत्वपूर्ण प्रगति नहीं कर रहा है, हालांकि पिछले कुछ वर्षों से व्यापक क्षमता मौजूद है। हालत सुधरी हुई तो लगती है, लेकिन जैसा कि पिछले खंड में संक्षेप में बताया गया है, कई मुद्दों पर ध्यान देने की जरूरत है। भारत और चीन दोनों अपने संबंधित गढ़ों में बढ़ती मजदूरी का सामना करते हैं, नए खिलाड़ी तस्वीर में सामने आ रहे हैं, जिन्हें श्रम लागत मध्यस्थता का लाभ उठाने में अच्छा पाया जाता है। इस के अतिरिक्त, मूल्य संवर्धन और उच्च विनिर्माण के अच्छी तरह से स्थापित होने के कारण चीन के लिए यह समस्या कम स्पष्ट है। वहीं दूसरी तरफ भारत में सेवाएं (आईटी और आईटीईएस) मूल्य श्रृंखला को तेजी से आगे बढ़ाने में सक्षम नहीं है, जिसके कारण लागत का लाभ खत्म होने के साथ, भारत अपनी सेवाओं की अर्थव्यवस्था को बनाए रखने के लिए अधिक दबाव का सामना कर रहा है।

कुछ रोचक उपाय हैं, जिनके द्वारा भारत और चीन एक सहजीवी पारिस्थितिकी तंत्र बना सकते हैं। चूंकि चीन नए उत्पादों को विकसित करता है, इसलिए इसे भारतीय बाजार तक पहुंच की आवश्यकता होगी और जिसके चलते चीनी कंपनियां अपने उत्पादों के लिए विभिन्न ग्राहक सेवाएं प्रदान करने के लिए भारतीय सेवा कंपनियों के साथ हाथ मिला सकती है। यह चीनी कंपनियों को दुनिया भर में महत्वाकांक्षाओं के साथ अच्छी दिशा प्रदान करेगा। भारतीय बाजार रुस्त (Roost) पर शासन करने वाले अमेरिकी, यूरोपीय, जापानी और कोरियाई उत्पादों के साथ कठिन प्रतिस्पर्धा का प्रयास करते हैं, और यह बाहरी परीक्षण सिद्ध हो सकता है जो चीनी उत्पादों को गुणवत्ता के लिए एक ब्रांड छवि और प्रतिष्ठा विकसित करने में मदद कर सकता है। भारत के अलावा, विशिष्ट उत्पाद, जिन्हें भारत में कम लागत पर उत्पादित किया जा सकता है, विशेष रूप से घटक स्तर पर भारत में आउटसोर्स किए जा सकते हैं। यह विशेष रूप से चीनी पूंजीगत वस्तुओं,

मशीनरी उद्योग, और इलेक्ट्रॉनिक उत्पाद इत्यादि के लिए प्रासंगिक है। चीनी हार्डवेयर और विनिर्माण क्षमताओं के साथ मिलकर भारतीय सॉफ्टवेयर क्षमताओं को भविष्य के लिए बेहतर उत्पादों को विकसित करने में मदद मिल सकती है, जो एशिया के उत्पादों को ऐप्पल, माइक्रोसॉफ्ट इत्यादि के साथ प्रतिस्पर्धा करने में सक्षम बनाती है। 2020 तक भारत 400 अरब डॉलर[7] के संभावित इलेक्ट्रॉनिक आयात को देख रहा है और चीन आयात और भारत में चीनी-स्वामित्व विनिर्माण की इकाइयों की स्थापना के माध्यम से इस मांग को पूरा करने में एक प्रमुख भूमिका निभाता है।

अंतिम लेकिन किसी से कम नहीं, चीनी कंपनियों ने बड़ी बुनियादी ढांचा परियोजनाओं (सड़कों, पुलों, बंदरगाहों, रेलवे, बिजली संयंत्र, आदि) को लागू करने में अपनी विशेषज्ञता को सिद्ध किया है। इस तरह की परियोजनाओं के लिए संयुक्त उद्यमों के रूप में भारतीय कंपनियों द्वारा इस विशेषज्ञता का प्रभावी ढंग से उपयोग किया जा सकता है, जिसके चलते चीन के बाहर भविष्य की प्रगति के लिए महत्व के साथ साथ चीन के साथ सांझा बाजार में हिस्सेदारी उपलब्ध हो सकती है। इस प्रकार के संयुक्त उद्यमों में न केवल मशीनरी का निर्यात बल्कि चीनी इन्फ्रास्ट्रक्चर कंपनियों द्वारा परामर्श गतिविधियों के रूप में सेवाओं का निर्यात भी शामिल होगा। उपर्युक्त क्षेत्रों के अलावा, ऊर्जा क्षेत्र (दोनों अपतटीय और तटवर्ती) के साथ-साथ नवीकरणीय विकास और टिकाऊ ऊर्जा स्रोतों में संयुक्त अन्वेषण के क्षेत्रों में समृद्ध सहयोग की खोज की जा सकती है, जो आने वाले समय के लिए ऊर्जा के भूखे दोनों देशों के लिए एक बड़ा वरदान साबित होगा।

टिप्पणियाँ

1. See https://www.mapi.net/china-has-dominant-share-world-manufacturing (accessed on 28 February 2015).
2. https://www.bluenomics.com/data#!data/national_accounts_gdp/key_indicators_2/structure_of_gross_value_added_by_sectors_gva_/901686967|chart/line&countries=china (accessed on 5 April 2016).
3. http://www.ft.lk/2013/12/17/us-and-china-will-set-global-growth-pace-in-2014/ (accessed on 28 February 2015).
4. See http://www.economist.com/news/finance-and-economics/21572236-services-are-poised-become-countrys-biggest-sector-served-china (accessed on 28 February 2015).
5. See http://china-trade-research.hktdc.com/business-news/article/Fast-Facts/PRD-Economic-Profile/ff/en/1/1X000000/1X06BW84.htm (accessed on 1 March 2015).
6. See http://info.hktdc.com/mktprof/china/yrd.htm (accessed on 9 March 2015).
7. See http://archive.financialexpress.com/news/electronics-imports-to-reach-400-bn-by-2020-it-ministry/1074652 (accessed on 8 April 2015).

संदर्भ

Bhattacharya, A., Bruce, A., and Mukherjee, A. 2014. *Make in India: Turning Vision into Reality*. CII and BCG. Available at http://www.manufacturingchampions.in/Document/NewsLetter/CII-BCG%20Report%20on%20Make%20In%20India%20-%2013th%20Manufacturing%20Summit%202014.pdf

Chandra, P., and Sastry, T. 2002. 'Competitiveness of Indian Manufacturing: Findings of the 2001 National Manufacturing Survey'. Working Paper 2002–09–04, 1–42, IIM Ahmedabad.

Chen, X. 2007. 'A Tale of Two Regions in China: Rapid Economic Development and Slow Industrial Upgrading in the Pearl River and Yangtze River Deltas'. *International Journal of Comparative Sociology* 48(2–3): 167–201.

Cohen, W.M., and Levinthal, D.A. 1989. 'Innovation and Learning: The Two Faces of R&D'. *Economics Journal* 99(397): 569–596.

Dangayach, G.S., and Deshmukh, S.G. 2003. 'Evidence of Indian Manufacturing Industry: A Survey." *International Journal of Production Economics* 83(3): 279–98.

Du, D. 2005, August 4. *Shangai: An Emerging Global R&D Base of Multinationals*. Shangai, China: Session on Urban Progress and Governance, the 4th International Convention of Asian Scholars.

Enright, M.J., Chang, K.-M., Scott, E.E., and Zhu, W. 2003. *Hong Kong and Pearl River Delta: The Economic Interaction*. Hong Kong: The 2022 Foundation Ltd.

Enright, M. J., Scott, E. E., and Chang, K. 2005. *Regional Powerhouse: The Greater Pearl River Delta and the Rise of China*. John Wiley & Sons (Asia) Pte Ltd.

FICCI, and Price Waterhouse Coopers. 2014. *India Manufacturing Barometer 2014: Turning the Corner*. Price Waterhouse Coopers Ltd. Available at http://ficci.in/spdocument/20279/ManufacturingBarometer-FINAL.pdf (accessed on 15 April 2015).

Hale, D., and Hale, L.H. 2003, November–December. China Takes Off. *Foreign Affairs* 82(6): 35–53.

Hu, A.G., Jefferson, G.H., and Jinchang, Q. 2005, November. 'R&D and Technology Transfer: Firm Level Evidence from Chinese Industry'. *The Review of Economics and Statistics* 87(4): 780–786.

Maddison, A. 2001. *The World Economy: A Millennial Perspective*. Paris: Development Centre Studies, OECD.

Overholt, W.H. 2004 (May/June). 'Hongkong or Shangai?' *The China Business Review* 31(3): 44–47.

Yang, C. 2009 (April). 'Strategic Coupling of Regional Development in Global Production Networks: Redestribution of the Taiwanese personal Computer Investments from the Pearl River Delta to the Yangtze River Delta, China'. *Regional Studies* 43(3): 385–407.

13 कॉर्पोरेट सामाजिक उत्तरदायित्व कार्यप्रणालियां

भारत और एशिया का एक तुलनात्मक अध्ययन

Paramita Mukherjee and Rajashri Chatterjee

परिचय

आजकल कॉर्पोरेट सामाजिक उत्तरदायित्व (सीएसआर) एक सुपरिचित शब्द है। यह मुख्य रूप से इस बात से संबद्ध है कि कैसे व्यवसाय समाज पर अपने परिचालन के संभावित आर्थिक, सामाजिक और पर्यावरणीय प्रभाव को ध्यान में रख सकता है। वर्षों से कम्पनियाँ अलग-अलग डिग्री के साथ लोक-हितैषी गतिविधियों में संलग्न है। लेकिन; सीएसआर की अवधारणा को बहुत पहले औपचारिक रूप नहीं दिया गया था। पिछली शताब्दी में सिर्फ एक महत्वपूर्ण अवधारणा के रूप में इसके उद्भव के बाद, शुरू में विकसित देशों में सीएसआर का काफी लंबे समय के लिए अभ्यास किया गया था। हाल ही में यह उभरती अर्थव्यवस्थाओं में व्यवसायों के संबंध में एक सामान्य अवधारणा बन गई है। हाल के दिनों में, कुछ उभरती अर्थव्यवस्थाओं ने सीएसआर की कार्यप्रणालियों को अनिवार्य बनाने के लिए कानूनों और प्रावधानों को अधिनियमित किया है क्योंकि इसे देश में जीवन की गुणवत्ता के उत्थान में निगमों के योगदान के रूप में देखा जाता है।

हालांकि, साहित्य में उभरती अर्थव्यवस्थाओं में अभी भी सीएसआर से संबंधित मुद्दों की समझ की कमी है (Kisenyi and Gray 1998)। सीएसआर की गतिविधियों और क्षेत्रों को परिभाषित करने में भी विवादास्पद मुद्दे हैं। यूरोपीय संघ ने सीएसआर को 'एक अवधारणा के रूप में परिभाषित किया है जिससे कंपनियां अपने व्यापार संचालन में और स्वैच्छिक आधार पर अपने हितधारकों के साथ परस्पर क्रिया में सामाजिक और पर्यावरणीय चिंताओं को एकीकृत करती है'। लेकिन सतत विकास के लिए विश्व व्यापार परिषद (डब्ल्यूबीसीएसडी) इसे 'व्यवसाय द्वारा नैतिक रूप से व्यवहार करने और आर्थिक विकास में योगदान करने के लिए निरंतर प्रतिबद्धता के रूप में परिभाषित करती है, जबकि कार्यबल और उनके परिवारों के साथ-साथ व्यापक स्तर पर स्थानीय समुदाय और समाज के जीवन की गुणवत्ता में सुधार करती है'। प्रारंभिक लेखों में सीएसआर की बजाय सामाजिक उत्तरदायित्व के रूप में अवधारणा को

ज्यादातर संदर्भित किया है। Bowen (1953) द्वारा लिखित पुस्तक इस विषय पर साहित्य की आधुनिक अवधि की शुरुआत के रूप में मानी जाती है। McGuire (1963), Walton (1967), Davis (1967), Carroll (1979, 1999) सहित अन्य लोगों ने भी महत्वपूर्ण योगदान दिया है। अब तक, बहुराष्ट्रीय उद्यमों के लिए आर्थिक सहयोग और विकास संगठन (ओईसीडी) के दिशानिर्देश और संयुक्त राष्ट्र वैश्विक नियमों में सम्मिलित लक्ष्यों को दुनिया में सबसे प्रमुख सीएसआर मानकों में से एक है।

पिछले कुछ दशकों में, दुनिया भर के विकासशील देशों ने उल्लेखनीय आर्थिक विकास का अनुभव किया है। लेकिन, उनमें से कई मानव विकास के संदर्भ में पीछे हट गए हैं (तालिका 13.1)। यह स्पष्ट है कि दुनिया भर के अधिकांश विकासशील देशों, विशेष रूप से चीन, भारत, अर्जेंटीना, मेक्सिको और फिलीपींस ने दशकों से अपने आर्थिक विकास में तेजी की है। लेकिन, दो अन्य देशों के साथ फिलीपींस और भारत अभी भी मध्यम मानव विकास की श्रेणी में हैं और शीर्ष 100 देशों में शामिल नहीं हैं। 2013 के अनुसार भारत 186 देशों में से 135 वें स्थान पर है। विशेष रूप से, उच्च मानव विकास श्रेणी के देशों की रैंक 57 और 91 के बीच है। व्यापक गरीबी, बढ़ रही असमानता, शिक्षा तथा रोजगार की कमी और मानव विकास से संबंधित मानकों में नगण्य सुधार की इस पृष्ठभूमि को देखते हुए; आर्थिक और सामाजिक क्षेत्रों की प्रगति में योगदान और पर्यावरण संबंधी चिंताओं को कम करने के द्वारा अर्थव्यवस्था की विकास प्रक्रिया में व्यवसाय की भूमिका के बारे में पूरी तरह से कंपनियों और समाज के बीच बढ़ती जागरूकता, पर्यावरण और सामाजिक परिवर्तन देखा जाता है। ऐसे देशों में सीएसआर की गतिविधियों और कार्यप्रणालियों के परिवर्तन में परोपकार और लोक-हितैषी गतिविधियों में पारंपरिक जुड़ाव के अलावा, सतत व्यापार रणनीति में सीएसआर को एकीकृत करना भी शामिल किया।

एशिया के विकासशील देश इस घटना के लिए अपवाद नहीं है। सीएसआर प्रकटीकरण/ रिपोर्टिंग पर जोर और हाल के घटनाक्रम के लिए अनिवार्य लाभ के एक हिस्से के रूप में सीएसआर के लिए प्रावधान बनाना और ऐसी गतिविधियों की सीमा, कई मामलों में, देश के सामाजिक-आर्थिक कारकों के साथ-साथ सांस्कृतिक कारकों पर निर्भर है। भारत में, अनिवार्य प्रावधान, सीएसआर की रिपोर्टिंग और उसका पर्यवेक्षण सिर्फ नई कंपनी अधिनियम, 2013 के अधिनियमित होने के साथ आरंभ हो रहा है।

2011 की एशियाई स्थायित्व रेटिंग सूची से पता चलता है कि दस एशियाई देशों यानि, दक्षिण कोरिया, चीन, हांगकांग, भारत, इंडोनेशिया, मलेशिया, ताइवान, फिलीपींस, सिंगापुर और थाईलैंड के मध्य भारत, दक्षिण कोरिया, थाईलैंड और मलेशिया से आगे चौथे स्थान पर है और इसके बाद सिंगापुर (छठवां) और चीन (सातवां) का स्थान है। रेटिंग की पर्यावरण, सामाजिक और प्रशासनिक (ईएसजी) मुद्दों पर सार्वजनिक प्रकटीकरण के आधार पर गणना की गई है।[1]

तालिका 13.1: चयनित विकासशील देशों में जीडीपी वृद्धि और मानव विकास सूचकांक की प्रवृत्ति

		मानव विकास सूचकांक (एचडीआई)							जीडीपी वृद्धि (सीएजीआर, प्रतिशत में)				
एचडीआई रैंक 2013		1980	1990	2000	2005	2010	2012	2013	1981–1990	1991–2000	2001–05	2006–10	2011–13
	अति उच्च मानव विकास: समूह औसत	0.76	0.80	0.85	0.87	0.88	0.89	0.89					
49	अर्जेंटीना	0.67	0.69	0.75	0.76	0.80	0.81	0.81	–1.5	4.5	2.0	5.7	4.1
	उच्च मानव विकास: समूह औसत	0.53	0.59	0.64	0.68	0.72	0.73	0.74					
57	रूसी संघ		0.73	0.72	0.75	0.77	0.78	0:78	–	–3.9	6.1	3.5	3.0
62	मलेशिया	0.58	0.64	0.72	0.75	0.77	0.77	0.77	6.0	7.1	4.7	4.5	5.2
69	तुर्की	0.50	0.58	0.65	0.69	0.74	0.76	0.76	5.2	3.6	4.6	3.2	5.0
71	मैक्सिको	0.60	0.65	0.70	0.72	0.75	0.75	0.76	1.8	3.6	1.6	1.9	3.0
79	ब्राजील	0.55	0.61	0.68	0.71	0.74	0.74	0.74	1.5	2.5	2.8	4.5	2.1
89	थाईलैंड	0.50	0.57	0.65	0.68	0.72	0.72	0.72	7.8	4.5	5.1	3.6	3.1
91	चीन	0.42	0.50	0.59	0.64	0.70	0.71	0.72	9.3	10.4	9.8	11.2	8.2

तालिका 13.1 (जारी)

		मानव विकास सूचकांक (एचडीआई)							जीडीपी वृद्धि (सीएजीआर, प्रतिशत में)				
एचडीआई रैंक 2013		1980	1990	2000	2005	2010	2012	2013	1981–1990	1991–2000	2001–05	2006–10	2011–13
	मध्यम मानव विकास: समूह औसत	0.42	0.47	0.53	0.56	0.60	0.61	0.61					
108	इंडोनेशिया	0.47	0.53	0.61	0.64	0.67	0.68	0.68	6.4	4.2	4.7	5.7	6.2
117	फिलीपींस	0.57	0.59	0.62	0.64	0.65	0.66	0.66	1.7	2.9	4.6	4.9	5.9
118	दक्षिण अफ्रीका	0.57	0.62	0.63	0.61	0.64	0.65	0.66	1.5	1.8	3.8	3.1	2.5
135	इंडिया	0.37	0.43	0.48	0.53	0.57	0.58	0.59	5.6	5.6	6.7	8.3	6.2
निम्न मानव विकास: समूह औसत		0.34	0.37	0.40	0.44	0.48	0.49	0.49					

स्रोत: http://hdr.undp.org, World Development Indicators, The World Bank

सीएसआर में, सीएसआर को स्वीकार करने, निर्धारित करने और स्वैच्छिक प्रकटीकरणों के कारणों का वैश्विक स्तर पर अध्ययन किया जाता है, लेकिन यह कुछ हद तक अनिश्चित बने रहते हैं। उदाहरण के लिए, औद्योगिक संबद्धता, संस्कृति, कॉर्पोरेट शासन का स्तर, फर्म का आकार और व्यावसायिक जोखिम दुनिया के विभिन्न हिस्सों में सीएसआर के स्तर के निर्धारक हैं (Gao et al. 2005; Haniffa and Cooke 2005; Naser et al. 2006। सीएसआर का प्रभाव भी खोजा गया है और यह देखा गया है कि सीएसआर नवीन वातावरण की भविष्यवाणी करता है (Ubius and Alas 2012) और फर्म एक विशेष कॉर्पोरेट ब्रांड विशिष्टता को आकार देने में कठिनाई के समय सीएसआर संचार का उपयोग कर सकती है (Mishra et al. 2013)।

पिछले दो दशकों में कुछ अध्ययन हुए हैं जो भारत, चीन, और अन्य एशियाई अर्थव्यवस्थाओं में सीएसआर गतिविधियों की स्थिति का निरिक्षण करते हैं। उदाहरण के लिए, Rosario Sr., Herrera और Roman (2011) ने पाया कि मजबूत सत्तावादी राज्यों और बहुराष्ट्रीय कंपनियों की उपस्थिति के साथ, व्यापार संघों और समूहों ने दक्षिणपूर्व एशियाई देशों में सीएसआर कार्यप्रणालियों के प्रसार में मदद की। लेकिन, इस क्षेत्र में चुनौती एमएसएमई हैं जो अधिकांश व्यवसायों का गठन करते हैं, जिसे सीएसआर कानून प्रभावी होने पर पर्यावरण और श्रम कानूनों का पालन करना मुश्किल हो सकता है। Williams (1999) ने सात एशिया-प्रशांत राष्ट्रों का अध्ययन किया और तर्क दिया कि अनिश्चितता परिहार के समान सामाजिक-राजनीतिक और सांस्कृतिक कारक स्वैच्छिक सीएसआर प्रकटीकरण पर देशों को प्रभावित करते हैं। Chambers et al. (2003), भारत समेत सात देशों की शीर्ष 50 कंपनियों के सीएसआर की वेब रिपोर्टिंग के विश्लेषण के आधार पर, उन पश्चिम और एशियाई देशों के पीछे एशिया में सीएसआर के स्तर का अवलोकन करते हैं जिन्होंने सीएसआर की अपनी प्रणाली विकसित की हैं और वैश्वीकरण सीएसआर कार्यप्रणालियों के प्रसार में प्रमुख भूमिका निभाता है। एक अन्य अध्ययन में, Shaba और Meuter (2013) ने बताया कि 2011 में दक्षिण पूर्व एशियाई राष्ट्रों के संघ (आसियन) के देशों द्वारा सीएसआर नेटवर्क के निर्माण का भविष्य में सीएसआर पर दूरगामी प्रभाव पड़ने की संभावना है। Chapple और अन्य (2014) ने पाया कि 2002 से 2009 के बीच, प्रतिवेदित सीएसआर के स्तर और गहराई में उल्लेखनीय वृद्धि हुई है, जो छह एशियाई देशों में सीएसआर पहल में वृद्धि का सुझाव देती है। हालांकि, कोई मानकीकृत पैटर्न नहीं है। इसलिए, विकासशील एशियाई देशों में सीएसआर की कार्यप्रणालियों और गतिविधियों की प्रवृत्ति पर बहुत कम अध्ययन विद्यमान है। यह अध्याय भारत पर विशेष ध्यान देते हुए उभरती हुई एशियाई अर्थव्यवस्थाओं में सीएसआर की गतिविधियों में हालिया रुझानों और विकास का पता लगाकर अंतर को भरने की कोशिश करता है। ऐसा इसलिए है क्योंकि नई कंपनी अधिनियम, 2013, के तहत नए सीएसआर मानदंडों की स्थापना के साथ भारत

एक संक्रमण चरण में है, जिसमें बड़ी संख्या में कंपनियों के लिए अनिवार्य प्रावधान और सीएसआर रिपोर्टिंग शामिल है। देश में सीएसआर परिदृश्य, इस प्रकार, निकट भविष्य में सामाजिक क्षेत्रों के लिए महत्वपूर्ण प्रभावों के साथ बदलाव में विश्वास करता है। अन्य एशियाई विकासशील देशों में यह प्रक्रिया पिछले 5–10 वर्ष पहले से ही शुरू हो चुकी है। इसलिए, हाल के दिनों में सीएसआर कार्यप्रणालियों और इसकी संरचना के संबंध में अन्य एशियाई अर्थव्यवस्थाओं के साथ-साथ भारत की स्थिति को जानना दिलचस्प होगा।

विश्लेषण, एजेंसियों द्वारा प्रदान किए गए एशियाई देशों में कंपनियों के स्कोर और रैंकिंग पर आधारित हैं। हाल के वित्तीय वर्ष के लिए सूचीबद्ध फर्मों की सीएसआर रिपोर्टिंग के आधार पर निकट भविष्य में भारत के लिए सीएसआर अनिवार्य प्रावधानों के संभावित प्रभाव का पता लगाने के लिए एक विश्लेषण किया जाता है। विश्लेषण से, सीएसआर के लिए जाने वाली कंपनियों के प्रकार और सीएसआर के क्षेत्रों पर एक स्पष्ट परिदृश्य उभरा है। इस विश्लेषण के लिए, भारत के अलावा, हम चयनित देशों, अर्थात् चीन, इंडोनेशिया, मलेशिया, थाईलैंड, सिंगापुर, फिलीपींस, दक्षिण कोरिया और ताइवान पर विचार करते हैं।

शेष अध्याय इस प्रकार संरचित हैं। अगला अनुभाग भारत में नई सीएसआर की रूपरेखा के संभावित प्रभावों के आकलन के अनुभाग के पश्चात एशिया की उभरती अर्थव्यवस्थाओं के रुझानों का वर्णन करता है। अगला अनुभाग परिणामों की तुलना करता है और अंतिम अनुभाग निष्कर्ष बताताा है।

एशियाई अर्थव्यवस्थाओं में सीएसआर कार्यप्रणालियों की प्रवृत्तियां: एक अवलोकन

निम्नलिखित उप-वर्गों में भारत, चीन, और अन्य एशिया की उभरती अर्थव्यवस्थाओं के लिए सीएसआर पहलों, कार्यप्रणालियों और संरचना को अलग-अलग वर्णित किया गया है। ऐसा इसलिए है क्योंकि इस अध्ययन में विचार किए जाने वाले अन्य विकासशील देशों की तुलना में चीन और भारत इस क्षेत्र में मजबूत आर्थिक शक्ति के रूप में उभर रहे हैं।

एशियाई उभरती अर्थव्यवस्थाएं

एशियाई उभरती अर्थव्यवस्थाओं में, दो आशाजनक अर्थव्यवस्थाएं, अर्थात् चीन और भारत ने पिछले दशक में उल्लेखनीय आर्थिक विकास का अनुभव किया है; लेकिन सीएसआर कार्यप्रणालियों के संदर्भ में, चीन ने परिवर्तन भारत की तुलना में थोड़ा पहले शुरू कर दिया है। अन्य देश भी एक ही नाव पर अर्थात् एक ही समान स्थिति में कम या ज्यादा हैं। Belal and Momin (2009) ने पिछले कुछ दशकों में एशिया-प्रशांत अर्थव्यवस्थाओं में सीएसआर से संबंधित अनुसंधान क्षेत्रों और निष्कर्षों का उत्कृष्ट विवरण प्रदान किया। 1980 के दशक से भारत को छोड़कर एशियाई देशों पर केवल 20 अध्ययन हैं,

जिनमें से कुछ काफी पुराने है। इन अध्ययनों के आधार पर (Rosario Sr., Herrera and Roman 2011; Chapple et al. 2014) हमने सीएसआर कार्यप्रणालियों, सीएसआर के क्षेत्रों और ऊपर वर्णित देशों में सीएसआर में मौजूदा प्रवृत्तियों के विकास को संक्षिप्त किया है। इस बात पर ध्यान दिया जाना चाहिए कि, इनमें से अधिकतर देशों में, सांस्कृतिक कारक सीएसआर की उभरती कार्यप्रणालियों के महत्वपूर्ण कारकों में से एक था।

थाईलैंड में, बौद्ध धर्म और राजशाही सीएसआर के विकास में एक महत्वपूर्ण भूमिका निभाती है क्योंकि थाईलैंड में कंपनियां समुदाय को वापस देने और राजशाही के प्रति वफादारी के रूप में परोपकार में कार्य करती हैं, सामाजिक संरचना का गठन करती हैं। सीएसआर गतिविधियों के संदर्भ में, पर्यावरण चिंता और गरीबी उन्मूलन प्राथमिकता में है। फोकस धीरे-धीरे परोपकार से रणनीतिक सीएसआर में स्थानांतरित हो रहा है।[2] इस्लामी देश होने के नाते, मलेशिया और इंडोनेशिया सीएसआर कार्यप्रणालियों के साथ इस्लामी मूल्यों और राष्ट्रीय परंपराओं को जोड़ते हैं, जो सीएसआर की रूपरेखा के कार्यान्वयन में एक महत्वपूर्ण पहलू है। जबकि दोनों देशों में सीएसआर से संबंधित नीतियां विद्यमान हैं, मलेशिया में नींव और दान के साथ-साथ सार्वजनिक रूप से सूचीबद्ध कंपनियों के लिए सीएसआर ढांचे के लिए इस्लाम आधारित कानून है। वहीं दूसरी तरफ, इंडोनेशिया ने हाल ही में सीएसआर को अनिवार्य कर दिया है और अब कार्यान्वयन नियमों की स्थापना की प्रक्रिया में है। इन देशों में गरीबी उन्मूलन, शिक्षा और स्वास्थ्य से संबंधित मुद्दे प्रमुख सीएसआर चिंताएं है।

फिलीपींस मुख्य रूप से रोमन कैथोलिक देश है और परोपकार सीएसआर का निरंतर मुख्य रूप बना हुआ है, जबकि निगमों के लिए सीएसआर को अपनी व्यावसायिक रणनीति में एकीकृत करने के लिए बढ़ती दिलचस्पी हाल के दिनों में देखी जाती है। विशेष रूप से, देश में कार्य करने वाली बड़ी स्थानीय और विदेशी कंपनियां सीएसआर गतिविधियों में सक्रिय रूप से भाग लेती हैं। सिंगापुर अपने पड़ोसी देशों की तुलना में एक अधिक विकसित देश है और सीएसआर के लिए विचारों का समूह अलग है। सिंगापुर में सीएसआर से संबंधित विशिष्ट कानून नहीं हैं लेकिन सरकार ने श्रम और पर्यावरणीय कानूनों की विस्तृत श्रृंखला लागू की है जिसका सिंगापुर स्थित निगम पालन करते हैं। सरकार इनाम प्रणाली की मदद से कंपनियों का संचालन करने के लिए सक्रिय रूप से सीएसआर की क्रियाओं का भी समर्थन करती हैं।

दक्षिण कोरिया में, कंपनियों ने 1990 के दशक के मध्य से घोटालों की श्रृंखला और विशेष रूप से एशियाई वित्तीय संकट की घटना के साथ सीएसआर में अधिक रुचि लेना आरंभ कर दिया, जिसने देश में व्यापार प्रणाली और कॉर्पोरेट शासन की कमजोरी का खुलासा किया। इस समय के दौरान, निगमों ने सामाजिक जिम्मेदारी को अपनी सामाजिक

छवि में सुधार करने, नैतिक-संहिता पर जोर देने और सामाजिक योगदान शुरू करने की रणनीति के रूप में अपनाया। 2002 में, वाणिज्य, उद्योग और ऊर्जा मंत्रालय ने कोरिया चैंबर ऑफ कॉमर्स के तहत सतत विकास के लिए व्यवसाय संस्थान की स्थापना की, 2006 में कोरियाई स्थिरता रिपोर्ट संकेतक विकसित किए गए और स्थायित्व प्रबंधन प्रथाओं के सम्मान के लिए पुरस्कार समारोह आयोजित किया (विवरण के लिए, देखें (Nam 2011))। 2008 में, कोरियाई इंडस्ट्रीज फेडरेशन (एफकेआई) ने सदस्य कंपनियों के आर्थिक, कानूनी, नैतिक और सामाजिक उत्तरदायित्व की निगरानी करने और कोरियाई निगमों की सीएसआर गतिविधियों पर प्रकटीकरण/रिपोर्टिंग का पर्यवेक्षण करने के लिए सीएसआर समिति की स्थापना की। हालांकि ज्यादातर निगम अभी भी परोपकार के कार्य के रूप में सीएसआर गतिविधियों को समझते हैं। हालांकि, दक्षिण कोरिया में अवधारणा को समझने का अभाव भी है क्योंकि कई कंपनियों में खेल प्रतियोगिताओं का प्रायोजन और सीएसआर की सीमा के भीतर उदाहरण के लिए पूरी तरह से सार्वजनिक संबंध कार्यों के साथ अन्य कार्यक्रम शामिल हैं।

ताइवान ने अंतरराष्ट्रीय व्यवसाय पर जोर देकर हाल ही में सीएसआर को काफी हद तक बढ़ावा देने की दिशा में महत्वपूर्ण कदम उठाए हैं (ताइवान स्टॉक एक्सचेंज 2014)। 2010 में फाइनेंसियल सुपरवाइजरी कमीशन (एफएससी) ने धीरे-धीरे सीएसआर प्रकटीकरण के दायरे में संशोधन किया हैं और 'टीडब्ल्यूएसई/टीपीईएक्स सूचीबद्ध कंपनियों के लिए कॉर्पोरेट सामाजिक उत्तरदायित्व बेस्ट प्रैक्टिस प्रिंसिपल' और 'टीडब्ल्यूएसई/टीपीईएक्स सूचीबद्ध कंपनियों के लिए नैतिक कॉर्पोरेट प्रबंधन बेस्ट प्रैक्टिस प्रिंसिपल' को प्रारंभ करने के लिए ताइवान स्टॉक एक्सचेंज (टीडब्ल्यूएसई) और ताइपेई एक्सचेंज (टीपीईएक्स) को निर्देश दिया है। एफएससी ने ताइवान में कॉर्पोरेट प्रशासन और सीएसआर नीतियों को बढ़ावा देने के लिए दिशानिर्देश के रूप में 'कॉर्पोरेट गवर्नेंस रोडमैप 2013' की घोषणा की, और 2011 से 'सूचीबद्ध कंपनियों के लिए कॉर्पोरेट सामाजिक उत्तरदायित्व और व्यवसायिक समग्रता' की मेजबानी में टीडब्ल्यूएसई और टीपीईएक्स का मार्गदर्शन भी कर रहा है। ताइवान स्टॉक एक्सचेंज ग्रेटाई सिक्योरिटीज मार्केट, ताइवान बिजनेस काउंसिल फॉर सस्टेनेबल डेवलपमेंट और ताइवान सीएसआर इंस्टीट्यूट के साथ कंपनियों के लिए सीएसआर के दिशा-निर्देशों को तैयार करने के लिए मिलकर काम करता है। 2014 में, टीडब्ल्यूएसई विश्व फेडरेशन ऑफ एक्सचेंज के स्थिरता कार्य समूह में शामिल हो गया। महत्वपूर्ण बात यह है कि ताइवान स्टॉक एक्सचेंज कॉर्पोरेशन ने हाल ही में घोषणा की है कि 2015 से, निर्दिष्ट सूचीबद्ध कंपनियों के लिए सालाना सीएसआर की रिपोर्टिंग शुरू करना अनिवार्य है। जगह में इस पहल के साथ, ताइवान अनिवार्य सीएसआर रिपोर्टिंग को लागू करने के लिए एशिया-प्रशांत क्षेत्र का पहला देश होगा, जो अंतरराष्ट्रीय स्तर पर

मान्यता प्राप्त वैश्विक रिपोर्टिंग पहल (जीआरआई) जी 4 नियमों का पालन करता है (*The China Post* 2015)।

आसियान के भाग के रूप में, 2006–07 से इंडोनेशिया, मलेशिया और थाईलैंड की सरकारें उत्तरदायित्व व्यापार संहिता (Responsible Business Conduct or RBC) की पहलों में भी संलग्न हैं। ऐसी पहलों में इंडोनेशिया में सीएसआर रिपोर्टिंग की मांग, प्राकृतिक संसाधन कंपनियों के लिए लाभ पर 2 प्रतिशत कर का प्रावधान, सामाजिक रूप से जिम्मेदार निवेश (एसआरआई) सूचकांक की गणना और सीएसआर पुरस्कार शामिल हैं; मलेशिया में सूचीबद्ध कंपनियों के लिए सीएसआर पुरस्कार, सीएसआर रूपरेखा तथा रिपोर्टिंग की आवश्यकता और थाईलैंड में सीएसआर दिशानिर्देश, सीएसआर पुरस्कार, सीएसआर अनुसंधान तथा रिपोर्टिंग दिशा-निर्देश शामिल हैं।[3]

चीन में सीएसआर पद्धतियां

2006 में, विश्व के विभिन्न भागों में सीएसआर पद्धतियों को अपनाने के बारे में जागरूकता बढ़ाने के पीछे, सीएसआर को औपचारिक रूप से चीनी कॉर्पोरेट कानून में शामिल किया गया था। चीनी स्टॉक एक्सचेंजों ने धीरे-धीरे सीएसआर प्रकटीकरण पहल को प्रोत्साहित करना शुरू कर दिया। 2008 में, राज्य परिषद के राज्य-स्वामित्व वाली संपत्ति पर्यवेक्षण और प्रशासन आयोग (SASAC) ने कॉर्पोरेट सामाजिक जिम्मेदारियों को पूरा करने के संबंध में केंद्र सरकार के अधीन सीधे राज्य-स्वामित्व वाले उद्यमों के दिशानिर्देशों पर नीति निर्देश जारी किया।[4] चीनी श्रम अनुबंध कानून ने उसी वर्ष सीएसआर मुद्दों को भी संबोधित किया। चीन में प्राकृतिक आपदा के बाद, कंपनियों द्वारा प्रकाशित सीएसआर रिपोर्टों की संख्या पिछले वर्ष की तुलना में 2009 में काफी हद तक बढ़ी है। वर्तमान में, चीनी कंपनियां अपनी मुख्य व्यावसायिक रणनीतियों के साथ सीएसआर आयामों को एकीकृत करने के लिए गंभीर विचार भी दे रही हैं।

चीन में सीएसआर पर बहुत कम अध्ययन उपलब्ध हैं। Sarkis, Na और Zhu (2011) ने पाया कि, पिछले कुछ वर्षों में, समाचार रिपोर्टों ने विभिन्न घटनाओं पर प्रकाश डाला है जो चीन में बेकार सीएसआर पद्धतियों को प्रदर्शित करते हैं।[5] हालांकि, हाल के समय में, सरकार, व्यवसायिक संगठन, अंतरराष्ट्रीय ग्राहक, समुदाय, मीडिया, गैर-सरकारी संगठन, और संघों से संस्थागत दबाव सीएसआर पहलों के मुख्य घटक है। उदाहरण के लिए, 2012 में, चीन बैंकिंग नियामक आयोग ने चीन की धारणीय प्रथाओं के लिए पूर्व शर्त के रूप में अपने ग्रीन क्रेडिट दिशा-निर्देश के पर्यावरणीय सिद्धांतों और नियमों को अपने बैंकिंग क्षेत्र में जारी किया। चीनी कंपनियां सीएसआर संचार के तीन प्रमुख दृष्टिकोणों में से एक को अपनाने लगती हैं, विशेष परोपकार, सामरिक परोपकार और नैतिक व्यवसाय आचरण के रूप में सीएसआर का प्रबंध करते हैं (Tang, Gallagher and Bie 2015)।

इसके अलावा, चीन, संयुक्त राज्य अमेरिका का सबसे बड़ा व्यापारिक भागीदार होने के नाते, पश्चिमी रेखाओं पर अपने स्वयं की कुछ अद्वितीय विशेषताओं के साथ सीएसआर की रूपरेखा विकसित करने की कोशिश कर रहा है। चीन में कंपनियों पर आधारित अध्ययन में कहा गया है कि बहुराष्ट्रीय निगमों (एमएनसी) के पास आमतौर पर स्पष्ट स्थिर रणनीतियां हैं और सीएसआर को अपने दैनिक संचालन में एकीकृत करने में अच्छे होते हैं।

भारत में सीएसआर पद्धतियां

भारत में सीएसआर प्रथाएं नई कंपनी अधिनियम के अधिनियमन से बहुत पहले, कुछ कंपनियां (उदाहरण के लिए, टाटा समूह, आईटीसी और अन्य) सामाजिक रूप से उत्तरदायी गतिविधियों में शामिल थीं। परंपरागत रूप से, भारतीय सीएसआर ज्यादातर परोपकार पर आधारित था और कंपनियों के हिस्से में स्वैच्छिक था। 2009 में, सरकार ने अपने कॉर्पोरेट मामलों के मंत्रालय (एमसीए) के माध्यम से सीएसआर के लिए स्वैच्छिक दिशा-निर्देशों के परिचय के साथ अपना प्रथम औपचारिक सीएसआर-संबंधित प्रयास किया। 2012 में, भारतीय प्रतिभूति और विनिमय बोर्ड (सेबी) ने एक परिपत्र जारी किया कि बाजार पूंजीकरण पर आधारित शीर्ष 100 सूचीबद्ध कंपनियों को अपनी सामाजिक, पर्यावरणीय और आर्थिक जिम्मेदारियों और पहल के संबंध में व्यावसायिक उत्तरदायित्व रिपोर्ट (बीआरआर) जमा करवानी अनिवार्य है। नये कंपनी अधिनियम, 2013 के उद्भव के बाद, सीएसआर कंपनियों की काफी बड़ी संख्या के लिए सतत व्यावसायिक प्रथाओं का एक अभिन्न हिस्सा बनने जा रहा है।

अधिनियम की धारा 135 के अनुसार, किसी भी वित्तीय वर्ष के दौरान 500 करोड़ या उससे अधिक का कुल मूल्य या 1,000 करोड़ या उससे अधिक की कुल बिक्री या 5 करोड़ या उससे अधिक का शुद्ध लाभ प्राप्त करने वाली प्रत्येक कंपनी में बोर्ड के सदस्यों को मिलकर सीएसआर समिति गठित होगी जो सीएसआर नीति तैयार करेगी, अधिनियम की अनुसूची VII में निर्दिष्ट कंपनी द्वारा की जाने वाली गतिविधियों को इंगित करेगी और ऐसी गतिविधियों पर किए जाने वाले व्यय की भी सिफारिश करेगी। ऐसी प्रत्येक कंपनी का बोर्ड यह सुनिश्चित करेगा कि कंपनी प्रत्येक वित्तीय वर्ष में, अपनी सीएसआर नीति के अनुसरण में, तत्काल वित्तीय तीन वर्षों के दौरान कंपनी के औसत शुद्ध लाभ का कम से कम 2 प्रतिशत खर्च करे।

इस प्रकार, नए अधिनियम में अनिवार्य रूप से सीएसआर प्रावधानों का भारत जैसे देशों के विकास के लिए महत्वपूर्ण प्रभाव होने की संभावना है। इस परिप्रेक्ष्य में, यह उल्लेख किया गया है कि कंपनी स्थानीय क्षेत्र और इसके आसपास के क्षेत्रों को वरीयता देगी जहां से कंपनी सीएसआर गतिविधियों के लिए निर्धारित राशि खर्च करने के लिए संचालित होती है। अधिनियम की अनुसूची VII के अनुसार सीएसआर में भूख, गरीबी और कुपोषण उन्मूलन,

निवारक स्वास्थ्य देखभाल, स्वच्छता, शिक्षा, व्यवसाय कौशल में वृद्धि जैसी गतिविधियां शामिल हैं; लिंग समानता, महिला सशक्तिकरण; महिलाओं और अनाथों, बुजुर्ग लोगों के लिए घरों और छात्रावासों की स्थापना; सुरक्षित पेयजल उपलब्ध कराने, पर्यावरणीय स्थिरता सुनिश्चित करना, पारिस्थितिक संतुलन, राष्ट्रीय विरासत का संरक्षण और प्रधानमंत्री राष्ट्रीय राहत कोष और सामाजिक-आर्थिक विकास तथा राहत और कल्याण के लिए केंद्र सरकार द्वारा स्थापित किसी भी अन्य फंड में योगदान प्रदान करना। यह अनुमान लगाया गया है कि भारत में 1.3 मिलियन कंपनियों में से लगभग 6,000 से 7,000 कंपनियां नए सीएसआर प्रावधान के तहत शामिल की जाएंगी और अनुमानित 27,000 करोड़ हर साल सामाजिक विकास में प्रवाहित होंगे (*Hindustan Times* 2013)।

भारत में नई सीएसआर रूपरेखा के निहितार्थ

कंपनियों द्वारा अब तक देखे गए सीएसआर प्रथाओं में रुझानों को जानने के क्रम में और नए सीएसआर मानदंडों के संभावित निहितार्थ का आकलन करने के लिए, हम बॉम्बे में सूचीबद्ध कंपनियों के संदर्भ में विभिन्न निर्दिष्ट गतिविधियों में सीएसआर खर्च की मात्रा पर खुलासे का विश्लेषण करते हैं और बीएसई 100 सूचकांक का गठन करते हैं। वर्ष 2012–13 में सीएसआर से संबंधित अनिवार्य आवश्यकताओं के साथ अंतिम वर्ष था और हम कंपनियों द्वारा इस वर्ष की सीएसआर गतिविधियों का विश्लेषण करते है। अधिकतम आकड़ों को उनकी संबंधित वार्षिक रिपोर्ट या व्यवसायिक जिम्मेदारी/स्थायित्व रिपोर्ट से लिया गया था; हालांकि, कुछ मामलों में, अन्य वेब-आधारित रिपोर्टों से परामर्श लेना पड़ा। बीएसई कंपनियों की सूची से संबंधित डेटा और कर (पीएटी) प्राप्ति के बाद लाभ पर डेटा सीएमआईई डेटाबेस प्रोवेस से एकत्र किया गया था। हम 71 कंपनियों के लिए सीएसआर खर्च की मात्रा पर जानकारी का विश्लेषण करते हैं।[6] 2012–13 की अवधि के दौरान विश्लेषण ने फर्मों द्वारा की गई सीएसआर गतिविधियों की सभी व्यापक श्रेणियों पर भी ध्यान केंद्रित किया है। तत्कालीन पूर्ववर्ती तीन वर्षों के दौरान औसत पीएटी के प्रतिशत के रूप में प्रत्येक कंपनी के लिए सीएसआर व्यय की गणना की गई थी। सीएसआर मानक जनादेश क्या हैं और इस तरह के जनादेश की अनुपस्थिति में उन्होंने वास्तव में क्या किया है, के मध्य संभावित अंतर जानने के क्रम में प्रत्येक कंपनी के लिए औसत शुद्ध लाभ (पीएटी) के दो प्रतिशत की गणना की गई। तालिका 13.2 परिणाम का सारांश प्रदान करती है। पैनल A में यह देखा जाता है कि अनिवार्य सीएसआर योगदान की अनुपस्थिति में भी, 71 में से कम से कम 15, कंपनियां हैं, जिन्होंने अपने पिछले तीन वर्षों के औसत लाभ के 2 प्रतिशत से भी अधिक सीएसआर गतिविधियों पर खर्च किया है। पिछले तीन वर्षों के औसत लाभ के प्रतिशत

के रूप में अपने सीएसआर खर्च के आधार पर शीर्ष पांच कंपनियों में टाटा स्टील लिमिटेड (7.59 प्रतिशत)[7], अदानी एंटरप्राइजेज लिमिटेड (5.29 प्रतिशत), अदानी पावर लिमिटेड (4.87 प्रतिशत), रिलायंस पावर लिमिटेड (3.74 प्रतिशत) और डाबर इंडिया लिमिटेड (3.6 प्रतिशत) शामिल हैं। यह निष्कर्ष निकाला जा सकता है कि बहुत कम कंपनियां सीएसआर में स्वेच्छा से संलग्न हैं, जबकि ज्यादातर कंपनियां (लगभग 80 प्रतिशत कंपनियों का नमूना) अपने लाभ की बहुत कम मात्रा (कम से कम सिर्फ 0.04 प्रतिशत) को सीएसआर की ओर निवेश करती है। 2012–13 के दौरान, औसत लाभ के प्रतिशत के रूप में सीएसआर पर औसत व्यय मात्र 1.3 से 1.5 प्रतिशत के बीच था। आईटीसी, जिसे उसकी सीएसआर पहलों के लिए अच्छी तरह से जाना जाता है, ने सीएसआर पर अपने औसत लाभ का 1.62 प्रतिशत खर्च किया है। जिन कंपनियों ने सीएसआर में अपने औसत पीएटी के 2 प्रतिशत से अधिक का योगदान दिया है, उनमें अल्ट्राटेक सीमेंट, अंबुजा सीमेंट, नेस्ले, कोल इंडिया और आईसीआईसीआई बैंक शामिल हैं।

तालिका 13.2 का पैनल B सामाजिक क्षेत्र में निजी क्षेत्र के योगदान के बारे में कुछ विचार प्रदान करता है। 2012–13 में, जब सामाजिक क्षेत्र पर सरकारी व्यय सकल घरेलू उत्पाद का 6.5 प्रतिशत से अधिक और समुदाय, सामाजिक और व्यक्तिगत सेवाओं से जीडीपी का 50 प्रतिशत है, तब नमूना में कंपनियों द्वारा सीएसआर पर व्यय जीडीपी का 0.1 प्रतिशत और समुदाय, सामाजिक और व्यक्तिगत सेवाओं से सकल घरेलू उत्पाद का केवल 0.22 प्रतिशत भी नहीं है। हालांकि, सकल घरेलू उत्पाद में कुल पीएटी (पिछले 3 वर्षों के लिए औसत पीएटी) का हिस्सा 2.2 प्रतिशत है और सामाजिक क्षेत्र का सकल घरेलू उत्पाद में 15.5 प्रतिशत है। इस परिदृश्य को देखते हुए, यदि सभी कंपनियां सीएसआर की ओर औसत लाभ का 2 प्रतिशत योगदान देती हैं या यदि कुछ कंपनियां 2 प्रतिशत मानदंड के अनुरूप होती हैं और कुछ कंपनियां निरंतर 2 प्रतिशत से अधिक (हमारे नमूने में 15 ऐसी कंपनियां) खर्च करती हैं, तब भी निजी क्षेत्र का योगदान जीडीपी के 0.05 प्रतिशत और सामाजिक क्षेत्र से जीडीपी का 0.35 प्रतिशत बढ़ सकता है।

चित्र 13.1 उन कंपनियों द्वारा सीएसआर के क्षेत्रीय योगदान को प्रस्तुत करता है, जिन्होंने एक से अधिक क्षेत्रों में योगदान दिया है। यह देखा गया है कि ज्यादातर कंपनियों (85 से 89 प्रतिशत) ने शिक्षा तथा स्वास्थ्य देखभाल में योगदान दिया है, इसके बाद आजीविका समर्थन तथा पर्यावरण (63 से 66 प्रतिशत कंपनियां) और समुदाय तथा महिला विकास (31 से 38 प्रतिशत) में योगदान दिया है। लगभग 25 प्रतिशत नमूनीकृत कंपनियों ग्रामीण विकास में, 15 प्रतिशत कला, संस्कृति और खेल को बढ़ावा देने के लिए और मात्र 3 प्रतिशत धरोहर स्थल की सुरक्षा और संरक्षण के लिए योगदान देती हैं।

तालिका 13.2: 2012–13 के दौरान भारतीय कंपनियों द्वारा सीएसआर खर्च पर निष्कर्षों का सारांश

पैनल A: सीएसआर खर्च का विश्लेषण	*आंकड़े*[1]	*कंपनी*	*पीएटी का प्रतिशत*	*कंपनी*
एक कंपनी द्वारा अधिकतम सीएसआर खर्च	4,707.6	टाटा स्टील लिमिटेड	7.6	टाटा स्टील लिमिटेड
एक कंपनी द्वारा न्यूनतम सीएसआर खर्च	1.8	जीएमआर इंफ्रा लिमिटेड	0.04	यूनियन बैंक ऑफ इंडिया
एक कंपनी द्वारा मध्य सीएसआर खर्च	168.3	डॉ. रेड्डीज लेबोरेटरीज लिमिटेड	1.3	एक्सिस बैंक लिमिटेड
एक कंपनी द्वारा औसत सीएसआर खर्च	417.1	–	1.5	–
पिछले 3 वर्षों के दौरान औसत पीएटी के प्रतिशत के रूप में सीएसआर खर्च	कंपनियों की संख्या (प्रतिशत में)			
2% से अधिक	15 (21.1%)			
1–2% के बीच	25 (35.2%)			
1% से कम	31 (43.7%)			
पैनल B: सामाजिक क्षेत्र में निजी क्षेत्र और सरकार का योगदान	*राशि (मिलियन रुपए में)*	*सकल घरेलू उत्पाद का प्रतिशत*	*सामाजिक सेवाओं से जीडीपी का प्रतिशत*[2]	
सभी 71 कंपनियों द्वारा कुल सीएसआर खर्च	29,613.4	0.03	0.22	
सामाजिक क्षेत्र पर सरकारी खर्च (शिक्षा, स्वास्थ्य आदि)	65,46,020	6.90	50.0	
सभी 71 कंपनियों के कर के बाद कुल औसत लाभ	20,85,118.9	2.22	15.5	
यदि पिछले 3 वर्षों के दौरान सभी कंपनियों ने अपने औसत पीएटी का 2% खर्च किया तब सीएसआर खर्च	41,702.4	0.04	0.31	
यदि पिछले 3 वर्षों के दौरान 15 कंपनियां अपने औसत पीएटी का 2% से अधिक और शेष कंपनियां 2% खर्च करती हैं तब सीएसआर खर्च	46,674.6	0.05	0.35	

टिप्पणी: 1. मिलियन ₹ में जब तक अन्यथा निर्दिष्ट नहीं किया जाता है।

2. समुदाय, सामाजिक और व्यक्तिगत सेवाओं को शामिल करता है।

स्रोत: Handbook of Statistics on Indian Economy, Reserve Bank of India (various issues); The Economic Survey, Ministry of Finance, Government of India; and authors' computation.

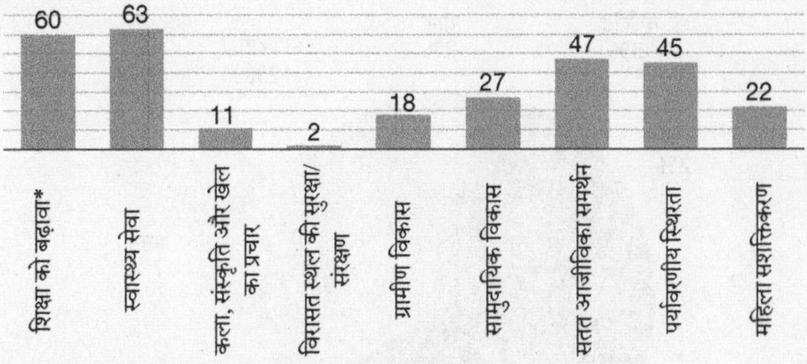

चित्र 13.1: विभिन्न क्षेत्रों में योगदानकर्ता कंपनियों की संख्या

स्रोत: लेखक की गणना

टिप्पणी: * विशेष शिक्षा और रोजगार में वृद्धि करने वाले व्यावसायिक कौशल/पाठ्यक्रम को शामिल करता है।

सीएसआर प्रदर्शन: एशियाई देशों की तुलना

सीएसआर ढांचे की स्थिति की पृष्ठभूमि और विभिन्न देशों में इसके कार्यान्वयन को देखते हुए, हम विकासशील एशियाई देशों में सीएसआर गतिविधियों के प्रदर्शन की तुलना करते हैं। चूंकि सीएसआर पर देशानुसार की समस्त रिपोर्ट या एशियाई क्षेत्र में कंपनियों और/या देशों की रैंकिंग में कमी है, इसलिए हम ईएसजी (पर्यावरण, सामाजिक और शासन) के क्षेत्रों से संबंधित मापदंडों पर स्कोर के आधार पर सस्टेनेलीटिक्स (Sustainalytics) और सीएसआर एशिया द्वारा प्रदान की गई देशानुसार कंपनी रेटिंग के संदर्भ में प्रदर्शन की तुलना करते हैं।[8]

10 विकासशील एशियाई अर्थव्यवस्थाओं की कंपनियों के आधार पर, 2014 की रिपोर्ट ऊपर वर्णित तीन मानकों के संदर्भ में शीर्ष 100 कंपनियों की एक सूची प्रदान करती है। चित्र 13.2 बताता है कि शीर्ष 100 की सूची पर कब्जा करने वाली कंपनियों की अधिकतम संख्या दक्षिण कोरिया, इसके बाद ताइवान, भारत और हांगकांग से संबंधित है। शीर्ष 100 कंपनियों की सूची में फिलीपींस और चीन की क्रमश: मात्र एक और दो कंपनियां है। दिलचस्प बात यह है कि इन शीर्ष 100 कंपनियों की क्षेत्रीय संरचना से पता चलता है कि उनमें से 33 प्रतिशत प्रौद्योगिकी कंपनी हैं, जिनमें से 20 ताइवान से हैं; उनमें से 13 प्रतिशत कंपनी भौतिक क्षेत्र से हैं, जिनमें से 6 भारत से संबंधित हैं और इसके बाद विभिन्न देशों में ऊर्जा क्षेत्र से 10 प्रतिशत कंपनी हैं। 7 रियल एस्टेट कंपनियों में से 4 सिंगापुर से हैं। यह सिर्फ दक्षिण कोरिया ही है जो लगभग सभी क्षेत्रों (रियल एस्टेट को छोड़कर) में कंपनियों का प्रतिनिधित्व करता है। भारत और हांगकांग से भी क्षेत्रीय प्रतिनिधित्व काफी अच्छा है (कंपनियां 10 क्षेत्रों में से 7 का प्रतिनिधित्व करती हैं)।

2014 की रिपोर्ट ने विभिन्न देशों में कॉर्पोरेट स्थिरता में क्षेत्रीय नेताओं की भी पहचान की है, यदि हम उन कंपनियों के रैंकों को ध्यान में रखते हैं (तालिका 13.3)। यहां पर विचार किए गए देशों में शीर्ष तीन कंपनियों की एएसआर एशिया रैंकिंग स्पष्ट रूप से बताती है कि

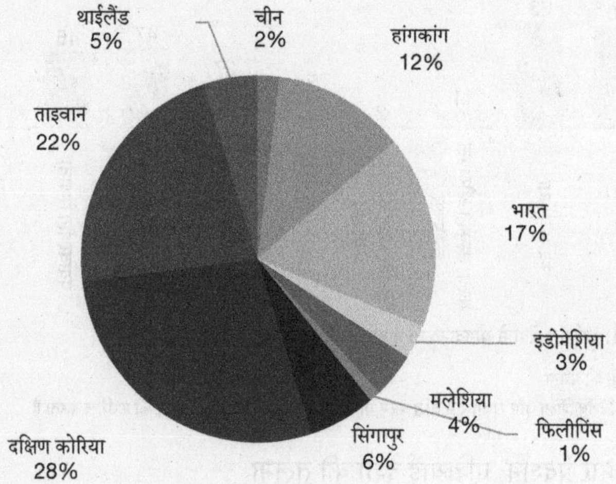

चित्र 13.2: शीर्ष 100 कंपनियों का वितरण

स्रोत: लेखक की गणना

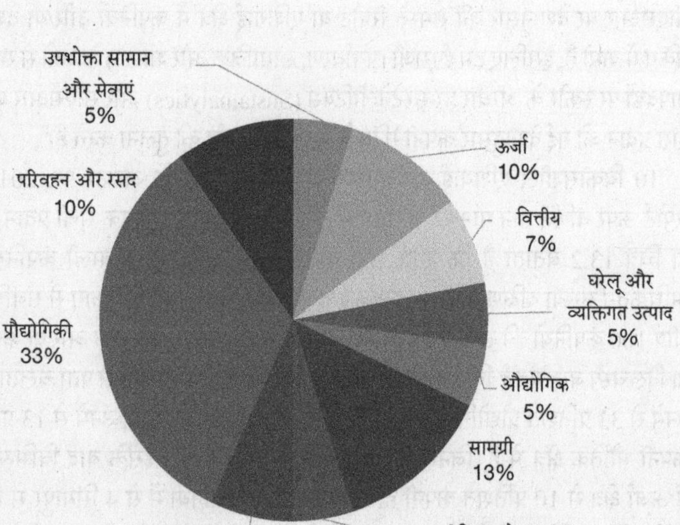

चित्र 13.3: शीर्ष 100 कंपनियों का क्षेत्रीय वितरण

स्रोत: लेखक की गणना

तालिका 13.3: एएसआर 2014 रैंकिंग से देशानुसार शीर्ष तीन कंपनियां

देश	कंपनियां	क्षेत्र	एशिया रैंक
चीन	China Vanke Co. Ltd.	रियल एस्टेट	77
	BOE Technology Group Co. Ltd.	प्रौद्योगिकी	90
	Trina Solar Limited	प्रौद्योगिकी	>100
भारत	Tata Consultancy Services Limited	प्रौद्योगिकी	1
	Wipro Limited	प्रौद्योगिकी	6
	Infosys Limited	प्रौद्योगिकी	8
इंडोनेशिया	Unilever Indonesia Tbk PT	घरेलू और व्यक्तिगत उत्पाद	3
	PT Vale Indonesia Tbk	सामग्री	34
	PT Bukit Asam (Persero) Tbk	ऊर्जा	54
मलेशिया	Digi.com Bhd	मीडिया और दूरसंचार	32
	Bursa Malaysia Bhd	वित्तीय	55
	Malayan Banking Bhd	वित्तीय	59
फिलीपींस	Ayala Land, Inc.	रियल एस्टेट	81
	Manila Water Co Inc.	ऊर्जा	>100
	Energy Development Corporation	ऊर्जा	>100
सिंगापुर	City Developments Limited	रियल एस्टेट	2
	CapitaLand Limited	रियल एस्टेट	17
	Keppel Land Ltd.	रियल एस्टेट	25
थाईलैंड	PTT Global Chemical Public Company Limited	सामग्री	11
	Thai Oil Public Co Ltd.	ऊर्जा	18
	IRPC Public Company Limited	ऊर्जा	19
दक्षिण कोरिया	LG Electronics Inc.	उपभोक्ता सामग्री और सेवाएं	7
	S-Oil Corp.	ऊर्जा	10
	SK Hynix, Inc.	प्रौद्योगिकी	13
ताइवान	United Microelectronics Corporation	प्रौद्योगिकी	4
	Qisda Corporation	प्रौद्योगिकी	12
	Taiwan Semiconductor Manufacturing Co. Ltd.	प्रौद्योगिकी	14

स्रोत: http://sustainability-ranking.channelnewsasia.com/

भारत ने एशियाई कंपनियों के शीर्ष 10 में सभी तीन कंपनियों के साथ सर्वश्रेष्ठ प्रदर्शन किया है, इसके बाद शीर्ष 20 में सभी कंपनियों के साथ दक्षिण कोरिया, ताइवान और थाईलैंड हैं। सबसे खराब प्रदर्शन करने वाले चीन और फिलीपींस 100 के करीब कंपनियों के साथ या 100 के भीतर भी नहीं हैं। यह काफी दिलचस्प है कि जबकि सीएसआर जनादेश को लागू करने में भारत ने काफी देर से शुरुआत की, तब भी यह काफी अच्छा रहा है।

निष्कर्ष

इस अध्याय ने भारत सहित एशिया के विकासशील देशों की सीएसआर गतिविधियों, विनियमों और प्रदर्शन की स्थिति का पता लगाने का प्रयास किया है। एएसआर रिपोर्ट के आधार पर एशियाई देशों के बीच सीएसआर गतिविधियों की तुलना के साथ 2012–13 के दौरान बीएसई में सूचीबद्ध भारतीय कंपनियों का विश्लेषण इस समय कुछ उपयोगी अंतर्दृष्टि प्रदान करता है क्योंकि इस तरह से इसका पता नहीं लगाया गया था। प्रथम, 2012–13 में अनिवार्य सीएसआर प्रावधानों के बिना भी भारतीय कंपनियों ने सीएसआर में योगदान दिया है और लगभग 21 प्रतिशत कंपनियों ने पिछले तीन वर्षों से अपने औसत लाभ का निर्धारित 2 प्रतिशत योगदान से अधिक योगदान दिया है। द्वितीय, विश्लेषण से पता चलता है कि नई कंपनी अधिनियम, 2013 के लागू होने से पहले औसतन भारतीय कंपनियों (नमूनीकृत में से एक) ने सीएसआर में अपने औसत पीएटी का 1.3 से 1.5 प्रतिशत योगदान दिया था। तृतीय, ज्यादातर कंपनियों ने शिक्षा तथा स्वास्थ्य देखभाल में योगदान दिया है, इसके बाद आजीविका समर्थन तथा पर्यावरण और समुदाय तथा महिला विकास में योगदान दिया है। चतुर्थ, एशिया की उभरती अर्थव्यवस्थाओं में से, भारत ने सीएसआर गतिविधियों के संबंध में एशिया में शीर्ष 100 कंपनियों की शीर्ष 10 में से तीन कंपनियों की विशेषता के साथ काफी अच्छा प्रदर्शन किया। इस संबंध में दक्षिण कोरिया और ताइवान ने भी अधिक विकास किया है। अंत में, चीन और फिलीपींस पीछे हटने वाले देश हैं। हालांकि, सभी देशों में सीएसआर के संबंध में जागरूकता बढ़ रही है और ज्यादातर देशों में अधिकारी उपयुक्त रूपरेखा को लागू करके ऐसी गतिविधियों को प्रोत्साहित करने के लिए उचित कदम उठा रहे हैं।

यह देखा गया है कि भारत ने सीएसआर योगदान और गतिविधियों में चीन तथा अन्य विकासशील अर्थव्यवस्थाओं से बेहतर प्रदर्शन किया है, हालांकि मैंडेट अभी हाल ही में आया है और लागू किया जाना बाकी है। हालांकि, सभी देशों ने न केवल परोपकार बल्कि रणनीतिक सीएसआर के रूप में भी अधिक सीएसआर की ओर बढ़ने के लिए पहल की है। यह लोगों के एक बड़े वर्ग के जीवन को संभावित रूप से प्रभावित करता है और इसलिए देश की विकास प्रक्रिया के लिए निहितार्थ हैं। लेकिन इस तथ्य से इनकार नहीं किया जा रहा है कि सीएसआर ढांचे के कार्यान्वयन में बाधाएं और चुनौतियां हैं, जैसा कि सिंगापुर सरकार द्वारा विश्वास किया जाता है कि यह व्यवसायों के हित को भी प्रभावित कर सकती है। सभी विकासशील देशों में विभिन्न हितधारकों, अर्थात् सरकार, उद्योग और नागरिक समाज के बीच एक मजबूत सहयोगी प्रयास की आवश्यकता है। देशों को भ्रष्टाचार और हितधारकों के हिस्से पर जवाबदेही की कमी के कारण भी चिह्नित किया जाता है, इस बात का भी ध्यान रखा जाना चाहिए। इसीलिए, अनुपालन की निगरानी कड़ी से कड़ी होनी चाहिए। एशिया में उभरती अर्थव्यवस्थाओं द्वारा अपनाई गई सीएसआर संरचना की सफलता पर टिप्पणी करना बहुत जल्दबाजी है क्योंकि उन्हें हाल ही में अपनाया गया है। हम सभी को यह देखने

के लिए इंतजार करना पड़ेगा कि निजी क्षेत्र देश की विकास प्रक्रिया में, प्रत्यक्ष रूप से, एक अभिन्न योगदानकर्ता कैसे बनता है।

टिप्पणियाँ

1. सीएसआर एशिया द्वारा परिकलित। मापदण्ड के रूप में शासन, कोड और नीतियां, सीएसआर रणनीति और संचार, बाजार और आपूर्ति श्रृंखला, कार्यस्थल और लोग, पर्यावरण तथा समुदाय और विकास हैं।
2. सामरिक सीएसआर से तात्पर्य होता है कि मूल व्यवसाय प्रक्रियाओं और हितधारक प्रबंधन में सीएसआर का एकीकरण, जिसके द्वारा संगठन सामाजिक और कॉर्पोरेट दोनों मूल्यों के सृजन के अंतिम लक्ष्य को प्राप्त कर सकते हैं।
3. For further details, see Shaba and Meuter (2013).
4. For details of such initiatives, see Afsharipour and Rana (2014).
5. यह ध्यान में रखा जाना चाहिए कि चीन में सीएसआर कार्यप्रणाली पर शोध में विभिन्न सांस्कृतिक संवेदनाएं और राजनीतिक पूर्वाग्रह प्रमुख बाधाएं हैं।
6. अन्य के विषय में, जानकारी या तो उपलब्ध नहीं थी या वे घाटे के रूप में पंजीकृत थे और इसलिए उन्हें बाहर रखा गया।
7. जैसा कि कंपनी एक्ट में निर्दिष्ट है, पर्यावरणीय संवहनीयता को सुनिश्चित करने के लिए 2012–13 के दौरान खर्च की गई राशि को भी सीएसआर में शामिल एक गतिविधि के रूप में माना गया है।
8. For details on sample and methodology, see http://sustainability-ranking.channelnewsasia.com/ (accessed on 30 April 2015).

संदर्भ

Afsharipour, A., and Rana, S. 2014. 'The Emergence of New Corporate Social Responsibility Regimes in China and India'. *UC Davis Business Law Journal* 14(2): 175–230.

Belal, A.R., and Momin M. 2009. 'Corporate Social Reporting (CSR) in Emerging Economies: A Review and Future Direction'. *Research in Accounting in Emerging Economies* 9:119–143.

Bowen, H.R. 1953. *Social Responsibilities of the Businessman*. New York: Harper & Row

Carroll, A.B. 1979. 'A Three-dimensional Conceptual Model of Corporate Social Performance'. *Academy of Management Review* 49(4): 497–505.

———. 1999. 'Corporate Social Responsibility. Evolution of a Definitional Construct'. *Business & Society* 38(3): 268–295.

Chambers, E., Chapple, W., Moon, J., and Sullivan, M.2003. 'CSR in Asia: A Seven Country Study of CSR Website Reporting'' ICCSR Research Paper Series No. 09-2003, International Centre for Corporate Social Responsibility, Nottingham University Business School, Nottingham University.

Chapple, W., Moon, J., Slager R., and Herzig, C. 2014. 'The Dynamics of Corporate Social Responsibility in Asia: A 6-country Study', *Paper to Academy of Management Annual Conference*. INSEAD, France. Available at: http://centres.insead.edu/social-innovation/what-we-do/documents/The_Dynamics_of_Corporate_Social_Responsibility_INSEAD.pdf

The China Post. 2015 (20 February). 'Taiwan to Begin Mandatory GRI G4 CSR Reporting'. *The China Post*. Available at http://www.chinapost.com.tw/taiwan/business/2015/02/20/429350/Taiwan-to.htm (accessed on 25 April 2015).

Davis, K. 1967. 'Understanding the Social Responsibility Puzzle: What Does the Businessman Owe to Society?' *Business Horizons* 10(4): 45–50.

Gao, S.S., Heravi, S., and Xiao, J.Z. 2005. 'Determinants of Corporate Social and Environmental Reporting in Hong Kong: A Research Note'. *Accounting Forum* 29(2): 233–242.

Haniffa, R.M., and Cooke, T.E. 2005. 'The Impact of Culture and Governance on Corporate Social Reporting'. *Journal of Accounting and Public Policy* 24(5): 391–430.

Hindustan Times. 2013 (21 September). 'Estimated by Indian Institute of Corporate Affairs (IICA) in CSR Spending May Pump in ₹27,000 Cr a Year'. *Hindustan Times*. Available at http://www.hindustantimes.com/business/csr-spending-may-pump-in-rs-27-000-cr-a-year/story-CWIuKDZdtrpope1oULHmfO.html (accessed on 30 April 2015).

Kisenyi, V., and Gray, R. 1998. 'Social Disclosure in Uganda'. *Social and Environmental Accounting* 18(2): 16–18.

McGuire, J.W. 1963. *Business and Society*. New York: McGraw-Hill

Mishra, M., and Mohanty, S. 2013. 'Impact of Corporate Social Responsibility Communication on Corporate Brand Personality Assessment'. *IUP Journal of Management Research* 12(4): 26–38.

Nam, Y. 2011. 'The changing landscape of Corporate Social Responsibility in Korea'. *Revista de EDUCAÇÃO do Cogeime* 20(38): 145–158.

Naser, K., Al-Husṣaini, A., Al-Kwari, D., and Nuseibeh, R. 2006. 'Determinants of Corporate Social Disclosure in Developing Countries: The Case of Qatar'. *Advances in International Accounting* 19: 1–23.

Rosario Sr., Ramon V. del, Herrera, M., and Roman, F.'2011. 'Corporate Social Responsibility in Southeast Asia: An Eight Country Analysis'. Report of the Center for Corporate Social Responsibility, Asian Institute of Management, Philippines.

Sarkis, J., Na, N. Zhu, Q. 2011. 'Winds of Change: Corporate Social Responsibility in China'. *Ivey Business Journal,* January/February issue. Available at http://www.iveybusinessjournal.com/topics/social-responsibility/winds-of-changecorporate-social-responsibility-in-china

Shaba, L., and Meuter, J.B. 2013. 'RBC Initiatives in Southeast Asia: An Overview'. Anakout Report, Singapore.

Taiwan Stock Exchange. 2014. Corporate Social Responsibility Overview. Corporate Governance Centre. Available at http://cgc.twse.com.tw/frontEN/responsibility (accessed on 28 April 2015).

Tang, L., Gallagher, C., and Bie, B. 2015. 'Corporate Social Responsibility Communication Through Corporate Websites: A Comparison of Leading Corporations in the United States and China'. *International Journal of Business Communication* 52(2): 163–247.

Ubius, U., and Alas, R. 2012. 'The Impact of Corporate Social Responsibility on the Innovation Climate'. *Engineering Economics* 23(3): 310–318.

Walton, C. 1967. *Corporate Social Responsibilities*. Belmont, CA: Wadsworth Publishing

Williams, S. 1999. 'Voluntary Environmental and Social Accounting Disclosure Practices in the Asia-Pacific Region: An International Empirical Test of Political Economy Theory'. *The International Journal of Accounting* 34(2): 209–238.

14 भारत और चीन के स्वास्थ्य सेवा क्षेत्र

प्रदर्शन और चुनौतियों का एक तुलनात्मक अध्ययन

Paramita M. Nag

परिचय

भारत और चीन विशेष रूप से एक साझा इतिहास, गौरवशाली अतीत और वर्तमान में, बहुत तेजी से विकसित होती अर्थव्यवस्था के संदर्भ में बहुत ही समान देश हैं। फिर भी ऐसे मतभेद हैं, जिनकी जड़ें इतिहास में गहरी हैं, मुख्य रूप से चीन का अनुशासन और बंद साम्यवादी अतीत, एक भाषा और एकल राजनीतिक पार्टी तथा गैर-धार्मिक राज्य भारत के बहु-सांस्कृतिक, बहु-धार्मिक, बहु-भाषी लोकतंत्र के विरुद्ध है।

चीन में कम्युनिस्ट पार्टी (1980 के दशक के बाद) के रेजिमेंटल अधिकार की कमी और भारतीय अर्थव्यवस्था के उदारीकरण (1909 के दशक) के साथ, दोनों चीनी और भारतीय सरकारों ने स्वास्थ्य क्षेत्र के विकास और बाद में स्वास्थ्य देखभाल सुविधाओं के लिए पर्याप्त धन आवंटित करने का निर्णय लिया था। दोनों देशों को समान चुनौतियों का सामना करना पड़ता है जो विशेष रूप से बढ़ती (तेजी से वृद्धि) जनसंख्या की मांगों को पूरा करने के संदर्भ में उनके स्वास्थ्य तंत्र पर भारी बोझ डालते हैं। महामारी विज्ञान और जनसंख्या संक्रमण के परिणामस्वरूप बूढ़े लोगों की आबादी बढ़ रही है। आय वृद्धि में भारी उछाल के साथ-साथ इसने उच्च गुणवत्ता वाली स्वास्थ्य सेवा के लिए उच्च उपभोक्ता अपेक्षा और आवश्यकता (मांग) के निर्माण में महत्वपूर्ण भूमिका निभाई गई है। फिर भी यह पाया जाता हैं कि दोनों देशों के आय समूहों के मध्य विशेष रूप से अमीर तथा गरीब और शहरी तथा ग्रामीण आबादी के मध्य एक व्यापक अंतर (जो तेजी से बढ़ रहा है) है।

इन दोनों देशों की स्वास्थ्य प्रणाली की कार्य-पद्धति को समझने के लिए, यह अध्याय ऐतिहासिक, सामाजिक और राजनीतिक विकास को देखकर शुरू होता है, जिसने वर्तमान स्थिति को आकार दिया है।

स्वास्थ्य प्रणालियों का ऐतिहासिक विकास

चीन

चीनी जनवादी गणराज्य 1949 में अस्तित्व में आया था। उस समय, देश आंतरिक अराजकता और जापान के साथ दीर्घ बाहरी संघर्ष के दौर से गुज़र रहा था, जिसके परिणामस्वरूप स्वास्थ्य की स्थिति में भारी गिरावट आई थी। साम्यवादी विचारधारा की कड़ी पद्धतियों के साथ साम्यवादी पार्टी ने निजी क्षेत्र की सभी भूमिकाओं का त्याग कर दिया। इस प्रकार, बड़े शहरी अस्पतालों और गांव के छोटे दवाख़ानों समेत सभी स्वास्थ्य सुविधाओं का स्वामित्व और संचालन सरकार द्वारा अपने हाथों में ले लिया गया था। उस समय मुख्य आदर्श वाक्य रोक-थाम था और यह पहली बार कार्य के पश्चिमी और चीनी पद्धतियों के संयोजन से किया गया था। सरकार ने प्रणाली के संपूर्ण राजस्व व्यय की योजना बनाने का ध्यान रखा था। शहरी क्षेत्रों में, निवासियों को आवश्यकता के समय सेवाओं का लाभ उठाने के लिए एक महत्वहीन 'पंजीकरण' राशि का भुगतान करना पड़ता था। ग्रामीण क्षेत्रों में, स्वास्थ्य देखभाल आवश्यकताएं 'सहकारी चिकित्सा प्रणाली' के द्वारा मिलती थी जिसे 'कम्यून' (ग्रामसंस्था) के माध्यम से वित्त पोषित किया गया था।

1950–90 की अवधि के दौरान, अर्थव्यवस्था बहुत धीरे-धीरे बढ़ी लेकिन स्वास्थ्य सेवा प्रणाली ने व्यापक लाभ प्राप्त किया। जीवन प्रत्याशा 35 साल से बढ़कर 68 वर्ष हो गई, शिशु मृत्यु दर प्रति 1000 जीवित जन्म 200 से 34 तक गिर गई (Blumenthal 2005), और संक्रामक रोगों में तेजी से कमी आई है (पोलियो लगभग समाप्त हो गया था)। उस समय, स्वास्थ्य सुविधाएँ तीन-स्तरीय, बॉटम-अप प्रणाली पर आधारित थी, जहां निम्नतम स्तर पर गांव और शहरी मुहल्ला क्लीनिक ने टाउनशिप और सामुदायिक स्वास्थ्य केंद्रों के बाद बुनियादी निवारक और उपचारात्मक सेवा प्रदान की। जिला या शहरी अस्पतालों ने उन लोगों को विशेष सेवा प्रदान की जिन्हें विशेष ध्यान और गहन उपचार की आवश्यकता थी। इस अवधि में, हजारों गांव के चिकित्सकों को अपने कौशल को अपग्रेड करने के लिए विशेष प्रशिक्षण दिया गया था जो विगत रूप से 'नंगे पाँव चिकित्सक' (बुनियादी स्वास्थ्य प्रशिक्षण वाले लोग) थे (Hsiao 1995)। प्राथमिक स्वास्थ्य सेवा, सभी ने चीन के स्वास्थ्य संकेतकों को अपग्रेड करने में जबरदस्त लाभ प्राप्त किया।

भले ही स्वास्थ्य सेवा सुधार में भारी लाभ प्राप्त हुआ है, लेकिन शायद यह काफी अधिक हो गया था। प्रथम, जब कोई बहुत कम स्तर पर शुरू होता है, तब सुधार करना आसान होता है और स्वतंत्रता के समय चीन एक काफी कमजोर स्वास्थ्य स्थिति में था। द्वितीय, सेवा या देखभाल स्वास्थ्य परिस्थितियों में सुधार का एकमात्र कारक नहीं है बल्कि यह स्वच्छता, शिक्षा और जीवन स्तर का एक कार्य है, जिसमे इस समय के दौरान नाटकीय रूप से सुधार हुआ है। अंत में, यह निष्पक्षता का सवाल है, जो इस समय के दौरान निश्चित

रूप से बड़ा नहीं था और सार्वजनिक दृष्टिकोण से पारदर्शिता की कमी ने इसे और अन्य कमियों को छुपाया है।

1980 के दशक के आरंभ से, चीन विशाल सामाजिक-आर्थिक परिवर्तनों से गुजर रहा है। निजीकरण वैधानिक हो गया और इसने दवा में निजी पद्धति की शुरुआत का नेतृत्व किया। चीन ने स्वास्थ्य सेवा वित्तपोषण में नाटकीय कदम उठाया, जिससे केंद्र सरकार से निजी कंपनियों और व्यक्तिगत उपभोक्ताओं तक एक बड़ा हिस्सा स्थानांतरित हो गया। केंद्र सरकार ने प्रांतीय और स्थानीय अधिकारियों को ग्रामीण स्वास्थ्य देखभाल सेवाओं के वित्त पोषण को भी स्थानांतरित कर दिया। काफी हद तक आराम से नियंत्रण के बावजूद, यह सभी जिम्मेदारियों का उतना ही त्याग नहीं करता जितना कि उसने दवाइयों और चिकित्सा प्रक्रियाओं की कीमतों पर कड़े विनियमन बनाए रखे। इसने काले बाजार की वृद्धि, उच्च प्रौद्योगिकी का अति प्रयोग और नुस्खे वाली दवाओं के अत्यधिक उपयोग का नेतृत्व किया। ग्रामीण इलाकों में, 'कम्यून' को व्यक्तिगत घरेलू नियंत्रण के पक्ष में खारिज कर दिया गया जिससे समुदाय चिकित्सा प्रणाली (सीएमएस) में तेजी से गिरावट आई क्योंकि इसने अपना वित्त पोषण का स्रोत खो दिया। चीनी किसानों ने किफायती स्वास्थ्य देखभाल का लाभ उठाने के अपने साधन खो दिया। बेयरफुट (Barefoot) डॉक्टरों ने अपना रोजगार खो दिया और निजी तौर पर अभ्यास करना शुरू कर दिया, अपना ध्यान अच्छा करने से लाभ को एकत्र करने में परिवर्तित कर दिया। शहरी इलाकों में, अस्पताल के दौरे में 5 प्रतिशत की कमी आई जबकि इन अस्पतालों के लाभ में 70 प्रतिशत की वृद्धि हुई (Lim, L. 2006)।

भारत

भारत की स्वास्थ्य नीति भोरे (Bhore) समिति की रिपोर्ट (स्वास्थ्य सर्वेक्षण और विकास समिति की रिपोर्ट) से उत्पन्न हुई है। रिपोर्ट ने स्वास्थ्य देखभाल के संबंध में भारतीय जनसंख्या के कुछ मौलिक अधिकारों को निर्धारित किया। यह कहा गया है कि सभी भारतीयों को उनकी सामाजिक-आर्थिक स्थितियों पर विचार किये बिना प्राथमिक स्वास्थ्य देखभाल तक पहुंच का अधिकार होना चाहिए। चीन की तरह तीन-स्तरीय स्वास्थ्य सेवा प्रणाली अस्तित्व में आई है; हालांकि, चीन के विपरीत, भारत ने कभी भी निजी स्वास्थ्य सेवा को समाप्त नहीं किया। वास्तव में, सार्वजनिक क्षेत्र की भागीदारी अनिवार्य हो गई क्योंकि उस समय पश्चिमी चिकित्सा पद्धति में निजी क्षेत्र की भागीदारी कम थी।

पीएचसी (प्राथमिक स्वास्थ्य केंद्र) तीन-स्तरीय प्रणाली के सबसे निचले पायदान पर थे। वे मुख्य रूप से गांव (ग्रामीण) स्तर पर स्थापित थे और उन्हें अभी भी स्वास्थ्य शिक्षा प्रदान करने, बीमारियों को रोकने और बुनियादी स्वास्थ्य सेवा प्रदान करने के लिए प्रतिबद्ध है। जिला अस्पतालों या शहरी अस्पतालों के बाद अगले स्तर पर जिला मुख्यालयों में स्थित उप-केंद्र थे। एक मजबूत परामर्श प्रणाली उपस्थित थी। 1980 के

दशक के अंत तक, इस आधारभूत संरचना को मजबूत किया गया और बड़ी संख्या में स्वास्थ्य देखभाल कर्मियों को गहन प्रशिक्षण प्राप्त हुआ। 1990 के दशक तक, पीएचसी संख्या में लगभग तीन गुना हो गया और डॉक्टरों की संख्या में लगभग एक लाख की वृद्धि हुई (Quadeer 2000)।

भारत में स्वास्थ्य सुविधाएँ राज्य की जिम्मेदारी है। केंद्र सरकार राष्ट्रीय रणनीतिक ढांचा प्रदान करने, नीतियों को परिभाषित करने और चिकित्सा शिक्षा प्रदान करने के लिए उत्तरदायी है (Ibid. 2000)। हालांकि भारत सरकार ने अपने सभी नागरिकों को स्वास्थ्य सेवा प्रदान कराने का संकल्प लिया है, लेकिन राज्य स्तर पर तस्वीर अलग थी। राज्य जनसंख्या के गरीबों के सबसे गरीबों को प्रभावी स्वास्थ्य सेवा प्रदान करने के लिए उत्तरदायी थे, फिर भी उन्हें आवश्यक दवाइयों और आधारिक संरचना की खरीद के लिए केंद्रीय वित्त पोषण पर निर्भर होना पड़ता है। इसके पीछे का कारण यह था कि स्वास्थ्य पर राज्य के खर्च का लगभग 70–80 प्रतिशत श्रमिकों को वेतन का भुगतान करने के लिए उपयोग किया जाता था, जो सुविधाओं की प्रभावशीलता को कम करता था। इस प्रकार, भारत में एक शीर्ष-डाउन निर्णय लेने की प्रक्रिया विद्यमान है जिसमें लंबवत रोग नियंत्रण कार्यक्रम शामिल हैं जो केंद्र द्वारा पूरी तरह से प्रायोजित हैं लेकिन राज्यों द्वारा लागू किया जाता है।

1980 के दशक के उत्तरार्ध और 1990 के दशक के आरंभ से मध्यम वर्ग मजबूत हो रहा है। स्वास्थ्य प्रणाली से लोगों की अपेक्षा में भी वृद्धि हुई और बेहतर तथा उच्च तकनीक आधारित चिकित्सा देखभाल के लिए इस मांग के जवाब में स्वास्थ्य सेवा में निजी क्षेत्र को व्यापक प्रोत्साहन मिला। 1992 के आसपास स्वास्थ्य क्षेत्र में सुधार किया गया था, जिसमें अंतरराष्ट्रीय दाताओं जैसे अंतरराष्ट्रीय मुद्रा कोष (आईएमएफ) और विश्व बैंक ने महत्वपूर्ण भूमिका निभाई थी। उन्होंने अन्यों के बीच सार्वजनिक अस्पतालों में उपयोगकर्ता शुल्क और निजी निवेश की शुरुआत की। इसके प्रत्यक्ष परिणाम के रूप में, पीएचसी को भारी झटका लगा और पृष्ठभूमि में वापस ले जाया गया। कोष को संक्रामक बीमारियों के नियंत्रण कार्यक्रमों के लिए 14 से 7 प्रतिशत तक पुनर्निर्देशित और कम किया गया (Ibid. 2000)। तब फोकस मुख्य रूप से पारिवारिक नियोजन, जल आपूर्ति में सुधार और उचित स्वच्छता में स्थानांतरित हो गया। चेचक, पोलियो और गिनी कृमि की बीमारी समाप्त हो गई थी; एचआईवी और कैंसर बढ़ रहे थे। एक बार तपेदिक और मलेरिया जैसे रोगों को नियंत्रित माना जाता है, उन्होंने एक उत्परिवर्तित रूप में पुन: प्रकट किया है और सार्वजनिक स्वास्थ्य चिंताओं के लिए एक बड़ा खतरा है।

भले ही भारत और चीन दोनों को बहुत ही असमान जनसांख्यिकीय और स्वास्थ्य चुनौतियों का सामना करना पड़ता है, फिर भी दोनों देशों ने अपने सार्वजनिक स्वास्थ्य

तालिका 14.1: ऐतिहासिक विकास का सारांश

अवधि	*संकेतक*	*चीन*	*भारत*
1940 के उतरार्द्ध से 1980 के दशक की शुरुआत तक	रणनीतियां या नीतियां	निवारक देखभाल और स्वास्थ्य शिक्षा को प्राथमिकता दी गई	उपचारात्मक देखभाल को प्राथमिकता दी गई
	प्रदाता या संस्थाएं	पूरी तरह से सार्वजनिक स्वामित्वः सीएमएस ग्रामीण इलाकों में देखभाल प्रदान करता है: तीन-स्तरीय वितरण प्रणाली मौजूद	सार्वजनिक और निजी प्रदाता सह-अस्तित्व में हैं: एक तीन-स्तरीय प्रणाली स्थापित की गई
	स्वास्थ्य लाभ	पर्याप्त	मध्यम
1980 के दशक के आरंभ से 2000 की शुरुआत तक	रोग की प्रवृत्ति	मृत्यु दर के लिए संक्रामक बीमारियों का स्थान लंबी बीमारियों ने लिया; बढ़ती हुई वृद्ध जनसंख्या	संक्रामक बीमारी अभी भी मृत्यु दर के लिए शीर्ष कारण है; एचआईवी और कैंसर से संबंधित बीमारियां वृद्धि पर हैं
	प्रदाता या संस्थाएं	सीएमएस का पतन; निजी प्रदाताओं का विकास	निजीकरण बढ़ रहा है; पीएचसी असफलता का शिकार
2000 के दशक के आरंभ से वर्तमान तक	नीति संदर्भ	स्वास्थ्य प्रणाली सुधार	स्वास्थ्य क्षेत्र में सुधार, लेकिन ज्यादा परिवर्तन नहीं

स्रोत: Hafner and Pop (2008)

लक्ष्यों को प्राप्त करने में बड़ी पैठ बनाई है। दोनों देशों के ऐतिहासिक अतीत के कार्य के रूप में वर्तमान स्वास्थ्य देखभाल स्थिति को प्रतिबिंबित करने के लिए उपर्युक्त पूर्वदर्शी दृष्टिकोण प्रदान किया गया है। तालिका 14.1 में समय के साथ विकास का सारांश दिया गया है।

संपूर्ण उपलब्धियों की तुलना

विश्व स्वास्थ्य संगठन (डब्ल्यूएचओ) की रिपोर्ट 'द वर्ल्ड हेल्थ रिपोर्ट 2000-हेल्थ सिस्टम्सः इम्प्रूविंग परफॉरमेंस' सुझाव देती है कि किसी भी देश की स्वास्थ्य प्रणाली को तीन बुनियादी उद्देश्यों को संबोधित करना चाहिए। वे निम्नलिखित हैं:

- जनसंख्या की स्वास्थ्य स्थिति में सुधार करना।
- लोगों की अपेक्षाओं का जवाब देना।
- बीमार स्वास्थ्य की लागत के खिलाफ वित्तीय सुरक्षा प्रदान करना।

इस खंड में, यह अध्ययन पता लगाने की कोशिश करता है कि किस प्रकार भारत और चीन ने इन लक्ष्यों को प्राप्त करने में भाग लिया है।

स्वास्थ्य स्थिति

मुख्य स्वास्थ्य संकेतकों का प्रदर्शन

सामान्य रूप में, लोग भारत की तुलना में चीन में एक स्वस्थ और लंबा जीवन जीते हैं (तालिका 14.2)। 2004 मे एक भारतीय महिला की जीवन प्रत्याशा 63 वर्ष की तुलना में चीन में पैदा हुई महिला की जीवन प्रत्याशा 74 वर्ष है। एक भारतीय पुरुष की 61 साल तक जीवित रहने की उम्मीद हैं जबकि चीन में पैदा हुए व्यक्ति की जीवन प्रत्याशा 70 साल है (WHO 2006)।

यह देखा गया है कि पुरुषों की तुलना में महिलाओं की जीवन प्रत्याशा अधिक है और यह भी स्पष्ट किया गया है कि चीनी महिलाओं के मुकाबले भारतीय महिलाओं के लिए प्रसव के दौरान उच्च मातृ मृत्यु दर मौजूद है। इसके अलावा, पूरी तरह से भारतीय जनसंख्या चीनी नागरिकों की तुलना में बचपन और बाल्यावस्था में उच्च मृत्यु दर से पीड़ित है। डब्ल्यूएचओ अध्ययन द्वारा 2004 में यह प्रमाणित किया गया था कि चीनी शिशुओं के 6 प्रतिशत की तुलना में भारत में लगभग 30 प्रतिशत शिशु जन्म के कम जन्म दर (एलबीडब्लू <2,500 ग्राम जन्म) (WHO 2006) के साथ पैदा हुए थे। भारत और चीन के मध्य जीवन प्रत्याशा और शिशु मृत्यु दर के अंतर के अलावा, चीन की तुलना में भारत के लिए कुल मृत्यु दर ओर भी बुरी है। कारण-संबंधित मृत्यु दर से पता चलता है कि भारत में ज्यादातर मृत्यु संक्रमणीय या संक्रामक बीमारियों से होती हैं जबकि चीन में मृत्यु दर को जीवनशैली विकारों या गैर-संक्रमणीय बीमारियों पर दोषी ठहराया जा सकता है। तालिका 14.3 संक्रामक के साथ-साथ गैर संक्रामक रोग से संबंधित मृत्यु दर की एक सारांशित तस्वीर प्रदान करता है।

तालिका 14.2: प्रमुख स्वास्थ्य संकेतकों का प्रदर्शन

				मौत की संभावना, 2004[a]							
	वर्षों में जीवन प्रत्याशा, 2004			*≤1 वर्ष*		*<5 वर्ष*		*15 to 60 वर्ष*			
देश	*एम/ एफ*	*एम*	*एफ*	*एम/ एफ*	*एम/ एफ*	*एम*	*एफ*	*एम*	*एफ*	*मातृ मृत्यु दर, 2000*[b]	*एलबीडब्ल्यू दर 1999*[c]
चीन	72	70	74	27	31	27	36	158	99	56	6
भारत	62	61	63	58	85	81	89	275	202	540	30

स्रोत: Hafner and Pop (2008)

टिप्पणी: एम = पुरुष; एफ = महिला

[a] -प्रति 1,000 व्यक्तियों पर

[b] -प्रति 100,000 महिलाओं पर

[c] -प्रति 100 नवजात शिशुओं पर

तालिका 14.3: संक्रामक और गैर-संक्रमणीय रोगों से मृत्यु दर

मृत्यु दर का कारण		
	मृत्यु दर (प्रति 100,000 व्यक्तियों पर)	
मृत्यु का कारण	*चीन*	*भारत*
सभी कारण से	**701.5**	**988.8**
निचली अनिश्चितता बाध्य (Lower uncertainty bound)	669	950.8
उच्च अनिश्चितता बाध्य (Higher uncertainty bound)	731.7	1017.4
सभी संक्रामक, मातृ, प्रसवकालीन, और पोषण संबंधी स्थितियां	**83.7**	**401.9**
संक्रामक और परजीवी बीमारियां	39	197.3
क्षय रोग	20.8	34.8
एचआईवी/एड्स	3.3	33.4
डायरिया बीमारी	8.3	43.5
शैशव-क्लस्टर रोग	1.6	27.4
मस्तिष्क ज्वर	0.6	5.1
श्वसन-संबंधी संक्रमण	22.4	107
मातृ-संबंधी स्थितियां	0.8	12.7
प्रसव की स्थिति	20.9	72.6
पोषक तत्वों की कमी	0.6	12.3
सभी गैर-संक्रमणीय बीमारियां	**541.4**	**486.9**
कर्कट रोग (Malignant neoplasms)	133.5	71
अन्य सूजन (Other neoplasms)	1.2	1.2
मधुमेह	9.6	14.9
अंतःस्रावी विकार	2.4	1.5
न्यूरो-साइकीऐट्रिक स्थिति	8.4	17.4
ज्ञानेन्द्रिय विकार	NA	0.1
हृदय रोग	230.5	267.7
सांस की बीमारी	110	58.1
पाचन रोग	27.9	32.6
मूत्र तंत्र रोग (Genitourinary Diseases)	10.7	11.2
चर्म रोग	NA	0.7
पेशीय विकार	1.9	0.7
जन्मजात बीमारियां	6.6	9.9
चोट	**76.3**	**100**
अनजाने में चोट	52.3	76.2
जानबूझकर (Intentional) चोट	24	23.8

स्रोत: WHO (2006)

चीन में, गैर-संक्रमणीय बीमारियों जैसे क्रोनिक ऑब्स्ट्रक्टिव पल्मोनरी डिसऑर्डर (सीओपीडी), हृदय विकार और कैंसर के कारण लगभग 77 प्रतिशत मृत्यु होती है। वही दूसरी तरफ, भारत संक्रमणीय बीमारियों से पीड़ित हैं; एचआईवी/एड्स, डायरिया और श्वसन संक्रमण के कारण मृत्यु दर बढ़ रही है।

एचआईवी/एड्स और कैंसर ने एशिया के गहन कोनों तक पैठ बना ली है और अपनी संख्या में तेजी से बढ़ रहा है। 2003 में चीन में लगभग 6,50,000 रोगी एचआईवी से पीड़ित थे। 2005 में, एचआईवी पॉजिटिव नागरिकों के लिए भारत का आंकड़ा 5.7 मिलियन तक पहुंच गया और यह प्रवृत्ति बढ़ रही थी। भारत में मलेरिया तीव्र गति से बढ़ रहा खतरा बन गया है।

जहां तक जीवनशैली की स्वास्थ्य समस्याओं का सवाल है, भारत में पुरुषों के बीच 50 प्रतिशत और महिलाओं के बीच 32 प्रतिशत की तुलना में चीनी जनसंख्या का लगभग 7.1 प्रतिशत भाग मोटापे से ग्रस्त थे (Gupte 2001)।

वित्तीय आपदा के खिलाफ संरक्षण

स्वास्थ्य, मानसिक और शारीरिक कल्याण की स्थिति है। खराब स्वास्थ्य सेवा शारीरिक कल्याण को कम करती है और जिसके प्रत्यक्ष परिणामस्वरूप मानसिक कल्याण की स्थिति बिगड़ रही है। दूसरे शब्दों में, बीमारी से चिकित्सा खर्च और कभी कभी श्रम बाजार भागीदारी में वृद्धि होती है जो अक्सर बचत की हानि, ऋण की ग्रस्तता और समग्र रूप से गरीबी में वृद्धि का कारण बनती है। डब्ल्यूएचओ का मानना है कि दुनिया की स्वास्थ्य प्रणालियों का सबसे महत्वपूर्ण उद्देश्य समाज के सभी वर्गों के लिए कुछ जोखिमों को कम करना और वितरित करना होना चाहिए (WHO 2000)।

दुर्भाग्यवश, भारत और चीन, दोनों बीमारी की वित्तीय आपदा के खिलाफ ज्यादा सुरक्षा प्रदान करने में असमर्थ है। चीन में, बीमारी से संबंधित खर्च ग्रामीण परिवारों में गरीबी रेखा से नीचे रहने वाले अस्थायी गरीबों का सबसे महत्वपूर्ण कारण बन गया है (Liu et al. 2003)। चीन और साथ ही साथ भारत में भी अक्सर, घरों को चिकित्सा खर्चों का भुगतान करने के लिए ऋण लेने और संपत्ति बेचने के लिए जाना जाता है। भारत में, स्वास्थ्य सेवा की लागत परिवारों के लिए निराशाजनक और परिवारों को 'उच्च गरीबी रेखा' से 'निम्न गरीबी रेखा' के परिवारों में स्थानांतरित करने का एकमात्र कारण है। इसके अलावा, व्यय के अन्य आवश्यक स्रोत जैसे शिक्षा को स्वास्थ्य खर्च 'Crowding Out' में सबसे प्रभावी होता है। अधिकांशतः, उच्च चिकित्सा व्यय समय पर चिकित्सा सलाह की मांग के लिए प्रतिरोधी होता है जो दोनों देशों के लिए एक बहुत ही उच्च उपचारात्मक देखभाल की ओर अग्रसर है, क्योंकि स्थगित निवारक देखभाल सुविधाओं के अतिसंवेदनशीलता के अलावा पुरानी बीमारी की ओर ले जाती है।

स्वास्थ्य देखभाल अभिगम्यता, दक्षता, और गुणवत्ता का प्रदर्शन

अभिगम्यता

अभिगम्यता को, अन्य शब्दों में, 'प्रभावी उपलब्धता' कहा जा सकता है। यह लागत, समय और सेवा की बाधाओं पर काबू पाकर आम जनता को स्वास्थ्य सेवाओं की उपलब्धता की आसानी के लिए संदर्भित करता है। दोनों देशों ने आम लोगों की स्वास्थ्य सेवाओं में गिरावट देखी है, भले ही बुनियादी स्वास्थ्य सेवा को सभी के मौलिक अधिकार के रूप में पहचाना जाता हो।

जैसा कि पिछले अनुभागों में चर्चा की गई है, उत्तर-उदारीकरण (भारत और चीन दोनों के लिए) में निवारक से उपचार स्वास्थ्य सेवा पर ध्यान केंद्रित किया गया है। यद्यपि चीन में यह बदलाव हुआ था, संक्रामक बीमारियों को अच्छी तरह नियंत्रित करने में प्रगति हुई है और वे उपचारात्मक देखभाल पर ध्यान केंद्रित करने के लिए एक बेहतर स्थिति में थे। लेकिन फिर भी, बुनियादी स्वास्थ्य सेवा (जिसमें टीकाकरण शामिल है) तक पहुंच पर प्रत्यक्ष आघात हुआ और इस प्रकार इसमें काफी तेजी से गिरावट आई। संक्रामक बीमारियों के नियंत्रण और निवारण को भुगतान सेवाएं प्रदान की गईं और इसका बुनियादी स्वास्थ्य सेवा की पहुंच पर काफी प्रभाव पड़ा। इसके अलावा, ग्रामीण-शहरी असमानताओं में तेजी से वृद्धि हुई; चीन के ग्रामीण इलाकों से नगरों और शहरों में चिकित्सा कर्मियों का व्यापक पलायन भी हुआ था। भुगतान क्षमता ने प्राप्त देखभाल के स्तर को निर्धारित करना शुरू कर दिया। ऐसे कई उदाहरण हैं जहां ग्रामीण लोगों ने धन की कमी के कारण अस्पताल में भर्ती होने से मना कर दिया हों।

भारत में, दूसरी तरफ, यह पाया गया है कि ग्रामीण क्षेत्रों के लिए स्वास्थ्य सेवा कर्मचारियों की व्यापक कमी थी। हालांकि सरकारी अस्पतालों से प्रशिक्षित चिकित्सक कर्मियों को ग्रामीण इलाकों में यात्रा करने के लिए विवश किया गया था, जिसके कारण वे जल्द ही सेवा छोड़ देंगे और शहरों के निजी अस्पतालों में शामिल हो जायेंगे जहां वेतन काफी अधिक था और मरीजों के इलाज के लिए बेहतर तकनीक उपलब्ध थी। प्रतिस्पर्धी वेतन संरचना की कमी और चिकित्सा उपकरणों और प्रौद्योगिकी की कमी ने अक्सर सरकारी स्वास्थ्य सेवा को कमजोर कर दिया और इस प्रकार ग्रामीण स्वास्थ्य सेवा में कमी आई। स्वास्थ्य सेवा तक भौतिक पहुंच, अर्थात्, स्वास्थ्य सुविधा के लिए सुलभ दूरी भी पिछले कुछ वर्षों में बढ़ी है। ग्रामीण और शहरी दोनों क्षेत्रों के लिए अप्रत्याशित व्यय भी बढ़ गया है, जिससे अभावग्रस्तता और गरीबी बढ़ रही है।

गुणवत्ता

मरीजों को मिलने वाली स्वास्थ्य सेवा की गुणवत्ता को बनाए रखना देश की स्वास्थ्य स्थिति को मापने के लिए एक महत्वपूर्ण मानदंड है। भारत और चीन दोनों में स्वास्थ्य सेवा की गुणवत्ता का आकलन, रखरखाव और नियंत्रण करने के लिए उचित मूल्यांकन

तंत्र की कमी है। दोनों देशों के चिकित्सक कर्मियों के बीच ड्रग्स की अत्यधिक मात्रा और अनावश्यक हस्तक्षेप के साथ सुविधाओं को संयोजित करने की प्रवृत्ति है। यह देखा गया हैं कि अधिकांश अप्रत्याशित व्यय दवाइयों और डॉक्टर की फीस के लिए किए जाते हैं।

दक्षता

यहां दो अलग-अलग प्रकार की क्षमताएं विद्यमान हैं; आवंटन दक्षता और तकनीकी दक्षता। आवंटित दक्षता 'सही आउटपुट' का उत्पादन करके सामूहिक लाभ को अधिकतम करने के लिए है, जबकि तकनीकी दक्षता का अर्थ 'सही तरीके' से आउटपुट के उत्पादन के लिए न्यूनतम लागत का उपयोग करना है। इन परिभाषाओं के बाद, मापने की दक्षता चीन या भारत के लिए असंभव है। चीन ने, हाल के वर्षों में, संयुक्त राज्य अमेरिका के रोग नियंत्रण केंद्रों (सीडीसी) और निवारण के पैटर्न का बारीकी से अध्ययन करने के बाद कुछ लंबवत एजेंसियों का विकास किया है। अच्छी तरह से परिभाषित भूमिकाओं की कमी और इन एजेंसियों के बीच समन्वय की कमी के कारण, उन्होंने अपनी अधिकांश प्रभावशीलता खो दी। भारत में, सरकार की संघीय प्रणाली के कारण केंद्र व राज्य स्वास्थ्य विषय को सांझा करते हैं, जैसे कुछ समान रूप से होता हैं जहां क्षैतिज स्वास्थ्य सेवा (बुनियादी स्वास्थ्य सेवाएं) बड़े पैमाने पर लंबवत राष्ट्रीय कार्यक्रमों (रोग नियंत्रण कार्यक्रम) से अलग हो गई। यद्यपि लंबवत रोग नियंत्रण कार्यक्रमों से बीमारी के बोझ को कम करने की उम्मीद है, फिर भी परिणाम हमेशा अपेक्षा के स्तर के अनुरूप नहीं होता, क्योंकि क्षैतिज एजेंसियां हमेशा अपनी पूर्ण क्षमता से काम नहीं करती है।

स्वास्थ्य प्रणाली के खराब प्रदर्शन की समझ

स्वास्थ्य सेवा प्रणाली का वित्तपोषण

उत्तर-उदारीकरण, दोनों देशों के लिए, देश के सकल घरेलू उत्पाद के अनुपात के रूप में स्वास्थ्य सेवा पर सरकारी खर्च काफी कम हो गया है और इसमें वर्षों से तेजी से निरंतर गिरावट आ रही है। इससे, समाज के सभी स्तरों के लिए उचित स्वास्थ्य बीमा की कमी के अलावा, अप्रत्याशित व्यय में वृद्धि हुई है। दोनों देशों के दरिद्र लोग इस से सबसे ज्यादा प्रभावित होते हैं, जिसके परिणामस्वरूप गरीबी और आभावग्रस्तता होती है। इस संक्रमण अवधि के दौरान, दोनों सरकारों द्वारा गैर-उत्पादक के रूप में स्वास्थ्य सेवा के विषय को देखा जाता हैं और सरकारी खर्च में कम प्राथमिकता के रूप में निर्वासित किया गया है।

भारतीय और चीनी दोनों जनसंख्या के लिए बीमा कवरेज बहुत सीमित है। आर्थिक उदारीकरण से पहले, अर्थात्, 1979 से पूर्व; चीन के लगभग सभी नागरिकों के लिए एक बीमा पैकेज उपलब्ध था और जिसमे ग्रामीण इलाकों में सहकारी चिकित्सा योजना और

शहरी क्षेत्रों में श्रम बीमा योजना (एलआईएस) तथा सरकारी बीमा योजना (जीआईएस) को शामिल किया गया था। इन योजनाओं ने अपना वित्तीय आधार खो दिया और उत्तर-सुधार की अवधि में अस्तित्व समाप्त हो गया, जिससे लाखों लोग बिना बीमा के रह गए और उनका अप्रत्याशित व्यय खुल गए। भारत में, मात्र 15 प्रतिशत जनसंख्या के पास स्वास्थ्य बीमा कवरेज हैं और यह उनके नियोक्ताओं द्वारा प्रदान किया जा रहा है। यह, ज्यादातर मामलों में, परिवार और आश्रितों को शामिल नहीं करता है। निजी बीमा एजेंसियों ने इस शून्यता में कदम रखा है, लेकिन यह मात्र 1 प्रतिशत आबादी को कवर करती हैं जिसमें शहरी क्षेत्रों में रहने वाले लोग शामिल हैं जो मुख्य रूप से अमीर और मध्यम वर्ग के बीच केंद्रित है। यह शहरी गरीबों और ग्रामीण आबादी को काफी हद तक बीमा में शामिल नही करता जिसके कारण वह उच्च चिकित्सा खर्चों का शिकार होते हैं।

सरकारी खर्च कम करने के साथ उचित बीमा कवरेज की कमी ने दोनों देशों के नागरिकों को आउट-ऑफ-पॉकेट भुगतान (ओओपी) पर व्यापक रूप से निर्भर होने के लिए छोड़ दिया है। भारत में ओओपी का उच्च स्तर हैं, लेकिन चीन के लिए ओओपी की वृद्धि दर भारत की तुलना में अधिक हैं और जल्द ही भारत को पीछे छोड़ने की उम्मीद है।

सीमित सरकारी वित्त पोषण ने भारत और चीन दोनों में उचित स्वास्थ्य सेवा के प्रावधान में वैक्यूम छोड़ा था। इसने निजी प्लेयर्स के प्रवेश के लिए मार्ग प्रशस्त किया है, विशेष रूप से भारत में, जहां सरकार ने सौम्य उपेक्षा की नीति का अनुसरण किया था। वही दूसरी तरफ, चीन ने शहरी अस्पतालों पर सरकारी नियंत्रण को बनाए रखा और स्वास्थ्य देखभाल के सार्वजनिक प्रावधान बनाएं, हालांकि अधिकांश लोगों के लिए पहुंच एक प्रमुख समस्या थी। हालांकि ग्रामीण क्षेत्रों में सार्वजनिक प्रावधान विद्यमान थे, फिर भी ये केंद्र शहरों के स्वास्थ्य पेशेवरों के व्यापक पलायन के साथ निष्क्रिय हो गए। इस प्रकार स्वास्थ्य सेवा डिलिवरी विशेष रूप से भारत और चीन दोनों के गरीबों के लिए एक व्यापक सार्वजनिक स्वास्थ्य चिंता बन गई। चीन ने क्रॉस-सब्सिडीकरण की एक अद्वितीय पद्धति विकसित की, जिसके द्वारा उन्होंने लागत की कीमतों के नीचे बुनियादी स्वास्थ्य सेवाओं की कीमतें रखीं लेकिन दवाइयों की लागत पर 15 प्रतिशत लाभ रखते हुए उच्च प्रौद्योगिकी निदान की कीमतों में वृद्धि की। लेकिन इस प्रणाली में नकारात्मक गिरावट आई क्योंकि चिकित्सकों को महंगी डायग्नोस्टिक्स लिखने के लिए प्रोत्साहित किया गया जिसके कारण उन्हें बुनियादी सेवाओं से होने वाली हानि का सामना करना पड़ा था। इस प्रकार, उच्च-तकनीक सुविधाओं, दवाओं के अतिसंवेदनशील और सार्वजनिक सेवाओं के अतिक्रमण का अत्यधिक अनियंत्रित उपयोग किया गया था। शहरी और ग्रामीण दोनों क्षेत्रों में इन डॉक्टरों ने अब जनता के हितों की सेवा ज्यादा लंबे समय तक नहीं की लेकिन यह लाभ-प्राप्त व्यक्ति बन गए। भारत में, सार्वजनिक अस्पतालों के बड़े हिस्से ने राज्य और केंद्र सरकार से अपनी धनराशि प्राप्त की। इस विषय पर सार्वजनिक खर्च में कमी के साथ, इन अस्पतालों का अच्छे

तालिका 14.4: चीनी और भारतीय स्वास्थ्य प्रणालियों पर प्रभाव डालने वाले नीति कारक

कारक	संकेतक	चीन	भारत
वित्तीयन	स्वास्थ्य पर कुल प्रति व्यक्ति व्यय (2003)	$61	$27
	स्वास्थ्य पर व्यय राष्ट्रीय जीडीपी का प्रतिशत (2003)	5.6	4.8
	कुल चिकित्सा खर्च के प्रतिशत के रूप में आउट-ऑफ-पॉकेट व्यय (2003)	56.0	73.0
	कुल सरकारी खर्च के प्रतिशत के रूप में जनरल सरकार का योगदान (2003)	36.0	25.0
	स्वास्थ्य बीमा संरचना	सार्वजनिक बीमा पर विश्वास	निजी सूक्ष्म बीमा का विकास
भुगतान	एफएफएस	प्रभुत्व; सरकार कीमतें निर्धारित करती है	प्रभुत्व; प्रदाता कीमत निर्धारित करते हैं
संगठन	कुल चिकित्सा सेवा प्रावधान के प्रतिशत के रूप में सार्वजनिक प्रदाता	96 (2002)	21 (2003)
	कुल चिकित्सा सेवा प्रावधान के प्रतिशत के रूप में निजी प्रदाता	4	79
विनियमन	प्रवर्तन	बलपूर्वक	अहस्तक्षेप
	नियामक संरचना	असंगठित	अत्यधिक असंगठित
व्यवहार	शिक्षा और संवर्धन अभियान	कुछ हद तक प्रभावी	निरक्षरता द्वारा सीमित

स्रोत: WHO (2006)

चिकित्सकों, उचित सेवा करने वालों, उच्च-तकनीकी नैदानिक सुविधाओं और सही तथा मुक्त दवाओं के आभाव से पीड़ित होना शुरू किया।

तालिका 14.4 दोनों देशों की स्वास्थ्य देखभाल की पहुंच और सामर्थ्य पर वित्तीय कारकों के प्रभाव की समग्र तुलनात्मक तस्वीर प्रस्तुत करती है।

नीति हस्तक्षेप

दोनों देशों की स्वास्थ्य प्रणालियों की कुछ प्रमुख विशेषताओं में व्यापक आउट-ऑफ-पॉकेट भुगतान, सेवाओं का अधिभार और गरीबों द्वारा सामना की जाने वाली अभिगम्यता की कमी का प्रभुत्व है। ये प्रणाली को परेशान करने वाली कुछ बीमारियां है। इस प्रकार, दोनों देशों द्वारा सरकारी धन और लक्ष्य खर्च को Chennelise करने के लिए मजबूत और स्पष्ट नीतियां तैयार की जा रही हैं। फिर भी, दोनों देशों में से किसी के भी पास गुणवत्ता और दक्षता को नियंत्रित करने या स्वास्थ्य खर्च मुद्रास्फीति को प्रबंधित करने के लिए कोई अधिनियम नहीं है। यह लेख कुछ मुख्य चुनौतियों को समझकर और भारत तथा चीन दोनों के लिए आवश्यक नीतिगत हस्तक्षेपों की पहचान करके निष्कर्ष निकालता है।

व्यक्तियों पर ओओपी के भार को कम करना

यह दुनिया भर के सभी प्रमुख शोधकर्ताओं की राय है कि वित्तीय आपदा और आभावग्रस्तता को रोकने के क्रम में ओओपी को कम करने की आवश्यकता है। इससे बचने का एक तरीका शायद कई यूरोपीय देशों के उदाहरण का पालन करना है, जहां यह चुनौती आम तौर पर सामाजिक या राष्ट्रीय बीमा से मिलती है या एक सस्ती कीमत पर निजी बीमा को प्रोत्साहित करने के अमेरिकी तरीके से जा रही है। ऐसा लगता है कि भारत अमेरिकी मार्ग का पालन कर रहा है, जहां निजी बीमा कंपनियां धीमी लेकिन नियमित रास्ते पर चलती दिखती है। वही दूसरी तरफ, चीन अब भी सरकारी नियंत्रण की ओर अधिक झुक रहा है।

सेवाओं के अधिभार को कम करना

दोनों देशों में सेवाओं के अधिभार की समस्या व्याप्त है। दवा के पर्चे से उपयोगकर्ता शुल्क अलग करके, इसके बाद संयुक्त राज्य अमेरिका में मेडिकेयर द्वारा अभ्यास की प्रतिपूर्ति की एक विधि के द्वारा इसे केवल कुछ हद तक नियंत्रित किया जा सकता है। इसके अलावा, मैडिकल चिकित्सकों के बीच उनकी सेवा में व्यावसायिकता और वफादारी को प्रोत्साहित करने के लिए सांस्कृतिक परिवर्तन आरंभ किया जाना चाहिए। एक आशा है कि यह गुणवत्ता नियंत्रण और दक्षता में सुधार के लिए मार्ग प्रशस्त कर सकता है। इस दौरान, दोनों देशों की सरकारों को चिकित्सा प्रणाली के अभिन्न अंग के रूप में मूल्यांकन और निगरानी एजेंसियों को विकसित करने के लिए प्रोत्साहित किया जाना चाहिए।

गरीबों के लिए बढ़ती अभिगम्यता

भारत और चीन दोनों की जनसंख्या को सामना करना पड़ा और अभी भी वर्षों से जबरदस्त विपत्तियों और नुकसान का सामना करना पड़ रहा है। दोनों देशों में आपूर्ति-प्रेरित मांग के मुद्दे विद्यमान हैं, जिसके परिणामस्वरूप गरीबों के बड़े हिस्से के साथ कुछ क्षेत्रों में सेवाओं का अधिभार हुआ है। स्वास्थ्य संक्रमण के इस चरण में भी, दोनों देशों को उपचारात्मक देखभाल पर विशेषीकृत ध्यान देने के साथ निवारक देखभाल पर विशेष ध्यान देने की आवश्यकता है। प्राथमिक स्वास्थ्य एजेंसियों को पुनर्जीवित किया जाना चाहिए और विशेष रूप से ग्रामीण क्षेत्रों में उनकी पहुंच में सुधार और वृद्धि हुई है।

क्षमता निर्माण आवश्यकता को संबोधित करना

भारत और चीन में प्रांतीय और केंद्रीय दोनों स्तरों पर एजेंसियां हैं, कई कार्यक्रम विभिन्न स्वास्थ्य मुद्दों को अलग से संबोधित करते हैं। इन एजेंसियों और कार्यक्रमों के साथ प्रमुख मुद्दा यह है कि उनके पास एक मजबूत समन्वय नहीं है और न ही वे महत्वपूर्ण स्वास्थ्य समस्याओं का समाधान करने के लिए आपस में सहयोग करते हैं। यह लोगों

पर डिलीवरी और प्रभाव की दक्षता को दृढ़ता से प्रभावित करता है। इस प्रकार, सबसे महत्वपूर्ण आवश्यकता प्रणाली की लंबवत और क्षैतिज शाखाओं का मजबूत एकीकरण और संक्रमणीय बीमारियों के नियंत्रण और निगरानी में सुधार करना है। चीन को डेटा पारदर्शिता बढ़ाने की जरूरत है जबकि भारत को रोग निगरानी में सुधार करने की जरूरत है।

दोनों देशों के स्वास्थ्य क्षेत्र में सुधारों के कार्यान्वयन के कुछ वर्षों के बाद भी, विनियमित और समन्वित सरकारी स्वास्थ्य क्षेत्र के खर्च का मापनीय प्रभाव महसूस करना अभी बहुत जल्दबाजी है। हालांकि सरकारों ने उचित बीमा कवरेज को सरल बनाने और स्वास्थ्य बुनियादी संरचना को मजबूत करने, अभिगम्यता में सुधार करने और वित्तीय आपदाओं को कम करने की कोशिश की हैं; प्रभाव को महसूस करने के लिए ऐसी पहलें पर्याप्त नहीं हैं। अभिगम्यता और दक्षता की सुपुर्दगी में सुधार करने के क्रम में सहचर नीतियों के संदर्भ में और भी अधिक काम करने की आवश्यकता है।

संदर्भ

Blumenthal, D.W. 2005. 'Privatisation and its Discontents: Evolving Chinese Health Care Systems'. *New England Journal of Medicine* 353 (September): 1165–1170.

Gupte., D.M. 2001. 'Epidemiological Profile of India: Historical and Contemporart Perspectives'. *Journal of Biosciences* 26(4): 437–464.

Hsiao, W.C. 1995. 'The Chinese Health Care System: Lessons for Other Nations'. *Social Science and Medicine* 41(October 1995): 1047–1055.

Lim, L. 2006 (2 March). 'The High Price of Illness in China'. *BBC News*.

Liu, Y., Rao, K. and Hsajo, W.C. 2003. 'Medical Expenditure and Rural Impoverishment in China'. *Journal of Health, Population and Nutrition* 21(3): 216–222.

Hafner. T. and Pop, D. (2011). 'China and India as Suppliers of Affordable Medicines to Developing Countries'. Working Paper no. 17249. National Bureau of Economic Research, July 2011. Available at HYPERLINK "http://www.nber.org/papers/w17249" http://www.nber.org/papers/w17249

Quadeer, I. 2000. 'Health Care Systems in Transition III: India, Part I. The Indian Experience'. *Journal of Public Health Medicine* 22(1): 25–32.

WHO. 2000. *The World Health Report 2000: Health System: Improving Performance.* Geneva: World Health Organisation.

———. 2006. *The World Health Report 2006: Working Together for Health.* Geneva: WHO.

15 चीन और भारत में सामाजिक उत्तरदायित्व की रणनीतियां

एक तुलनात्मक अन्वेषण

Tirthankar Nag, Arindam Banik,
Miao Pang and Chen Jixiang

परिचय

पिछले दो दशकों में, शोध रचनाओं ने फर्मों के कॉर्पोरेट स्थिरता दायित्वों पर यथोचित जोर दिया है (Quinn, Mintzberg, and James 1987)। इस विचार को स्वीकार करते हुए संगठन विभिन्न वहनीय गतिविधियों पर स्वेच्छा से खर्च कर रहे हैं। भारत और चीन जैसे देशों में, इसी तरह की व्यवस्था प्रचलित रही है।

चीन में, Kuo तथा अन्य के प्रथम गुणवत्ता वाले शोध होने के साथ, अध्ययनों ने पाया कि अंग्रेजी भाषा पत्रिकाओं में (Belal and Momin 2009) कॉर्पोरेट उत्तरदायित्व और स्थायित्व अनुसंधान में कमी हुई है (Kuo, Yeh and Yu 2012)। वर्तमान में, चीन की अधिकांश सीएसआर-आधारित (कॉर्पोरेट सोशल रिस्पॉन्सिबिलिटी) चर्चाएं शीर्ष 100 संगठनों के लिए केवल सीएसआर विकास सूचकांक रिपोर्ट के माध्यम से मात्रा के दायरे के साथ प्रकृति में गुणात्मक हैं। भारत में, दीर्घकालिक भावना यह रही है कि कंपनियां स्थिरता के मुद्दों के लिए पर्याप्त नहीं कर रही थीं (Hadfield-Hill 2014)। आखिरकार, इसके कारण कंपनी अधिनियम 2013 को लागू किया गया, जो कंपनियों को सीएसआर मुद्दों पर अपने शुद्ध लाभ का कम से कम 2 प्रतिशत खर्च करने का आदेश देता है।

हालांकि शोधकर्ता पिछले 50 वर्षों से सीएसआर के बारे में अध्ययन कर रहे हैं, हाल ही में पश्चिमी से विकासशील अर्थव्यवस्थाओं में स्थापित होने में बदलाव आया है (Murthy 2008)। इस प्रकार, सीएसआर वर्गीकरण का निरीक्षण करना और संगठनों तथा कॉर्पोरेट रिटर्न के बाद सीएसआर रणनीतियों के बीच संबंधों का पता लगाना महत्वपूर्ण हो जाता है।

वार्षिक रिपोर्टों में प्रकट विकसित अर्थव्यवस्थाओं में निगमों का अनुसरण करते हुए अध्ययन में स्पष्ट सीएसआर रणनीतियों की जांच की जाती है और चीन तथा भारत द्वारा

अपनाई गई विधियों की इसके साथ तुलना की जाती है। अध्ययन भारत और चीन में सीएसआर रणनीतियों की पड़ताल करता है और भारत तथा चीन के मध्य तुलनात्मक विश्लेषण करता है।

साहित्य की समीक्षा

वैश्विक संदर्भ

एन्सौफ़ द्वारा सीमित संदर्भ से आरंभ होकर, सीएसआर पर शोध फ्रीमैन, मिंटज़बर्ग, डोनाल्डसन, प्रेस्टन, कैरोल, मेंडेलो और अन्य के कार्यों के साथ तीव्र गति से बढ़ा है। हावर्ड बोवेन की '*Social Responsibilities of the Business Man*' (1953) शायद इस क्षेत्र को शुरू करने के लिए शुरुआती ग्रंथों में से एक थी और उन्होंने आगे कहा कि बड़े व्यवसायों ने वास्तव में नागरिकों के जीवन को प्रभावित किया है (Carroll 1999)। अधिक विशेष रूप से सामाजिक हितधारकों पर ध्यान केंद्रित करते हुए, शोधकर्ताओं ने फर्मों के सामाजिक और आर्थिक प्रदर्शन की जांच करने और यह पता लगाने की कोशिश की है कि क्या सामाजिक उपायों पर अच्छा प्रदर्शन करने वाली कंपनियां भी बेहतर आर्थिक प्रदर्शन करती हैं (Berman et al. 1999)। सैद्धांतिक चुनौतियां सामाजिक और आर्थिक प्रदर्शन से संबंधित हैं, हितधारकों के समूहों की बढ़िया समझ विकसित करती हैं और आखिरकार सवाल करती हैं कि मानकीय और वर्णनात्मक शोध को क्या अलग-अलग देखा जा सकता है (Harrison and Freeman 1999)।

सीएसआर पर अनुभवमूलक शोध के परिणाम और फर्म के प्रदर्शन के साथ इसके संबंध, ज़्यादातर विकसित देशों में किए गए हैं, जो आश्चर्यजनक रूप से किसी भी विशेष निष्कर्ष तक पहुंचने में असफल रहे हैं। कुछ अध्ययनों ने सीएसआर गतिविधियों और फर्म के वित्तीय प्रदर्शन के बीच नकारात्मक संबंधों का सुझाव दिया है, मुख्य रूप से बढ़ी हुई लागतों के कारण जो फर्म की मूल्य श्रृंखला में किसी दूसरी जगह बेहतर इस्तेमाल की जा सकती थी। अन्य अध्ययनों ने कर्मचारी और ग्राहक सद्भावना के संदर्भ में सकारात्मक सहयोग की सूचना दी है। कुछ अध्ययनों ने यह भी सुझाव दिया है कि भविष्य के शोध सीएसआर एजेंडा को प्रभावित करने वाले पूर्व फर्म प्रदर्शन पर ध्यान केंद्रित कर सकते हैं, न कि विलोमतः (McGuire, Sundgren and Schneeweis 1988)।

भारत

प्रारंभिक समय में संगठनों द्वारा सामाजिक जिम्मेदारी, संस्थानों को और सामाजिक कारणों को दान (Donations) देने के रूप में विद्यमान थी। 1947 में स्वतंत्रता के

बाद, श्रमिकों और वातावरणीय प्रदर्शन के लिए मानकीकृत प्रतिमानों के जरिए निगमों द्वारा सामाजिक जिम्मेदारी सुनिश्चित की गई। पिछले दो दशकों में, अकादमिक शोध ने कॉर्पोरेट सामाजिक जिम्मेदारी पर उचित जोर दिया है, हालांकि कॉर्पोरेट के लिए लाभ अल्पकालिक नहीं है और अक्सर फर्म की सीमाओं के भीतर बना रहता है (Nag and Bhattacharyya 2012)। भारत सरकार के कॉर्पोरेट मामलों के मंत्रालय (एमसीए) ने दो स्वैच्छिक दिशानिर्देश प्रकाशित किए थे:

- कॉर्पोरेट सामाजिक जिम्मेदारी पर आधारित स्वैच्छिक दिशा-निर्देश, 2009
- कम्पनियों की सामाजिक, पर्यावरणीय और आर्थिक जिम्मेदारियों पर आधारित राष्ट्रीय स्वैच्छिक दिशा-निर्देश, 2011

नीचे सूचीबद्ध 9 सिद्धांतों को कम्पनियों द्वारा हाल में अनुसरण किया गया है:

1. कम्पनियों को नैतिकता, पारदर्शिता और जवाबदेहिता के साथ स्वयं को संचालित और शासित करना चाहिए।
2. कम्पनियों को ऐसे सामान और सेवाएं प्रदान करनी चाहिए जो सुरक्षित हों और अपने पूरे जीवन चक्र में वहनीयता (Sustainability) हेतु योगदान करना चाहिए।
3. कम्पनियों को सभी कर्मचारियों के कल्याण को बढ़ावा देना चाहिए।
4. कम्पनियों को सभी हितधारकों, विशेष रूप से जो वंचित, कमजोर और हाशिए पर हैं, के हितों का सम्मान करना चाहिए और उनके प्रति उत्तरदायी होना चाहिए।
5. कम्पनियों को मानवाधिकारों का सम्मान और प्रचार करना चाहिए।
6. कम्पनी को पर्यावरण को पुनःबहाल करने के लिए उसका सम्मान, रक्षा और प्रयास करना चाहिए।
7. कम्पनी जब सार्वजनिक और नियामक नीति को प्रभावित करने में संलग्न हो तब उसे जिम्मेदार तरीके से काये करना चाहिए।
8. कम्पनियों को समावेशी विकास और न्यायसंगत विकास का समर्थन करना चाहिए।
9. कम्पनियों को जिम्मेदारीपूर्वक अपने ग्राहकों और उपभोक्ताओं के साथ संलग्न होना चाहिए और उन्हें मूल्य प्रदान करना चाहिए।

हालांकि, कंपनी अधिनियम 2013 की शुरुआत के साथ, सीएसआर का पालन व्यापारिक फर्मों के लिए स्वैच्छिकता से अनिवार्य रूप में स्थानांतरित हो गया है। कंपनी अधिनियम, 2013 की धारा 135 के अनुसार, किसी भी वित्तीय वर्ष के दौरान, प्रत्येक कंपनी जिसके पास 500 करोड़ या उससे अधिक का शुद्ध मूल्य या 1,000 करोड़ या

उससे अधिक का कारोबार या 5 करोड़ या उससे अधिक का शुद्ध लाभ होगा, उसे यह सुनिश्चित करना होगा कि कंपनी तत्कालीन पिछले तीन वित्तीय वर्षों के दौरान प्राप्त कंपनी के औसत शुद्ध लाभ का कम से कम 2 प्रतिशत सीएसआर आईएन पर खर्च करती है (KPMG 2015)।

भारत के लिए कंपनी अधिनियम 2013 की संशोधित अनुसूची VII, सीएसआर गतिविधियों के लिए कुछ क्षेत्रों को निर्धारित करती है, हालांकि चीनी कंपनियों के लिए ऐसे कोई नियम नहीं हैं।

- भूख, गरीबी और कुपोषण को खत्म करना, निवारक स्वास्थ्य देखभाल और स्वच्छता को बढ़ावा देना और सुरक्षित पेयजल उपलब्ध करना
- विशेष शिक्षा और विशेष रूप से बच्चों, महिलाओं, बुजुर्गों और विकलांग के मध्य व्यावसायिक कौशल में वृद्धि रोजगार सहित शिक्षा और आजीविका वृद्धि परियोजनाओं को बढ़ावा देना
- लैंगिक समानता को बढ़ावा देना, महिलाओं को सशक्त बनाना, महिलाओं और अनाथों के लिए घरों और छात्रावास स्थापित करना; वरिष्ठ नागरिकों के लिए वृद्धाश्रम, डे केयर सेंटर और ऐसी अन्य सुविधाएं स्थापित करना और सामाजिक तथा आर्थिक रूप से पिछड़े समूहों द्वारा सामना की जाने वाली असमानताओं को कम करने के उपाय करना
- पर्यावरणीय स्थिरता, पारिस्थितिकीय संतुलन को सुनिश्चित करना और वनस्पतियों तथा पशुवर्ग की सुरक्षा, पशु कल्याण, कृषि वानिकी, प्राकृतिक संसाधनों का संरक्षण और मिट्टी, वायु तथा जल की गुणवत्ता को बनाए रखना
- ऐतिहासिक महत्व की इमारतों तथा स्थलों की पुनःस्थापन और कलाकृति सहित राष्ट्रीय विरासत, कला और संस्कृति का संरक्षण; सार्वजनिक पुस्तकालयों की स्थापना; पारंपरिक कला और हस्तशिल्प का प्रचार और विकास
- सशस्त्र बलों के बुजुर्गों, युद्ध विधवाओं और उनके आश्रितों के लाभ के लिए उपाय करना
- ग्रामीण खेलों, राष्ट्रीय स्तर पर मान्यता प्राप्त खेलों, पैरालाम्पिक खेलों और ओलंपिक खेलों को बढ़ावा देने के लिए प्रशिक्षण देना
- अनुसूचित जातियों, अनुसूचित जनजातियों, अन्य पिछड़े वर्गों, अल्पसंख्यकों और महिलाओं के सामाजिक-आर्थिक विकास और राहत तथा कल्याण के लिए प्रधानमंत्री राष्ट्रीय राहत निधि या केंद्र सरकार द्वारा स्थापित किसी भी अन्य निधि में योगदान

- केंद्र सरकार द्वारा अनुमोदित शैक्षणिक संस्थानों के भीतर स्थित प्रौद्योगिकी इनक्यूबेटर को योगदान या धन प्रदान करना
- ग्रामीण विकास परियोजनाएं

स्रोत: (Ministry of Corporate Affairs 2014)

चीन

हालांकि सीएसआर अध्ययनों ने सबसे उभरती हुई अर्थव्यवस्थाओं, एशिया-प्रशांत क्षेत्र पर ध्यान केंद्रित किया है, लेकिन बहुत कम अध्ययन मुख्य भूभाग चीन पर केंद्रित थे (Belal and Momin 2009)। यद्यपि 1990 के दशक में आपदाओं और दुर्घटनाओं में वृद्धि होने पर सीएसआर चीन में शुरू किया गया था (Guan and Noronha 2013)।

उनमें से कुछ उदाहरण, Shanxi (1991) में Yingze Park lantern त्यौहार में मची अफरा-तफरी, Qinghai में Gouhou बांध (1993) में विस्फोट की दुर्घटना, Hunan (1996) में एक अपार्टमेंट के निर्माण में तहखाने में हुआ विस्फोट, Shaoguan (1996) में Baikong पुल के निर्माण का ढह जाना और 1990 के दशक की शुरुआत में कई कोयला खदानों में दुर्घटनाएं होना है।

हालांकि, तब से चीनी सीएसआर अनुसंधान चीनी भाषा में तेजी से बढ़ गया है और अनुसंधान के लिए अंग्रेजी जैसी अन्य भाषाओं की आवश्यकता नहीं है (Lu and Li 2010)। सत्तारूढ़ चीनी कम्युनिस्ट पार्टी की केंद्रीय समिति द्वारा जारी 11वीं पंचवर्षीय योजना में सीएसआर सबसे महत्वपूर्ण फोकस क्षेत्रों में से एक था (Zheng 2006)। 2002 में स्थायित्व रिपोर्टिंग दिशा-निर्देश पहली बार GRI (ग्लोबल रिपोर्टिंग इनिशिएटिव) द्वारा प्रकाशित किए गए थे। 2008 में 'शंघाई स्टॉक मार्केट में सूचीबद्ध निगमों के लिए पर्यावरण सूचना प्रकाशन निर्देश' के शंघाई स्टॉक एक्सचेंज के मुद्दे के बाद 2006 में, शेन्ज़ेन स्टॉक एक्सचेंज ने 'सूचीबद्ध कंपनियों की कॉर्पोरेट सामाजिक जिम्मेदारी पर दिशा-निर्देश' जारी किया।

उत्तरोत्तर, शंघाई और शेन्ज़ेन स्टॉक एक्सचेंजों को सीएसआर रिपोर्ट के माध्यम से अपनी सीएसआर कार्यप्रणालियों को प्रकाशित करने के लिए सूचीबद्ध कंपनियों की आवश्यकता थी। इस प्रकार 2009 के बाद, चीनी कंपनियों द्वारा सीएसआर रिपोर्ट (चित्र 15.1) जारी की गई और विशेष रूप से राज्य के स्वामित्व वाली (State-owned) कंपनियां काफी बढ़ गई हैं।

दोनों देशों के अध्ययनों ने सीएसआर और फर्म प्रदर्शन के मध्य संबंधों की खोज की है। चीन में एक अध्ययन ने प्रमुख चीनी सूचीबद्ध कंपनियों के लिए एक सीएसआर

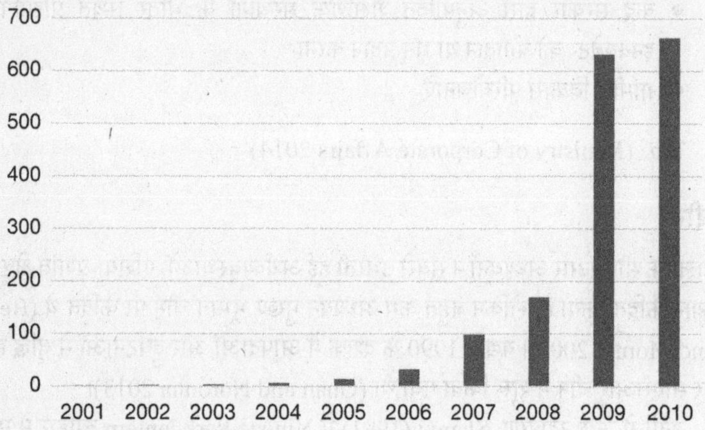

चित्र 15.1: चीन में निर्गत सीएसआर रिपोर्ट

स्रोत: CSR Report Research 2010 by China WTO Tribune, Other Reports

सूचकांक निर्मित किया है। अध्ययन से पता चलता है कि विदेशी सूचीबद्ध और तुलनात्मक रूप से लाभप्रद कंपनियों ने सीएसआर कार्यप्रणालियों में सुधार किया और बाजार ने इन सुधारों को पुरस्कृत किया है (Cheung, Jiang and Tan 2012)। चीन में किए गए एक अन्य अध्ययन से पता चलता है कि सीएसआर और वित्तीय प्रदर्शन परस्पर एक दूसरे को महत्वपूर्ण रूप से प्रभावित करते है (Chen and Wang 2011)। सीएसआर और फर्म प्रदर्शन के मध्य कुछ सकारात्मक संबंधों के साथ भारत में किए गए अध्ययन मिश्रित किए जाते हैं। एक हालिया अध्ययन से पता चलता है कि सीएसआर गतिविधि रिपोर्टिंग, पर्यावरणीय सीएसआर के मामले में एकमात्र अपवाद के साथ, फर्म प्रदर्शन को महत्वपूर्ण रूप से प्रभावित नहीं करती (Nag and Bhattacharyya 2012)।

कार्य-प्रणाली (Methodology)

अध्ययन, सीएसआर रिपोर्टिंग पर भारत और चीन के बीच एक संक्षिप्त तुलनात्मक विश्लेषण करता है। इस तरह की तुलना के लिए आँकड़े द्वितीयक स्रोतों पर आधारित है।

चीन के लिए प्राथमिक आँकड़े और व्यक्तिगत साक्षात्कार के आधार पर चार क्षेत्रों में फील्ड केस स्टडीज़ विकसित किया गया था। सीएसआर प्रयासों के बारे में विचार जानने के लिए संबंधित क्षेत्रों में भारतीय कंपनियों की तुलना की गई थी। अध्ययन, प्रारंभिक निष्कर्ष तक पहुंचने के लिए 'इन्टर-केस' और 'इंट्रा-केस' तुलना के लिए पर्याप्त अवसर प्रदान करता है।

हमारे शोध के लिए अपनाई गई पद्धतिगत संरचना (Methodological Framework) यहां प्रदान की गई है:

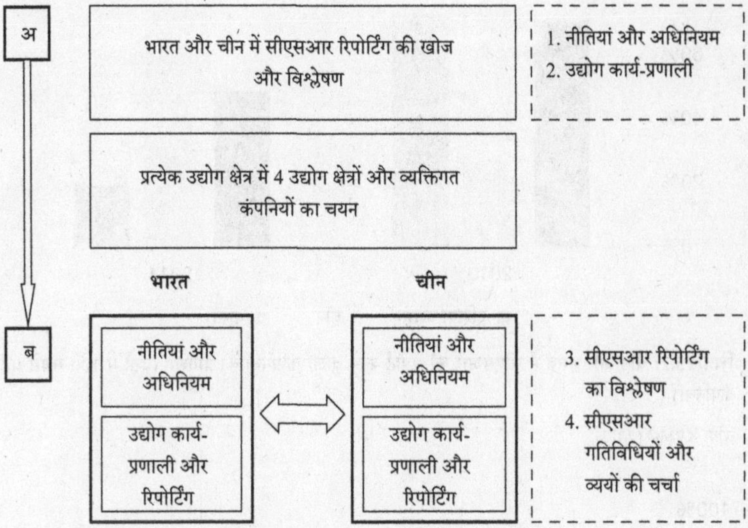

तुलनात्मक विश्लेषण और केस स्टडीज

नए नियमों की स्थापना और व्यक्तिगत रूप से देश की सरकारों द्वारा प्रोत्साहन देने के कारण एशिया में सीएसआर रिपोर्टिंग तेजी से बढ़ रही है। विशेष रूप से, भारत और चीन में सीएसआर रिपोर्टिंग में बहुत अधिक वृद्धि दर देखी गई है। कॉर्पोरेट सामाजिक जिम्मेदारी रिपोर्टिंग की दर को चित्र 15.2 में दिखाया गया है।

अध्ययन के लिए, अर्थव्यवस्था के चार अलग-अलग क्षेत्रों को निम्नानुसार चयनित किया गया था:

- फार्मास्यूटिकल्स
- विनिर्माण
- कागज और लुगदी
- तेल और गैस

इन सभी चार क्षेत्रों में सीएसआर रिपोर्टिंग की वैश्विक समीक्षा चित्र 15.3 में प्रदान की गई है।

अध्ययन के लिए चयनित कंपनियां तालिका 15.1 में दर्शायी गई हैं।

सीएसआर के लिए प्रेरणा और किए गए निवेश को समझने के लिए चीनी कंपनियों में शीर्ष प्रबंधकों का साक्षात्कार किया गया था। इसी प्रकार, अपने चीनी समकक्षों के साथ

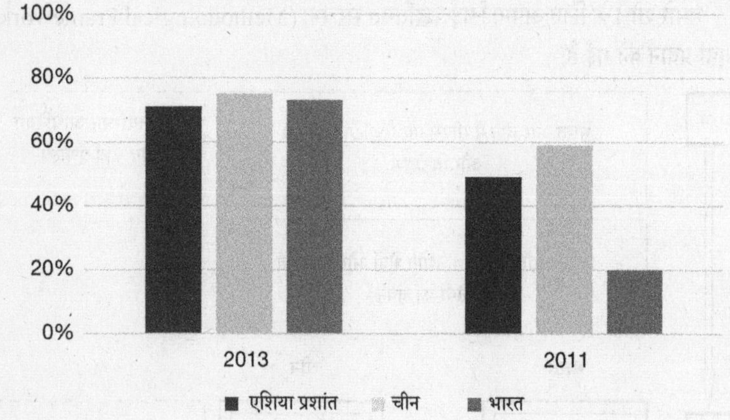

चित्र 15.2: चीन और भारत में सीएसआर की रिपोर्ट करने वाली कंपनियों का प्रतिशत (देशों में 100 सबसे बड़ी कंपनियां)

स्रोत: KPMG (2013)

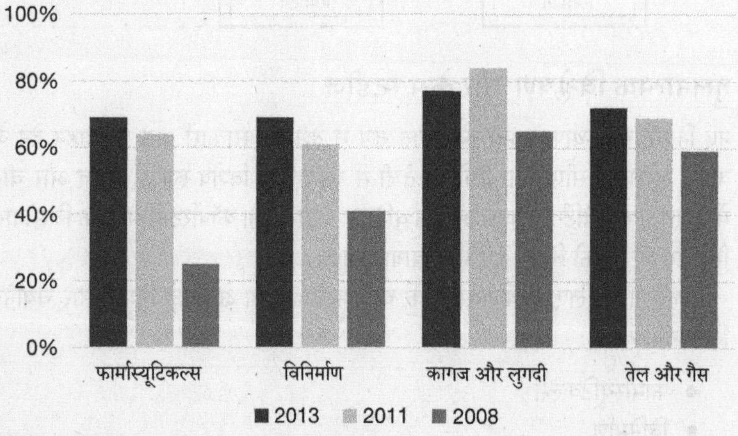

चित्र 15.3: सीएसआर की रिपोर्ट करने वाली कंपनियों का प्रतिशत (देशों में 100 सबसे बड़ी कंपनियां)

स्रोत: KPMG (2013)

भारतीय कंपनियों की सीएसआर रिपोर्टिंग की पहचान और तुलना की गई थी। उपरोक्त आँकड़ों के आधार पर, दोनों देशों के लिए सीएसआर रिपोर्टिंग और फोकस की तुलना की गई थी (तालिका 15.2)। केस स्टडीज विस्तृत नहीं हैं।

इस बात पर कोई बहस नहीं हैं कि चीन और भारत में सीएसआर गतिविधियां कुछ समय से बढ़ी हैं और यह जारी है। भारत में, पहले सीएसआर गतिविधियों को स्वैच्छिक रूप से

तालिका 15.1: सीएसआर निवेश को समझने के लिए भारत और चीन में चयनित फर्म

क्षेत्र	*चीन*	*भारत*
फार्मास्यूटिकल्स	सिचुआन Yuanda Shuyang फार्मास्युटिकल कंपनी लिमिटेड	ग्लैक्सोस्मिथक्लाइन (GlaxoSmithKline) फार्मास्युटिकल्स लिमिटेड
विनिर्माण	सिचुआन SUNFOR लाइट कंपनी लिमिटेड	Havells
कागज और लुगदी	तिब्बत Yuanzheng समूह	बल्लारपुर इंडस्ट्रीज लिमिटेड
तेल और गैस	सिचुआन चीन प्राकृतिक गैस सेल्स कंपनी लिमिटेड	इंद्रप्रस्थ गैस लिमिटेड

स्रोत: योग्यता नमूनाकरण पर आधारित लेखक का अपना चयन

और बाद में कानूनी जनादेश के माध्यम से लाया गया था। चीन में, ऐसी गतिविधियां स्वरूप में पूरी तरह से स्वैच्छिक रही हैं और इस बात का प्रमाण हैं कि ऐसी गतिविधियां समय के साथ बढ़ रही हैं, जैसा कि तालिका 15.3 में दिखाया गया है।

तालिका 15.2: चीनी और भारतीय चयनित फर्मों में सीएसआर गतिविधियां

क्षेत्र	*चीनी फर्मों में सीएसआर*	*भारतीय फर्मों में सीएसआर*
फार्मास्यूटिकल्स	• उच्च गुणवत्ता वाले स्वास्थ्य उत्पादों का निर्माण • प्राकृतिक आपदाओं में वित्तीय योगदान के साथ-साथ उत्पादों की सहायता • प्लाज्मा दाताओं के लिए चैरिटी फंड की स्थापना	• स्वास्थ्य सेवा परियोजनाओं में निवेश • स्वास्थ्य सेवा डिलिवरी सिस्टम का विकास • समुदाय श्रमिकों को प्रशिक्षण • कर्मचारियों द्वारा स्वयंसेवा
विनिर्माण	• सस्ती गुणवत्ता वाले उत्पाद के लिए खोज • ऊर्जा की दक्षता और ऊर्जा की बचत • स्कूल के छात्रों की नियमित यात्राएं और प्रशिक्षण	• बाल पोषण पर ध्यान केंद्रित करना हालांकि स्कूल में उपस्थिति में सुधार के लिए अपनी रसोई • गतिशील हेल्थकेयर वैन
कागज और लुगदी	• किसानों के बच्चों से कुछ श्रमिकों की भर्ती • सिचुआन में भूकंप के लिए दान राशि • पर्यावरणीय संरक्षण • गांवों में बच्चों के संगठन में योगदान • गरीबी उन्मूलन गतिविधियों के लिए स्वयंसेवी कर्मचारी।	• ग्रामीण रोजगार, स्वास्थ्य और कृषि सुधार • सामुदायिक आधारित स्वास्थ्य और शिक्षा
तेल और गैस	• प्रौद्योगिकी के माध्यम से सतत विकास • ऊर्जा संरक्षण और उत्सर्जन में कमी	• प्रदूषण के स्तर को कम करना • स्वास्थ्य, शिक्षा, पर्यावरण और महिला सशक्तिकरण और वंचित लोगों के क्षेत्रों में प्रस्तावित।

(जारी)

(जारी)

क्षेत्र	*चीनी फर्मों में सीएसआर*	*भारतीय फर्मों में सीएसआर*
मुख्य अवलोकन	• सीएसआर दायित्व: चीन में सीएसआर के लिए कोई नियामक या अनिवार्य दायित्व नहीं है। • सीएसआर व्यय: सीएसआर के लिए निर्धारित कारोबार या लाभ का कोई निश्चित प्रतिशत नहीं है। • गतिविधियां: कंपनियां विकास से संबंधित उत्पाद में रुचि रखती हैं जो अप्रत्यक्ष रूप से सामाजिक कारणों में समाज या नकद योगदान में सहायता करती हैं।	• सीएसआर दायित्व: निर्धारित मानदंडों को पूरा करने वाली कंपनियों के लिए अनिवार्य सीएसआर दायित्व • सीएसआर व्यय: कंपनियां औसत शुद्ध लाभ का 2% खर्च करती हैं • गतिविधियां: कंपनी अधिनियम, 2013 की अनुसूची VII का पालन करने वाली कंपनियां

स्रोत: चीन में फर्मों के शीर्ष प्रबंधकों के साथ लेखक के साक्षात्कारों और भारत में वार्षिक रिपोर्ट तथा द्वितीयक स्रोतों पर आधारित।

तालिका 15.3: शंघाई स्टॉक एक्सचेंज में सीएसआर की रिपोर्ट देने वाली कंपनियां [सीएसआर की रिपोर्ट करने वाली कंपनियां (क्षेत्र में कुल नमूनों का %)]

क्षेत्र	*2008*	*2009*
संकलित रूप से (Conglomerate)	6 (3.28%)	7 (3.41%)
सांस्कृतिक	2 (1.09%)	2 (0.98%)
सामाजिक सेवाएँ	4 (2.19%)	4 (1.95%)
अचल संपत्ति	15 (8.20%)	15 (7.32%)
खुदरा और थोक	8 (4.37%)	8 (3.90%)
सूचना और प्रौद्योगिकी	6 (3.28%)	5 (2.44%)
परिवहन	16 (8.74%)	17 (8.29%)
निर्माण	5 (2.73%)	6 (2.93%)
उपयोगिताएँ	12 (6.56%)	10 (4.88%)
विनिर्माण	103 (56.28%)	120 (58.53%)
खनिज	3 (1.64%)	6 (2.93%)
कृषि	3 (1.64%)	5 (2.44%)

स्रोत: Wong (2012)

निष्कर्ष

अध्ययन, भारतीय और चीनी कंपनियों की केस स्टडी के आधार पर, कई महत्वपूर्ण निष्कर्षों तक पहुंचता है। प्रथम, कंपनियां भारत और चीन दोनों में सीएसआर और सीएसआर रिपोर्टिंग पर तेजी से ध्यान केंद्रित कर रही हैं। भारत में कंपनियां, नीतियों और विनियमों द्वारा अधिक संचालित होती हैं जबकि चीन में कंपनियां स्टॉक एक्सचेंजों और क्षेत्रीय कार्यक्रमों से आवश्यकताओं को बढ़ाकर प्रेरित होती हैं। द्वितीय, भारत में फर्मों पर

सीएसआर के दायित्व अनिवार्य हैं लेकिन चीन में यह अभी भी स्वैच्छिक है। तृतीय, भारत में अपने औसत शुद्ध लाभ के प्रतिशत के रूप में सीएसआर व्यय को निर्धारित किया गया है, जबकि चीनी कंपनियां अपने सीएसआर व्यय का स्तर चुनने के लिए स्वतंत्र हैं। अंत में, भारतीय कंपनियां अपनी सीएसआर प्रतिबद्धताओं के लिए सरकार द्वारा निर्धारित कानूनी दिशानिर्देशों का पालन करती हैं। चीनी कंपनियों को ऐसे दिशानिर्देशों का सामना नहीं करना पड़ता और वह ज्यादातर आउटपुट उत्पादों या सेवाओं और संबंधित पहलुओं पर ध्यान केंद्रित करती हैं।

संदर्भ

Belal, A., and Momin, M. 2009. 'Corporate Social Reporting (CSR) in Emerging Economies: A Review and Future Direction', In M. Tsamenyi, and S. Uddin (Eds.), Accounting in Emerging Economies. *Research in Accounting in Emerging Economies* 9: 119–143.

Berman, S.L., Wicks, A.C., Kotha, S., and Jones, T.M. 1999. 'Does Stakeholder Orientation Matter? The Relationship between Stakeholder Management Models and Firm Financial Performance'. *Academy of Management Journal* 42(5): 488–506.

Carroll, A.B. 1999. 'Corporate Social Responsibility: Evolution of a Definitional Construct'. *Business and Society* 38(3): 268–295.

Chen, H., and Wang, X. 2011. 'Corporate Social Responsibility and Corporate Financial Performance in China: An Empirical Research from Chinese Firms'. *Corporate Governance* 11(4): 361–370.

Cheung, Y., Jiang, K., and Tan, W. 2012. 'Doing-good and 'Doing-well' in Chinese Publicly Listed Firms'. *China Economic Review* 23(4): 776–785.

Guan, J., and Noronha, C. 2013. 'Corporate Social Responsibility Reporting Research in the Chinese Academia: A Critical Review'. *Social Responsibility Journal* 9(1): 33–55.

Hadfield-Hill, S. 2014. 'CSR in India: Reflections from the Banking Sector'. *Social Responsibility Journal* 10(1): 21–37.

Harrison, J.S., and Freeman, R.E. 1999. 'Stakeholder, Social Resonsibility and Performance: Empirical Evidence and Theoretical Perspectives'. *Academy of Management Journal* 42(5): 479–485.

KPMG. 2013 (24 May). *The KPMG Survey of Corporate Responsibility Reporting 2013.* Retrieved from KPMG: http://www.kpmg.com/global/en/issuesandinsights/articles publications/corporate-responsibility/pages/default.aspx (accessed on 25 February 2015).

———. 2015 (24 May). *Corporate Social Responsibility in India.* Retrieved from KPMG: http://www.kpmg.com/CH/Documents/Blog/pub-20140430-csr-india-2014-en.pdf

Kuo, L., Yeh, C.C., and Yu, H.C. 2012. 'Disclosure of Corporate Social Responsibility and Environmental Management: Evidence From China'. *Corporate Social Responsibility and Environmental Management* 19(5): 273–287.

Lu, X., and Li, J.M. 2010. 'A Research on the Environmental Information Disclosure of Chinese Listed Companies: A Case Study of the Listed Manufacturing Industry of

A-shares Firms During the Period 2007–2008 in the Shanghai stock market'. *Journal of Audit and Economics* 25(3): 62–69.

McGuire, J.B., Sundgren, A., and Schneeweis, T. 1988. 'Corporate Social Responsibility and Firm Financial Performance'. *Academy of Management Joumal* 31(4): 854–872.

Ministry of Corporate Affairs. (2014, February 27). *Ministry of Corporate Affairs Notification.* Retrieved from Ministry of Corporate Affairs Website: http://www.mca.gov.in/Ministry/pdf/CompaniesActNotification3_2014.pdf (accessed on 25 February 2015).

Murthy, V. 2008. 'Corporate Social Disclosure Practices of Top Software Firms in India;. *Global Business Review* 9(2): 173–188.

Nag, T., and Bhattacharyya, A.K. 2012 (November). 'Does corporate Social Responsibility Yield Returns? A Study of Indian Firms'. *Financial Management*, Chartered Institute of Management Accountants UK, London, 50–53.

Quinn, J., Mintzberg, H., and James, R. 1987. *The Strategy Process.* Englewood Cliffs, N.J.: Prentice-Hall.

Wong, Y.H. 2012. 'Corporate Social Responsibility and Firm Performance: Evidence from China'. Thesis, Lingnan University, Hong Kong.

Zheng, Y. 2006. 'Why China Lacks the Right Environment for Corporate Social Responsibility'. *China Policy Institute* Issue Brief 6. Available at https://www.nottingham.ac.uk/cpi/documents/briefings/briefing-6-china-csr.pdf (accessed on 15 March 2015).

संपादकों और योगदानकर्ताओं के बारे में

संपादक

पारमिता मुखर्जी कोलकाता में अंतरराष्ट्रीय प्रबंधन संस्थान (IMI), की डीन (अकादमिक) और प्रोफ़ेसर (अर्थशास्त्र) हैं। वह कोलकाता के प्रेसीडेंसी कॉलेज की भूतपूर्व छात्रा हैं, उन्होंने कोलकाता के भारतीय सांख्यिकी संस्थान से मात्रात्मक अर्थशास्त्र में एमएस और कोलकाता के जाधवपुर विश्वविद्यालय से अर्थशास्त्र में पीएचडी की है। उनके पास उद्योग, अनुसंधान और शिक्षण में 20 से अधिक वर्षों का अनुभव है। उन्होंने एसी नील्सन (पूर्व में ORG MARG), ICRA और प्रतिष्ठित व्यावसायिक-स्कूलों में काम किया है। वह अर्थशास्त्र, व्यवसाय विश्लेषिकी (Business Analytics), वित्तीय अर्थमिति (Financial Econometrics) आदि पाठ्यक्रम पढ़ाती हैं। उन्हें प्रशिक्षण कार्यक्रम आयोजित करने और पॉवर सेक्टर में परामर्श कार्यों के प्रबंधन का अनुभव है। वह IMI कोलकाता के विद्वत्तापूर्ण प्रकाशन IMI Konnect की संपादक हैं।

उनकी शोध रुचि व्यावहारिक वित्तीय अर्थशास्त्र और अर्थमिती में निहित है। उन्होंने वित्तीय क्षेत्र, समष्टि अर्थशास्त्र, सार्वजनिक वित्त आदि में समकालीन मुद्दों पर काम किया है और रिसोर्सेज पॉलिसी, एप्लाइड फाइनेंशियल इकोनॉमिक्स, इमर्जिंग मार्केट्स फाइनेंस एंड ट्रेड जैसे बहुत से अंतरराष्ट्रीय जर्नलों के साथ-साथ इकोनॉमिक एंड पोलिटिकल वीकली जैसे राष्ट्रीय जर्नलों तथा पुस्तकों में कई शोध लेख लिखे हैं। उन्होंने भारत के अलावा विदेश जैसे, बेल्जियम की कैथोलिक यूनिवर्सिटी लियूवन; तुर्की की बोर्सा इस्तांबुल; नेशनल ताईवान यूनीवर्सिटी; और फ्रांस के नीस में उपस्थित यूनिवर्सिटी ऑफ सोफिया एंटीपोलिस आदि में हुए कई सम्मेलनों और संगोष्ठियों में लेख प्रस्तुत किए हैं।

अर्णब के. देब वर्तमान में दिल्ली के अंतरराष्ट्रीय प्रबंधन संस्थान (IMI), में अर्थशास्त्र के एसोसिएट प्रोफ़ेसर के रूप में कार्यरत हैं। उन्होंने कनेक्टिकट विश्वविद्यालय, स्टोर्स, U.S.A से अर्थशास्त्र में Ph.D. की उपाधि प्राप्त की है। उन्होंने कलकत्ता विश्वविद्यालय से अर्थशास्त्र में बीएससी और एमएससी डिग्री प्राप्त की।

शिक्षण और शोध में उनके पास लगभग दस वर्षों का अनुभव है। उनकी शोध रुचि में व्यष्टि अर्थशास्त्र, औद्योगिक संगठन, संस्थागत अर्थशास्त्र और डेटा इनवेलोप्मेन्ट

एनालिसिस (DEA) सम्मिलित हैं। उन्होंने NSF (नेशनल साइंस फाउंडेशन)- द्वारा वित्त पोषित परियोजना 'इकोनॉमिक एंड सोशल राइट्स: ऑब्स्टेकल ऑर हैंडमेडेन टू ग्रोथ?' पर काम किया है। इस परियोजना में उनकी प्रमुख ज़िम्मेदारी, उस सीमा के एक संकेतक को परिभाषित करने के लिए, जिसमें देश आर्थिक, सामाजिक और सांस्कृतिक अधिकारों पर अंतरराष्ट्रीय अनुबंध (आईसीईएससीआर) के तहत अपने आर्थिक और सामाजिक अधिकार के दायित्वों को पूरा कर रहे हैं, वैकल्पिक दृष्टिकोण तैयार करना था। पीएचडी प्रोग्राम से जुड़ने से पूर्व उन्होंने, रिसर्च एसोसिएट के रूप में एसी नील्सन ORG Marg, कोलकाता में कार्य किया और दो परियोजनाओं, "डिस्ट्रिक्ट लेवल मॉनिटरिंग ऑफ़ ऑल प्रोग्राम्स ऑफ मिनिस्ट्री ऑफ़ रूरल डेवलपमेंट, इंडिया" और "मूविंग आउट ऑफ पावर्टी: ग्रोथ एंड डेमोक्रेसी" पर काम किया था। उन्होंने राष्ट्रीय और साथ ही साथ अंतरराष्ट्रीय सम्मेलनों में भाग लिया और शोध पत्र प्रस्तुत किया है। वर्तमान में, वह IMI, दिल्ली और Sage, India से प्रकाशित होने वाले जर्नल इमर्जिंग इकोनॉमी स्टडीज़ के संपादनकार्य को संभालते हैं।

उन्हें अपने करियर में कई फैलोशिप और पुरस्कार प्राप्त हुए हैं। उन्हें वर्ष 2007 से 2011 की अवधि तक के लिए अर्थशास्त्र विभाग द्वारा "प्री-डॉक्टोरल फैलोशिप" और वर्ष 2012 में ग्रेजुएट स्कूल द्वारा "डॉक्टोरल डेसर्टेशन फैलोशिप" से सम्मानित किया गया था। 2011 में, उन्हें कनेक्टिकट विश्वविद्यालय के अर्थशास्त्र विभाग द्वारा 'अब्राहम रिबिकॉफ ग्रेजुएट फैलोशिप' भी प्रदान की गई थी।

मिआओ पांग वर्तमान समय में सिचुआन एकेडमी ऑफ सोशल साइंसेज के अनुसंधान प्रबंधन विभाग में सीनियर रिसर्च फेलो के रूप में कार्य कर रही हैं। इसके पहले वह सिचुआन एकेडमी ऑफ सोशल साइंसेज के अनुसंधान प्रबंधन विभाग में कार्य कर रहीं थीं। वह वन संसाधन प्रबंधन में विशेषज्ञ हैं और लॉस बैनोस के फिलीपींस विश्वविद्यालय से हैं। वह बर्कले के कैलिफ़ोर्निया विश्वविद्यालय में एक विजिटिंग स्कॉलर रही हैं। उनकी शोध रुचि में ग्रामीण समुदायिक विकास, ग्रामीण पर्यावरण संरक्षण और वन अर्थशास्त्र सम्मिलित हैं। उन्होंने दो पुस्तकों में सह-लेखन किया है- मेथोडोलॉजी यूज़्ड इन रुरल कम्यूनिटी सर्वे और कम्यूनिटी-बेस्ड नेचुरल रिसोर्स मैनेजमेंट। वह 2012 में पश्चिमी चीन में 'ईकोलाजिक्ली-वल्नरबल कम्यूनिटीज़ ऐडप्टैशन टू क्लाइमेट चेंज इन वेस्टर्न चाइना' नामक सामाजिक विज्ञान की एक राष्ट्रीय परियोजना में और 2010 में 'इकोलाजिकल कम्पन्सैशन इन पोस्ट एरा ऑफ़ कन्वर्शन फार्मलैंड्स इंटू फ़ॉरेस्टलैंड्स इन चाइना' नामक चीन की सामाजिक विज्ञान की राष्ट्रीय परियोजना में भी शामिल थीं।

योगदानकर्ता

Prageet Aeron गुड़गांव के प्रबंधन विकास संस्थान (एमडीआई) में सहायक प्राध्यापक हैं। वह संस्थान में कंप्यूटर सेंटर, वेबसाइट, ईआरपी और आईटी के संयोजक हैं। अहमदाबाद के भारतीय प्रबंधन संस्थान (आईआईएम) में प्रबंधन (कंप्यूटर और सूचना प्रणाली) के एक सदस्य, उनके अनुसंधान के मुख्य क्षेत्र प्रौद्योगिकी उद्यमिता, प्रौद्योगिकी रणनीति, दूरसंचार नीति और नेटवर्क अर्थशास्त्र रहे हैं। उनकी शिक्षण रुचि में प्रबंधन सूचना प्रणाली (एमआईएस), आईटी सुरक्षा और प्रबंधन के लिए संख्यात्मक पद्धति शामिल हैं। एमडीआई में शामिल होने से पहले, वह नई दिल्ली के आईएमआई में सहायक प्राध्यापक थे।

अपनी डॉक्टोरल शिक्षा से पहले, वह रक्षा अनुसंधान एवं विकास संगठन (डीआरडीओ), पुणे के उच्च ऊर्जा सामग्री अनुसंधान प्रयोगशाला (एचईएमआरएल) में विस्फोटकों और प्रणोदकों (बंदूक प्रणोदकों पर केंद्रित) पर एक वैज्ञानिक के रूप में कार्यरत थे। उन्होंने भारतीय प्रौद्योगिकी संस्थान-बनारस हिंदू विश्वविद्यालय से रासायनिक इंजीनियरिंग और प्रौद्योगिकी में स्नातक की डिग्री प्राप्त की। आईआईएम अहमदाबाद में, वह आईडीईए आईआईएमए टेलीकॉम सेंटर ऑफ एक्सीलेंस रिसर्च अवॉर्ड प्राप्तकर्ता थे। उनके पास अंतरराष्ट्रीय प्रतिष्ठा प्राप्त जर्नलों में प्रकाशन हैं और उनके ख्याति प्राप्त कई कार्य-लेख हैं।

Arindam Banik आईएमआई कोलकाता के निदेशक हैं। उन्होंने दिल्ली स्कूल ऑफ इकोनॉमिक्स से पीएचडी की। वह 1994 से आईएमआई के साथ रहे हैं। इससे पूर्व, वह अमेरिकी एक्सप्रेस बैंक, ढाका के साथ थे। वह अमेरिकन इकोनॉमिक एसोसिएशन, यूरो-एशिया मैनेजमेंट स्टडीज एसोसिएशन और ग्लोबल अवेर्नेस सोसाइटी इंटरनेशनल, यूएसए के सदस्य हैं। उन्होंने 2001–05 के दौरान एक विज़िटिंग फैकल्टी के रूप में बारबाडोस के वेस्टइंडीज विश्वविद्यालय के अर्थशास्त्र विभाग में अंतरराष्ट्रीय वित्त, विकास अर्थशास्त्र, विकास योजना और परियोजना मूल्यांकन तथा समष्टि अर्थशास्त्र पढ़ाया है। वह आईएमआई में अंतरराष्ट्रीय वित्त और व्यापार में एसोसिएटेड सीमेंट कंपनियों के चेयर प्रोफ़ेसर रहे हैं। उन्होंने राष्ट्रीय और अंतरराष्ट्रीय प्रतिष्ठा प्राप्त जर्नलों में अंतरराष्ट्रीय अर्थशास्त्र, समष्टि अर्थशास्त्र और आर्थिक विकास पर 100 से अधिक वैज्ञानिक लेख लिखे हैं। वह एसएजीई जर्नल, ग्लोबल बिजनेस रिव्यू के संपादक, और एशियाई व्यापार तथा प्रबंधन के अंतरराष्ट्रीय सलाहकार बोर्ड के सदस्य हैं। वह कंपनियों, भारत सरकार और बहु-पक्षीय संस्थानों के सलाहकार रहे हैं, जैसे एसोसिएटेड सीमेंट कंपनियां, ग्रामीण विकास मंत्रालय, विश्व बैंक, आईएलओ-एसएटी, अंतरराष्ट्रीय विकास अनुसंधान केंद्र (आईडीआरसी), कनाडाई अंतरराष्ट्रीय विकास एजेंसी (सीआईडीए) और संयुक्त राष्ट्र औद्योगिक विकास संगठन (यूएनआईडीओ)।

Xiang Baoyun डिसिप्लिन इंस्पेक्शन कमीशन ऑफ़ सिचुआन एकेडमी ऑफ सोशल साइंसेज (SASS) के सचिव और सेंटर फॉर इंडियन स्टडीज ऑफ़ एसएएसएस, चाइना के निदेशक हैं। वह आर्ट्स में पीएचडी के साथ प्रोफ़ेसर है।

इसके अलावा, वह सिचुआन रिसर्च इंस्टीट्यूट ऑफ थ्योरी ऑफ लिटरेचर एंड आर्ट्स के कार्यकारी उपाध्यक्ष हैं। वह चीनी आधुनिक साहित्य पर ध्यान केंद्रित करते हुए साहित्य और कला के विशेषज्ञ हैं। वह कई राष्ट्रीय और प्रांतीय परियोजनाओं के अग्रणी शोधकर्ता हैं। उनके प्रकाशन प्रतिष्ठित जर्नलों जैसे *Xin Hua Digest* और *Academic Monthly* में हैं और उन्होंने *Study on Cao Yu's Tragic Aesthetic Ideology* जैसी किताबें भी प्रकाशित की हैं।

Sriparna Basu नई दिल्ली के, फोर (FORE) स्कूल ऑफ मैनेजमेंट में प्रोफ़ेसर है। उन्होंने यूएसए के अरबाना- केंपेन में यूनिवर्सिटी ऑफ़ इलिनोइस से सांस्कृतिक अध्ययन में मास्टर और पीएचडी की है। उनके शोध योगदानों में कई राष्ट्रीय और अंतरराष्ट्रीय विशेषज्ञ समीक्षित (Peer-reviewed) जर्नलों और पुस्तकों में प्रकाशित लेख, शोध लेख, केस और पुस्तक के अध्याय शामिल हैं। उनका वर्तमान शोध वैश्वीकरण के कई रूपों की जांच करके और एशियाई अर्थव्यवस्थाओं द्वारा प्रदर्शित सांस्कृतिक और राष्ट्रीय पहचान विकसित करके वैश्वीकरण पर अंतःविषय स्कॉलरशिप में योगदान देता है। वह उत्तर-उपनिवेशवादी सांस्कृतिक सिद्धांत और संगठनात्मक संचार तथा सीमा पार विलय और अधिग्रहण में पूर्व संबंधी कार्यप्रणालियों के विस्तार के मध्य अंतक्रिया की खोज में भी रुचि रखती हैं।

उनके प्रशिक्षण रुचि में एचआर और संचार के डोमेन का विस्तार है और उन्होंने परिवर्तन संचार, क्रॉस-फ़ंक्शनल टीमवर्क, पारस्परिक संचार, दृढ़ता, अंतरराष्ट्रीय व्यापार में पार-सांस्कृतिक संचार और कार्यस्थल में लिंग संबंधी मुद्दों पर प्रशिक्षण कार्यशालाएं आयोजित की हैं। वह कई सार्वजनिक और निजी क्षेत्र के संगठनों के साथ प्रशिक्षण और परामर्श गतिविधियों में शामिल रही हैं जैसे तेल और प्राकृतिक गैस निगम लिमिटेड (ओएनजीसी), पावर ग्रिड, एनएचपीसी, इंडियन ऑयल, टाटा मोटर्स, फूड कॉरपोरेशन ऑफ इंडिया (एफसीआई) और सीमा सुरक्षा बल (बीएसएफ) के साथ कई स्टार्ट-अप संगठन।

Rajashri Chatterjee कोलकाता के आईएमआई में वरिष्ठ शोध अधिकारी हैं। उन्होंने कलकत्ता विश्वविद्यालय से वित्त में अपनी मास्टर और पश्चिम बंगाल प्रौद्योगिकी विश्वविद्यालय से एमबीए (वित्त) पूरा किया है। वह वर्तमान समय में बर्दवान विश्वविद्यालय में पीएचडी कर रही हैं। आईएमआई कोलकाता में शामिल होने से पहले, वह कोलकाता में रबींद्रनाथ टैगोर इंटरनेशनल इंस्टीट्यूट ऑफ कार्डियाक साइंसेज और एएमआरआई अस्पताल लिमिटेड में वित्त कार्यकारी के रूप में कार्यरत थी। वह आईएमआई कोलकाता की विद्वत्तापूर्ण प्रबंधन पत्रिका 'आईएमआई कोनेक्ट' की संपादकीय प्रबंधक हैं। वह

आईएमआई कोलकाता में विभिन्न राष्ट्रीय और अंतरराष्ट्रीय सम्मेलनों का आयोजन करने में सक्रिय रूप से संलग्न हैं। उन्होंने आईएमआई कोनेक्ट के लिए कई लेख लिखे, पुस्तकों के अध्यायों की सह लेखिका के रूप में रहीं और उनकी ख्याति पर लेख हैं जिन्हें भारत और विदेशों में सम्मेलनों में प्रस्तुत किया गया है।

Xie Jing एसएएसएस में लेक्चरर हैं। दक्षिण एशिया के सिचुआन विश्वविद्यालय संस्थान में शिक्षित, उनकी शोध रुचि में अंतरराष्ट्रीय संबंध, भारत की विदेश नीति, हिंद महासागर क्षेत्र में चीन और भारत के बीच अंतक्रिया, पाकिस्तान-अफगानिस्तान संबंध और 'वन बेल्ट, वन रोड' पहल शामिल हैं।

Li Jingfeng एसएएसएस में सहायक शोधकर्ता हैं। उनकी शोध रुचि में दक्षिण एशियाई देशों में विदेशी मामलों और सुरक्षा मुद्दे सम्मिलित हैं। उन्होंने विभिन्न प्रोफेशनल प्रकाशनों में कई लेख प्रकाशित किए हैं।

Chen Jixiang एसएएसएस में इंडियन रिसर्च इंस्टिट्यूट के उप-निर्देशक हैं। उन्होंने भारत की अर्थव्यवस्था पर अनेक लेख प्रकाशित किए हैं और साथ ही भारत में ग्रामीण श्रम बल के रोजगार के आधार पर पुस्तक भी प्रकाशित की हैं।

Jian Li एसएएसएस में एसोसिएट रिसर्चर हैं। वह संचार और सांस्कृतिक अध्ययन में विशेषज्ञ हैं।

B.A. Metri वर्तमान समय में आईआईएम त्रिची के निदेशक हैं। आईआईएम त्रिची में पदभार ग्रहण करने से पूर्व, वह वड़ोदरा के L&T इंस्टीट्यूट ऑफ प्रोजेक्ट मैनेजमेंट में डीन थे। उन्होंने MDI गुड़गांव, आईएमआई, नई दिल्ली में प्रोफ़ेसर और डीन के रूप में तथा BITS पिलानी में पीएचडी कार्यक्रमों के प्रभारी प्रोफ़ेसर के रूप में भी कार्य किया। उनके पास शिक्षण, प्रशिक्षण, अनुसंधान और परामर्श में 25 वर्षों से भी अधिक वर्षों का अनुभव है। परियोजना प्रबंधन, गुणवत्ता और आपूर्ति श्रृंखला प्रबंधन के क्षेत्र में एक प्राधिकरण, उन्होंने अंतरराष्ट्रीय और राष्ट्रीय जर्नलों में 100 से अधिक शोध लेख प्रकाशित किए और छह पुस्तकें सह-लेखन में लिखी है। वह राष्ट्रीय और अंतरराष्ट्रीय जर्नलों के संपादकीय सलाहकार बोर्डों के सदस्य हैं। उन्होंने कई राष्ट्रीय और अंतरराष्ट्रीय सम्मेलन भी आयोजित किए हैं।

वह सरकार, सार्वजनिक क्षेत्र (महारत्न और नवरत्न कंपनियों) और निजी क्षेत्र के अग्रणी संगठनों के साथ अंतरराष्ट्रीय प्रशिक्षण सहित कार्यकारी शिक्षा में गहराई से संलग्न हैं। उन्होंने ओएनजीसी, भारत इलेक्ट्रॉनिक लिमिटेड (बीईएल), सोना कोयो, भारत हेवी इलेक्ट्रिकल्स लिमिटेड (बीएचईएल), नेशनल थर्मल पावर कॉरपोरेशन (एनटीपीसी), भारतीय रिजर्व बैंक (आरबीआई), फोर्टिस, जिंदल स्टेनलेस स्टील लिमिटेड, पावर ग्रिड कॉरपोरेशन ऑफ इंडिया लिमिटेड (पीजीसीआईएल), एनएचपीसी, एचसीएल, पंजाब

नेशनल बैंक (पीएनबी), निर्माण उद्योग विकास परिषद (सीआईडीसी), एएसईए ब्राउन बोवेरी (एबीबी), नेस्ले, डीसीएम श्रीराम, केयर्न एनर्जी, न्यू हॉलैंड फिएट इंडिया, परमाणु ऊर्जा विभाग (डीओएई) अधिकारी, भारतीय सेना अधिकारी, भारतीय तकनीकी और आर्थिक सहयोग कार्यक्रम अधिकारी (16 देशों से, विदेश मामलों के मंत्रालय के अधिकार के तहत), अफगानिस्तान सरकार के अधिकारी, मॉरीशस से शीर्ष व्यापार प्रबंधक, स्वास्थ्य और परिवार कल्याण मंत्रालय के साथ-साथ भारतीय प्रशासनिक सेवा (आईएएस) अधिकारीयों सहित कई प्रमुख संगठनों के वरिष्ठ अधिकारियों और मुख्य अभियंताओं को प्रशिक्षित किया है।

उन्होंने विभिन्न संगठनों के साथ परामर्श परियोजनाएं की हैं। उन्होंने आईआईटी बॉम्बे से पीएचडी, कराड के गवर्नमेंट कॉलेज ऑफ इंजीनियरिंग से सिविल इंजीनियरिंग में स्नातक, और सातारा के केबीपी कॉलेज ऑफ इंजीनियरिंग से सिविल निर्माण और प्रबंधन में मास्टर डिग्री की है। वर्तमान में, वह डिसिजन साइंस इंस्टिट्यूट (डीएसआई) के निदेशक मंडल में कार्यरत हैं और वे यूएसए में टेक्सास के ह्यूस्टन में डिसिजन साइंस इंस्टिट्यूट (डीएसआई) में उपाध्यक्ष (एशिया-प्रशांत प्रभाग) के रूप में चुने गए पहले भारतीय हैं।

Sanjoy Mukherjee आईआईएम शिलांग में बिज़निस एथिक्स एंड कॉर्पोरेट सोशल रिस्पांसिबिलिटी के शिक्षक हैं। वह फेलो प्रोग्राम इन मैनेजमेंट (एफपीएम) के अध्यक्ष और संस्थान के वार्षिक अंतरराष्ट्रीय सस्टेनेबिलिटी कॉनफेरेन्स (SUSCON) के भी अध्यक्ष हैं। जाधवपुर विश्वविद्यालय से मैकेनिकल इंजीनियरिंग स्नातक करने के पश्चात उन्होंने आईआईएम कलकत्ता से प्रबंधन में स्नातकोत्तर और जाधवपुर विश्वविद्यालय से पीएचडी की। लगभग सात वर्षों के कॉर्पोरेट अनुभव के बाद, उन्होंने कोलकाता के भारतीय प्रबंधन संस्थान के मानव मूल्य के लिए प्रबंधन केंद्र में शिक्षक के रूप में लंबे समय तक कार्य किया था। उनकी रुचि के क्षेत्रों और शोध में प्रबुद्ध नेतृत्व, मानव मूल्यों के प्रबंधन, प्रबंधन पर भारतीय आचार, प्रबंधन तथा उदार कलाओं और शिक्षा के वैकल्पिक स्रोतों और पद्धतियां सम्मिलित हैं। उन्होंने एस्पेन इंस्टीट्यूट, ऑक्सफोर्ड गोलमेज, ग्लोबैथिक्स जेनेवा, इंटरनेशनल सोसाइटी फॉर बिज़नस एथिक्स एंड इकोनॉमिक्स, हार्वर्ड बिजनेस स्कूल, कोपेनहेगन बिजनेस स्कूल, स्टॉकहोम बिजनेस स्कूल, बुडापेस्ट की कॉर्विनस यूनिवर्सिटी, बर्गन के नॉर्वेजियन स्कूल ऑफ़ इकोनॉमिक्स, यूनेस्को, पेरिस, और चीन यूरोप इंटरनेशनल बिजनेस स्कूल तथा अन्य सहित विश्वव्यापी प्रतिष्ठित मंचों के सम्मेलनों में व्याख्यान और कई लेख प्रस्तुत किए। लगभग एक दशक तक, वह *जर्नल ऑफ़ ह्यूमन वैल्यूज*, SAGE पब्लिकेशन्स के द्वि-वार्षिक अंतरराष्ट्रीय जर्नल के मुख्य संपादक रहे थे। उन्होंने राष्ट्रीय और अंतरराष्ट्रीय जर्नलों में कई शोध पत्र और लेख प्रकाशित किए हैं। उन्होंने संयुक्त रूप से दो पुस्तकों, कॉर्पोरेट गवर्नेंस, इकोनॉमिक रिफॉर्म एंड डेवलपमेंट और सस्टेनेबल एथिक्स: इकोलॉजी एंड एथिक्स का संपादन किया है।

Paramita M. Nag वर्तमान समय में व्हाइटबॉक्स रिसर्च सॉल्यूशंस (एक शोध संगठन जो बुनियादी ढांचे क्षेत्र में काम कर रहा है) के साथ अनुसंधान प्रमुख (Head of Research) हैं। अनुसंधान और प्रकाशन के लिए उनकी समग्र ज़िम्मेदारी है। यहां शामिल होने से पहले वह यूनाइटेडवर्ल्ड स्कूल ऑफ बिजनेस के साथ काम कर रही थीं जहां वह कार्यकारी शिक्षा और शोध के लिए जिम्मेदार थीं। वह पहले परामर्श संपादक के रूप में आईसीएफएआई रिसर्च सेंटर के साथ जुड़ी हुई थीं। इससे पहले, वह एक मार्केट रिसर्च फर्म के साथ सलाहकार थीं, जहां उनके पास सभी सामाजिक विकास परियोजनाओं विशेषकर स्वास्थ्य क्षेत्र से निपटने का स्वतंत्र प्रभार था। भारतीय लोकप्रशासन संस्थान (आईआईपीए) में अपने कार्यकाल के दौरान, वह ग्रामीण विकास से लेकर लोक प्रशासन और अर्थशास्त्र तक अनुसंधान परियोजनाओं को संभालने के लिए जिम्मेदार थीं। इसके अलावा, उन्होंने कई शोध परियोजनाओं को एक स्वतंत्र परामर्शदाता के रूप में भी संभाला है।

उन्होंने नई दिल्ली के जवाहर लाल नेहरू विश्वविद्यालय से एमए, एमफिल और पीएचडी डिग्री प्राप्त की है। उनका शोध क्षेत्र सार्वजनिक स्वास्थ्य से संबंधित है। उन्होंने विश्वविद्यालय अनुदान आयोग (यूजीसी) योजना के तहत राष्ट्रीय पात्रता परीक्षा/जूनियर रिसर्च फैलोशिप (एनईटी/जेआरएफ) की योग्यता प्राप्त की हैं, और उन्हें अखिल भारतीय केंद्रीय योजना के तहत इंडियन काउंसिल ऑफ सोशल साइंस रिसर्च (आईसीएसएसआर) फैलोशिप से भी सम्मानित किया गया है।

उनकी शोध रुचि के क्षेत्रों में सामाजिक विकास के सभी पहलू, विशेष रूप से सार्वजनिक स्वास्थ्य, पर्यावरण स्वास्थ्य, नीति अनुसंधान तथा सार्वजनिक स्वास्थ्य और महामारी विज्ञान से संबंधित विश्लेषण शामिल हैं।

Tirthankar Nag ने आईआईएम अहमदाबाद से डॉक्टरेट की उपाधि प्राप्त की। वह कोलकाता के आईएमआई में डीन (अनुसंधान और अंतरराष्ट्रीय संबंध) और प्रोफ़ेसर (रणनीति) हैं। वह राष्ट्रीय प्रतिष्ठा प्राप्त संस्थानों में डॉक्टरेट पाठ्यक्रमों के परामर्शदाता रहे हैं। वह कई विश्वविद्यालयों और संस्थानों में रणनीति/नीति के क्षेत्र में काम कर रहे डॉक्टरेट उम्मीदवारों को मार्गदर्शन देने और उनकी जांच करने में भी शामिल हैं। उन्होंने कई पुस्तकें, पुस्तक अध्याय, अंतरराष्ट्रीय जर्नलों में सहकर्मी-समीक्षा लेख और स्टैनफोर्ड विश्वविद्यालय के साथ सहयोग में कई लेख लिखे हैं। उन्हें आईआईएम अहमदाबाद से उनके अकादमिक कार्य (चौधरी पद्मनाभन पंत पुरस्कार, साहिर मेमोरियल अवॉर्ड, 'भारत में उद्यमी पारिस्थितिकी तंत्र के विकास में योगदान') के लिए कई पुरस्कार और मान्यताएं मिली हैं और उन्हें विश्व बैंक संस्थान से प्रमाण पत्र भी प्राप्त हुआ है। वह आईआईएम अहमदाबाद में सीआईआईई (सेंटर फॉर इनोवेशन, इनक्यूबेशन एंड एंटरप्रेनरशिप) के लिए एक सलाहकार हैं। उन्होंने जाधवपुर विश्वविद्यालय से इलेक्ट्रिकल इंजीनियरिंग में स्नातक की उपाधि भी प्राप्त की है।

वह प्राइसवाटरहाउस कूपर्स, केपीएमजी और एसबीआईसीएपीएस की ओर से विभिन्न कंपनियों के शीर्ष प्रबंधन के सलाहकार रहे हैं, जो रणनीति और नीतिगत सलाह देते है। उनके पास कलकत्ता इलेक्ट्रिक सप्लाई कॉरपोरेशन (सीईएससी) लिमिटेड के साथ एक बिजली व्यवसायी के रूप में कार्य करने का काफी अनुभव है। समग्र रूप से, प्रबंधन परामर्श, निवेश बैंकिंग, उपयोगिताओं और अनुसंधान में उनके पास 19 वर्ष का अनुभव है। उन्होंने कुछ बहुपक्षीय एजेंसियों में परामर्श दिया हैं, जिसमे विश्व बैंक, संयुक्त राष्ट्र पर्यावरण कार्यक्रम (यूएनईपी), अंतरराष्ट्रीय विकास विभाग (डीएफआईडी), अंतरराष्ट्रीय विकास के लिए संयुक्त राज्य अमेरिका एजेंसी (यूएसएआईडी) और एशियाई विकास बैंक (एडीबी) शामिल हैं।

Huang Weimin एसएएसएस के साहित्य अनुसंधान संस्थान में एसोसिएट रिसर्चर हैं। पीएचडी छात्र के रूप में, वह मुख्य रूप से चीनी क्लासिक साहित्य, सांस्कृतिक उद्योग और सांस्कृतिक पर्यटन में रुचि रखती हैं और उन्होंने आधुनिक साहित्यिक पत्रिका और अन्य चीनी सामाजिक विज्ञान उद्धरण सूचकांक (सीएसएससीआई) जर्नलों में कई लेख प्रकाशित किए हैं। हाल के वर्षों में, उन्होंने चीन और भारत में धर्म, जनमत, पर्यटन और सांस्कृतिक उद्योग के तुलनात्मक अध्ययन पर ध्यान केंद्रित किया है, और कई लेख भी लिखे हैं। वर्तमान समय में, वह भारत के बारे में समकालीन और आधुनिक चीनी यात्रा वृतांत (1840–1949) पर ध्यान केंद्रित कर रही हैं और चीनी तथा भारतीय लोगों के मध्य पारस्परिक समझ में सुधार करने के लिए एक अकादमिक योगदान बनाने के एक उद्देश्य के साथ समकालीन और आधुनिक समय में भारत के बारे में चीनी लोगों के विचारों का पता लगाने का प्रयास कर रही हैं।

Zou Yiqing एसएएसएस के इतिहास संस्थान में शोधकर्ता हैं। मुख्य रूप से वह बाशु संस्कृति और दक्षिणी सिल्क रोड पर ध्यान केंद्रित करते हैं और कई अनुसंधान लेखों को प्रकाशित कर चुके हैं।

Duan Yu एसएएसएस के इतिहास संस्थान में प्रोफ़ेसर तथा शोधकर्ता, और सिचुआन नार्मल यूनिवर्सिटी के बाशू सांस्कृतिक अनुसंधान केंद्र के निदेशक भी हैं। इसके अतिरिक्त, वह चीन के Pre-Qin हिस्ट्री एसोसिएशन के उपाध्यक्ष और दक्षिण पश्चिम चीन अनुसंधान संस्थान में अल्पसंख्यकों के उपाध्यक्ष हैं। उनके रुचि क्षेत्रों में चीनी प्राचीन सभ्यता, Pre-Qin अवधि का इतिहास, बाशू संस्कृति और दक्षिणी सिल्क रोड शामिल हैं। उन्होंने बहुत से शोध पत्र और अनेक प्रबंध लेखन (Monographs) प्रकाशित किए हैं।

अद्धितीय पुस्तक

₹ 375

2017 • ISBN 978-93-515-0687-4

कीमतों में बदलाव हो सकता है।

हमारी मेल-सूची से जुड़ें और विशेष ऑफ़र्स का लाभ उठाएं।

marketing@sagepub.in पर लिखें।

हमारी विभिन्न पुस्तकों के लिए देखें **www.sagebhasha.com**